Elogios para

LIDERAZGO
TRANSFORMACIONAL RADICAL

"Monica Sharma encarna el agente de cambio consciente y compasivo que el mundo necesita ahora. En *Liderazgo transformacional radical* ella nos ofrece un mapa para la acción y un llamado de atención para convertirnos en el cambio que queremos ver".

—DANIEL GOLEMAN,
autor de *Inteligencia Emocional*

"Vivimos en un mundo que lucha por la paz, amenazado por la violencia, donde la desigualdad se justifica como medio y como fin. Esta autodestructiva visión del mundo está dominada y respaldada por falsos argumentos para un liderazgo basado en la idea de supremacía de una raza, religión o cultura. El contraargumento de Monica Sharma es amable y persuasivo. Su voz, basada en experiencia y convicción, fortalece el caso de que el liderazgo puede ser modelado con igualdad, libertad y justicia, arraigado en el poder transformador de la compasión humana".

—ARUNA ROY, activista sociopolítica,
ganadora del Premio Ramon Magsaysay 2000

"Monica Sharma es una de las estadistas mayores del Activismo Sagrado. En este libro apasionado, brillante y sutil, destilado de toda una vida de experiencia en las Naciones Unidas y otros lugares, nos ha dado a todos un plano y un mapa para el cambio sistémico radical y la mejor forma de propagarlo. Todo el que aspire a impactar el auténtico liderazgo en y para nuestro tiempo deberá leer este trabajo. Está destinado a convertirse en un clásico".

—ANDREW HARVEY,
autor de *The Hope: A Guide to Sacred Activism (La esperanza: una guía para el activismo sagrado)*

"Tenemos la capacidad de cambiar el paradigma, Monica Sharma nos dice cómo. Con una visión global expansiva, un corazón compasivo y un valor radical, nos comparte su experiencia práctica en el liderazgo transformativo pionero. Monica es un alma rara que hace frente al poder y exige resultados. Necesitamos escuchar".

—NANCY ROOF, PhD, editor, *Kosmos Journal*

"¡Este es un libro que he estado esperando toda mi vida! Aquí está el documento maestro sobre desarrollo humano y cambio social escrito por una de las principales artistas sociales del mundo. El brillante y compasivo trabajo de Monica Sharma, así como su ingenioso saber ha elevado, inspirado y ayudado a aliviar problemas de siglos de antigüedad. Nos ofrece un conjunto dinámico de enfoques, plantillas y herramientas tan profundas como precisas en el arte y la ciencia de la transformación. A mi parecer, es una exploración sistémica crucial de cómo trabajar y transformar entrelazadas circunstancias que contribuyen a los complejos problemas que encaramos. Para lograr un mundo que ofrezca paz, equidad y bienestar para todos, esta obra extraordinaria ofrece al lector formas creativas y medios que contribuyen a una agenda para cambiar el mundo".

—JEAN HOUSTON, PhD,
autora de *Jump Time: Dando forma a tu futuro en un mundo de cambio radical*

"Cualquiera que dude que los cambios necesarios para elevar nuestro mundo más allá del caos de los profundos problemas de hoy y los golpes de pecho políticos no necesitan ver más allá de este libro. Con su énfasis en el extraordinario espectro de gente de diferentes géneros, entornos, culturas y países, incluyendo aquellos que más asociamos con alteración violenta como los Estados Árabes, es más que una guía, es un conjunto de herramientas profundas. El "nuevo campo" que describe como 'sistemas radicales y transformación cultural' constituye una especie de renacimiento invisible emergiendo en todo el mundo del entendimiento del entrelace de la naturaleza interna y externa del cambio sistémico genuino".

—PETER SENGE,
MIT, y la Academia para cambio del sistema

"La doctora Monica Sharma comparte su profunda experiencia a través de su trabajo con las Naciones Unidas y otras partes en las relaciones humanas internacionales, organizando para un cambio social positivo. Nos informa a través de su vasto conocimiento de los problemas globales y sus enfoques para la transición a sociedades más sostenibles, inclusivas y ricas en conocimientos más allá de la economía disfuncional de hoy y alcanzar las Metas de Desarrollo Sostenible. Este libro tiene lugar en bibliotecas y en los libreros de ciudadanos globales de todo nuestro mundo".

—DRA. HAZEL HENDERSON,
CEO, Ethical Markets Media

LIDERAZGO
TRANSFORMACIONAL
RADICAL

Acción estratégica para los agentes de cambio

MONICA SHARMA

Figuras 5.1 y 8.1, Maya Mathur. Figura 9.1, Anusha Mathur

Publicado por Impact Launch
Impreso por IngramSpark
Traducido por Maribel Cuervo, asistido por Stella Lauerman.

Diseño de portada por Hailee Pavey
Diseño interior de Hailee Pavey

Identificadores: ISBN 979-8-218-04688-0 (impreso)
ISBN 979-8-218-32699-9 (libro electrónico)

Para el Estudio de las Artes y Ciencias Nativas (dba North Atlantic Books), una asociación organización sin fines de lucro con sede en Berkeley, California, que colabora para desarrollar perspectivas interculturales, promoviendo visiones holísticas sobre el arte, la ciencia, humanidades y sanación, así como transformación personal y global a través de la publicación de trabajos sobre la relación entre cuerpo, mente y naturaleza.

Las publicaciones de North Atlantic Books están disponibles en la mayoría de las librerías. Para obtener más información, visite nuestro sitio web en www.northatlanticbooks.com o llame al 800-733-3000.

CONTENIDO

A mi familia —Subodh, Sujata, Sugata,
Shankar, Priyadarshan, Sudarshan, Aeshna,
Ashish, Mudit, Anindita, Vikram, Anusha, Naina,
Maya, y Rita.

A las personas que contribuyen para el crecimiento del mundo
para todos, en todas partes, y nutren a nuestra juventud
a alcanzar su potencial pleno.

Y

A todas las generaciones futuras de nuestros niños y jóvenes

PRÓLOGO

Yo me encontraba tomando un vuelo a Sao Paulo, cansada pero llena de entusiasmo y ansiedad descontrolada. Era el verano del 2003. Me dirigía a Brasil en una nueva asignación en un tiempo cuando muchos pensaban que el país estaba listo para cambiar casi todo. En mi camino hacia las puertas de abordaje, me detuve en un puesto de periódicos —para ver, más que para comprar. Mis ojos se toparon con un título que era tan atractivo como la portada: *Liderazgo transformador* por James MacGregor Burns, un ganador del Premio Pulitzer. Me intrigaba ver las fotos de Mandela a un lado de las de Elizabeth II, Gandhi, de Gaulle, y Gorbachev. ¿Era este otro libro sobre líderes más que liderazgo?

Me enteré que Burns tenía credenciales bien establecidas en el tema en cuestión. En 1978 publicó una obra fundamental titulada *Liderazgo.* El libro fue acreditado como el inicio de una tendencia que atravesó la academia, así como a cientos de programas gubernamentales y de negocios.

Burns demostró que los líderes pueden ser figuras ordinarias, transaccionales o negociadores. Aquellos que se limitan a estas características pronto serán olvidados. Sin embargo, si ellos actuaran diferentemente, podrían convertirse en agentes dinámicos de un gran cambio social que empodera a sus seguidores. Es posible que este último tipo de líderes serán recordados mucho después de su muerte, aunque idealmente su impacto debería sentirse mientras están vivos. La lectura del libro de Burns me recordó muchas de las facetas de mi vida. Qué privilegio ha sido poder presenciar ciertos desarrollos que moldearon mi entendimiento de liderazgo.

Cuando tenía once años tuve una pelea con mi padre, o eso pensé. Desaprobé una de sus acciones en un específico asunto de familia y decidí escribirle una carta. Protesté de esa manera porque creí que era lo más apropiado. Mi padre nunca contestó mi carta, lo que me hizo enojar aún más. "Qué manera de demostrar desprecio", murmuré a mí misma. "Nunca lo perdonaré", decidí.

Mi padre había estado en prisión por motivos que yo no sabía o entendía, excepto que se le había etiquetado como terrorista y aparentemente eso era malo. En ese entonces este tema no era de importancia para mí. Después aprendí que mi padre estaba ayudando a los revolucionarios de mi pequeño país, Guinea Bissau, a pelear el colonialismo portugués y lo atraparon en acción.

Fue solo con madurez que me pude dar cuenta de quién realmente era mi padre: célebre, pero humilde y con los pies en la tierra. Sereno y calmado. Permanecí avergonzada de mis pensamientos tempranos acerca de mi padre, al punto de nunca mencionarle nada sobre la carta. Él tampoco nunca hizo referencia alguna. Mucho después de que él dejó esta tierra, cruzó por mi mente que dadas las circunstancias prevalecientes, es posible que la carta nunca le llegó. Estoy satisfecha de que su silencio ayudó a madurar mi enojo hacia algo más significativo, un ardor para ayudar a transformar el mundo, como él lo trató de hacer.

Mi padre pensó en muchas cosas a través de sus acciones y gestos sin pretensión. Uno de esos gestos que marcó mi vida fue su facilitación para que yo conociera a Mario de Andrade, el primer presidente del movimiento de liberación más popular en Angola. Este hombre era de una personalidad increíblemente sofisticada y probablemente la persona con la rectitud más alta que sin duda encontraré. Mientras trabajaba con él, en lugar de para él, en la recién nacida Guinea Bissau, estuve expuesta a luminarias culturales del continente africano y aprendí, con rigor y método, a investigar y escribir materiales publicables, y a hacer la diferencia a través de la acción pública, mientras que desafiaba constantemente al estatus quo.

Andrade pagó un alto precio por su independencia. Por razones dudosas, fue expulsado de la institución política que él ayudó a crear justo antes de la independencia de Angola. Él mantuvo su dignidad. De él conocí la profundidad, el liderazgo desde atrás y la apreciación del éxito, aún cuando otros reclaman autoría de las ideas que uno ayudó a formar.

Estas dos personas influyentes me prepararon para una tercera experiencia que me marcaría: trabajar con el primer Secretario General de las Naciones Unidas negro, Kofi Annan, en el último período de su segundo y último mandato. Como su director político por un poco menos de dos años, todavía me sorprende el impacto que esa cantidad de tiempo relativamente corta tuvo en mi personalidad y comportamiento. Él me enseñó que las capacidades de predicción y persuasión son una y la misma. Uno nunca debe de sentir que tiene razón sino más bien esperar que uno pueda anticipar lo que es correcto y avanzar y atraer en esa dirección a tantos actores como sea posible. Errores y fracasos son parte de dicha actitud ante la vida. De cualquier forma, las recompensas pueden ser impresionantes.

Menciono estas tres fuentes de inspiración para ubicar mejor por qué pienso que *Liderazgo transformacional radical* es especial para mí y con suerte para muchos más lectores interesados en el cambio social.

Monica Sharma añade la noción de radicalismo al debate sobre liderazgo. Puede sorprender a unos con mentes más calmadas pensar que el liderazgo pueda ser radical en su búsqueda de transformación. Lo más probable es que se sientan de manera diferente después de leer este libro. Esto no es solo un ensayo. Es un manual para inspirar a agentes de cambio y gente joven a sentirse apasionados por sus metas y objetivos —basado en los profundos conocimientos de los conceptos, experiencias y contextos que marcan nuestro tiempos.

Tendemos a pensar que el momento actual es *el* momento decisivo, ya sea para la búsqueda de la felicidad o el peor período de crisis jamás experimentado. En el estilo de hoy discutimos estos extremos con innumerables estadísticas, comparaciones de datos y elaboradas teorías —incluso con algoritmos. *Liderazgo transformacional radical* nos ayuda a navegar de manera única a través de los desafiantes tiempos actuales.

Para alguien como yo, comprometido con los negocios gubernamentales y las instituciones académicas, así como los jóvenes activistas por el cambio social, este libro es un tesoro de descubrimientos que tienen el mérito de combinar sustancia con consejos prácticos.

La humildad de mi padre, el desafío de Andrade y la persuasión de Annan, así como muchos otros atributos de líderes notables, están presentes en el trabajo de Monica. Pero no es solo eso. Lo que ella aporta es textura a este debate, una capacidad para combinar muchos elementos de la vida que pueden impulsar agentes de cambio para transformar nuestro mundo.

No es un momento simple el que experimentamos ahora, cuando el poder de la regulación está escapando nuestros gobiernos, la velocidad de

la información escapa a los medios de comunicación, el activismo calleje-
ro escapa los partidos políticos, programas religiosos escapan a los líderes religiosos, la tecnología traiciona las nociones de productividad de los
economistas o nuestros niños aprenden sobre casi todo de recursos que
no sean sus padres o maestros. Aun así es un momento cuando al liderazgo para el cambio social se le ofrecen oportunidades que nunca antes
pudieron haberse imaginado. La inspiración de figuras históricas sirve de
brújula moral y dignificado sistema de valores. Monica

Sharma nos muestra más. Ella presenta un liderazgo que necesita considerar la realidad de la reducción del tiempo y el espacio, nuevos horizontes de vida y, por supuesto, estimar el futuro para crear utopías en lugar de
miopías. Liderazgo es cuando gente ordinaria contribuye al cambio extraordinario. Es la administración de los países y nuestra tierra a cada escalón.

El mundo ya no puede estar feliz con lo que Ayelet Scharar ha descrito
como la lotería del derecho a nacer: la mayoría de las personas adquieren
su ciudadanía por el lugar donde nacen y eso a la misma vez define las oportunidades que tendrán y qué vidas pueden permitirse. El concepto mismo
de desarrollo humano es un descanso de esta aplanada visión global. Se
trata de aumentar las posibilidades para que la gente viva más tiempo, más
saludable y con más abundancia, al mismo tiempo de que expanden sus
horizontes y toman decisiones informadas.

El mundo necesita una arquitectura para resultados equitativos y
sostenibles que, como lo explica Monica, requiere profundizar en nuestras capacidades innatas. Las necesitamos para crear una respuesta radical
única que cambiará por completo los enfoques habituales. No es menos
que un cambio de paradigma: "Este libro no será útil para aquellos quienes
están satisfechos con el mundo tal y como es hoy. Este libro es para personas que tienen preguntas", insiste ella.

Leyendo este libro descubrí que soy un transformador radical. Se trata de algo más que querer un cambio incremental. Se trata de cambiar el
mundo en el momento que podemos definir colectivamente una trayectoria para la tierra. Muchos de nosotros hemos actuado sobre ese deseo
de transformación radical o lo tenemos en nuestro interior y solo estamos
esperando a que surja. Monica ayuda en el viaje.

Nos acostumbramos a tantas falacias que se han consagrado en nuestra
forma de pensar. Este libro revisita las falacias que formatearon los puntos

de vista convencionales sobre la ética y los valores, y los desafía con un nuevo aprendizaje. Sus técnicas de narración hacen que sea fácil de absorber y entender. Monica no está tratando de intimidar con mucha información clasificada con jerga oscura. Por el contrario, aunque la profundidad está presente por todas partes, el estilo es atractivo y placentero. Monica es una movilizadora innata. Su historia de vida lo confirma.

Cuando conocí a Monica por vez primera en las Naciones Unidas, me sorprendió por su inteligencia emocional. Ella podía resonar con las personas y sus más profundas emociones al instante, y llegar a cada persona en diálogo, con una mezcla de un dedicado médico y profesional de la salud, y con la actitud de un amigo informado en el que confías. Ella me intrigó e inspiró desde el principio. Nuestra relación profesional rápidamente se transformó en una amistad especial con un colega cómplice para un cambio radical.

Monica se formó como médico y epidemióloga, graduada y postgraduada del Instituto de Ciencias Médicas de Toda la India, que es la principal institución médica de la India. Ha tenido varios trabajos de alto perfil en diferentes instituciones de las Naciones Unidas durante más de veintitrés años, antes de volver a unirse a la academia, con periodos en distinguidas universidades de todo el mundo, y como profesora de cátedra Tata en el Instituto Tata de Ciencias Sociales de Mumbai. Mientras estuvo en las Naciones Unidas, Monica diseñó e implementó programas que influenciaron más de sesenta países y transformaron las vidas de millones de personas. Dirigió, diseñó y condujo programas educativos en liderazgo para el cambio equitativo y sostenible en centros de educación superior y dirigió talleres sobre varios aspectos del desarrollo del liderazgo para el cambio equitativo y sostenible con empresas y organizaciones sin fines de lucro. Su vasta experiencia no se detiene ahí.

Monica fomenta continuamente a los líderes emergentes en todo el mundo, buscando proactivamente líderes potenciales, liberando sus poderes creativos y haciendo posible que manifiesten su potencial pleno. Estos líderes reconocen los patrones y sistemas invisibles que han formado las situaciones y acciones planetarias; ellos distinguen, diseñan y entregan acciones que provienen de la autoconciencia y empatía; y manifiestan un cambio sostenible y equitativo, creando nuevos patrones a medida que resuelven problemas.

Monica promueve enfoques no lineales a través de lo que ella llama "respuesta consciente de espectro pleno" y la "cadena de resultados transformativos". Ella cree que las mentes jóvenes tienen mayor disposición a experimentar con movimientos radicales: "El logro de las metas y logros es tan importante como los enfoques y métodos transformadores que se utilizan para alcanzarlos, no se trata de producir resultados a cualquier costo. En sintonía con los demás, lograr resultados es un vehículo para la autoexpresión, el logro y la realización del potencial pleno de las personas que participan en estos esfuerzos".

Este es un libro para actores con principios de cambio en diferentes sectores. Les da valor, refuerza sus pasiones internas y promueve su radicalismo al querer cambiar al mundo para mejor.

Carlos Lopes

Profesor, Escuela de Graduados para Políticas y Prácticas de Desarrollo, Universidad de Ciudad del Cabo; visitante becado, Oxford Martin School, University of Oxford; y miembro del equipo de reforma Pan-Africana de la Unión Africana

RECONOCIMIENTOS

Estoy agradecida con las personas de todo el mundo con quienes he trabajado y a aquellos de quienes aprendí y cuyas contribuciones a la sociedad han hecho posible que yo escribiera este libro. Agradezco a aquellos que he citado por enriquecer el libro por sus perspectivas y reflexiones de lo que para ellos significa el liderazgo transformacional radical. Andrew Harvey me invitó a escribir este libro y me ofreció sugerencias. Gracias, Andrew, para mi fue un viaje interesante.

Muchas gracias a Priyadarshan Sharma, mi esposo, quien revisó minuciosamente varios borradores y dio ideas relacionadas a la economía; Megan Joseph, Kirsten Gallo y Paola Babos por revisar diligentemente los borradores y ofrecer sus perspectivas; Maya Mathur y Anusha Mathur por sus creativas obras de arte y reflexiones; Vikram Sharma por su reflexivo escrito; Naina Sharma por sus reflexiones; Janet Thomas quien meticulosamente editó varios borradores; algunos consejos iniciales de Gulan Kripalani, Mel Wymore, Douglas Reil, y Gayatri Titus; y a Louis Swaim, Tim McKee, Jasmine Hromjak, Janet Levin, Karen Windham,Jessica Moll, Bevin Donahue y su equipo, Julia Sadowski, y otros en North Atlantic Books quienes apoyaron con entusiasmo la publicación.

PARTE 1

¿Estamos dispuestos y somos capaces de enfrentar los desafíos de hoy?

INTRODUCCIÓN

Vivimos en tiempos turbulentos. A pesar de que los beneficios de los avances tecnológicos están llegando a muchos de nosotros, por lo menos dos mil millones de personas en nuestro planeta se quedan completamente fuera. No importa que seamos ricos o pobres, todos nos vemos afectados de alguna manera por varias decisiones desastrosas que toman los humanos en el pasado. Algunas de estas decisiones se tomaron sin saber y casi siempre con buenas intenciones, pero ¿por qué seguimos apoyándolas frente a la irrefutable evidencia de que tales decisiones han resultado en la degradación del medio ambiente, la extinción de especies, el conflicto, la matanza, el desplazamiento de millones de refugiados y las terribles condiciones de vida de uno de cada siete seres humanos? Tratando de dar sentido a estos problemas, hacemos preguntas que varían enormemente según quienes somos y el propósito de nuestra vida, y donde nos encontramos en nuestro viaje de vida. Pero estas preguntas comparten un tema en común: ¿Qué falta? ¿Cómo nos involucramos con la vida de manera significativa? ¿Cómo nos alineamos y sintonizamos en corazón, cabeza y acciones?

Al considerar toda mi vida, pienso en lo que me inspiró actuar. Hay una cita de Swami Vivekananda que tiene un gran significado para mí: "Toma una idea. Haz de esa idea tu vida: piensala, sueñala, vive en esa idea. Deja que tu cerebro, músculos, nervios, y cada parte de tu cuerpo, estén llenos de esa idea, y simplemente deja en paz cualquier otra idea. Este es el camino al éxito". Para mí, esa idea es *nuestra unidad innata que se manifiesta en nuestro mundo.* No es obsesión con una idea; no significa que otros trabajan en mi idea con celo y fuerza. Más bien, la "única idea" es el timón que me guía, haciéndome resuelta, aclarando quien soy y el propósito de mi vida. Lo veo como una mentalidad que expresa reverencia por la vida, por toda la vida: humana, sensible y la vida de nuestro planeta. No es una mentalidad que mercantiliza nuestro planeta y otros seres humanos y seres sintientes para beneficio personal.

A lo largo de muchos años de mi vida he reconocido que nuestra humanidad, independientemente de donde nacemos, prospera en la presencia resuelta de la dignidad, la compasión y la justicia. Este conocimiento de las capacidades internas de nuestro corazón ha informado mi vida profesional y personal. Mi madre y padre solían decir que nací con el don de la empatía y ellos nutrieron esto en mí en lugar de oprimirlo, como muchos padres lo hacen. Mi madre relató numerosos incidentes. Por ejemplo, a la edad de tres años, caminando con mi madre por la ciudad de Shillong en la India, donde crecí, corrí a empujar un carro de caballos porque el caballo no podía jalarlo y estaba siendo azotado. ¡Mi madre corrió a rescatarme, aterrorizada, porque las ruedas se movían hacia atrás a pesar de mis esfuerzos! Esta empatía es algo natural para mí; no hago esfuerzo y se siente como un profundo intercambio energético. Es lo que me ha inspirado y me mantiene viva.

Mi corazón universal de compasión se ha abierto muchas, muchas veces en mi vida. Recuerdo a Champa, de dieciséis años, retorciéndose de dolor, quien fue llevada por su familia a altas horas de la noche a la clínica de un pueblo remoto en Haryana, India. Tenía un embarazo ectópico, su vida estaba en peligro y necesitaba una cirugía de urgencia. Esto fue en 1974; no había ambulancias en millas, ni autobuses ni conexión telefónica, nadie en el pueblo con un carro o un tractor. Los miembros de la familia insistieron en esperar hasta la mañana. Se convirtió en la noche en que Champa murió. Yo estaba devastada. Era mi primer mes sirviendo como médico en la India rural.

Cuando servía en UNICEF Bangladesh, conocí a niñas cuyos rostros y cuerpos estaban desfigurados por hombres vengativos que les arrojaban ácido porque no accedían a avances sexuales. Con nuestros propios recursos organizamos servicios integrales para ellos, ¡pero eso no quita el horror y el dolor existencial de enfrentar un comportamiento humano degradado!

También fui testigo, muchas veces, de otra visión de la humanidad. En Hyderabad, India, los niños con discapacidades físicas participaban en una carrera y un niño se cayó. Los niños que corrían al frente se dieron cuenta y todos regresaron a levantarlo. La multitud en el estadio les dio una ovación de pie, honrando con lágrimas la inmensa compasión de los niños.

Nuestro sufrimiento y empatía nos mueven para responder, sabiendo que la dignidad, la compasión y la justicia son los valores universales para la humanidad y un próspero planeta. En todas partes del mundo, los seres humanos tienen un sentido de autoestima y justicia, y para prosperar, debemos ser capaces de anclarnos a nosotros mismos y a los demás en este espacio de autoestima, dignidad y equidad.

Temprano aprendí que abrir nuestros corazones manifiesta nuestra compasión, pero no necesariamente resuelve problemas. Es igualmente importante abordar las causas sistemáticas y culturales de los problemas. Esto lo aprendí de mis padres. Ellos apoyaron la educación de muchos jóvenes estudiantes, siempre discutiendo las formas en que el sistema y la cultura excluyen a muchos niños debido a su pobreza o su casta. Los corazones y las mentes de mis padres estaban abiertos por lo que sus acciones siguieron en consecuencia.

En 1955, el gramófono llegó por vez primera a nuestro pueblo, Shillong, y mi padre compró uno. Consiguió música de todas partes del mundo; las canciones de Paul Robeson estaban entre sus favoritas. Mi padre me explicó que las sentidas canciones de Paul sobre la inequidad no solo aplicaban a los Estados Unidos sino también a la India. El racismo era el problema de los Estados Unidos y la casta el de la India. Nuestros padres tienen un papel profundo en la formación de nuestro pensamiento y nuestros valores. Mis primeras lecciones sobre sistemas de pensamiento, normas y estructuras vinieron de este conjunto de canciones de Paul Robeson. La inequidad molestaba a mi padre y me molesta a mí.

He tenido la oportunidad de observar la inequidad en países de todo el mundo a través de mi trabajo en la Naciones Unidas, asociándome con múltiples sectores, en diferentes niveles que varían desde organizaciones de base hasta liderazgo ejecutivo. Consciente de la importancia de las interdependencias, trabajé arduamente en cada tarea para integrar soluciones técnicas con sistemas y cambio normativo basado en valores universales.

Siempre podemos generar impactos más profundos, dependiendo de las decisiones que tomemos, las estrategias y programas que diseñemos, las políticas que formulemos. La reducción de la mortalidad maternal consiste en establecer cuidado de emergencia para mujeres embarazadas; también se trata de la dignidad de la mujer, su voz, sus derechos, sin importar su capacidad de pagar por los servicios. La supervivencia y protección del niño tiene que ver con la vacunación y el cuidado para enfermedades infantiles agudas, así como para eliminar el trabajo infantil y la trata de niños; tiene que ver con que los niños alcancen su potencial pleno y prosperen. Revertir la epidemia del VIH/SIDA consiste en reducir las nuevas infecciones y la mortalidad; también se trata de moverse del estigma y la discriminación a la inclusión, dignidad y respeto. Reducir las tasas de crimen tiene que ver con seguridad; también se trata de transformar normas sociales exclusivistas y crear igualdad de oportunidades.

Si no integramos soluciones con sistemas radicales y cambios culturales, no tendremos resultados equitativos y sostenibles. En este trabajo cada quien es un jugador, trayendo una transformación radical a medida que resolvemos los problemas, manifestando nuestros corazones compasivos e integrándolos con el cambio cultural y de sistemas. Ciudadanos deben participar activamente en el cambio de normas impracticables, así como la mayoría de los gobiernos, empresas, corporaciones, organizaciones sin fines de lucro y sociedad civil.

Pero, ¿por qué hay tantas personas compasivas en el mundo cuyos corazones aún no arden por dignidad, justicia y equidad? Un corazón compasivo es un estado innato en todos los seres humanos, y cuando está abierto, no puede observar el sufrimiento y las inequidades sin responder.

Te invito a viajar alrededor del mundo y conocer los ciudadanos globales en este libro. Este libro llevará a los lectores a través de acciones estratégicas y resultados basados en valores utilizando un lenguaje no técnico.

La primera parte explora los enfoques, principios y prácticas de este nuevo campo de sistemas radicales y transformación cultural. Reflexionaremos sobre: ¿Cuáles son nuestros desafíos? ¿Qué mitos y falacias impiden que se examinen nuestras historias y mantienen el estatus quo? ¿Cómo podemos revertir la inequidad en un mundo de abundancia que está socialmente arraigado en separación y exclusión, con sistemas económicos y financieros que solo benefician a unos pocos? ¿Cómo vemos y aprovechamos las oportunidades que se presentan en situaciones aparentemente caóticas? ¿Cuáles son las características de la respuesta radical única que puede tener un impacto positivo en el cambiante y complejo mundo de hoy?

Este trabajo se trata del surgimiento impredecible, pero con dirección. Surgimiento a medida que nos involucramos en la transformación de nuestra comunidad local y global, abrazando un cambio de paradigma con los brazos abiertos; un brazo es constante en quienes estamos SIENDO, nuestros valores universales internos; el otro brazo se abre para hacer los cambios en el mundo, el mundo en el que soñamos y queremos vivir. Los dos extremos de nuestro surgimiento, quienes estamos SIENDO y los resultados que entregamos, son fundamentales y siempre están presentes. Necesitamos ambos, una orientación hacia los resultados así como el conocimiento interno y la confianza en nuestros valores universales internos, para manifestar nuestra grandeza y desafiar a la falsa dicotomía entre *ser* y *hacer*.

La segunda parte de este libro nos lleva a través de los aspectos entrelazados de ser, diseñar y hacer que son capacidades potenciales inherentes en todos y explora su manifestación a través de la acción en el mundo. Cuando recurrimos a nuestra sabiduría y capacidades internas, respondemos con valor y compasión; encarnamos valores universales. Nuestro valeroso corazón fue llamado a responder a la humanidad; nuestro ojo discernidor puede ver con inmaculada claridad.

Veremos historias inspiradoras de practicantes del corazón, mente y acción, para ver cómo estos ciudadanos globales generan resultados y contribuyen a la transformación del mundo. Estas personas son *pioneros contemporáneos, arquitectos unificadores, proactivistas conscientes y transformadores radicales,* ¡todos al mismo tiempo!

Como *pioneros contemporáneos,* manifestamos nuestras capacidades internas para crear una realidad nueva y equitativa. Veremos qué pasa cuando de momento a momento trabajamos desde nuestro espacio interior de unidad, trascendiendo las maneras en que la sociedad nos estereotipa, y abracemos todas nuestras identidades. Exploramos formas prácticas de conectar nuestros mundos duales y no-duales. ¿Qué significa *ser* una persona que cambia paradigmas? Hay una diferencia enorme entre hablar de valores y encarnarlos. Encontramos formas de trascender la retórica y pasamos a ser el cambio que deseamos ver.

A través de activar el *arquitecto unificador* dentro de cada uno de nosotros, exploraremos la *r-evolución,* un movimiento que es radical y revolucionario, una forma de diseñar nuestra vida, trabajo, proyectos e iniciativas. Creamos avances extraordinarios al diseñar de manera diferente para hacer una diferencia real. Aprovechamos el patrón mental innato en nosotros y reforzamos el vínculo entre nuestra vida cotidiana y el trabajo. ¿Cómo nos convertimos en este valiente arquitecto? ¿Qué atributos demostramos? ¿Cómo reconocemos los múltiples patrones, normas y sistemas invisibles que dan forma a la sociedad? ¿Cómo nos convertimos en agentes de cambio con principios, con la habilidad de transformar las invisibles reglas de juego y crear una nueva narrativa de civilización? ¿Cómo diseñamos la acción con principios basada en la encarnación de valores?

Trabajamos con plantillas para contestar a estas preguntas, creando nuevos diseños con el potencial de un cambio de paradigma. Entonces podemos rediseñar nuestro trabajo para crear un cambio positivo y duradero a través de los muchos movimientos e iniciativas que están ocurriendo en el mundo. Y cuando surge la pregunta: "¿Puedo realmente lograr resultados transformadores?", podemos contestar con un fuerte y contundente "¡Sí!"

¿Cómo somos los *proactivistas de conciencia*? Discutimos cómo implementar nuestras acciones y proyectos de forma diferente. No tiene mucho sentido tener un diseño transformador a menos que lo implementemos. Invertir en realizar nuestro potencial pleno a través de la acción es una elección y es vital para nuestro éxito. SIENDO un líder, apoyando el cambio mientras activamente apoyando a otros para que lideren, es un nuevo patrón emergente en todo el mundo. ¿Cómo nos involucramos de esta forma en el hogar, la comunidad y nuestro lugar de trabajo? A través de una combinación de escuchar profundamente, hablar responsablemente y generar nuevas conversaciones sociales derivadas de nuestras capacidades internas y valores universales, para convertirnos en agentes de cambio que también inspiran a otros a comprometerse con la acción. Esto es lo que genera resultados.

En la tercera parte, exploraremos lo que significa ser un *transformador cultural y de sistemas radicales* y los elementos estratégicos de resultados equitativos y sostenibles cuando operamos a escala. Para muchos, escalar simplemente significa más, más números, más países, más grupos, más de todo. Pero para lograr resultados equitativos y sostenibles, escalar es mucho más que números más grandes. Requiere que diseñemos e implementemos estrategias basadas en valores para resolver problemas, mientras que cambiamos las normas y sistemas que no funcionan.

Dondequiera que me involucro, inevitablemente alguien siempre pregunta: el problema es muy grande y mi proyecto es pequeño, ¿cómo puedo hacer la diferencia necesaria? Muy a menudo pensamos que somos jugadores pequeños incapaces de abordar algo significativo porque el problema es muy grande. Aquí están las buenas noticias. Aquí está la gran noticia. Todos somos videntes de patrones; nacemos como videntes de patrones, y si cultivamos esta dimensión en nosotros mismos y vemos cultura, sistemas, estructuras, patrones por dentro y por fuera, podemos diseñar de una manera radicalmente diferente y crear algo estupendo, transformando lo que existe.

Exploramos cómo llevar a escala, diseñando un fractal que es la esencia de un cambio radical de paradigma. Un fractal es un patrón que puede ser generado por todos: ciudadanos, gobiernos y negocios. Cada iniciativa, cada actividad es un espacio para transformar el todo.

Encontramos maneras de responder a problemas que las personas enfrentan, tales como la falta de necesidades básicas para la supervivencia, y al mismo tiempo encontramos maneras de realizar el potencial pleno de las personas.

Con enfoques transformadores radicales podemos interrumpir prejuicios excluyentes y socialmente creados, o "ismos", tales como clasismo, racismo, castísmo, tribalismo, sexismo, religiosidad de odio y homofobia.

Queremos ser transformadores radicales de sistemas y culturas, entonces, ¿Cómo mejoramos nuestras propias capacidades para ser este transformador radical? Lo que medimos es lo que movemos, ¿qué podemos medir para monitorear la diferencia que hacemos? Lo que "vemos" es lo que escribimos y decimos, que informa nuestras narrativas sociales, ¿qué nuevas narrativas *vemos* que inspiran un cambio de paradigma? Las redes sociales conectan a personas alrededor del mundo y tienen el potencial de movilizar una acción equitativa y sostenible; pero también se están usando para manipular a las personas y sus opiniones. ¿Cómo pueden la sociedad y las empresas regular acciones poco éticas? Generar resultados requiere que creemos constelaciones resonantes e interdependientes, cada entidad en la constelación resolviendo problemas y cambiando normas y sistemas basados en nuestra unidad compartida, sabiduría interior y valores universales, ¿qué es lo que esto implica?

Un transformador radical hace preguntas que requieren nuevas formas de pensar y actuar. A medida que avanza la tecnología, es inevitable una mayor especialización. ¿Sabemos cómo trascender las barreras disciplinarias en esta era de la información y el conocimiento para generar nuevo aprendizaje y acción? ¿Cómo podemos diseñar y actuar para impulsar la transformación de sistemas enteros para mantener la equidad y la sostenibilidad? Directores ejecutivos de diferentes sectores quieren echar abajo los silos en las organizaciones. ¿Tenemos formas simples y efectivas de alinear, sintonizar y superar la fragmentación en el lugar de trabajo? Aunque hoy tenemos muchos desafíos, tenemos nuevas oportunidades, tales como las Metas de Desarrollo Sostenible (el primer consenso global en toda la historia sobre lo que se debe hacer para abordar la inequidad, el cambio climático, los conflictos y la pobreza), los avances tecnológicos, una comprensión más profunda del potencial humano y una mayor conectividad. ¿Cómo podemos aprovechar estos para transformar sistemas económicos y financieros, así como normas excluyentes?

La cuarta parte destaca los pasos prácticos que todos podemos tomar para generar un cambio de paradigma; cómo los actuales movimientos sociales, empresas, gobiernos, medios de comunicación, academia y ciudadanos, pueden alinearse para lograr sinérgicamente un impacto positivo en el complejo y siempre cambiante mundo de hoy. Todo mundo puede contribuir a cambiar el paradigma y abordar la complejidad con una simplicidad sofisticada, manifestando los valores universales para la acción estratégica, manifestando nuestro potencial pleno, interrumpiendo los "ismos" divisivos, poner en marcha lo que falta y urgentemente completar los asuntos pendientes de equidad y sostenibilidad en nuestro mundo.

Las prácticas y sus aplicaciones se enumeran en algunos capítulos y quizás te inspiren. Este libro no es solo sobre la teoría del cambio, principalmente trata sobre la praxis del cambio. Aplicación y práctica son aspectos centrales de los programas de aprendizaje en acción. Los extraordinarios y numerosos ejemplos en el libro son el resultado de estos programas de aprendizaje en acción, los cuales incluyen tres dimensiones: la habilidad de manifestar valores universales para diseñar e implementar programas transformativos; la capacidad de diseñar proyectos que resulten en la resolución de problemas mientras que simultáneamente cambiamos sistemas y normas, y prácticas para implementar el cambio y generar resultados transformativos. Estos programas están destinados para todos los que deseen hacer cambio y generar resultados, desde las bases al liderazgo ejecutivo, personas de diferentes sectores, gobiernos, sociedad civil, academia, científicos, trabajadores sociales, ciudadanos interesados, organizaciones sin fines de lucro, políticos, empresas y agencias de desarrollo.

Los participantes se sienten atraídos a estos programas de aprendizaje en acción porque se preocupan por las personas y nuestro planeta, están comprometidos a hacer la diferencia y tienen preguntas sobre qué se puede hacer diferente para resolver los problemas actuales. Comienzan por articular los resultados que quieren generar, se involucran en diseño estratégico, aprenden nuevas herramientas y praxis en talleres, diseñan e implementan iniciativas de avance extraordinario y transforman su trabajo y proyectos cotidianos. Yo diseñé estos programas de aprendizaje en acción para lograr resultados en los proyectos que dirigí y en áreas de mi interés, guiando a personal por todo el mundo, trabajé con colegas en la implementación, invité a expertos en temas específicos, y aprendí enormemente en este proceso. Y a medida que los participantes desarrollaron su capacidad, comenzaron a diseñar e implementar programas transformadores y movilizaron a su equipo y asociados.

La transformación radical es fácil porque manifiesta nuestros atributos y potencial innatos. Y este trabajo es difícil porque requiere autodisciplina, reflexión, práctica y aplicación sistemática. Tenemos horarios ocupados. Y encima de eso, a menudo nos distraemos con nuestras fantasías, inundados de información, motivados por las usuales presiones de trabajo. La práctica es esencial, así como practicar para ser un campeón en cualquier deporte.

En este libro conocerás a personas de todos los continentes, de todos los géneros, practicando creencias y religiones, hablando varios idiomas, con diversos antecedentes sociales y políticos, y participando en roles distintos en el hogar, la sociedad y el trabajo. Es muy probable que te puedas ver en ellos, como yo lo hago. Conozco bien a las personas en el libro porque trabajamos juntos muy de cerca, diseñando e implementando proyectos transformadores, enfrentando desafíos y generando resultados. A medida que leas sus historias, es muy probable que veas los hilos que nos entrelazan a todos en un tejido de humanidad interdependiente, para *ver* nuestros valores universales de dignidad, equidad y compasión, transformando situaciones impracticables y resonando con nuestro anhelo intrínseco de evolución radical. Espero que disfrutes viendo cómo cada persona está cambiando el paradigma actual hacia un planeta equitativo y sostenible. Es tranquilizador y energizante saber que hay tantas personas comprometidas a hacer de la equidad y dignidad una realidad para una humanidad y planeta floreciente.

CAPÍTULO 1

El nuevo campo

Sistemas radicales y transformación cultural

*Este libro no será útil para aquellos que están
satisfechos con el mundo tal y como es hoy.*

Este libro es para personas que tienen preguntas.

Evolución radical de adentro hacia afuera

¿Cómo es que el 1 por ciento de las personas más ricas en el mundo tiene más dinero que el resto del mundo combinado?[1] ¿Por qué tenemos tanto sufrimiento cuando la tecnología y la ciencia han inventado servicios y productos para hacer nuestras vidas mucho mejor? ¿Por qué, con tanta gente trabajando por el cambio, encontramos que los resultados son dispersos, incrementales e insostenibles?

Estamos viviendo en tiempo de paradojas. Más personas que nunca viven con sus necesidades básicas cómodamente satisfechas. Al mismo tiempo, más personas viven en pobreza extrema. La enorme disparidad y las terribles condiciones en las que viven más de mil millones de personas no siempre se deben a maliciosas intenciones.[2] Son una consecuencia, ya

1

sea intencionada o no, de las normas promovidas por las fuerzas sociales, la cultura, así como como los sistemas y estructuras políticas y económicas que ponemos en marcha.

En medio de esta disparidad y sufrimiento está surgiendo algo inusual: una nueva apertura para la acción ética y valiente. Las personas alrededor del mundo están haciendo preguntas más profundas. Durante siglos la gente ha hecho preguntas sobre las desigualdades de su tiempo, pero ahora, estamos conectados a través de la internet y tenemos acceso a la información como nunca antes. Con esta información se revelan los patrones invisibles. La gente está haciendo preguntas sobre las normas y sistemas culturales excluyentes y divisivos que fueron diseñados y articulados por unos pocos y beneficia a los pocos a expensas de los muchos. Alrededor del mundo, la gente está evaluando y cuestionando los sistemas bancarios, el sistema de justicia, las fuentes de energía, los sistemas que utilizamos para cultivar y distribuir comida y otros bienes, las normas que marginalizan a las personas y las empujan al borde de la supervivencia a pesar de nuestro generoso planeta. Hacer preguntas pertinentes sobre la manera en que el mundo funciona es el papel de la ciudadanía, el gobierno y empresas responsables. Están desafiando las inconsistencias entre las políticas y la realidad, las normas culturales excluyentes y polarizantes, las conductas no éticas y las promesas incumplidas.

Estamos reflexionando y profundizando como comunidad global. Es cierto que hay contratiempos pero esa es la manera del cambio fundamental: ¡cinco pasos hacia adelante y dos pasos hacia atrás!

¿Ves lo que está pasando? Estamos en un espacio profundo

▸ haciendo nuevas preguntas sobre sistemas, normas, y patrones;

▸ pensando en términos de sistemas y normas culturales;

▸ creando plataformas para la acción basada en el valor a través de iniciativas, proyectos y movimientos sociales y ambientales para abordar lo que es injusto e insostenible;

▸ profundizando nuestra propia consciencia a través del movimiento del potencial humano y los recientes avances en neurociencia.

Sistemas radicales y transformación cultural

Este trabajo trata del liderazgo transformacional radical basado en valores universales. La palabra *radical* significa "raíz". El Diccionario *Oxford English* define *radical* como "relacionándose con o afectando la naturaleza fundamental de algo". Yo estoy usando la palabra *radical* en este sentido, la raíz de nuestro ser, nuestro ser innato, que se manifiesta cuando nuestro ego pasa a un segundo plano. En lenguaje común, la gente asocia la palabra *radical* con posiciones y acciones políticamente extremas, eso no es lo que quiero decir. Si vamos a abordar el fundamentalismo excluyente en fenómenos políticos o sociales, tales como los extremismos divisivos y dominantes en cualquier religión, cultura, sistema, economía o política, necesitamos respuestas radicales poderosas manifestando los valores universales de dignidad, equidad y compasión para todos; en otras palabras, sabiduría radical. Esta sabia respuesta radical abarca la religión, la cultura, la ideología política y las teorías económicas.

Los tres valores universales que anclan la transformación equitativa y sostenible en nuestro trabajo son la dignidad, equidad y compasión, todos emanando de nuestra inherente unidad. Como *universal,* queremos decir que estos valores se aplican a todos los seres humanos, sin que nadie quede afuera en ningún lado. Estos valores universales no son determinados culturalmente y trascienden principios religiosos, normas y otros dictados sociales. Dignidad, equidad, compasión, son valores universales.

La dignidad está basada en un sólido sentido de autoestima; todas nuestras acciones deben crear espacios y circunstancias para que la dignidad de una persona esté presente y se desarrolle plenamente, sin prejuicio.

La equidad es la calidad de ser justo e imparcial, la inclusión justa y equitativa de las personas en una sociedad en la que todos puedan participar, prosperar y alcanzar su potencial pleno. *La justicia* se basa en nuestro sentido interno de equidad; la calidad de tomar decisiones libres de discriminación. En este libro, *justicia* y *equidad* se usan indistintamente.

La compasión es nuestro amor en acción. Cuando nuestro corazón universal se abre*, somos llamados a responder al sufrimiento de los demás y a actuar para aliviarlo. Karuna,* una palabra sánscrita, describe esta compasión. Es probable que sin compasión nuestros esfuerzos para manifestar dignidad y equidad se conviertan en un espacio polarizado, una lucha. Trascender la polarización a través de la compasión y junto a la dignidad y equidad universales generará resultados transformadores duraderos, donde no tienen cabida las acciones que reducen y explotan a personas y a nuestro planeta.

Hay varias razones por qué destaco los "sistemas radicales y la transformación cultural". Primero, casi siempre es la pieza que falta en los discursos, libros y programas sobre liderazgo. Muchos programas de liderazgo incluyen transformación personal y algunos sugieren que los participantes apliquen su aprendizaje para resolver un problema, pero rara vez los programas incluyen formas de transformar las "reglas del juego" o abordar intereses creados. Segundo, existen personas comprometidas que trabajan en el cambio de sistemas de explotación para encontrar soluciones, pero rara vez exploran los recursos más duraderos y poderosos de los seres humanos: nuestros valores universales y capacidades internas radicales. Tercero, el espacio de mayor potencial para un cambio de paradigma ocurre cuando culturas y sistemas se transforman sobre la raíz de nuestro ser: nuestra unidad.

Lo que está surgiendo es extraordinario y se desenvuelve, aún no en su máxima expresión, aún no ampliamente difundido. Hemos comenzado a trascender de los silos y los intereses creados, y estamos generando nuevos caminos al usar nuestra sabiduría innata para entregar resultados significativos específicos; estamos cambiando las culturas y sistemas que sostienen la inequidad y la injusticia. Esto es transformación de sistemas radicales y culturales. Manifestando nuestro SER único con un profundo conocimiento del todo, diseñamos y damos forma a una nueva realidad, nuevas normas y sistemas que beneficien a todos. La transformación no es simplemente trascender las diferencias o encontrar puntos en común o nuevas formaciones; *son* las nuevas formaciones, los nuevos patrones y los sistemas basados en nuestros valores universales, en nuestras acciones emanadas de la encarnación de valores universales como compasión, equidad, dignidad para todos, en todos lados.

En este trabajo, *sistema* es un término con el que todos nos podemos relacionar. Un sistema es un conjunto de elementos conectados, interactuando, interrelacionados, interdependientes, formando un todo complejo, y/o un conjunto de procesos o principios de acuerdo a los cuales se realiza una función o algo se logra. Por ejemplo, el sistema circulatorio de un humano incluye nuestro corazón, arterias, capilares y venas, todos moviendo sangre a través de nuestro cuerpo.

¿Cómo generamos las metas logradas e impactos que deseamos ver?

Arquitectura para resultados equitativos y sostenibles

Trabajando para las Naciones Unidas y otras organizaciones en más de sesenta países, en los últimos treinta años, he aprendido qué estrategias, tácticas y herramientas generan resultados transformadores y he diseñado e implementado estas herramientas para transformar radicalmente sistemas y cultura. Yo llamo a este marco transdisciplinario para responder a los desafíos "respuesta consciente de espectro pleno". Esta respuesta toma en consideración la complejidad actual. La mayoría de los problemas que afectan nuestra vida cotidiana son complejos, por ejemplo, el cambio climático, la pobreza, los conflictos y la falta de agua potable, alimentos nutritivos y educación de calidad. Existen muchas intervenciones y estrategias que producen algunos resultados, son respuestas parciales que abordan algunos aspectos del problema, pero limitan las posibilidades y el potencial de transformación radical.

Para generar resultados equitativos y sostenibles, necesitamos diseñar nuestras respuestas, de tal manera que abordemos la cultura y el sistema en su totalidad; una respuesta consciente de espectro pleno. Por ejemplo, para hacerle frente a un problema como es la falta de agua potable o alimentos nutritivos en una comunidad determinada, las soluciones tecnológicas deben ir acompañadas de la transformación de las reglas de juego. Si hay cantidades limitadas de agua potable o alimentos nutritivos disponibles, ciertos grupos que tienen dinero, influencia y estatus social, usualmente se benefician a expensas de otros. Cuando manifestamos valores universales como la equidad, podemos transformar sistemas y normas culturales para que los recursos para resolver el problema estén disponibles y sea posible que todos tengan alimentos nutritivos y agua potable. Estos tres componentes juntos: resolver el problema, cambiar normas y sistemas impracticables, y manifestar nuestra sabiduría innata, forman la respuesta consciente de espectro pleno. Esto se ilustra en la Figura 6.2.

Un sistema distribuye de acuerdo a sus características intrínsecas. La mayor parte del tiempo nos involucramos parcialmente: nos enfocamos solo en la expresión abierta de un problema, o solo en comprender el sistema, o solo en mejorar nuestra capacidad interna. Usando el ejemplo del agua potable podríamos tener respuestas parciales: puede que un grupo trate de resolver el problema proporcionando agua por tubería a una comunidad. Puede que otro grupo esté trabajando en política, estableciendo las reglas para el acceso equitativo al agua. Un tercer grupo podría estar trabajando en mejorar el liderazgo ético en ambos, miembros de la comunidad y aquellos quienes proporcionan el agua. No hay nada de malo en participar parcialmente, pero es limitado y limitante. Si diseñamos nuestros proyectos de manera que todos los componentes trabajen simultáneamente, podemos producir resultados mucho mayores y duraderos, una respuesta consciente de espectro pleno, resolviendo problemas, cambiando sistemas y cultura, y manifestando simultáneamente nuestros valores universales y poder interior. Este es un poder transformacional radical.

En otras palabras, necesitamos diseñar nuestros proyectos de manera diferente para obtener los resultados que queremos.

Surgimiento de cambiadores de paradigmas

Usando el enfoque de respuesta consciente de espectro pleno *genera transformaciones radicales de sistemas y culturas, no cambios incrementales.* No requiere que seamos analistas de sistemas o pensadores de sistemas clásicos. Estamos obligados a activar nuestra mente de patrones pensamiento crítico, para *ver* lo que funciona o no, ver las reglas invisibles del juego y conectar los puntos de todo nuestro SER, siempre basado en en los valores universales de dignidad, equidad y compasión. Todo aquel que desee participar en la transformación radical de sistemas y culturas lo puede hacer.

El mundo, tal y como lo conocemos, no está trabajando para la humanidad ni para nuestro planeta. Para empezar deberemos recrear nuestro contexto. Necesitamos reescribir nuestras historias culturales y reconsiderar las suposiciones que colectivamente mantenemos y que forman la base de nuestras normas sociales. Tenemos la falacia de que ser ético o de principios es idealista y que lo real y necesario para tener éxito es el pragmatismo.

Anclarnos en valores universales de dignidad, equidad y compasión es normal; es basarnos en nosotros mismos y en lo que nos es innato.

Falacia: La acción ética o de principios es idealista, y lo que necesitamos para tener éxito es el pragmatismo. Debemos "lograr el resultado a cualquier costo", y estamos programados para ser independiente y cuidar principalmente a nuestras familias y grupos de familiares.

Nuevo aprendizaje: Ser ético o de principios en casa y en el trabajo no es sólo realista, pero normal. Ser de principios es simplemente el alineamiento de quienes somos, lo que deseamos para nosotros y los demás, y las palabras que hablamos y acciones que tomamos, sabiendo que vivimos en un mundo de abundancia Cuando el realismo de principios se vuelve nuestra realidad, creamos nuevos contextos y redefinimos el éxito, y nos movemos más allá del dinero y el estatus social como representantes del éxito. Creamos el espacio y las circunstancias para que nuestro potencial pleno se manifieste.

¿Qué es lo que necesitamos cultivar para cambiar el mundo? Como transformadores radicales de sistemas, no estamos dispuestos a dejar que el estatus quo permanezca y tomamos los riesgos necesarios para hacer una diferencia que importe.

Las palabras "activista" y "activismo" están cargadas de bagaje ideológico y excluyen a ciertas personas repetidamente. Con demasiada frecuencia, los activistas son descartados como enojados, resentidos y opositores. Los espacios para un cambio potencial están polarizados, cada grupo culpando al otro, creando una atmósfera de "nosotros contra ellos". Pero los activistas a menudo piensan "fuera de la caja", más allá de sus estrechos intereses personales y actúan para transformar el entorno en el que trabajan y la sociedad en la que viven. Y cuando los activistas arden por dignidad y equidad para todos desde el conocimiento de nuestra unidad innata, son transformadores de sistemas y culturas; son lo que yo llamo "proactivistas". He conocido proactivistas en cada sector: negocios, políticas, academia, medios de comunicación, medicina, sociedad civil, gobiernos, servicios sociales. Muy pocos quieren que el estatus quo permanezca; la gran mayoría de las personas quieren el cambio.

A medida que lees, podrás reflexionar en nuevos caminos para generar resultados a través del trabajo que haces a diario. Este libro te invita a engrandecer tu propia grandeza y a crear sinergia de los diferentes aspectos de ti mismo, para crear un mundo vibrante por medio de tus actividades cotidianas.

¿Es este libro para ti? ¿Estás listo?

Este libro es para todos los que tienen un corazón compasivo y valiente. El valor no es la ausencia de miedo, es la habilidad de actuar a pesar del miedo. El valor es la belleza de la consciencia humana donde nuestro corazón compasivo se abre y puede relacionarse con cada ser humano, cada ser sintiente, cada aspecto de la tierra como uno, con nuestras capacidades internas, nuestra sabiduría como la fuente de nuestra acción. Con nuestra capacidad de generar nuevos patrones, traemos al mundo exterior el poder interno de la unidad y la compasión. Ya no debemos de compartimentar estos aspectos de nosotros mismos.

Este libro es para todos los que se comprometen a resolver problemas, ya sean locales o globales. Se trata de la evolución radical del diseño basada en la experiencia práctica y los resultados se están generando en todo el mundo, en cada continente y en cada sector de la vida. A medida que estaba en acción, aprendí y revisé estrategias a nivel local, nacional, y global, remodelando iniciativas que generaron resultados durante las pasadas tres décadas. En el libro hay muchos ejemplos.

Me considero principalmente una practicante: aprendo y aplico mi nuevo aprendizaje a situaciones de la vida real, transformándolas para generar resultados en el hogar y en el trabajo. Y practicantes de todas las condiciones sociales que quieren influir en el panorama general del cambio con acciones y resultados concretos encontrarán los ejemplos en este libro inspiradores y educativos. Cada persona que quiera participar en resolver problemas sociales, particularmente problemas complicados, encontrará valioso este libro. Resolver problemas no solo para el momento, no solo para hoy y no solo a corto plazo, sino resolver problemas de una manera que cree patrones alternativos y transforme sistemas y cultura que realmente permitan a todos prosperar, que verdaderamente permitan a nuestra tierra prosperar.

Este libro está destinado para aquellos que quieran crear alternativas trabajando en equipos multidisciplinarios para cambiar el contexto mismo que da lugar al problema. Se ocupa de ambos, el cambio a corto y largo plazo. Este libro trata de un nuevo tipo de liderazgo y administración responsable tratando con sistemas y cultura, es para los líderes que eligen crear nuevos futuros, líderes que son los principales factores de cambio.

Este libro trata de embarcarse en una aventura, una aventura para descubrirse a uno mismo y crear nuevas realidades. No existe una receta o un conjunto de reglas y este libro no proporciona las respuestas. Proporciona formas para descubrir las respuestas de tal manera que simultáneamente combinamos nuestra profunda sabiduría con nuestra mente inteligente y contribuimos significativamente resolviendo ambos, problemas inmediatos y a largo plazo.

Este libro es para creadores de paradigmas, para aquellos que eligen mejorar su administración responsable, su profundo sentido de responsabilidad y su contribución en el mundo. Es para personas que quieren crear una nueva narrativa mientras están en acción.

Exploraremos lo que se necesita exactamente para vivir como si la transformación realmente importa y accedemos al valor para crear un cambio real y duradero. Cuando hacemos las preguntas correctas con base en nuestros valores universales podemos manifestar nuestra creatividad más allá de toda medida, desenvolviendo una narrativa y una realidad en las que nuestro mundo trabaja para todos.

CAPÍTULO 2

Desafíos y oportunidades

La humanidad y nuestro planeta

Por primera vez en la historia, nuestras decisiones colectivas determinarán la trayectoria de nuestro planeta y civilización, ya sea que nos destruimos a nosotros mismos y al planeta, o sobrevivimos y prosperamos.

Nos enfrentamos a problemas graves en nuestro planeta, como lo discutiré en este capítulo. También abordaré los posibles métodos para corregirlos explorando "oportunidades creativas". Helen Keller dice, "Aunque el mundo está lleno de sufrimiento, también está lleno de lo que lo supera".

Gracias a la combinación de avances tecnológicos, infraestructura y acceso a recursos, tenemos más oportunidades que nunca para satisfacer las necesidades básicas de las personas en todo el mundo. Más de dos mil millones de personas en todo el mundo viven más cómodamente de lo que lo hicieron los reyes Tudor en los años 1500s. En su mayoría, ya no necesitamos organizar labores y caminar millas para buscar agua. Simplemente empujamos un botón para tener luz en nuestros hogares. Para estos dos mil millones de personas, incluyendo a personas en países en desarrollo como Brasil, China, India, Sudáfrica, así como Europa y América, hay un amplio y fácil acceso a comida y refugio. Los servicios de educación y de salud están disponibles. Esta cuarta parte de nuestra población global está conectada y móvil, y con facilidad tienen sus necesidades básicas.

A través del ciberespacio se genera una gran cantidad de información que está en constante movimiento, conectando a personas alrededor del mundo. Nuestra capacidad de comunicarnos e intercambiar información a través del tiempo y el espacio se ve enriquecida más allá de la imaginación. A través de esta conectividad, una nueva cultura global está tomando forma y redefiniendo las creencias, perspectivas y gustos, particularmente entre la nueva generación. Sin embargo, la tecnología no puede resolver el odio, el prejuicio y la violencia, tan profundamente arraigados, ni puede abordar el espiral interminable de consumo material, avaricia y dominación.

A pesar de los avances en los estándares de vida para dos mil millones de personas, otros cuatro mil millones de personas apenas logran ganarse la vida. La pobreza de ingreso, la malnutrición, la falta de empleo y vivienda adecuada, combinadas con una brecha cada vez mayor entre ricos y pobres, ha resultado en sufrimiento humano y violencia a una escala sin precedentes. Otros mil millones viven en la pobreza extrema y cada día es una lucha entre la vida y la muerte. Estas personas carecen de los medios para mantenerse con vida, mucho menos de prosperar frente al hambre crónica, enfermedad y peligros ambientales. Aún así, vivimos en un mundo que tiene suficiente comida para alimentar a todos, la capacidad de enfrentar las enfermedades y el poder de tomar decisiones para crear un ambiente libre de contaminación.

Aunque nuestras tasas de mortalidad infantil son la mitad de lo que eran en 1990, cada año mueren alrededor de seis millones de niños en el mundo antes de su quinto cumpleaños, es decir, dieciséis mil niños al día; y cada día, ochocientas mujeres alrededor del mundo, incluyendo muchas adolescentes, mueren de complicaciones en el embarazo o en el parto.[3] Así como ahora tenemos toda la tecnología y recursos para prevenir la mayoría de esas muertes y problemas, debemos preguntarnos: ¿Por qué no estamos dispuestos o no podemos aprovechar los recursos necesarios para los menos privilegiados en nuestro planeta? ¿Cómo podemos cambiar las normas sociales hacia la equidad y establecer sistemas que sirvan a todos?

La violencia y el conflicto son omnipresentes. Es impactante saber que alrededor del mundo una de cada tres mujeres sufrirá de violencia sexual o física en su vida.[4] Aunque siempre profesamos amar a nuestros hijos por encima de todo, muchos todavía viven en condiciones deplorables. Aproximadamente 168 millones de niños en el mundo son obligados a labor infantil.[5]

Se estima que la violencia cuesta el 13.3 por ciento del PIB mundial, lo cual equivale a $13.6 trillones.[6] ¿Cómo podemos transformar radicalmente nuestros valores universales y cosmovisiones de forma que la violencia y los eventos bélicos sean eventos del pasado? ¿Tenemos el valor de transformar estos sistemas económicos basados en las fuerzas militares que son tan arcaicos y destructivos? ¿Cómo nos comprometemos a los cambios posibles que están a nuestro alcance? ¿Qué nos detiene?

Falacia: Es impráctico y/o económicamente insensato detener la guerra.

Nuevo aprendizaje: El cese de la violencia en todo el mundo resultaría en ganancias económicas y la creación de nuevos negocios cada año.

No solo los humanos, sino también nuestra tierra, se ven afectados por nuestras destructivas decisiones y las mismas respuestas de siempre. La concentración de dióxido de carbono en la atmósfera terrestre por primera vez cruzó el borde de las cuatrocientas partes por millón, y hemos sabido por décadas que las emisiones de carbono amenazan nuestra mera supervivencia.[7] El cambio climático es uno de los mayores desafíos que jamás haya enfrentado la humanidad. En realidad estamos al borde de destruir un planeta próspero, incluyendo las abundantes y diversas plantas y animales de los que dependen nuestras vidas y sustentos. De hecho, podemos estar destruyendo la posibilidad de que nuestros hijos y nietos crezcan e incluso sobrevivan. Sin embargo, el subsidio de los combustibles fósiles continúa, en 2012 estimado entre $775 mil millones y $1billón a nivel mundial. En comparación, en 2010 los subsidios totales a la energía renovable fueron de $66 mil millones.[8]

Hay algunas iniciativas positivas que están emergiendo. El desarrollo de la energía solar y el poder eólico está mostrando un crecimiento récord en todo el mundo. Pero aunque actualmente hay hasta 6.5 millones de empleos directos e indirectos en energía renovable, la tasa y el tipo de cambio están lejos de ser adecuados para hacer los cambios que son necesarios.[9] Por décadas hemos tenido evidencia científica mostrando que el aumento en los niveles de emisiones de carbón está amenazando el futuro mismo de la humanidad.

Las últimas preguntas apremiantes de la vida son: ¿Cómo nos podemos mover más allá de los cambios incrementales en el sistema y la sociedad? ¿Cómo desafiamos los intereses creados en este mundo por los super ricos y los políticos influyentes y poderosos, y transformamos las reglas y leyes financieras que concentran la riqueza en las manos de unos pocos? ¿Cómo abordamos la falta de voluntad para cambiar las decisiones y visiones del mundo, a pesar de la irrefutable evidencia de destrucción inminente, y lidiamos con nuestros miedos de perder poder externo, dinero, estatus social y reputación? Las respuestas a todas estas preguntas se encuentran en nuestro descubrimiento de la grandeza humana, nuestro potencial pleno y valor para actuar. Este libro trata sobre descubrir quienes somos y tomar acción que sirva a todos sobre la tierra y a la tierra misma.

Cuando accedemos a nuestras capacidades internas para la compasión, equidad y dignidad, la amplitud se abre. De repente tenemos el valor de crear, de revisar nuestras suposiciones, de estar dispuestos a decir "Fue un error", a escuchar, alterar nuestras perspectivas, renovar nuestras posiciones y estrategias. Descubriremos nuestra capacidad y actuaremos para crear un futuro vibrante y saludable para toda la humanidad y nuestro planeta.

Factores contribuyentes y oportunidades creativas

Existen muchas circunstancias entrelazadas que contribuyen a los problemas complejos que enfrentamos. ¿Qué son y cómo empezamos a transformarlos? Hay tres factores clave interrelacionados, inequidad, identidad y el sistema económico y financiero subyacente, que afirman los desafíos que enfrentamos en todo el mundo. La inequidad en un planeta con abundancia es esencialmente la consecuencia de nuestra mentalidad individual y colectiva, y de las cosmovisiones que determinan las políticas y programas que implementamos.

Las identidades sociales son a menudo primordiales en las mentes de las personas de diferentes culturas; esto crea grandes grietas en medio de nuestro inmenso patrimonio cultural en común. Las personas de todo el mundo están dispuestas a librar guerras y destruir familias y comunidades con el fin de adquirir recursos para beneficio personal para ellos mismos, sus familias, grupos de parentesco y/o socios coludidos. Las reglas que gobiernan las políticas económicas y fiscales, así como el mercado libre, son formuladas por muy pocas personas pero impactan la vida de todos nosotros; estas reglas y políticas están inextricablemente vinculadas con cada sector del desarrollo humano y las empresas. Pero no son un hecho, son reglas, sistemas y normas que pueden ser cambiadas. Y nosotros podemos cambiarlas. Explorando las oportunidades existentes y generando nuevas es esencial para el futuro que deseamos crear, un mundo que ofrezca paz, equidad y bienestar para todos.

Inequidad

La inequidad es un tema crítico al centro mismo de muchos de los problemas y desafíos que enfrentamos. En el pasado, asumimos que las circunstancias bajo las cuales viven las personas o su propensión a tener problemas explicó por qué las personas "en la base de la escala social" fueron afectadas por la pobreza y privadas de sus derechos. Pero una extensa investigación revela un patrón diferente.[10] Los problemas sociales y de salud son resultado de un amplio desequilibrio en la escala de diferencia materialista entre personas viviendo en esa particular sociedad. Esta inequidad es también una fuerza impulsora detrás del conflicto y la desestabilización en la sociedad. Todos hemos escuchado a personas que dicen que la pobreza es una de las principales causas de violencia y que las personas pobres están enojadas y son violentas. De hecho, estudios científicos muestran que las personas que viven en la pobreza no son más violentas que los ricos. Son las grandes discrepancias en ingresos y la cada vez mayor privación, en medio de la abundancia, lo que conduce al conflicto y la violencia.

Falacia: La pobreza engendra violencia.

Nuevo aprendizaje: La disparidad conduce al conflicto y la violencia.

Y, como si las miserables condiciones de pobreza no fueran suficientemente malas, en tiempos de agitación social aquellos a los que se les mantiene marginados son quienes pagan el precio más alto.

Desde la década de los 1980, cuando comenzó el dominio del sector financiero, las políticas para empleo pleno han sido descuidadas en la mayoría de los países alrededor del mundo debido a las presiones financieras para recortar, tener gobiernos más pequeños o implementar medidas de austeridad. Más trabajadores y sus familias viven al borde de situaciones aún más precarias. Durante este tiempo, los ingresos se han elevado para unos pocos individuos alrededor del mundo, principalmente en el sector financiero. De acuerdo al eminente economista Paul Krugman, en 2013 los veinticinco primeros administradores de fondos de cobertura, cada uno ganó en promedio $1 mil millones por año.[11] La inequidad está descarrilando el crecimiento económico positivo e incrementando la pobreza. Está estancando el progreso en educación, salud y nutrición, debilitando las mismas necesidades y capacidades humanas requeridas para alcanzar una buena vida.

La oportunidad creativa

No hay nada inevitable en la inequidad. Las inequidades extremas pueden reducirse rápidamente mediante la ampliación de las oportunidades de empleo, creando políticas fiscales justas y sólidas, manteniendo servicios de salud y educación, reduciendo la disparidad en ingresos, eliminando la discriminación y prejuicio, y estableciendo salarios justos y equitativos.

Falacia: Las inequidades son inevitables y siempre han estado ahí.

Nuevo aprendizaje: Las inequidades pueden ser y han sido reducidas rápidamente a través de medidas políticas apropiadas.

La discriminación, el prejuicio y la exclusión social están profundamente arraigadas en los procesos sociales, económicos y políticos de cada sociedad, a varios niveles. Estas refuerzan las inequidades sistemáticas y normativas que se transmiten de generación en generación. Los grupos dominantes y que dominan se benefician al ganar más y más acceso a recursos y oportunidades, perpetuando las inequidades que benefician a unos pocos, mientras que marginalizan a muchos. Pero podemos abordar el prejuicio colectivo a través del cambio radical, un profundo conocimiento de nuestra unidad innata, nuestras cosmovisiones responsables, viviendo de la abundancia en lugar de la escasez.

¿Quién se beneficia del estatus quo? ¿Qué detiene la acción creativa y de afirmación de vida, alimentando de esa manera la inevitable mala salud y educación limitada de tantos y su explotación a través de violencia, agitación y conflicto? Los sistemas financieros no regulados adecuadamente, el comercio globalizado donde las "reglas del juego" crean un campo de juego desigual para los países en desarrollo, gobiernos despreocupados, corporaciones que anteponen las ganancias a las personas, todos fomentan la pobreza e inequidad.

¿Cómo se puede convertir la globalización en una fuerza económica para el bien? ¿Qué necesita suceder para que las empresas tengan visión, operen éticamente y desempeñen un papel cambiando las reglas del juego? ¿Entienden completamente las empresas la discriminación y aniquilación conectadas a las actuales reglas del juego? ¿Qué tomará para que los inversionistas vean más allá de los rendimientos trimestrales? ¿Tienen que colapsar los mercados para que los inversionistas despierten y noten cómo las actuales prácticas están contribuyendo a esa inequidad generalizada? ¿Tienen que estar continuamente presionados las municipalidades y los estados a recortar sus inversiones en críticos servicios como salud, educación y protección social, mientras que aquellos que apenas se ganan la vida tienen que pagar nuevamente el precio? Muchas personas se hacen estas preguntas críticas cada vez más y sienten la urgencia de crear nuevas conversaciones en la sociedad. Los avances en tecnología han impactado nuestras vidas de manera positiva, y en el contexto de hoy, los ricos no tienen que obsesionarse con acumular riqueza masiva para sentirse seguros. Cuando establecemos equidad y justicia, la paz y seguridad están presentes.

La pregunta básica para todos nosotros es: ¿Cómo ponemos en marcha formas para usar nuestros sentidos innatos de equidad, compasión y valor, para diseñar e implementar nuevas políticas y acciones estratégica para crear una nueva realidad, no solo de nuestra ideología y racionalidad, pero desde nuestra humanidad, encarnando valores universales? Hasta que no agreguemos esta fundamental pregunta a nuestra formulación e implementación de cada estrategia y política para la acción, no reduciremos la inequidad ni elevaremos a la humanidad, salvaremos esta tierra u ofreceremos un mejor futuro a nuestros hijos.

Identidad

Nuestras familias, la sociedad en que vivimos, nuestra educación, religión y cultura, todas han influido nuestra percepción de quienes somos y las suposiciones que hacemos sobre el mundo y las personas que nos rodean. Nuestras familias y parientes pueden enseñarnos reverencia por la naturaleza y apreciación de otras personas y otras culturas. Podemos celebrar juntos como grupos sociales, regocijando en nuestra diversidad a través de la poesía, el arte, la música, el teatro y la cocina. A veces nos organizamos alrededor de grupos sociales, resolviendo problemas juntos o gestionando colectivamente los recursos como los bienes comunes ecológicos. Nuestra identidad, quienes somos y nuestras afiliaciones sociales, pueden contribuir a nuestra comunidad y nuestro mundo, pero solo cuando es completamente inclusiva. Nuestra inclusión nos permite celebrar, crear puentes sociales y culturales, y generar resultados beneficiosos para todos nosotros.

Sin embargo, a menudo la identidad y su expresión se vuelven rígidas, definitorias y excluyentes. Los grupos con poder e influencia externos a menudo trazan límites claros, enseñando a sus jóvenes que son superiores, aprovechando oportunidades solo para ellos mismos y usando su influencia para acceder a los beneficios ofrecidos en su sociedad. Por lo tanto, tienen un incentivo para mantener las condiciones de inequidad que les otorgan un gran privilegio. Las familias refuerzan estos agudos límites. Un estudiante de Nepal compartió que cuando tenía cuatro años fue golpeado por jugar con niños cuyos padres eran de una "casta más baja".

La discriminación y la exclusión social están incrustadas, en varios niveles, en en todas las sociedades. La identidad rígida y exclusiva aviva el fuego de la ira, a menudo llevando a la gente joven, especialmente a los hombres jóvenes, hacia grupos radicales. Maajid Nawaz, ahora involucrado en la reconciliación y prevención de conflictos, explica que de joven decidió unirse a un grupo extremista por dos razones: se sentía perdido creciendo en el Reino Unido, preguntándose a sí mismo si era británico o pakistaní; y fue discriminado por la policía por ser musulmán, y como adolescente fue atacado por una pandilla de adolescentes blancos. Se identificaba con los miembros del grupo extremista más que nadie y se sintió que pertenecía. Después, cuando decidió dejar el grupo, fue relegado por su comunidad, y sus familiares y amigos cercanos cortaron lazos con él. Era un precio muy alto que pagar.[12]

El honor implica respeto y estima, se basa en la integridad. Sin embargo, "asesinatos por honor" no son más que una expresión de control y dominación en las familias y la sociedad. La pérdida de vidas es el último precio de este tipo de identidad "honorable". Cada año, más de cinco mil mujeres son ejecutadas en todo el mundo debido a "asesinatos por honor".[13] Grupos de mujeres estiman que el número debe ser de al menos veinte mil. No se trata solamente de números. El hecho de que un padre, un hermano o una madre puede asesinar a su propia hija o hermana es testimonio de lo escandaloso y cruel que puede ser el sentido del honor, la reputación y la identidad.

La mayoría de los asesinatos por honor ocurren en el Medio Oriente y el sur de Asia. En lugar de que las familias sean compasivas, nutritivas y respetuosas, se vuelven fuentes de miedo y opresión. Basado en nociones depravadas de masculinidad o "identidad masculina", los actos de venganza y asesinato son cometidos por miembros masculinos de la familia en contra de los miembros femeninos por supuestamente traer el "deshonor" a la familia. Una mujer puede ser atacada por cualquier razón, incluyendo rehusarse a contraer un matrimonio arreglado, ser víctima de asalto sexual o violación, buscar el divorcio de un esposo abusivo o simplemente el alegato de haber cometido adulterio. La percepción social es que el comportamiento de una mujer es suficiente para desencadenar una ataque contra su vida por sus propios familiares. Es un medio de controlar a las mujeres. Los homosexuales también son blanco de ataques.

Falacia: Soy deshonroso y cobarde si no peleo o mato por el "honor" de mi familia e identidad social.

Nuevo aprendizaje: Los héroes emergentes pueden, y están, deteniendo el ciclo de odio y asesinato, por ejemplo, la laureada premio Nobel Malala Yousafzai y su padre Ziauddin Yousafzai.

Una de las características de los asesinatos por honor es que los responsables no enfrentan estigma negativo dentro de sus comunidades, porque la sociedad justifica su comportamiento. En la India, los llamados grupos de casta superior han asesinado muchas parejas por atreverse al amor y al matrimonio fuera de su casta. La limpieza étnica y la violación genocida son otras expresiones brutales de la perpetuación y preservación de la identidad en formas barbáricas.

Mirando profundamente y más allá de la retórica política de equidad y aceptación, en todo el mundo vemos prejuicios generalizados, discriminación, manipulación política e incluso odio a los demás, incluyendo en las naciones ricas. Este odio radica en la raza, la clase, casta, etnicidad, religión, género o preferencia sexual. Por ejemplo, Freddie Gray, un hombre afroamericano de Baltimore, Maryland, en los Estados Unidos, murió en custodia policiaca en abril del 2015 debido a las lesiones que sufrió en el cuello y la columna vertebral mientras era transportado en un vehículo policial. La masacre en Charleston, Carolina del Sur, el 17 de junio de 2015, donde nueve personas fueron asesinadas a tiros por un hombre armado en una iglesia negra, es otro incidente reciente de prejuicio racial extremo. Estos eventos desataron ira en todo el país y el cuestionamiento profundo sobre la discriminación racial en los Estados Unidos. La discriminación y los crímenes de odio basados en raza, religión y etnicidad también continúa en Europa.

La oportunidad creativa

La mayoría de nosotros aprendemos a hablar un idioma, a practicar una religión y a jugar. En este sentido, todos somos iguales. El idioma que hablamos, la religión que practicamos, los juegos que jugamos son usualmente determinados por donde nacemos, el país y cultura en que nacimos. Donde nacemos es cuestión de azar, no de elección. También todos sentimos amor, pertenencia, abandono, traición, miedo, dolor y una multitud de emociones que son parte de nuestra experiencia humana, sin importar dónde hemos nacido.

Nuestra identidad más poderosa es mucho más que las formas sociales de nacionalidad, raza, religión, género, clase, casta, tribu, idioma. Debemos abrazar todos estos aspectos sociales en formas que sean inclusivas, pero nuestra más poderosa identidad yace en nuestras capacidades internas únicas, nuestra unidad esencial. Descubrir esto, sabiendo quienes somos, manifestando constantemente nuestra sabiduría, para una estrategia valiente y una acción compasiva es lo que trae resultados duraderos, asegurando dignidad para todos los seres humanos. Cuando aflojamos el dominio de identidades sociales exclusivas y divisivas, creamos un futuro pacífico y vibrante para nosotros mismos, para otros y para las generaciones venideras.

La pregunta básica para todos nosotros es: ¿son los humanos más que una compilación de características sociales? ¿O somos seres humanos profundamente conscientes? Necesitamos poner en marcha formas de trascender e incluir nuestras identidades sociales, anclándonos en nuestra grandeza interior en todos nuestros esfuerzos, iniciativas y programas: personales, profesionales e institucionales. Exploraremos esta pregunta más a fondo en el capítulo cinco.

Las finanzas y nuestra economía

Como ciudadanos que quieren hacer una diferencia en este mundo cada vez más globalizado, debemos entender la forma en que trabajan nuestras economías. Podemos y debemos entender las reglas que rigen los asuntos monetarios globales, los sistemas financieros y las políticas fiscales, así como las teorías que forman la base de las políticas económicas. El dinero es nuestro medio actual de intercambio global; los sistemas financieros se ocupan del manejo, creación y estudio del dinero, la banca, el crédito, las inversiones, los activos y pasivos; las políticas fiscales son el medio por el cual un gobierno ajusta sus niveles de gastos y tasas de impuestos para influenciar y monitorear la economía de una nación; y las políticas económicas se refieren a las riquezas y los recursos de un país o región, especialmente en términos de producción y consumo de bienes y servicios. Puesto que las finanzas y nuestra economías interactúan con cada parte de nuestras vidas, negocios, salud, educación, leyes, medio ambiente, infraestructura, tecnología, corporaciones, transporte, minería, agua, recursos naturales, comprender lo básico es crucial.

En las últimas décadas, el fundamentalismo de mercado ha alimentado masivas inequidades debido a la reducción de intervenciones gubernamentales y mercados no regulados. "Una de las fallas del fundamentalismo de mercado es que no pone atención a la distribución de ingresos o la noción de una sociedad buena y justa", escribe el economista Joseph Stiglitz.[14]

Cuando las personas notan que algunos acumulan una enorme riqueza y sus propias vidas se vuelven más difíciles y están excluidos, se enojan. Pero en lugar de hacer un esfuerzo para entender las políticas corporativas y financieras que condujeron a esta inequidad, tienden a culpar a los mitos y chivos expiatorios que han sido intencionalmente construidos, por ejemplo: la regulación restringe la libertad, los inmigrantes nos están quitando nuestros empleos, los gobiernos no funcionan y deben reducirse al mínimo, la respuesta es la privatización. Por consecuencia, toman decisiones erróneas, respaldan a las personas y políticas incorrectas, y viven en frustración, miedo, e incluso odio. Podemos cambiar nuestras perspectivas informándonos y entendiendo el sistema y la cultura en la que vivimos.

A menudo nos dicen que los temas como economía y finanzas son demasiado complejos para que los entendamos, y que los ciudadanos responsables deben dejar que los expertos determinen las reglas y funcionamiento de las finanzas y nuestra economía. Como en cualquier área de conocimiento (medicina, leyes, medio ambiente, educación, energía, alimentos, tecnología) las finanzas y la economía pueden y deben ser desmitificadas para que las personas puedan participar activamente.

La experiencia tiene un papel crucial que desempeñar, pero la sola experiencia no determina cómo se diseña un sistema. Los sistemas o las empresas pueden diseñarse y las normas culturales establecerse en base a valores universales articulados por personas, tanto ciudadanos informados como expertos reflexivos, quienes entonces ayudan a determinar los resultados producidos por el sistema o cultura. Por ejemplo, el criterio de éxito de un sistema o empresa puede limitarse al resultado final de las ganancias, a cualquier costo; o el criterio de éxito de ciudadanos responsables y empresas de visión a futuro puede incluir ganancias, salarios justos, beneficios para empleados y reabastecimiento del medio ambiente.

Falacia: Los ciudadanos no pueden trabajar en asuntos complejos, no podemos entender todas las complejidades relacionadas con finanzas y nuestra economías, y no tenemos poder.

Nuevo aprendizaje: Desmitificar temas complejos conduce a cambio en políticas a través de las perspectivas y demandas ciudadanas.

Las economías locales, nacionales y globales necesitan ser reformadas para distribuir beneficios de manera justa. Como ciudadanos, necesitamos entender que el precio de nuestras compras no toma en cuenta todos los costos de producir bienes. Por ejemplo, el precio de venta puede no reflejar los costos humanos y ambientales de producir ropa barata o bienes electrónicos. Por consecuencia, los trabajadores están pagando el precio por laborar a pesar de salarios injustos, y todos pagamos el precio cuando el proceso de producción causa daño al medio ambiente.

El amplio propósito del sector financiero es contribuir a la prosperidad compartida. Sin embargo, en lugar de servir a la economía, el sector financiero es actualmente el conductor de las políticas económicas y el poder político. Desde 1980, las nuevas políticas económicas y fiscales han estado destruyendo los principios fundamentales que en el pasado han resultado en productividad, crecimiento, empleo y mayor demanda. Por ejemplo, el sector financiero en los llamados países del "Primer Mundo", como los Estados Unidos y los países europeos, han usado el poder político para impulsar la agenda de la desregulación, lo que ha llevado a más inequidades. Las políticas económicas y financieras respaldadas políticamente han desapoderado sistemáticamente a los trabajadores y sindicatos, y en su lugar apoyaron leyes laborales que favorecen a las corporaciones sobre los trabajadores tratando de formar sindicatos y obtener condiciones de trabajo y salarios justos. El sector financiero apoyó políticas de globalización a través de acuerdos comerciales como TLCAN (Tratado de Libre Comercio de América del Norte), que carece de normas ambientales y de trabajo justas. Con mucha destreza, los líderes y políticos responsables en altos niveles del sector financiero han ido distribuyendo a sí mismos crecientes cantidades de escasos recursos transfiriendo ingresos de la economía real al sector financiero, aumentando dramáticamente las ganancias de sus acciones y sus ingresos personales, y al mismo tiempo aumentando la distribución desigual.

Existen otras dimensiones para financiar nuestras economías. Los acuerdos de intercambio comercial entre países raramente crean igualdad de condiciones. Los impuestos justos son fundamentales para la prosperidad en la sociedad. Es igualmente importante qué, y a quién, subsidiamos. El dinero corporativo en los paraísos fiscales no crea comunidades o naciones prósperas.

La oportunidad creativa

En todo el mundo se está discutiendo abiertamente el transformar las finanzas alejándolas de la actual ética de crear ganancias escandalosas y pagar salarios inaceptablemente enormes a los directores ejecutivos a que jueguen el papel de servir a la economía real y el bien público. Este cambio es urgente y posible, aunque difícil debido a los intereses creados de un pequeño grupo que no está dispuesto a renunciar al dinero o al poder. En los círculos de política pública, las conversaciones están abordando la necesidad de que los sectores financieros sean más transparentes, pequeños, simples y *responsables,* tanto a nivel nacional como mundial. Por ejemplo, los instrumentos financieros ocultan la información para pagar impuestos mínimos al gobierno, mientras presentan altos ingresos a los inversionistas, pueden cambiarse radicalmente. Otro imperativo es la urgente necesidad de una "revolución de impuestos" en la cual las corporaciones y los individuos ricos que tienen más paguen más impuestos. Si se cobrará el 1.5 por ciento de impuestos a los multimillonarios del mundo podríamos recaudar $74 mil millones al año, suficiente para financiar la brecha en los cuarenta y nueve países más pobres del mundo, para que cada niño pueda ir a la escuela y se puedan entregar servicios de salud a cada uno.[15] Eliminar los paraísos fiscales aseguraría que las corporaciones paguen impuestos en función a sus ingresos reales. Los enlaces entre finanzas y campañas políticas deben reformarse o de lo contrario los cambios de política económicas y fiscales que urgentemente se necesitan no sucederán. La democracia real no tendrá ninguna posibilidad.

Una financiación sostenible y suficiente es vital para el desarrollo de infraestructura, inversiones verdes que aborden el cambio climático y la inversión financiera para iniciativas de negocio que creen trabajos y permitan a la gente participar en su economía. Hay posibilidades y aperturas de crecimiento.

La rápida innovación tecnológica puede ser una oportunidad creativa cuando líderes empresariales y legisladores visionarios formen caminos de beneficio mutuo. Crecientemente, ciertos trabajos se están volviendo redundantes debido a las innovaciones en tecnología. "La dirección del cambio tecnológico debería ser una preocupación explícita de los legisladores, fomentando la innovación de forma que aumente la empleabilidad de los trabajadores y que enfatice la dimensión humana de la provisión de servicios", dijo el economista Anthony Atkinson.[16]

Como ciudadanos responsables, necesitamos participar activamente en nuestra economía, promoviendo programas y políticas que resulten en prosperidad para todos. Esto es factible.

Falacia: Invertir en acciones climáticas es una carga en la economía.

Nuevo aprendizaje: Inversiones en acción climática son económicamente sólidas a nivel local, nacional y global.

La pregunta básica para todos nosotros es, ¿tenemos el suficiente valor y sentido común para alejarnos de la tentación al capitalismo y al dinero desenfrenado y examinar las suposiciones y teorías que justifican y respaldan el "mercado" para reformar las finanzas? ¿Haremos el esfuerzo y revisaremos los supuestos fundamentales de las economías de mercado para generar prosperidad para todos en nuestro mundo de abundancia? ¿Podemos alejarnos de la preocupación principal por los intereses privados y la propiedad y las ganancias a corto plazo, por ejemplo, nuestro enfoque en los rendimientos trimestrales de los accionistas, así como nuestra mentalidad competitiva y orientada a la escasez?

CAPÍTULO 3

Compromiso para la transformación con resultados

Nuestra respuesta radical única

Debemos cambiar radicalmente nuestras estrategias para manifestar un cambio global. La brecha de riqueza está aumentando exponencialmente en todo el mundo; inequidades masivas e identidades excluyentes y mal informadas, así como sistemas económicos y financieros miopes, están erosionando los cimientos mismos de la prosperidad global.

La respuesta radical única hace uso de nuestra habilidad para ver patrones y oportunidades para cambiar sistemas.

Las disciplinas que exploran la dinámica subyacentes, el pensamiento sistemático para soluciones y el análisis integrado han evolucionado en los pasados setenta y cinco años, ayudándonos a entender los patrones y estructuras que apoyan problemas complejos con la visión de resolverlos. Sin embargo, los pioneros e innovadores en estas disciplinas reconocieron que hay otra dimensión más allá de la teoría de sistemas clásicos: la habilidad innata de los seres humanos para ver patrones y responder.

Por ejemplo, los agricultores quienes entienden el clima y el tiempo de las estaciones siembran y cosechan de acuerdo a ello; los padres quienes entienden el cuerpo como un sistema le dan comidas nutritivas a sus hijos para su crecimiento y salud.

Donella Meadows, una pionera del pensamiento sistemático, se dio cuenta de que antes de que los seres humanos fueran educados en el análisis racional, ya habíamos desarrollado un particular entendimiento de cómo funcionan los sistemas y cómo trabajar con ellos.[17] Algunos expertos se refieren a esta habilidad como intuición, pero este enfoque va más allá de la intuición. La intuición, según el *Diccionario de Inglés Oxford,* significa "la habilidad de entender algo inmediatamente, sin necesidad de un razonamiento consciente", e *intuitivo* se define como "basado en lo que uno siente que es verdad, aún sin un razonamiento consciente; innato."

Nuestra respuesta única y radical a los sistemas y la transformación cultural es más profunda que la intuición. A pesar de que pocas personas reconocen esta capacidad innata de los seres humanos para ver patrones y responder creativa y constructivamente, una forma sistemática de aprovechar esta habilidad por las personas mismas está ausente en gran medida. La fuerza inherente a la humanidad colectiva es el inmenso recurso sin explotar que podría impulsar la transformación global.

Siete características de esta respuesta radical única:

▸ Acción y resultados se manifiestan de los valores universales de dignidad, equidad y compasión para todos, sin que nadie se quede afuera.

▸ Trasciende los prejuicios sociales y las posiciones personales.

▸ Se basa en una capacidad innata en los seres humanos para comprender patrones, sistemas y normas culturales, y trabajar con ellos, sin experiencia formal en teoría de sistemas.

▸ Permite a todos los que eligen participar en la transformación social y planetaria a tratar con la complejidad.

▸ Aumenta la habilidad de diseñar respuestas, tomar acción y ver los resultados como un proceso evolutivo e integral, no uno que reacciona de manera fragmentada y poco sistemática a los problemas.

▸ Debido a los métodos y principios del diseño, la contribución de cada persona afecta el todo y es un fractal; por lo tanto, cada persona mueve la agenda hacia delante, independientemente de que tan grande sea la idea o proyecto.

▸ Ahora existen un conjunto de plantillas, herramientas y técnicas para apoyar a descubrir y activar nuestra compasión y grandeza; para transformar sistemas y cultura, y actuar para crear cambio y generar resultados hacia un cambio de paradigma.

Esta es quizá la primera vez que un conjunto de herramientas, técnicas y prácticas utilizadas por gente común sistemáticamente puede crear caminos para generar sistemas extraordinarios y de gran alcance y una transformación normativa para el bien común. En los siguientes capítulos se describen algunas de estas prácticas para la alquimia del cambio de un paradigma. Estas se relacionan al conocimiento profundo y auténtico de uno mismo y de aprender formas para manifestar nuestra unidad para la acción estratégica y desarrollar la capacidad para utilizar las plantillas de diseño transformativo para un cambio de paradigma. Estas técnicas ofrecen una praxis para la implementación consciente y formas para escalar nuestras acciones.

Falacia: La idea de cambiar sistemas y crear nuevos patrones y normas es complicada: estoy y estamos abrumados.

Nuevo aprendizaje: Todos pueden crear patrones nuevos y cambiar sistemas y normas culturales cuando deciden hacerlo. Nuestra respuesta puede ser simple, pero no simplista, ¡e impactante! Manifestando las capacidades internas, aprendiendo y utilizando los principios operativos, herramientas y prácticas de diseño transformativo coherentes, es el camino.

La mayoría de las personas se sienten abrumadas cuando piensan en cambiar los sistemas y crear nuevos patrones. Los factores múltiples, no lineales, e interdependientes parecen abstractos y complejos. Manifestando nuestras capacidades internas junto con diseños coherentes y principios operativos, herramientas y prácticas, podemos responder eficazmente y cualquiera puede aprenderlos. Una vez aplicados a la vida cotidiana, se vuelven parte de nuestra manera de estar momento a momento en casa, con nuestros amigos y comunidad, en el trabajo y dondequiera que queramos transformar los paradigmas sociales.

Buckminster Fuller dijo, "Estoy enfrentando un mundo en torno a una revolución de sangre fría, constructiva, diseñada para la transformación, contra un mundo en torno a una revolución sangrienta y destructiva. La revolución de la ciencia del diseño puede ser ganada por todos. La revolución sangrienta puede ser ganada por ninguno".[18] La respuesta radical única se apoya en nuestras capacidades innatas y está basada en la activación del arquitecto unificador dentro de nosotros para diseñar diferentemente y hacer la diferencia. Para trascender las aparentes paradojas, con todo lo que sabemos y lo que en consecuencia podemos actuar, nos da otra opción que una sangrienta revolución. Podemos diseñar nuestras respuestas a través de la integración de la tecnología, la aplicación del conocimiento científico para propósitos prácticos, con nuestro patrón mental, arraigado en nuestro ser e infundido por nuestros valores universales. Una claridad prístina e informada desde este espacio cambia el paradigma desde una perspectiva separada e independiente a interdependientes formas de vida locales y globales. Usamos tecnologías, información, y nuestra conexión al servicio del bienestar de todos, en todos lados. Nuestros seres ilimitados y nuestro abundante planeta generan transformación a través de resultados medibles y compasión inmensurable.

La única respuesta radical es "r-evolución", una evolución radical en diseño.

Surgimiento, resultados, impacto

El progreso material y tecnológico que hemos logrado en las últimas décadas no tiene precedentes en la historia de la humanidad, pero los beneficios de este crecimiento están cada vez más inclinados a favor de una pequeña minoría. Estamos en una encrucijada y la única dirección viable es "de adentro hacia afuera", la que está arraigada en nuestra forma de ser en unidad con cada uno y con la tierra. ¡Se trata de generar resultados en lugar de hablar y analizar hasta el cansancio acerca de los resultados!

"Sujetalibros" para el surgimiento

Este trabajo trata sobre el surgimiento del potencial humano para generar un cambio equitativo y sustentable con dirección; no es una receta. No venimos con soluciones ya hechas y tenemos un gran respeto por la ciencia detrás de las soluciones para los problemas que encaramos. Pero la ciencia misma no puede resolver los problemas. Por ejemplo, las vacunas están hechas para prevenir la enfermedad, pero aún así, muchos mueren por enfermedades que se previenen con las vacunas. La tecnología es tan valiosa solo en la forma en que se utiliza. Puede mejorar la vida, pero usada inapropiadamente puede destruir la vida. También se puede usar ya sea para excluir o incluir a personas de diferentes estratos sociales.

El surgimiento no significa que el despliegue sea al azar. Dos componentes constantes mantienen el surgimiento como sujetalibros:

▸ Los valores universales en los que estoy parado, que encarno y manifiesto a través de mis acciones.

▸ El impacto que deseo generar, bienestar para todos y un planeta que prospere.

El surgimiento es el despliegue y la materialización de nuevos patrones, entendimientos y soluciones que no siempre son predecibles a medida que diseñamos e implementamos programas, iniciativas e ideas. Por ejemplo, a medida que nuestro equipo del Programa de Desarrollo de la Naciones Unidas (UNDP, por sus siglas en inglés) se comprometió con gobiernos, medios de comunicación y sociedad civil para revertir el VIH/SIDA en Papúa Nueva Guinea, se hicieron cambios importantes en la asignación presupuestaria para tratamiento y los periodistas empezaron a cambiar las conversaciones sociales negativas que estigmatizaban a las personas viviendo con VIH/SIDA. Impredeciblemente, más allá de nuestro mandato formal de proyecto, surgió una campaña para detener la violación a través de la iniciativa de cuatro periodistas varones reflexivos en Papúa Nueva Guinea.

Falacia: El surgimiento es un fenómeno conceptual sobre el que los científicos y pensadores estudian y hablan, a menudo caótico y nada que ver conmigo o con mi realidad cotidiana.

Nuevo aprendizaje: Cuando me doy permiso para que surjan mis valores universales y unidad para la acción y resultados, manifestaré mi grandeza y contribuiré de formas impredecibles; soy la nueva realidad en desarrollo y emergiendo en este mundo.

Resultados y orientación

Si queremos algo que nunca hemos tenido, debemos hacer algo que nunca hemos hecho antes para producir resultados. Cuando era niña, escuché a mi padre decir que es importante producir resultados o de lo contrario la situación seguirá siendo la misma. Cuando él era joven, trabajó por la libertad de la India; en la India independiente estableció el primer plan de pensiones para los trabajadores de las plantaciones de té. Defendió la equidad y dignidad. Sin embargo, mi padre siempre dijo que mi esfuerzo era más importante que las calificaciones que obtenía en clase y que no debería estar atada a los resultados; así que no me defino a través de los resultados. Su consejo y este principio, el cual es muy resonante en la filosofía oriental, ha permanecido conmigo a lo largo de mi vida. Recuerdo que en la escuela de medicina saqué una baja calificación en patología. Entonces mi padre voló más de mil millas, de Shillong a Nueva Delhi, para darme un abrazo y decirme que él entendía por lo que yo estaba pasando; en mi situación había hecho lo mejor, que era todo lo que importaba. Se trata de resultados profundos, no solo de logros. En este trabajo, distinguimos los resultados profundos como el espacio interno de saber que estoy contribuyendo y haciendo la diferencia, a pesar de aún no haber tenido "éxito".

Mientras que no deberíamos de estar apegados a los resultados de una forma egoísta, nuestro trabajo está completamente orientado a los resultados. Por ejemplo, in Papúa Nueva Guinea, nuestra meta era aumentar el tratamiento para aquellos viviendo con VIH/SIDA y tener cero tolerancia para el estigma y la discriminación. Orientamos nuestras acciones para generar resultados como una expresión de quienes somos; no estábamos apegados a los resultados. Distinguimos el no apego del despego. El no apego es la habilidad para trabajar plenamente, dar lo mejor de nosotros, sin escatimar esfuerzos, comprometidos con el cambio y totalmente inmersos y presentes para los resultados profundos que deseamos. El desapego es el retiro o compromiso pasivo, no totalmente comprometido. Nos involucramos más apasionadamente en una forma de no apego para hacer una diferencia medible.

La mayoría de los seres humanos quieren ver un cambio medible porque es concreto. Sin embargo, en lenguaje común, usamos palabras tales como impacto para significar una marcada influencia o efecto y metas logradas para significar consecuencia. Para mover las manecillas del reloj de los resultados, estos términos deben ser más específicos para que las personas puedan medir si el cambio que realmente desean ver está ocurriendo o si solo están trabajando en soluciones rápidas para mantener el estatus quo. Debemos desmitificar la jerga de las políticas.

Utilizo las definiciones de resultados de las Naciones Unidas y las he adaptado para imbuir valores universales: "Impactos" son profundos cambios de paradigmas que resultan en bienestar y dignidad equitativos y duraderos para todos los seres humanos y un planeta próspero; "metas logradas" son esfuerzos que de forma medible cambian las condiciones en las que los seres humanos, todos los seres sintientes y nuestra tierra, prosperan; "actividades completas" son productos específicos entregados o servicios prestados; y "aportes" son recursos tales como dinero, materiales o el tiempo utilizado para actividad y esfuerzo.[19]

Por ejemplo, para nuestros niños quizás deseamos impactos tales como un bienestar duradero, dignidad y felicidad, lo cual significa que debemos ir mucho más allá de la forma tradicional y materialista en que vemos al éxito, las señas externas del dinero, fama, estatus y bienes de lujo. Para esto impactos, los padres harán el esfuerzo de generar metas logradas, tales como niños que son sanos e inteligentes (a diferencia de listos), que se valoran a sí mismos y a los demás, que son responsables, amorosos, divertidos y educados, que tienen compasión y empatía, que son competentes para ganarse la vida y prosperar. Las relacionadas metas logradas podrían ser educación escolar de calidad, un estilo de vida saludable y recreación al aire libre; y los aportes podrían ser el tiempo y la atención de padres nutrientes, dinero para educación escolar y oportunidades para una recreación saludable que mejore la vida.

El deseo de cambio existe en cada comunidad en el mundo, aún cuando los individuos digan que están indefensos o son incapaces de hacer la diferencia. Este trabajo trata del liderazgo transformativo aprovechando ese impulso de cambio y haciendo que las personas descubran lo que significa contribuir significativamente y generar resultados.

Comenzando el viaje con compañeros para resultados

Ya que no hay una receta específica de cómo comprometerse para generar resultados, cada vez que decidimos trabajar por el cambio, comenzamos con una pregunta profunda para saber qué es lo que quieren cambiar las partes interesadas y los resultados que desean producir. Sin embargo, las normas y procedimientos técnicos basados en la ciencia y la experiencia se establecen en programas basados en el mejor conocimiento disponible; por ejemplo, procedimientos estandarizados de pruebas o regímenes de tratamiento para VIH/SIDA, establecido por la Organización Mundial de la Salud.

Cuando nuestro equipo en el Programa para el Desarrollo de las Naciones Unidas trabajó para revertir la epidemia mundial del VIH/SIDA en sesenta países, comenzamos preguntando a las partes interesadas: ¿Cuáles son los principales problemas relacionados con el VIH/SIDA en su comunidad y país? ¿Qué se necesita cambiar en los sistemas o normas culturales de la sociedad para resolver estos problemas? ¿En qué sectores? ¿Cuáles son los valores universales con los que vivo sin lugar a dudas? ¿Qué resultados produciré a través de mi proyecto? ¿Qué cambios crearé en el sistema? ¿Qué perspectivas culturales y normas cambiaré? Hacer las preguntas correctas activa nuestro pensamiento sistemático y abre nuestra mente de patrones a cambios culturales, preparándonos para la acción concreta y significativa.

En Etiopía, más del 90 por ciento de las partes interesadas identificaron cuatro problemas principales relacionados con el VIH/SIDA en su país: estigma y discriminación, las finanzas que no llegaron a los proveedores clínicos y de servicios sociales, la violencia de género y la competencia por los recursos entre las organizaciones no gubernamentales. A través del programa de aprendizaje en acción, las partes interesadas diseñaron e implementaron iniciativas innovadoras en cada una de estas cuatro áreas. Unos cuantos eligieron trabajar en temas adicionales relacionados con la epidemia del VIH/SIDA, por ejemplo, ampliando las instalaciones de pruebas.

Las partes interesadas dicen que encuentran este proceso de investigación útil y anclado. Es esencial guiarnos por adelantado por los cambios que deseamos ver y los resultados que deseamos producir. Si no nos involucramos intencionalmente con la visión de generar resultados, las prácticas transformadoras que aprendamos, herramientas, técnicas y distinciones, son principalmente usadas para la transformación personal, sin comprometernos en el trabajo, la comunidad, la sociedad, las instituciones o proyectos. Ya que nuestro trabajo es acerca de resultados que conduzcan a la transformación social y planetaria, continuamente hacemos preguntas profundas y reflexionamos sobre las transformaciones y los resultados concretos que queremos traer consigo como un proceso dinámico de compromiso y descubrimiento. El propósito es enfocarse en la acción al mismo tiempo que descubrimos nuestra grandeza interna, firmemente parada en nuestros valores universales e informada por patrones y sistemas de pensamientos.

Falacia: Si me embarco en un viaje de transformación personal, automáticamente voy a generar transformación social y planetaria.

Nuevo aprendizaje: La transformación personal es necesaria pero no condición suficiente para la transformación social y planetaria. Cuando simultáneamente ardo por ver resultados tangibles y actúe para manifestar mi grandeza, voy a generar una transformación social y planetaria.

Los participantes de los programas de aprendizaje en acción aprenden un liderazgo efectivo y habilidades de administración responsable, pero también aprenden a *ser* líderes ellos mismos Una analogía para este cambio en la participación puede encontrarse en el atletismo. Las personas con capacidades de liderazgo son como espectadores disfrutando el juego sentados en las laterales. Los líderes están en el campo jugando con todo el corazón. Ahora, la transformación que necesitamos en este mundo requiere que cada uno de nosotros esté en el campo, completamente comprometidos a jugar nuestro mejor juego.

Para generar resultados debemos actuar. A menudo creamos una falsa dicotomía entre *ser* y *hacer,* como si fueran dos espacios mutuamente excluyentes. He experimentado esto a lo largo de muchas presentaciones que he dado sobre este enfoque para resolver problemas a través de la manifestación de capacidades internas y activando nuestro patrón mental para crear alternativas. En una ocasión, un colega de las Naciones Unidas dijo, "Esto realmente se trata de espiritualidad, no de acción". Cuando presenté la misma charla en una reunión sobre espiritualidad en acción en Europa, un caballero comentó, "Esto se trata de hacer, no de ser". Generar resultados a través de *hacer* y usar todo lo que sabemos y entendemos es una forma de *ser*. El *ser* y *hacer* al mismo tiempo en el mundo es lo que hace al pionero global de hoy.

Nuestras capacidades innatas para cambiar el paradigma

Como agentes del cambio, estamos comprometidos con el bienestar de las personas y un planeta próspero. ¿Quién necesito *ser*, cómo debo pensar y qué debo hacer para crear cambios de paradigma? Basándome en nuestras capacidades innatas como seres humanos, veo cuatro *formas inseparables, esenciales e interrelacionadas de ser, a través de la acción necesaria para producir resultados transformadores:*

▸   *Soy el pionero contemporáneo* basado en valores universales manifestando mi grandeza a través de la acción valiente y compasiva. ¿Abrazo la confusión como un espacio para permitir el surgimiento

de nuevas posibilidades? ¿Cómo puedo ser valeroso, escuchar profundamente, estar dispuesto a cambiar mis perspectivas basadas
en valores universales y ser estratégico al mismo tiempo?¿Puedo, y
podré, aplicar este aprendizaje para cambiar el presente paradigma
de economía y finanzas?

▸ *También soy el arquitecto unificador* diseñando diferentemente
para hacer la diferencia. ¿Elijo ser un factor de cambio con principios y cambiar esas normas y sistemas que explotan a las personas
y/o al planeta? ¿Genero cosmovisiones que emanan de quien soy,
de mis valores universales y de nuestra unidad? Diseñando diferentemente para hacer la diferencia, aprovechando mi patrón mental
innato en todos nosotros y haciendo la conexión con nuestra vida
cotidiana y el trabajo da como resultado avances extraordinarios.
La pregunta ya no es ¿Soy un jugador pequeño o un gran jugador?
En efecto, puede ser mejor limitar el compromiso de los grandes
jugadores que, mientras que resuelven problemas con soluciones
rápidas, perpetúan el sistema y las normas que dieron lugar a esos
mismos problemas. Todos pueden aprender a diseñar iniciativas
con el potencial para hacer un cambio significativo y duradero, ya
sean pequeñas o grandes. Todos ellos importan.

▸ *También soy el proactivista consciente* respondiendo a través de
mi fuego interno, completamente presente y consciente en cada
acción estratégica. Navego y actúo con el flujo, como un río que
añora llegar a un destino a través de obstáculos y gradientes, grav-
itando y fusionándose con el mar. Se trata de fluir con intención, no
al azar. Esa intención viene del valiente compromiso de hacer una
diferencia, conscientemente.

▸ *Soy el transformador radical de sistemas y culturas* notando los
impactos, metas logradas y actividades completas que se obtienen
a través de mis acciones conscientes y me inspira a llevar esto a
cimientos más profundos y grandes alturas a lo largo de la sociedad. Cultivo la administración responsable en otros, creando con-
juntamente resultados equitativos y duraderos, mientras se continúan practicando y generando resultados transformativos.

Estas cuatro formas inseparables, esenciales e interrelacionadas de ser a través de la acción están emergiendo. Exploramos esto en las partes dos y tres.

Al criar una familia, a) cumplimos con las normas y valores, b) planeamos y diseñamos cómo dar forma a nuestras carreras y las de otros miembros de la familia, c) actuamos de acuerdo a los planes, y, d) hacemos más de lo que resulta exitoso. Aquí la invitación es a pararse en nuestra unidad y valores universales, diseñando iniciativas que cambien los principios del juego para una humanidad y planeta prósperos, implementando acciones conscientes y llevando esto a escala para una gran manifestación cada vez mayor.

PARTE 2

Una nueva forma de ser a través de la acción para todos

CAPÍTULO 4

Los tres atributos innatos entrelazados

Tres elementos innatos, que mejoran la vida de cada uno de nosotros, nos nutren en nuestro camino y sostienen los resultados que producimos: primero, nuestro *corazón universal* de compasión; segundo, un *ardor empático por equidad y justicia*; y tercero, nuestro *ojo discernidor:* viendo patrones tanto visibles como invisibles, para la transformación social con luz e inmaculada claridad. Por *universal* queremos decir "incluir a todos sin dejar a nadie afuera, en ningún lugar".

Nuestro corazón universal de compasión

Nuestro corazón universal puede ser roto por un acontecimiento cotidiano o un incidente dramático. Cuando nuestro corazón universal se rompe, nuestro corazón universal de compasión es una apertura para que nuestra grandeza se manifieste. No me refiero a nuestros sentimientos y emociones, los cuales tienen un importante lugar en nuestras vidas. Tampoco me refiero a los cambios internos que se desarrollan cuando la vida nos aplasta o enfrentamos una tragedia personal. A menudo nos reconectamos con nuestras tragedias personales, como la muerte de nuestros seres queridos, para aliviar nuestro dolor y servir causas similares, sino idénticas. Por ejemplo, si un ser querido ha muerto de cáncer, a menudo comenzamos a apoyar formas que apoyen la prevención o cura del cáncer. Esto puede ser cuando nuestro imparable corazón valeroso se rompa y se comprometa con la acción compasiva. Pero a menudo nos atoramos en nuestras emociones y seguimos haciendo las cosas para aliviar el dolor como una extensión de nuestro propio sufrimiento. Nuestros corazones universales laten en un espacio diferente, un espacio en donde de modo impredecible nuestro corazón se rompe y abrazamos a la humanidad en su totalidad a medida que viajamos a través de nuestras vidas. Es espacioso, desprejuiciado, creativo y compasivo, un espacio callado pero determinado, donde nuestra voluntad se eleva a la acción en amor y compasión universal.

En este trabajo, cuando usamos la palabra *amor,* nos referimos a un amor fuerte y valiente por la humanidad, no solo por aquellos cercanos a nosotros. Cuando usamos la palabra *compasión,* nos referimos a *karuna* (sánscrito), cualquier acción que se toma para disminuir el sufrimiento de otros. *Karuna* podría también ser traducida como "acción compasiva".

Hemlata Kansotia fue una joven voluntaria en la India que trabajó con los niños de los trabajadores de la construcción sin tierra quienes viven en circunstancias extremas. El hijo de cuatro años de un trabajador de la construcción se cayó en una fosa sin protección en los alrededores de la mansión que estaban construyendo y ahí murió. Hemlata recuerda haber visto a la madre y padre del niño llorando sin consuelo. Entonces llegó el contratista, les dio a los padres veinticinco rupias y les dijo que se fueran de inmediato y regresaran a la aldea con el cuerpo de su hijo muerto. El contratista dijo que estas cosas suceden y que no quería que llegaran los medios y que ¡no había necesidad para tanto drama emocional! Hemlata dejó el lugar despierta y cambiada por dentro. Posteriormente, se educó a sí misma, alcanzó una maestría a pesar de la oposición y obstrucción de su padre, y ahora dedica su vida a trabajar por los derechos laborales. Hemlata fue llamada para abordar la inequidad.

Falacia: Una cuantas extraordinarias y santas personas pueden cuidar de otros y la humanidad.

Nuevo aprendizaje: Todos los seres humanos tienen la capacidad innata de ser empáticos y compasivos. Entornos enriquecedores en la infancia estimulan este potencial. Los adultos que han tenido infancias difíciles pueden elegir acceder a nuestra humanidad con el apoyo adecuado y también pueden actuar para apoyar a otros.

La experiencia práctica no solo da testimonio de la acción compasiva de millones de seres humanos, pero reciente investigación en neurociencia muestra que los humanos están creados para conectarse y pueden "sentirse en" otra persona. La empatía, activada por nuestro sistema de neuronas reflejado en conjunto con partes de la corteza recientemente evolucionadas, es fundamental para la acción compasiva. Los tres aspectos secuenciales de la empatía son notar los sentimientos de otra persona, sentir lo que la persona siente y responder compasivamente a la angustia de otro, afirma Daniel Goleman, un bien conocido autor y psicólogo.[20]

Mi corazón universal se ha roto muchas veces en mi vida. Shanti era una mujer de veinticuatro años, con cáncer terminal, admitida al Instituto de Ciencias Médicas de Toda la India en Nueva Delhi, y yo era la pasante médica a su cuidado. Era una obrera que trabajaba construyendo carreteras y trajo con ella a su niña de dos años, pues no tenía familia o amigos que le ayudaran. Dos veces al día, traía a su pequeña niña de la guardería para que estuviera con Shanti. Todos los días, mañana y tarde, Shanti me imploraba que le asegurara su recuperación, "por lo menos hasta que mi niña se pueda valer por sí misma". Hasta la fecha, incluso este momento en que comparto este incidente con ustedes, el recuerdo de su deceso me hace llorar, viendo vívidamente al bebé de Shanti tratando de "despertar" a su madre inmóvil.

De alguna manera, estos incidentes viven dentro de nosotros, nos despiertan y nos llevan a la acción compasiva, sin que tengamos que pensar en ellos. Si miramos hacia adentro notamos este espacio. La mayoría de nosotros ha tocado y sido tocado más de una vez por nuestro corazón universal de amor y compasión. En nuestras desordenadas vidas, sin momentos de quietud, es difícil reconectarse con este aspecto de nosotros mismos.

¿Cuándo tocaste tu corazón universal para la acción compasiva?

Una ferviente empatía por la justicia

La suposición predominante es que las personas por naturaleza persiguen su propio interés. Pero hay un sentido innato de lo que es universalmente justo y equitativo presente en nosotros. Investigaciones recientes en varios países revelan que la equidad es muy importante para las personas. La gente sabe que algo está mal cuando existen altos niveles de inequidad; "el instinto de equidad", señala Oxfam, fue evidente en 92 por ciento de aquellos entrevistados en los Estados Unidos, quienes indicaron una gran preferencia por la equidad.[21] Incluso otros mamíferos cuidan del bienestar de los demás. Por ejemplo, los monos rhesus renuncian a su comida cuando obtener su porción le causa dolor a otro mono; las ratas muestran un comportamiento similar.[22]

Esta ferviente empatía por la equidad es un conocimiento interior de que nosotros mismos somos el núcleo para manifestar, y que podamos manifestarlo, un mundo equitativo, justo y humano a través de profundizar y alcanzar. Sin embargo, a menudo nuestro proceso de socialización o educación debilita, y quizás hasta anula, este aspecto altruista y amable de nosotros mismos. Es posible enseñar y hablar sobre la injusticia, pero la añoranza por un mundo justo y equitativo no se puede enseñar; cuando nuestro corazón universal y compasivo se rompe, es el fuego interno el que nos enciende.

> **Falacia:** Los seres humanos son impulsados principalmente por sus propios intereses.
>
> **Nuevo aprendizaje:** Por naturaleza, los seres humanos cuidan de otros; la compasión es un componente integral de nuestra inteligencia social que nos ha permitido sobrevivir por miles de años.

No es una obsesión. No es una causa. No es dogmática. No es fundamentalismo. Pareciera una paradoja: sin agenda, pero con una agenda
interna profunda para manifestar un mundo humano, equitativo y justo.
Existe una profunda sensibilidad al intenso sufrimiento en el mundo,
momento a momento, porque lo notamos y experimentamos magnifi-
cado por este saber que llevamos dentro de que puedo hacer la diferencia y no me detendré hasta hacerlo. Es un fuego con la corriente del
agua, la energía de un Bodhisattva secular y global, el corazón de acción
compasiva que se sana a sí mismo y a los demás, con una mirada constante en la inequidad y la injusticia. Cuando nos escuchamos a nosotros
mismos, encontramos el fuego interno y podemos dejar su luz brillar para
que nos muestre el camino, incluso cuando esté oscuro y sea difícil de
ver. Escucharnos a nosotros mismos alimenta el fuego para que genere
luz en lugar de quemarnos internamente, lo que crea paisajes áridos incapaces de nutrir la vida humana. Escuchar es sanar y a medida que hacemos esto por nosotros mismos creamos nuevas posibilidades, diseñando
y estableciendo diferentes patrones, patrones de equidad y justicia, para
nosotros y para los demás.

Paola Babos trabaja con las Naciones Unidas. Comenzó como voluntaria en el Programa de las Naciones Unidas para Refugiados en la Serbia y
Kosovo de la posguerra, donde trabajó en la reconciliación entre las comunidades serbias y kosovares, abriendo espacio para los regresos voluntarios. Al mismo tiempo, *ve* su agencia atrapada en la política de poder entre
fuerzas nacionalistas, aplastando el diálogo entre individuos en el nombre
de la identidad nacional. Estos son los mismos patrones y políticas que
experimentó al crecer en un territorio disputado en la Segunda Guerra
Mundial caracterizado por los problemas de los refugiados y las minorías
políticas entre Italia y la antigua Yugoslavia. Habiendo crecido en una sociedad dividida de "nosotros contra ellos", internamente ella sabía que algo
más era posible y que ella no toleraría el divisionismo. Así que decidió involucrarse de forma diferente. A finales de su adolescencia, dejó su hogar
para involucrarse en una educación alternativa que la llevaría en el viaje de
la comprensión intercultural. Cuando llegó a los Balcanes, inmediatamente
reconoció la realpolitik que había atrapado la socialización en su propia
experiencia cuando era niña en Trieste.

Inicialmente, Paola se sintió aplastada, incapaz de ser solo otro oficial de la ONU cayendo presa del juego político mayor. Entonces se dio

cuenta que esta vez tenía la oportunidad de ser parte de la solución participando activamente en la creación de nuevos patrones, aquellos de diálogo, de apertura al sufrimiento de los demás a causa de la guerra, la destrucción y la ceguera humana. Comenzó apoyando a los jóvenes que abogaban y actuaban por la justicia y el diálogo entre individuos que reconocían la humanidad y la diversidad de los demás. Se conectó con jóvenes kosovares que dirigían una estación de radio alternativa y entonces conoció a Andrej Nosov, un periodista serbio adolescente que fue el primero en atreverse a preguntar y escribir abierta y verdaderamente sobre las violaciones de los derechos humanos cometidas por los serbios contra los albaneses en Kosovo. Paola dio apoyo a Andrej Nosov para visitar Kosovo mientras daba vida a la Iniciativa Juvenil por los Derechos Humanos (YIHR, por sus siglas en inglés), la primera organización dirigida por jóvenes que luchan por el diálogo abierto y el movimiento entre serbios y jóvenes kosovares.

Andrej es valiente y compasivo, rompiendo los límites de los medios estatales; es un fuego ardiente que ilumina los espacios más oscuros del nacionalismo, división y políticas de identidad. Es apolítico y sin embargo completamente político. En el debate político, no se pone del lado de los nacionalistas o progresistas; informa de manera independiente sobre violaciones a los derechos humanos. Andrej crea plataformas para que las personas cuyos derechos humanos han sido violados sean escuchadas, sin importar el arrogante y paternalista discurso de los poderosos o de su manipulación de los hechos para crear desconfianza y odio. Él escucha y está listo para hablar honestamente con cualquiera.

Cuando él nos conoció a Paola y a mí en la Naciones Unidas, Andrej compartió lo que sufrió durante esos tiempos. Familiares, amigos y vecinos habían venido a conocer a sus padres, pidiéndoles que detuvieran a Andrej o de lo contrario habría consecuencias nefastas. Algunos incluso lo amenazaron de muerte. Andrej recuerda lo asustado que se sintió la noche anterior a cuando iba a hablar en el tribunal para abordar los crímenes de guerra. Y, sin embargo, siguió adelante y dijo lo que pensaba con valentía y un profundo conocimiento interior. Promueve los intercambios juveniles entre Serbia y Kosovo y luego organiza a los jóvenes serbios a expresar y manifestar sus valores durante las elecciones nacionales.

¿Cuándo te moviste más allá de tus propios intereses para decir lo que piensas por la justicia para los demás?

Nuestro ojo discernidor *observando* patrones

Nuestro ojo discernidor *ve* tanto los patrones visibles como invisibles con luz e inmaculada claridad para la transformación social. Cuando nuestro corazón universal está abierto y vulnerable, y encontramos nuestro fuego interno, aprovechamos nuestra luz guía, incluso cuando en la superficie parece difícil de "ver". Esta luz interior y guía aclara y genera descubrimientos, revelando mucho más de lo que el ojo de nuestra mente es capaz de ver. Nos permite ver las cosas como realmente son, trascendiendo nuestros miedos, separaciones, ideologías y ansiedades; nos da valor par ver y enfrentar lo que está presente y para crear nuevos patrones para nosotros y para los demás, basados en los valores universales que aplican a todos y cada uno, como la compasión, equidad y dignidad.

Cultivar el discernimiento es esencial para que nuestro ojo discernidor "vea". El discernimiento es nuestra capacidad para mantener múltiples perspectivas sin comprometer los valores universales que representamos. Somos capaces de trascender nuestra reactividad e impulsividad habituales e interpretar lo que está sucediendo sin prejuicios o preferencias. Tomamos decisiones sin juzgar, anclados en nuestros valores universales, dispuestos a alterar nuestro punto de vista en interés de la humanidad como un todo.

Los valores universales de Paola son dignidad, compasión y equidad. El compromiso de Paola y Andrej en este trabajo no es una respuesta única y esporádica. Es una forma de estar en acción en cada oportunidad que se presenta en su camino y en las oportunidades que crean basados en este ojo discernidor, energizado por su fuego interno y su compasivo corazón sanador.

Falacia: Para entender la complejidad de los retos que encaramos debo equiparme con perspectivas ideológicas estructuradas, investigación actualizada y conocimiento. Solo entonces veré lo que está sucediendo y decidiré qué hacer.

Nuevo aprendizaje: Ahora sabemos que las decisiones son informadas por nuestras perspectivas aprendidas y preferencias ideológicas, no principalmente por conocimiento e información que se nos presenta. Tenemos la opción de "ver" qué es invisible de diferentes maneras basado en valores universales, dignidad, equidad, y compasión.

En sus diferentes capacidades, Paola aprendió que la equidad requiere sistemas de cambio y nuevos patrones, no solo un "buen" trabajo aislado. Actualmente dirige el trabajo regional de género en África central y occidental para mejorar la salud sexual y reproductiva de las niñas, así como su educación secundaria, y para abordar la violencia de género y el matrimonio infantil. Paola entiende que más allá de brindar oportunidades a las niñas, debemos abrir nuevos espacios para que hombres y niños se involucren de manera diferente, reinventándose junto a mujeres y niñas, desbloqueando los ideales femeninos y masculinos subyacentes que nos afectan a todos y crean nuevos patrones de equidad de género en los que todos salgan ganando.

Desde su ojo discerniente, Paola ve oportunidades únicas para cambios de paradigma en todos sus compromisos. Dondequiera que Paola trabaje, su fuego interno es inextinguible. Y ella está en acción.

¿Cuándo viste patrones invisibles y actuaste desde este nuevo espacio, activando tu capacidad innata de ver con tu ojo discernidor?

A medida que cultivamos estos tres atributos inherentes en nosotros, nuestro *corazón universal* de compasión, *un ardiente deseo por equidad y justicia,* y nuestro *ojo discernidor que ve patrones,* manifestamos una transformación fenomenal con extraordinarios resultados.

CAPÍTULO 5

El pionero contemporáneo

Manifestando el poder interno para la transformación radical de sistemas y culturas

Cuando sabes quién eres; cuando tu misión está clara
y ardes con el fuego interno de la voluntad inquebrantable;
no hay frío que pueda tocar tu corazón;
no hay diluvio que pueda disminuir tu propósito

JEFE SEATTLE

El pionero contemporáneo es simultáneamente un arquitecto unificador, un proactivista de conciencia y un transformador radical.

El éxito de los pioneros contemporáneos emana de formas fundamentales de ser, pensar y actuar para manifestar resultados transformadores a lo largo del viaje de la vida. Los pioneros contemporáneos abrazan sus identidades como recursos, sin crear divisiones o excluyendo a otros. Encarnan y viven sus valores universales de dignidad, equidad y compasión, más allá de la retórica de los valores. Estos pioneros son quietud en acción pues generan resultados transformadores.

Sabiendo quién soy para la acción estratégica

Nuestra extraordinaria capacidad innata para la compasión y la claridad parece paradójica cuando se yuxtapone con las enormes desigualdades y explotación, provocadas por el hombre, de nuestra tierra y su gente. Es precisamente por este estado del mundo que tener acceso a nuestra capacidad como seres *humanos* es imperativo.

Un ejemplo de cómo manifestamos capacidades internas para abordar la epidemia mundial del VIH/SIDA es el programa de Liderazgo para Resultados a través de las Naciones Unidas que llegó directamente a 4.5 millones de personas e indirectamente a aproximadamente 130 millones de personas, en sesenta países en cada continente.[23] Como directora mundial de VIH/SIDA en PNUD, diseñé este programa con practicantes y compañeros en posiciones de liderazgo, en varios países alrededor del mundo, poniendo en marcha estrategias operativas sinérgicas para respuestas conscientes de espectro pleno y resultados transformadores. Esto se puede aplicar a cualquier esfuerzo o desafío.

Saber quien soy y manifestar mi poder interior para la transformación son pasos fundamentales para liberar mi potencial humano.

Al levantarse por la dignidad universal, personas en varios lugares del mundo generaron resultados. Los jóvenes en Ucrania establecieron lugares para las personas muriendo de SIDA; en los Estados Árabes, lideres religiosos del Islam y el Cristianismo apoyaron el tratamiento para aquellos viviendo con SIDA en prisiones y en otros lugares; los aldeanos de Camboya aceptaron a las personas viviendo con VIH/SIDA y abogaron por sus derechos en hospitales. Todos estas diferentes formas de abordar se basaron en la dignidad y la equidad.

Colegas comprometidos con PNUD hicieron posible involucrarse significativamente y generar resultados en sesenta países, les estoy presentando a uno de ellos. Nileema Noble, coordinadora residente adjunta de las Naciones Unidas en Etiopía, era la fuerza impulsora detrás de la respuesta para revertir la epidemia del VIH/SIDA en Etiopía. Nileema asumió riesgos de principios para desafiar el sistema y las normas culturales. Inscribió al liderazgo político, ejecutivo, de ONG y medios de comunicación en Etiopía para cambiar políticas y generar urgencia para la acción y desarrollar la capacidad local.

Como coordinador residente de Ucrania, Douglas Gardner involucró a líderes de todos los niveles y sectores de la sociedad, y creó una comprensión más profunda de los factores que influyen en la propagación del VIH/SIDA en Ucrania. Los DJ de las discotecas, donde el compartir agujas y usar drogas intravenosas condujo a la propagación del VIH/SIDA, participaron en los programas de aprendizaje-en-acción, y ellos mismos decidieron dejar de usar drogas intravenosas y también en sus clubes de baile.

La epidemia del VIH/SIDA expresa dinámicas de poder de muchas formas, desde la recámara, con nuestra responsabilidad personal para el sexo seguro, hasta la sala de juntas, con nuestra responsabilidad de proporcionar acceso a tratamiento asequible. En el corto período de cuatro años documentamos 728 iniciativas y sus resultados, y esto solo fue alrededor de una quinta parte del número total de iniciativas implementadas.[24] Este trabajo continúa hasta el día de hoy. La epidemia del VIH/SIDA está disminuyendo alrededor del mundo por nuestros esfuerzos de asociación.[25]

Cada año, 21 millones de personas son víctimas de la trata alrededor del mundo y 5.5 millones de ellos son niños.[26] Las estimaciones revelan que cada día más de seis mil niños en todo el mundo son traficados para sexo.[27] Esta práctica perversa y abominable es perpetrada por la demanda clandestina de "ciudadanos ordinarios" en todas partes. En Jaipur y Chennai, India, Sonam Yanchen Rana, Ravi Pradhan, y yo diseñamos e implementamos un programa para abordar la trata de niños. Sonam trabaja para las Naciones Unidas, continuamente profundizando el compromiso para corregir las inaceptables expresiones de inequidad social. Ravi Pradhan se ha comprometido con varios movimientos sociales en Nepal y es un coach de nivel mundial. Juntos, trabajamos con padrotes, trabajadoras del sexo, policía, miembros de organizaciones no gubernamentales y personal de las Naciones Unidas. Nuestro enfoque estaba en descubrir el poder interno de cada persona y manifestar esto para una acción estratégica para detener la trata de menores.

Es fácil ver este poder interno en nuestros amigos o en las personas que trabajan en temas que nos importan, como la reducción de la pobreza o el hambre. Es más desafiante, y sin embargo te llena el alma, ver este descubrimiento en personas con cuyas acciones estamos muy en desacuerdo, como las que venden niños para sexo. Como resultado de nuestro trabajo, menos niños fueron víctimas de la trata y muchos padrotes dejaron completamente de traficar con niños. Esta inferencia se basa en informes de los lugares en donde trabajamos; el grado del cambio es difícil de medir.

Esta capacidad interna en todos y cada uno es impresionante.

Seis pasos para saber quién soy

Las diversas partes interesadas ancladas en valores universales trabajan juntas a través de los siguientes seis pasos.

Uno: Descubrir quién soy y cuáles son mis valores internos —Conociendo mi grandeza innata

Cada uno de nosotros tiene poder interno. Debido a nuestro proceso de socialización y quizás a una infancia traumática, a menudo somos incapaces de aprovechar este espacio robusto. Diferentes personas y académicos se refieren a este espacio con diferentes expresiones, como autoconciencia, capacidad interna, fuego interno, unidad, sabiduría, potencial pleno. Esencialmente, este espacio es sin palabras. Es una forma de *ser*.

Falacia: Algunos de nosotros somos personas buenas que tenemos capacidades internas positivas, y hay personas malas que nacen con capacidades internas negativas.

Nuevo aprendizaje: El espacio de unidad y potencial interno existe en todos los seres humanos y cualquier persona que lo desee puede acceder a él, aún cuando sus acciones sean inhumanas e inaceptables. Y al acceder a esta capacidad interna, transformamos nuestras acciones y realidad.

Los cursos de administración y liderazgo suelen enfocarse en el desarrollo personal y el trabajo en equipo para mejorar la productividad, la eficiencia, la rentabilidad y a veces la mejora de calidad. De cualquier manera, estos cursos están firmemente integrados en las nociones actuales de crecimiento, pensamiento económico, fuerzas de mercado y/o políticas corporativas. Estos cursos quizás sean importantes en un entorno particular, pero en el panorama general, por lo regular no producen las metas logradas ni los impactos que deseamos ver para que organizaciones, comunidades, la humanidad y nuestro planeta prosperen. En nuestro trabajo, explorar y basarnos en nuestras capacidades internas y nuestros valores universales para la acción es la puerta de entrada a nuestra felicidad y al mismo tiempo a la prosperidad, productividad, eficiencia, rentabilidad, calidad y bienestar para toda la gente.

Permítanme compartir un ejemplo que tiene un impacto profundo en el bienestar. Khadija Moalla, su equipo y yo estábamos en Yibuti, donde los líderes religiosos más influyentes, ambos cristianos y musulmanes, se reunieron de veinte estados Árabes para abordar la mutilación genital femenina (MGF). Khadija, de las Naciones Unidas, y sus excepcionales colegas trabajaron incansablemente con los líderes religiosos en la creación de nuevas estrategias para encarar el VIH y el SIDA. La mayoría de los imanes resuenan profundamente con la compasión de Allah y los sacerdotes con la misericordia de Cristo; articularon sus valores internos y las acciones que tomarían para revertir la epidemia del VIH/SIDA. Durante este trabajo, la mutilación genital femenina surgió como un importante problema.

La mutilación genital femenina ha sido practicada durante miles de años por ambos, los musulmanes y cristianos que viven alrededor del río Nilo. Pero los académicos religiosos han confirmado que la MGF *nunca* ha sido prescrita por ninguna religión. Desafortunadamente, a los imanes y sacerdotes desinformados se les ha dicho, e incluso creyeron, que *es* un mandato de la religión.

Otros, incluidos los médicos, están confundidos y promueven agresivamente la MGF, pensando que es similar a la circuncisión masculina. A la niñas y mujeres se les dice que son " impuras" si no se someten a la MGF, que es, al nivel más fundamental, una práctica patriarcal que arrebata el poder. Fue en este contexto que se generaron resultados.

La mayoría de las iniciativas interreligiosas se esfuerzan por crear intereses comunes y en mejorar el entendimiento para la colaboración. Nuestro enfoque es diferente. Como líder religioso descubro quién soy, mis capacidades internas y me paro en mis valores universales, para transformar la situación y generar resultados. Desde este espacio resueno con otros, la base de mi *ser*.

Un momento crucial en Djibouti fue cuando una elegante mujer somalí de veintisiete años se puso de pie y describió su dolor, sangrado y la situación cercana a la muerte de cuando tenía cinco años. Habló sin culpar a nadie.

Fue difícil permanecer allí, conteniendo mis lágrimas, manteniendo al mismo tiempo un espacio de reflexión auténtica, sin saber lo que pudiera surgir, confiando en la sabiduría interna presente, sin permitir internamente los prejuicios o justificaciones sociales y culturales para que proyecten otra sombra en el bienestar humano. La gracia tiene una manera impredecible de aparecer. Estos hombres y mujeres, en su mayoría líderes religiosos, descartaron su armadura defensiva y se hicieron presentes con su empatía, compasión y compromiso. Un influyente imán se puso de pie y tuvo el valor de decir que en el pasado él había promovido la mutilación genital femenina porque no sabía los hechos médicos y religiosos, y que emitiría una fatwa en contra de esta práctica tan pronto como regresara al Cairo. Y lo hizo. (Una *fatwa* es un fallo dado por una autoridad religiosa sobre un punto de la ley islámica).

Entonces, el sacerdote de Jordania se puso de pie y dijo que estaba comprometido a detener esta práctica. Reconsideró el programa de orientación para jóvenes sacerdotes y lo cambió. Y desde entonces, sus sermones han descrito en daño causado a las niñas, las mujeres y la sociedad, enfatizando el poder de cada persona para detener la mutilación genital femenina. Uno tras otro, los líderes religiosos musulmanes y cristianos, hombres y mujeres, se pusieron de pie y se comprometieron a prevenir la mutilación genital femenina.

Khadija Moalla jugó un papel significativo en el programa para proteger a mujeres y niñas de la MGF. El secretario general de las Naciones Unidas confirió el premio de Colaboración Sur-Sur 2010 a Khadija, su equipo y la red de organizaciones religiosas, por participar y abordar el VIH/SIDA.

La pasión de Khadija por la equidad y las raíces de su pro-activismo comenzaron en sus primeros años. Se crió en Túnez dentro de una familia numerosa, nutrida por una fuerte cultura de respeto, amor y apoyo y, sobre todo, en una familia que valoraba la libertad. Ella dice que su padre fue la influencia más fuerte en su vida, una figura excepcional que abrazaba a otros con un amor genuino e incondicional.

Falacia: Durante mi trabajo, en compromisos comunitarios y en mi familia, no tengo el tiempo ni la energía para enfocarme en mi ser interior.

Nuevo aprendizaje: El saber quien soy y manifestar mis capacidades internas ahorra tiempo y energía en el trabajo, en mis compromisos comunitarios y en mis interacciones familiares. Puedo hacer más y me siento más alineada y entonada por dentro y resonante con los demás.

Soy compasión, dignidad, equidad y valor. Conectándome continuamente con mis valores internos en la vida a través de la acción es alegre y tiene propósito. Encontré que esta forma de involucrarse se alinea profundamente conmigo, conectando, aquietando y generando.

Dos: Articulando mis valores universales y diciéndolo

Parece que para muchos adultos es difícil hablar de sus valores universales. Dicen que son tímidos, aún cuando de otro modo son platicadores. Quizá no queremos reconocer nuestra grandeza, o no queremos exponernos, o nos da miedo la manipulación. Cualquiera que sean las justificaciones, sabemos que la compasión que conduce a la acción requiere que seamos vulnerables y valientes.

Los niños pequeños pueden decir con facilidad cuáles son sus valores universales y lo que harán, conectándose con profundidad a su interior. Pero acaso, ¿nutrimos a nuestros hijos y creamos las condiciones para que realicen su visión y manifiesten su grandeza a lo largo de sus vidas?

La ecologista Kirsten Gallo y yo estábamos en Las Cruces, Nuevo México, implementando un programa en un centro de cuidado infantil, para niños cuyas familias vivían en refugios, pues no tenían hogares. Nos comprometimos con quince niños, de entre nueve y doce años de edad. Estos niños se conocían bien entre ellos y dieron la bienvenida a mis nietas Anusha y Maya.

Nos inventamos a nosotras mismas como nuevos tipos de super-héroes, conectándonos a nuestros superpoderes internos. Los niños dibu-jaron sus propios nombres de superhéroes y figuras sobre papelógrafo, lo ataron alrededor de sus hombros, actuando como su superhéroe y nom-brando su poder interno. A la mañana siguiente compartieron su poder interno. "Shining Sun" saltó de mesa en mesa; ella es ligera y creará un mundo donde todos son felices. "Wild Wind" corría de un lado a otro; él es fuerza y verá quien necesita ayuda e irá allí. "Catwoman" es cariñosa; se conecta con cada uno de los niños con un choque de palmas y cuidará de los animales y los niños que están enfermos. "Batman" es valor; extendió sus alas y voló alrededor del cuarto y apoyará a las personas cuando estén correctas. "Bravo" es el oso que representa abrazos e incluye a todos para que ninguno se sienta solo.

Es sorprendente qué tan precisos son los niños sobre los sistemas y las normas culturales que afectan sus vidas y la de sus familias. Kirsten relata: "En Las Cruces, me conmovió profundamente ver cómo los niños se conectan con sus valores universales tan fácilmente; y cuando Arturo se levantó para decir que ahora podría usar su fuerza de superhéroe para decir 'no' a las drogas y a la gente que lo empujaba hacia un comporta-miento 'malo'.

Kirsten Gallo es la jefa de División de Inventario y Monitoreo del Ser-vicio de Parques Nacionales de los Estados Unidos. Quizás te preguntes por qué una científica que disfruta de su trabajo está involucrada con los niños en un centro de cuidado infantil. Porque manifestar la capacidad interna no está relacionado a áreas específicas de especialización, es una manera de *ser*.

Soy una abuela orgullosa. Y soy afortunada de que nuestros hijos quieren que comparta lo que hago con mis cuatro encantadores nietos. Maya, a sus nueve años era perspicaz: "Mi valor universal la empatía," dijo ella en Las Cruces. "Sé que es lo que más temo, que amigos y otras perso-nas me dejen. Practicaré escuchar y no seré tan dependiente de las otras personas". Cuatro años después de Las Cruces, ella dijo que la experiencia la dejó sabiendo por dentro que ella puede ser quien realmente quiera. Siento la empatía, el amor y el cuidado de Maya. Recientemente, durante un periodo difícil en mi vida, me quedé en su casa. Todas las noches, tenía flores junto a mi cama, poemas compuestos por ella sobre amor, alegría y belleza, ¡y un chocolate!

Pensativamente, a sus once años, Anusha declaró en Las Cruces: "Soy valor; haré lo que es correcto, sin importar lo que la gente piense de mí y creeré en mí misma. Me levantaré cuando me caiga, defenderé a las personas y haré lo que es correcto. Ahora sé quién soy y quién seré siempre". Cuatro años después, nos dice, "imaginé quién quería ser en Las Cruces; estaba y continúo estando inspirada". Recientemente, estaba irritable y me quejaba de esperar nuestro auto afuera de un restaurante. Anusha me abrazó sobre el pavimento y me susurró al oído, "Te amo. ¿Sabes que dije en mi clase en la escuela que tú eres una de mis ídolos? ¡Y eres mi ídolo aún cuando estás deprimida!" ¡Anusha me levantó!

Manifestando nuestro poder interno es una forma de ser en la vida, no solo en el trabajo.

Falacia: Los niños y jóvenes no pueden comprometerse en temas "complejos" tales como descubrir sus valores internos o conectar sus valores para la acción que ellos tomarán, especialmente los niños de familias enfrentando situaciones de desventaja.

Nuevo aprendizaje: Los niños y jóvenes de cada cultura se conectan poderosamente a sus capacidades internas y sus sueños, sin importar en dónde nacen o dónde viven.

Tres: Conociendo mis miedos

Todos tenemos miedos. El miedo es una desagradable emoción que surge cuando percibimos el peligro o la amenaza y nos ponemos en acción para protegernos. Sin embargo, como consecuencia de nuestro proceso de socialización, podemos crecer con ciertos miedos que nos limitan en lugar de protegernos, como el miedo de cometer un error, o miedo al aislamiento, o miedo de no ser lo suficientemente bueno. Generalmente no sabemos, notamos o nombramos nuestros miedos; por lo tanto, nuestros miedos nos controlan.

Con demasiada frecuencia, lidiamos con nuestros miedos reprimiéndolos. Nuestro cuerpo nos da muchas señales, por ejemplo, nuestra boca puede secarse, nuestro corazón palpita más rápido o sentimos un dolor vacío en la boca del estómago. Podemos aprender a notar nuestros miedos en lugar de reprimirlos. Entonces, podemos nombrar los miedos y soltarlos dirigiendo nuestra atención a nuestras capacidades internas. Sin embargo, no debemos tomar a la ligera los temores de la vida real de asalto y abuso sexual. No estamos hablando de enfermedades mentales o fobias, como el miedo a las alturas o la claustrofobia, las cuales requieren de cuidado y apoyo profesional. Los miedos de los que estamos hablando están relacionados con la socialización que nos limita, por ejemplo, miedo al fracaso o el rechazo, y los podemos trascender para una acción poderosa.

Auroville se localiza en Tamil Nadu, India, y es un municipio universal con residentes de cincuenta países. Déjame llevarte a Upasana, un estudio de diseño de modas fundado por Uma Haimavati, en Auroville. Uma es una pionera. Ella creció en un remoto pueblo en Bihar y, según la tradición, se casó cuando era una niña muy joven. Pero insistió en completar sus estudios hasta la secundaria, siguió adelante para obtener sus títulos universitarios y de posgrado en diseño de modas, y así creó oportunidades para que sus cuatro hermanas menores pudieran obtener títulos de posgrado.

Uma creó el espacio para un programa de aprendizaje en acción para todo el personal de Upasana, alrededor de cincuenta personas, incluyendo tres mujeres que trajeron a sus hijos adolescentes. Este fue uno de los varios programas que diseñé y entregué en Auroville. Después de que los participantes y yo nos arraigamos en nuestras capacidades internas y en lo que cada persona representaba, cada uno de nosotros exploró nuestros miedos. Mi miedo más profundo es el abandono, lo cual descubrí a los treinta y ocho años de edad en uno de varios programas para mi crecimiento personal. Uma compartió su miedo al aislamiento.

Hay algo liberador en nombrar nuestro miedo en voz alta; y más aún cuando vemos que no estamos solos. Los miedos surgieron en este programa de aprendizaje en acción: miedo a ser dominado, incomprendido; miedo al fracaso, a no estar en control, de ser rechazado, abandonado, aislado; miedo a equivocarse, a ser insultado frente a otros, de no ser lo suficientemente bueno. Naina, nuestra nieta de diez años, quien fue participante en Upasana, dijo "No sabía que los adultos tienen los mismos miedos que los niños".

Falacia: El miedo es un signo de debilidad y aquellos que son débiles tienen miedos. Si soy valiente no tengo miedos.

Nuevo aprendizaje: Todos tenemos miedos como una consecuencia de nuestro proceso de socialización. Volvernos conscientes de ellos nos permite tener más opciones para elegir y tomar decisiones.

Nuestros miedos son como la configuración predeterminada, justo como la pantalla que aparece cuando abrimos una computadora. Aparece primero. Del mismo modo, nuestros miedos aparecen primero, seamos conscientes de ello o no; surgen como una voz limitante, especialmente cuando nos aventuramos en territorio desconocido. Estar conscientes, notando y nombrando nuestros miedos, nos permite avanzar hacia trascenderlos.

Cuatro: Trascendiendo mis miedos

El valor no es la ausencia de miedo, sino la habilidad de actuar a pesar del miedo. Notamos nuestro miedo, lo nombramos, lo dejamos ir y lo soltamos al manifestar nuestras capacidades internas y tomando acción.

La Figura 5.1 ilustra pasar de que nuestros miedos sean fuertes, a que nuestras capacidades internas sean fuertes. Cuando Andrej, a quien conociste en el capítulo cuatro, pasó una noche sin dormir enfrentando amenazas de muerte, tuvo miedo. Sin embargo, acudió al tribunal a la mañana siguiente y reportó de las graves violaciones y asesinatos cometidos contra albanokosovares por personas de la propia comunidad de Andrej; él fue valiente manifestando sus capacidades internas de compasión y justicia.

Todo a lo que le demos nuestra atención crece. Cuando le damos atención a nuestro poder interno para la acción, nuestro poder interno crece. Si le damos atención a nuestros miedos, los miedos ocupan un amplio lugar en nuestros pensamientos, sentimientos y emociones. A lo que le damos atención es a nuestra elección. Trascender los miedos requiere que avancemos de patrones habituales informados por nuestros miedos más profundos a un espacio creativo que se basa en nuestra grandeza y capacidad interior.

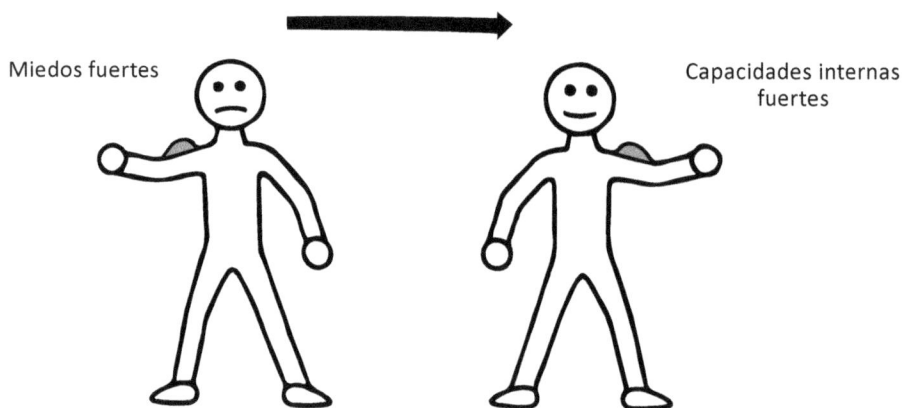

Miedos fuertes

Capacidades internas fuertes

FIGURA 5.1. Trascendiendo miedos: *estando* en acción.

En todo el mundo, la intimidación es un gran problema en la mayoría de las escuelas y campus universitarios. Y a menudo, la intimidación es una expresión de identidades sociales divisivas: género, casta, clase, raza, edad. A través del Instituto Tata de Ciencias Sociales (TISS) en Mumbai, el Programa de Liderazgo Juvenil y Habilidades de los Pueblos (YLPS, por sus siglas en inglés) se entregó a más de 10,000 estudiantes de 30 universidades a través de doscientos entrenadores maestros y maestros voluntarios. Nasreen Rustomfram, profesora del Centro para el Aprendizaje de Toda la Vida en TISS y yo diseñamos este curso. Los cimientos fueron la autoconciencia, la agencia, y la encarnación de los valores de dignidad y equidad en la acción. Los estudiantes aplicaron su aprendizaje: aclarando su propósito en la vida, enfrentando la presión desmesurada de los padres para lograr puntajes altos, intimidación.

Nuestro mensaje es: Nuestras capacidades internas y los valores internos que cada uno de nosotros representa es el lugar de nuestra verdadera fuerza: cuando alguien domina, intimida o ridiculiza a otra persona, no es una fuerza real, son débiles por dentro. Este trabajo es un ejemplo de cómo manifestar capacidades internas para trascender los miedos y ponerse en acción.

Nasreen y yo disfrutamos desarrollando el curso juntas. Ella dice: "yo aporto descubrimientos profundos al entrenamiento de maestros y estudiantes a través del potencial de manifestar el poder interno, así como conocer y trascender los miedos. Integro valores universales en cualquier contenido que tome para el entrenamiento o la enseñanza".

En el taller de Upasana, Vikram, nuestro nieto, de once años en ese momento, compartió cómo se sintió cuando trascendió "un sentimiento muy incómodo" cuando estaba en cuarto grado. Vikram vio a sus cuatro mejores amigos ridiculizando a Pronoy, otro niño, insultando y diciéndole que era gordo, débil y malo en los deportes. Vikram decidió arriesgar su amistad. Intervino y detuvo el acoso y la intimidación. Vikram sigue siendo amigo de los cuatro y continúa defendiendo la justicia y lo que él cree que es correcto, "incluso cuando estoy solo en mis puntos de vista".

Vikram, ahora un joven de 15 años, compartió: "Hoy salí con un grupo de mis amigos y todos se unieron contra un chico que es bastante ingenuo. Este chico realmente no entiende el humor para adultos, que es muy popular entre los jóvenes de mi edad, incluyéndome a mí mismo, y los matices de las interacciones adolescentes; y por lo tanto, muchos se aprovechan de él y se burlan o lo intimidan. Realmente es un tipo bueno y agradable una vez que lo conoces y entiendes que creció en una parte aislada de Kazajstán en una escuela con 20 niños.

"Soy su amigo y me irrita cuando otros, incluso mis buenos amigos, se burlan de él sin piedad. Si bien una de mis actividades favoritas es hacer chistes tontos sobre mis amigos, entiendo que hay una línea entre el humor y el ridículo. No veo nada malo en las bromas simples, porque entiendo que nadie quiere decir nada desagradable con eso; la gente debería aprender a relajarse y no ser de piel tan delgada. Sin embargo, cuando un grupo de mis amigos se unen contra él, se burlan de todo acerca de él y lo tratan de una manera muy condescendiente, entonces tengo un problema. Como resultado, en ese momento lo defendí a pesar de que todos, incluso algunos de mis buenos amigos, estaban del otro lado.

Esta fue una acción bastante pequeña y tienes que entender que mis amigos no son malas personas y no quieren decir lo que dicen".

Son las pequeñas acciones cotidianas y decir lo que piensas que no está bien, lo que crea la cultura de la inclusión y el respeto. ¿Qué tan seguido pasamos por ahí como sin darnos cuenta, a pesar de que nos molesta, cuando otra persona está siendo herida?

Recientemente, todavía recuperándome de una cirugía de rodilla, me conmovió la amabilidad y la consideración de Vikram, todos los días renunciando a su tiempo libre para cuidarme cuando llegaba a casa de la escuela.

Nuestra nieta Naina, quien tenía diez años en el taller de Upasana y su valor interno es la equidad, compartió que su miedo más grande era que se le considerara sin importancia. Me inspiré cuando reflexioné sobre la pregunta de un participante: "¿Cuáles son algunas posibles respuestas a comportamientos inaceptables por parte de los miembros de la familia?' Naina se puso de pie y compartió sus ideas basadas en cómo trata con las personas. Naina dijo: "La mejor manera es decir qué acción no es aceptable, en lugar de llamar mala a la persona; entonces los niños (y los adultos) no sentirán que son malos, ni tendrán miedo; y aprendí esto de mi maestro en la escuela y lo practico la mayoria del tiempo; soy consciente cuando me olvido de practicarlo". La conciencia de Naina se extiende amorosamente a mí. Ella se da cuenta cuando necesito algo, siempre prestando una mano de apoyo cuando me resultaba difícil caminar después de mi cirugía. Cuatro años después, Naina recuerda lo conmovida que estaba al escuchar a las mujeres compartir sobre la pobreza y la violencia en sus vidas: su valor y su dolor. Su aprendizaje en el programa de administración responsable la inspira a trabajar a través de clubes de servicio en los problemas que enfrentan las mujeres y las niñas.

Durante un programa de administración responsable en Nueva Delhi, un participante que sirvió en la Fuerza Aérea de la India y posteriormente trabajó como jefe de recursos humanos en una empresa social, declaró que el valor en realidad significa braveza. En nuestra conversación, distinguimos el valor de la braveza, viendo que ambos han encontrado un lugar en el mundo de hoy. La mayoría del personal militar está entrenado para ser valeroso, para arriesgar sus vidas por su país y su gente y soportar condiciones difíciles. Los "superhéroes" en películas y libros son valerosos, arriesgando sus vidas para salvar a alguien en peligro o protegiendo a las personas de situaciones desastrosas, inspirando a las personas a ir más allá de sus intereses personales. Mi corazonada es que los terroristas suicidas son considerados valerosos por aquellos que los entrenaron y los grupos que representan. La braveza a menudo se basa en perspectivas ideológicas. En nuestro trabajo, el valor tiene una connotación diferente. Está más allá de la ideología, donde la humanidad está simplemente presente para todos, en todas partes.

El valor se deriva de la palabra latina 'cor', que significa 'corazón'. El valor es la cualidad de nuestro espíritu interior informado por nuestro corazón abierto de compasión que nos permite estar en acción y enfrentar el peligro y el miedo. Nos hace comprometernos con lo que nos importa profundamente y estar decididos a tomar la acción apropiada.

Josselyne Herman-Saccio, una entrenadora excepcional, se refiere a esta capacidad de trascender el miedo mientras que uno está parado en sus propios valores universales, como "ser indomable". No es decir defensivamente, 'no te metas conmigo'. Josselyne dice que el trabajar con una consciencia profunda de espectro pleno la conectó a un nivel más profundo. "Aprendí que tenía un nivel de compasión y un nivel de intolerancia a la injusticia que no creía tener antes de hacer este trabajo", dijo ella. "También me inspiraron personas en circunstancias sorprendentes. Encontré que las personas en el Caribe eran más poderosas y capaces de ver los sistemas de una manera en que nosotros los occidentales no lo éramos. Adquirí la capacidad de identificar sistemas instantáneamente, mientras que cuando comenzamos no podía verlos en lo absoluto. Ya no puedo participar ciegamente en proyectos con soluciones de curita. Nunca pensé que en mi vida podría yo hacer una diferencia a escala."

Falacia: No hay nada que pueda hacer con respecto a mis miedos y no debo de esperar ser valiente. De hecho, puede ser dañino y /o angustiante si espero a que yo mismo o los demás seamos valientes y actuemos.

Nuevo aprendizaje: El valor es nuestra voluntad elevándose a través de nuestro corazón abierto y estamos en acción compasiva. El valor no se trata de ser forzados a la acción a través de la coerción. El valor no se trata de "bravuconadas" o "comportamientos machistas" o de realizar acciones peligrosas.

Paso cinco: Compromiso a través de la acción

La transformación personal en nuestro trabajo es la fuente para generar resultados, la base de la transformación social. Como pioneros contemporáneos, nos preguntamos 'cómo puedo ser significante y hacer la diferencia, no desde nuestros egos, sino desde nuestra unidad, nuestro SER mismo'. El compromiso es un aspecto innato de nuestro Ser más profundo.

Conocer mi "propósito" es hacer preguntas simples: "¿por qué estoy aquí?" y "¿cuál es la fuente de mi acción?" Cuando articulo y aclaro y mi propósito en base a mi sabiduría, he renovado la energía para la acción.

"Contribución" es lo que hago en base a mi propósito, el cambio específico que quiero hacer en el mundo y que se puede medir. Cuando las personas articulan cómo es que se ve su contribución, comparten sus aspiraciones y se comprometen a ir más allá de su zona de confort. ¡En el viaje del héroe, seguimos a nuestra dicha! Helen Keller dijo "¡Uno no puede consentir en arrastrarse cuando siente el impulso de elevarse!"

Hay muchos ejemplos de personas comprometidas haciendo contribuciones únicas para este mundo. Megan Joseph, directora ejecutiva de RISE Together, una organización sin fines de lucro, dice que aprendió que cuando encarna su posición de equidad y dignidad, y se conecta con personas de ese lugar interior, descubre puntos en común y posibilidades que antes no existían.

Cuando Megan era la Directora de Organización Comunitaria de United Way en el Condado de Santa Cruz, trabajó en la prevención de la violencia, la reducción de la reincidencia de las personas anteriormente encarceladas y en la adopción de un enfoque de salud pública para los problemas de justicia penal. A menudo, cuando trabajaba en reformas del sistema de justicia penal, se enfrentó a abordar temas controvertidos e interactuar con sectores adversarios.

Utilizando las prácticas de Administración Consciente de Espectro Pleno y manteniéndose firme en su compromiso de crear posibilidades para proyectos de transformación en su lugar de trabajo, Megan ha ganado apoyo para hacer las cosas de manera diferente. Más de otros 300 líderes comunitarios participaron en programas transformadores de aprendizaje en acción que generaron resultados descritos a lo largo de los capítulos de este libro. Basado en su trabajo colectivo, diseño e implementación, en asociación con Megan, el Condado de Santa Cruz recibió un premio nacional por sus logros. Megan ha sido reconocida localmente por su excelente trabajo y recibió el premio NEXTie, para líderes innovadores menores de 40, así como con un premio "revolucionario" por crear un cambio con aquellos que viven en la pobreza.

El interés de Megan Joseph por el activismo y el sistema de justicia penal comenzó muy temprano, mientras estaba en la escuela. En la universidad, comenzó a comprender el impacto de las injusticias en la condición humana y se sintió sorprendida de que hubiera otros que se sentían de la misma manera que ella sobre diversos problemas sociales.

Cuando somos jóvenes, a veces nos sentimos atraídos hacia temas particulares y más adelante ellos informan nuestro camino en la vida. En cuarto grado en la India, estaba asombrada leyendo la vida de Albert Schweitzer, un médico de Alemania, que sirvió a las comunidades en África recaudando fondos y brindando atención médica. Cuando le dije a mi padre que quería ser como Albert Schweitzer, me dijo: 'Tú puedes ser quien quieres ser, hacer lo que quieres hacer y yo te apoyaré'. Aunque me olvidé de este incidente durante varias décadas, me formé como médico y trabajé extensamente en África mientras servía al Asesor Mundial para la Supervivencia Infantil en UNICEF y al Director de VIH/SIDA en el PNUD.

A veces podemos comprometernos a actuar desde nuestras propias heridas para evitarle a los demás dicho sufrimiento. Megan recuerda que para ella uno de los momentos más emotivos que ha tenido en este trabajo fue el día en que pudo liberarse del dolor y el sufrimiento de que su padre haya estado en prisión durante seis años mientras ella era una adolescente. Ella había estado practicando el trabajo consciente de espectro pleno durante casi dos años cuando experimentó un cambio en la forma en que manifestaba su pasión y su impulso para crear cambio. Fue entonces cuando se dio cuenta de que no podría manifestar su yo más poderoso a través de la herida de la experiencia de su padre. Ella podía dejar esta experiencia en el pasado y manifestar su presente y futuro desde un lugar diferente. Sintió una nueva expansión al soltarla, una que le permitió manifestar una compasión universal por el sufrimiento de todos los seres humanos y una que contenía un pozo mucho más profundo de poder y pasión por crear cambios. Sabía que podía seguir trabajando en problemas del sistema de justicia penal, pero que ahora vendría de un lugar diferente.

Hoy en día, Megan continúa trabajando en temas de justicia penal y, sin embargo, también trabaja en inequidad, pobreza, reduciendo el acceso de los jóvenes al alcohol y otras drogas, el desamparo, y otros problemas sociales con tanto vigor y compromiso, manifestando su poder para generar transformación desde el mismo pozo profundo de equidad y dignidad para todos.

Recuerdo una situación similar. Me desempeñé como Jefe de Salud en la UNICEF India, donde nuestra misión era reducir dramáticamente las muertes prevenibles con vacunación y alcanzar 25 millones de bebés y 25 millones de mujeres embarazadas, cinco veces al año. Se publicaron seis anuncios de un minuto para las seis condiciones de salud preocupantes: tuberculosis, poliomielitis, difteria, tos ferina, sarampión y tétanos. El anuncio sobre el tétanos mostraba a una madre meciendo a su bebé en una hamaca y cantando una canción de cuna; y de repente la hamaca estaba quieta y la madre sollozando. Salía de la sala cada vez porque simplemente no podía contener las lágrimas, ya fuera la sala de la Oficina del Primer Ministro con el Consejo de Ministros en la India, o donadores internacionales, funcionarios del gobierno estatal, nuestros asociados Rotarios. Aunque nuestro hijo pequeño había muerto hacía más de veinte años, lo llevaba conmigo, y en algún lugar, estaba trabajando para reducir la mortalidad infantil por el dolor de su muerte. Trascender este espacio herido a través de la conciencia, aunque todavía él vive en mí, ofrece posibilidades ilimitadas con nuestra humanidad plenamente presente.

Cuando nos comprometemos para actuar en las áreas donde sufrimos ofreciendo nuestros talentos y sirviendo con la intención de que otros no sufran lo mismo, de alguna manera esto es una extensión de nosotros, nuestro sufrimiento, y es limitante. Es cuando trascendemos nuestras propias heridas y sufrimientos que abrazamos y servimos a la humanidad en su totalidad.

Falacia: Comprometerse con la acción no es para todos; personas extraordinarias y ciertos tipos de personalidades están más inclinadas a hacerlo. Yo solo soy una persona ordinaria. Las circunstancias son mayormente lo que determina que sucede.

Nuevo aprendizaje: Como seres humanos, tenemos una habilidad inata de comprometernos con la acción cuando nos salimos de nuestro propio camino. Comprometerse con la acción es lo que hace que personas ordinarias hagan cosas extraordinarias.

Paso seis: Crear plataformas para que otros manifiesten sus capacidades internas para acción y resultados.

Debemos pararnos solos, pero no "hacerlo solos". Esto puede parecer una paradoja, pero no lo es. "Pararse solo" significa estar en el poder de mi ser, mi agencia, anclando en lo que me importa profundamente, SER indomable. No "hacerlo solo" se trata de acción colectiva y asociaciones que generen resultados. A medida que viajamos por la vida, traemos nuestros dones únicos para la humanidad y, a veces, debemos ser capaces de "estar solos". Porque cuando estamos 'empujando el sobre' frente a la falta de acuerdo, debemos tener el valor de actuar incluso si estamos solos. La canción "Ekla Cholo Re" de Rabindranath Tagore, en bengalí, escrita hace más de un siglo durante el movimiento de liberación de la India, me inspira. Él escribió:

Si no responden a tu llamada, camina solo;
Si tienen miedo y se acobardan mudamente frente a la pared,
Abre tu mente y exprésate solo.

Esta era una de las diez canciones que mi madre cantaba regularmente cuando era niña. Rabindranath Tagore, ganador del Premio Nobel, nos implora que tengamos el valor para caminar solos, incluso cuando llamamos a otros y se voltean para otro lado. Es el valor de decir nuestra verdad. Sin embargo, nunca podremos realmente "hacerlo solos", siempre tendremos que trabajar con otros.

En estas plataformas de aprendizaje en acción, desarrollamos individualmente nuestra agencia y luego aprendemos a viajar juntos en resonancia con los demás, generando resultados sinérgicos. Estas plataformas son espacios para mejorar el liderazgo compartido, la capacidad para que ambos conduscan a la transformación y apoyen a otros a dirigir la transformación.

Sudarshan Rodríguez, defensor del medio ambiente, dirige el Programa de Administración Social y Ecológica responsable en el Instituto Tata de Ciencias Sociales (TISS, por sus siglas en inglés). Le apasiona desmitificar el conocimiento, la ciencia y la tecnología, y ponerlas a trabajar para el bienestar de la gente y el planeta. Él está trabajando en la restauración de áreas costeras, fomentando el liderazgo de las bases en Ladakh, y sobre los recursos del agua a nivel nacional. Sus valores universales son la inclusión y la equidad, y dice que aprendió a reconocer y celebrar su contribución a través de su trabajo con el enfoque de consciencia de espectro pleno. Sudarshan crea plataformas interdisciplinarias de aprendizaje-en-acción incansablemente para fomentar el liderazgo de otros. Él abre espacios para generar cambio en prácticas nocivas aún vigentes. Por ejemplo, las redes sociales conectan a las personas alrededor del mundo como nunca, pero también están plagadas de propaganda que manipula la opinión pública. ¿Qué estrategias y acciones podríamos diseñar e implementar para abordar esto?

Él defiende y apoya el liderazgo de los sindicatos de mujeres pescadoras; genera un nuevo nivel de confianza entre los líderes formales y las comunidades en Ladakh; nutre a cada miembro de su equipo para que actúe desde sus capacidades internas y haga contribuciones únicas. Se regocija en sus éxitos y dice que este es un liderazgo cotidiano basado en valores universales. Sudarshan encuentra que las herramientas de administración responsable son simples, universalmente aplicables y accesibles, habilitando a la gente común para hacer contribuciones extraordinarias.

Sudarshan fomenta el liderazgo de jóvenes profesionales del TISS apoyándolos para dirigir sus proyectos. Los alienta a trabajar directamente con los directores y directores ejecutivos de las organizaciones asociadas, cambiando así la cultura de trabajo jerárquico en el sector del desarrollo.

Él dijo: "Quién soy es el SER, también lo es cada miembro de nuestro equipo. Estamos cambiando y reforzando el significado y las formas de fomentar agencia en la comunidad. Él dice que "¡la parte más desafiante es involucrar a los cercanos y queridos!" Inscribió a su madre, fundadora y presidente de la mesa directiva de una escuela para niños con autismo, para que viniera a un programa de aprendizaje en acción. "Esto ha transformado mi relación con ella". Utiliza estas herramientas y prácticas en un entorno personal de familia, así como en el trabajo.

No es fácil seguir este camino innovador y crear plataformas para el surgimiento y los resultados transformadores. Durante mis años trabajando en las Naciones Unidas, me enfrenté a opiniones y respuestas muy divergentes, algunas extremadamente solidarias, unas cuantas indiferentes y un par, subversivas.

Yohannes Mengesha, el Secretario General Adjunto que dirige el departamento más grande de la Secretaría de las Naciones Unidas, y yo creamos plataformas para todo el personal de 800 personas que traducen documentos, discursos y deliberaciones en la Secretaría de las Naciones Unidas en los seis idiomas oficiales: árabe, chino, inglés, francés, ruso y español. El personal separado por "silos lingüísticos", se reunió. Abrió nuevas vías inexploradas para que se relacionaran entre sí y apreciaran su propia contribución. Yohannes compartió ideas con sus colegas sin estar atrapado en las restricciones jerárquicas normales. El personal apreció desarrollarse a sí mismos, fue su primera experiencia de este tipo. También les proporcionó el espacio para interactuar con Yohannes como su gerente de manera informal pero significativa. Abrirse a nuevos enfoques transformativos generó respeto y una mayor productividad.

Recientemente, dos colegas escribieron sobre Yohannes en Facebook: "Yo y muchos otros definitivamente respetamos [tu] autoridad, justicia y humanidad". Y "Usted trajo el concepto de ser un jefe que combina la calidez y el logro de resultados en la ONU y ahora en los Cursos de Desarrollo Gerencial están dirigiendo a los participantes en esa dirección. Nunca lo olvidé y estaba muy orgulloso de reforzarlo".

Este es otro ejemplo de una plataforma de aprendizaje. El Dalai Lama animó a varias instituciones de educación avanzada en la India, incluyendo TISS, a diseñar cursos para inculcar valores universales como un fundamento de aprendizaje para los estudiantes. S. Parasuraman, el director de TISS, me invitó a diseñar y presentar este curso sobre la ética secular. El curso se enfoca en generar nuevas maneras de tratar con las causas fundamentales de la pobreza y la depravación por medio de acciones basadas en los valores universales de dignidad, equidad y compasión. También les permite a los estudiantes a enfrentar temas de identidad y trascender fuerzas sociales divisivas. En el contexto actual de fervor religioso en diferentes partes del mundo, inclusive la India, la ética secular, que está basada en valores universales, es crucial para nuestros jóvenes. Los estudiantes diseñan iniciativas basadas en el campus y la comunidad, fomentando su propia voluntad para la acción responsable. Srilatha Juvva, Sudarshan Rodriguez, y yo presentamos este curso piloto en TISS. Los comentarios fueron excelentes, y los estudiantes lo encuentran útil al curso. Será implementado en varias otras universidades en la India. Fue un honor para nosotros que el Dalai Lama inaugurara este curso sobre la ética secular.

Falacia: A través de talleres, eventos y plataformas bien diseñados, los participantes automáticamente generarán resultados y crearán cambio.

Nuevo aprendizaje: Cuando se diseñan e implementan plataformas, talleres y eventos, como parte de una estrategia más amplia para completar metas, se generan resultados y ocurre la transformación; y cuando hay personas comprometidas que crean un entorno de apoyo que fomente la transformación y motive la iniciativa.

Mientras servía en las Naciones Unidas trabajé en más de 60 países. Al principio, algunos socios potenciales y partes interesadas pueden ser escépticos. "¿Es esto espiritualidad?" se me preguntó en China, durante mi presentación ante el Ministerio de Salud. "Las estrategias exitosas para el cambio climático son principalmente sobre la aplicación del conocimiento científico", observaron algunos científicos en Oslo. "El análisis estructural es la base del cambio sostenible", señalaron algunos profesores de una universidad orientada a la izquierda. Pero a medida que trabajamos juntos, sus percepciones cambiaron.

Nuestra labor en China sobre el VIH/SIDA fue muy apreciada porque la gente comenzó a tomar iniciativa para cambiar la situación. Los científicos del cambio climático aprendieron la importancia de inspirar e involucrar a las personas para *generar* cambio, en lugar de *convencerlas* a cambiar; esto fue un cambio del enfoque convencional dentro de los movimientos ambientales. Los profesores pueden ver que el cambio estructural no ocurrirá sin crear agencia, el poder dentro de las personas para hacer ese cambio. Sabiendo quién soy, manifestando mis capacidades internas para la acción estratégica, esta es la magnificencia de nuestra agencia innata, fusionada con humildad iluminada en el núcleo de la dedicación. Es posible que ya estés manifestando todo tu potencial en el hogar, en el trabajo y en la sociedad.

‣ Descubriendo quién soy y cuáles son mis valores universales, conociendo mi grandeza

‣ Articulando mis valores universales y diciéndolo

‣ Conociendo mis miedos

‣ Trascendiendo mis miedos

‣ Compromiso a través de la acción

‣ Creando plataformas para que otros manifiesten sus capacidades internas de acción y resultados

Adoptando "identidades" como valores

Uno de los elementos esenciales para la paz es abrazar nuestras "identidades" como recursos para la humanidad, en lugar de dejarlas convertirse en fuerzas disruptivas.

En el turbulento mundo de hoy, con sus numerosas crisis provocadas por el hombre, la capacidad de todo y cada uno para abrazar nuestras muchas identidades sin excluir a nadie, en ninguna parte, requiere de un cambio fundamental en nuestra mentalidad exclusiva, defensiva y excluyente. Nuestros perfiles sociales, profesionales y de personalidad pueden ser enriquecedores o quitan poder, recursos o divisivos, dependiendo de si elegimos o no manifestar valores universales.

Estoy usando las palabras "identidad" y "perfiles" como sinónimos, para significar "quiénes somos, tanto intrínsecos como extrínsecos, así como las características que determinan y describen a cada persona individual".

Socializamos a nuestros hijos para desarrollar capacidades para la vida y afiliaciones sociales que pueden ayudarlos a prosperar en sus vidas. Nuestras intenciones son nutrir y fomentar el desarrollo de nuestros hijos para ser felices y realizar su potencial pleno; pero a menudo nos volvemos rígidos. Impartimos perspectivas excluyentes con nuestra mentalidad competitiva y de escasez, sin darnos cuenta de nuestros propios prejuicios y sus consecuencias, y / o sin disposición a examinar las suposiciones detrás de nuestras opiniones y acciones. Sin querer, hacemos lo contrario de lo que realmente queremos para nuestros hijos.

Perfil de capacidad o sabiduría interna

Anteriormente en este capítulo, exploramos nuestras capacidades internas y sabiduría. La "sabiduría" tiene un amplio alcance de significados, incluyendo un beneficioso conocimiento y prácticas tradicionales que podemos aprender. Estoy usando la palabra "sabiduría" para significar algo muy específico: nuestra capacidad interna para la acción compasiva y valiente en el mundo.

Este es un espacio de renovación que deja a las personas inspiradas, empoderadas al momento. Es una acción consciente en el ahora, no en el algún día o fenómeno de un día. Estamos impactados e impactamos al mundo *ahora mismo*.

Falacia: Hay muchos problemas en el mundo, tengo que concentrarme en encontrar soluciones. No tengo el tiempo para enfocarme en mi sabiduría y capacidades internas.

Nuevo aprendizaje: Mi capacidad interna o sabiduría me lleva a la acción compasiva en el mundo, dándome una guía interior, así como visión y luz que aclaran principios universales e inspiradores. Mi sabiduría y capacidad interior resuelve/libera el miedo, la ira, la separación y la ansiedad. Sé lo que me importa profundamente y estoy anclada en mis valores universales de una manera que me hace libre. Me comprometo con la acción compasiva en el mundo.

Perfil Social

Nuestro perfil social se crea a partir del acondicionamiento y las suposiciones que influyen en nuestra percepción de quiénes somos y qué es el mundo. Recibimos esta comprensión de nuestra familia y nuestras instituciones sociales, y estas forman nuestro entendimiento de raza, género, sexualidad, religión, políticas, educación, cultura, nacionalidad.

La mayoría de nosotros somos tradicionalmente socializados para creer que como seres humanos estamos definidos y atados al lugar donde nacemos, quiénes son nuestros padres, si nacemos niña o niño. Nos identificamos con estas características y decimos YO SOY mi familia, mi religión, mi política, mi raza, mi cultura, mi país, mi casta.

Con frecuencia nos presentamos de acuerdo con lo que es social o políticamente correcto, luego descubrimos más sobre el uno del otro por curiosidad, intereses comunes o por el deseo de hacernos conocidos. A menudo, descubrimos más para medir la clase social debajo de la fachada social, como: ¿Dónde vives? ¿Dónde trabajas? Las intenciones detrás de estas preguntas son otras preguntas. "¿Pertenecemos a la misma clase privilegiada para que yo continúe con este conocido?" O "¿Qué puedo obtener de esta persona?"

Las guerras se libran por diferencias religiosas. Los jóvenes se sienten excluidos en base a su etnia o religión y recurren a grupos fundamentalistas para tener un sentido de pertenencia. Las familias perpetúan la discriminación de género y casta en nombre del "honor y el respeto". Los prejuicios raciales, de casta, género y clase, suceden en la aplicación discriminatoria de las leyes o en las prácticas laborales explotadoras.

Sin embargo, cuando abrazamos los diferentes aspectos de nuestro perfil social de una manera inclusiva y nos basamos en nuestras capacidades internas o perfil de sabiduría, creamos nuevas realidades que funcionan para todos.

Estas nuevas realidades son concretas. Un ejemplo inspirador de abrazar la propia religión, mientras que al mismo tiempo abrazando la religión de los demás, surgió durante los cuatro años que trabajamos con líderes religiosos de 22 Estados árabes, utilizando el enfoque de Respuesta Consciente de Espectro Pleno (RCEP, por sus siglas en inglés). Sheikh A, un influyente Imam de Siria, dijo: "Sé quién soy, mi esencia y la calidad de mi SER. No hay separación entre el ser y el hacer. Ahora sé cómo honrar y obtener este espacio interno para la acción en todos, y ahora lo hago como rutina".

Él rediseñó un amplio programa de apoyo a las viudas y sus hijos, proporcionando oportunidades para su crecimiento interior junto con apoyo para sus necesidades básicas. Antes de trabajar con el enfoque RCEP, distribuyó dinero, alimentos, ropa, medicamentos. "Vinieron antes con las manos estiradas para conseguir lo que necesitaban, con la cabeza agachada, sintiéndose obligados por el apoyo que se les daba. Venían de familias pobres. Comencé a trabajar con ellos con lo que había aprendido del enfoque de Respuesta Consciente de Espectro Pleno. El cambio fue milagroso. Se veían a sí mismos de manera diferente, con dignidad, ya no ocultaban su rostro en una especie de vergüenza. Les pregunté qué les interesa hacer, algunos querían cocinar en restaurantes, otros cuidar niños, otros querían trabajar en contabilidad. Organicé entrenamiento para desarrollar sus habilidades, junto con mejorar sus capacidades internas. Ahora están orgullosos de dar y recibir".

Sheikh A dice: "Declaré mis valores universales en la vida y firmemente me paro en el suelo de mi ser. Me comprometo proactivamente con el Padre X, un sacerdote católico de Siria, y he sido abiertamente amenazado por colaborar con él. He asistido a muchos diálogos y reuniones interreligiosas y aprecié lo que es común en nuestras religiones: nuestro terreno común. Este trabajo en el que ahora estamos comprometidos crea un espacio muy diferente para conversaciones con acción. El Padre X y yo nos respetamos profundamente el uno al otro, como seres humanos y trabajamos juntos para abordar problemas sociales, como el estigma relacionado con el VIH/SIDA, desde el suelo de nuestro ser, más allá del terreno en común de nuestros respectivos principios religiosos".

Estos dos hombres de Siria tienen el valor de crear una nueva forma de ESTAR en acción para sí mismos y para los demás, trascendiendo sus divisiones culturales tradicionales.

Avanzamos varios pasos y generamos un cambio en la cultura. Mirando los tiempos actuales en Siria y otros lugares, donde las normas políticas, sociales, económicas y las "reglas del juego" están lejos de propiciar que las personas trabajen juntas en paz, es fácil pensar que hemos retrocedido. Pero los cambios de paradigma y los procesos evolutivos nunca son cambios rectos o lineales. Son espirales, cinco pasos hacia adelante, dos pasos hacia atrás debido al retroceso, un patrón repetitivo a medida que evolucionamos.

¿Qué nos hace continuar? Primero que todo, cuando nos conectamos como socios y actuamos desde nuestro SER, experimentamos la alegría de trabajar con personas de espíritu similar, un alineamiento en nuestro propósito y resonancia en nuestros valores universales. Segundo, saber que en todo el mundo hay otras personas como nosotros, incluso cuando no las conocemos personalmente, inspira esperanza, energía. Son personas comunes como tú y como yo, generando resultados extraordinarios, manifestando su sabiduría para la transformación. Tercero, saber que la impermanencia es una forma de vida y del universo. Las condiciones difíciles que obstruyen nuestro potencial pleno cambiarán, la gente volverá a progresar. Y cuarto, sabemos que este trabajo, funciona. Este conocimiento es esencial para perseverar y cambiar las condiciones imperantes de guerra, privación y odio.

He aquí otro ejemplo de trascender la exclusión socialmente creada, esta vez basada en nacionalidad y raza. Samantha Chuula, ciudadana del Reino Unido, dirigió un programa panafricano para el desarrollo del liderazgo a través de una organización mundial. Su enfoque fue un cambio fundamental. Ella rediseñó su programa de liderazgo y capacitamos a entrenadores de África para entregar el programa. Cuando generó resultados, las fuerzas institucionales se unieron para reemplazar las estrategias centrales para la autoexpresión auténtica con la asociación más "simbólica", superficial y de negocios como de costumbre, manteniendo así el estatus quo. Sin embargo, Samantha siguió siendo altamente efectiva en asignaciones posteriores.

Falacia: Soy quien soy debido a mi familia, mi religión, mi nacionalidad, mi raza, mi tribu, mi casta; esto es lo que me define, esta es mi identidad.

Nuevo aprendizaje: Donde nací es cuestión de probabilidad, no de elección, determinando el lenguaje que hablo, la religión que sigo, el nombre del país en mi pasaporte. A medida que abrazo mi perfil social (nacionalidad, raza, religión, género, clase, tribu, lenguaje) lo hago trascendiendo todas las perspectivas y acciones divisionistas, abrazando la diversidad, y auténticamente aceptando a otros de manera incluyente. Nuestra identidad más poderosa para un cambio de paradigma reside un nuestras capacidades internas únicas, nuestra unidad esencial

---

Personalmente, soy afortunada. De mi padre, Subodh, aprendí lo que significa defender la justicia, la dignidad, la equidad, la integridad; de mi madre, Sujata, absorbí un sentido de inclusión a través de la celebración de muchas religiones sin religiosidad; y una celebración del mundo natural: animales, árboles, plantas. No siempre fue fácil para mi madre ver la alegría en la vida, debido a su tristeza por la muerte de mis cinco hermanos menores. La muerte de mi hermano menor, Shankar, cuando solo tenía 17 años, fue la más difícil de soportar para nuestra familia.

Cuando tenía seis años, mi madre me pidió que la acompañara a una charla del venerado filósofo Jiddu Krishnamurti. Yo era el único niño en el salón y Krishnamurti me pidió que me levantara y me sentara frente a él.

Todavía recuerdo cómo se veía: tranquilo, tan alto como mi padre, cabello plateado, sonriendo. Luego, cuando estaba en la escuela de medicina, comencé a leer todos los libros que él escribió. Sus enseñanzas sobre la conciencia sin elección continúan teniendo una profunda influencia. Otro evento fortuito que recuerdo claramente fue cuando mi madre me llevó a escuchar un discurso del Dalai Lama cuando tenía siete años.

Mi madre celebraba festivales de todas las religiones con sus amigos. Mis amigos y yo siempre fuimos parte de ellos. Esto era inusual en la década de 1950. En 1947 hubo animosidad debido a la partición del Imperio Indio Británico en estados soberanos de India y Pakistán. Aproximadamente 500.000 personas fueron asesinadas en un genocidio retributivo y 14 millones de hindúes, sijs y musulmanes fueron desplazados, perdiendo sus hogares, amigos y posesiones. Fue la mayor migración masiva en la historia de la humanidad. Mi madre vio de primera mano el dolor, el odio y el asesinato y decidió vivir como inclusión, como unidad. Nos regocijamos durante el Eid con su amiga Miraja; encendió lámparas y velas en Diwali con nuestros vecinos; celebró al Buda Purnima en el monasterio, alimentando a los monjes y cantando; y nosotros celebramos Navidad con Santa Claus, en el Club de Golf de Shillong. Me gustaban las sesiones de contar cuentos en el Centro Aurobindo y la Misión Ramakrishna. El compromiso de mi madre encendió en mí una reverencia de por vida por lo sagrado.

Durante mi trabajo con diferentes escalones de la sociedad, con personas de diferentes ámbitos de vida en varios países, noté patrones en los mayores obstáculos hacia el logro de resultados para el bienestar, haciendo comunidades, proporcionando servicios equitativos y la presencia de justicia y alegría. La gente suele hablar en los pasillos de su lugar de trabajo y en reuniones sociales sobre "nosotros" y "ellos", formulando reglas y aplicando normas que no necesariamente producen los resultados declarados. Sin querer, y a veces encubiertamente, las estrategias son diseñadas para "nosotros" sin incluirlos a "ellos". Estas exclusiones generalmente se basan en religión, raza, casta, nacionalidad, tribu, ideología política, género, clase, todas las identidades sociales. A menudo, estos prejuicios no son conscientes y permanecen sin examinar.

Encarnando los valores universales de dignidad, equidad y compasión, se pueden transformar las normas y sistemas sociales que alienan y disminuyen a las personas y los grupos.

Esta es también es la única forma en que podemos interrumpir las divisiones sociales y las inequidades de clasismo, racismo, castas, tribalismo, homofobia, patriarcado, política de identidad, religiosidad llena de odio. En el capítulo nueve, exploramos lo que significa para todos participar como un transformador radical cultural y de sistemas e interrumpir estos negativos patrones.

Perfil profesional

Algunas personas se identifican totalmente con su trabajo y profesión. En todo el mundo dichos trabajadores, profesionales y expertos, pueden ser bien intencionados pero resuelven problemas implementando soluciones técnicas. Se sienten seguros sobre sus conocimientos y habilidades, y pueden no estar dispuestos a escuchar a los demás. Ellos dominan las conversaciones, a menudo sin darse cuenta de ello. En consecuencia, el personal no puede contribuir a la solución. Profesionales, expertos, trabajadores, como cualquier otra persona, toman decisiones que están influenciadas por sus propios prejuicios y poco examinados subconscientes, basados en su propia socialización.

El deseo insaciable de tener más ha llevado a distorsiones en nuestra percepción de lo que es realmente necesario, comprometiendo lo que es más importante para la sociedad Por ejemplo, el salario de los maestros de escuela primaria es bajo en casi cada país. Los maestros de escuela primaria son profesionales que requieren una comprensión profunda y habilidades para educar y nutrir nuestro más preciado recurso para el futuro de la humanidad. Los ricos que pueden pagar la mejor educación para sus hijos, a menudo ignorando la masiva falta de subsidio a las escuelas públicas. Esto perpetúa la inequidad y la división social y económica.

Las crecientes inequidades que vemos hoy en la sociedad están entrelazadas con la forma en que "mercantilizamos" el talento profesional. Por ejemplo, el propósito de las profesiones clínicas es la curación y el de los profesionales de las compañías de seguros de salud es apoyar a los seres humanos para que sanen y permanezcan sanos. Sin embargo, en el paradigma financiero actual, se espera que los Directores Ejecutivos de hospitales produzcan ganancias y algunos de ellos obtienen bonos mientras economizan en salarios del personal o reducen personal clínico, lo que refleja la limitada mentalidad industrial de eficiencia y ahorro de costo.

Muchos profesionales, expertos y trabajadores colaboran más allá de los límites disciplinarios y sirven para el bienestar de las personas y el planeta. Nuestras habilidades y profesiones son valores, nuestra ofrenda a la humanidad y nuestra forma de ganarnos una vida decente. Cuando abrazamos nuestro trabajo y profesión en base a nuestra capacidad interna y valores universales, con un propósito claro, nuestro trabajo se convierte en parte de desdoblar nuestro potencial pleno a través de nuestra contribución. Albert Schweitzer dijo: "El éxito no es la llave a la felicidad. La felicidad es la llave al éxito. Si amas lo que estás haciendo, tendrás éxito".

Falacia: Lo que puedo solucionar en el mundo se basa en mi profesión y experiencia. Eso es lo que importa para producir cambios necesarios en mi lugar de trabajo y el mundo.

Nuevo aprendizaje: La manera en que expresamos nuestros talentos y habilidades profesionales, así como la habilidad que tenemos manejando, creando y manifestando profesionalmente, contribuye al éxito, la prosperidad y el servicio en el mundo, en tanto trascendemos nuestros preferencias y manifestamos nuestras capacidades internas y sabiduría para la acción.

Perfil de personalidad

Nuestro perfil de personalidad es nuestro estilo de expresión personal. Esta es la particular forma en que nos movemos y cómo deseamos ser vistos en el mundo. Incluye nuestras particulares fortalezas, así como limitaciones y nuestros mecanismos de defensa. Nuestra personalidad es un factor que contribuye a la manera única en que podemos crear y actuar desde nuestra capacidad interna, nuestra esencia.

Algunas personas piensan erróneamente que nuestras personalidades determinan quiénes somos. Durante una sesión de aprendizaje en acción con ejecutivos de negocios, les pregunté quiénes realmente son. Más de la mitad respondió con prontitud: "Soy INTJ" o "Soy ESFP" o "...", indicando uno de los 16 tipos distintivos en MBTI (Indicador de tipo Myers-Briggs). El Eneagrama distingue nueve tipos de personalidad, animándonos a trascender nuestros egos y entendernos a nosotros mismos con mayor profundidad. Ningún tipo de personalidad es mejor que otro, ya sea que sea evaluado por MBTI, el Eneagrama u otros métodos.

Nuestra esencia interior, nuestra unidad, los valores universales en que nos paramos, es diferente de nuestras personalidades. Nadie está excluido de contribuir a los cambios que necesitamos en este mundo, y cualquier tipo de personalidad está bien.

Falacia: Existen ciertos tipos de personalidad que son muy buenos y si yo tuviera esa personalidad sería más exitoso.

Nuevo aprendizaje: Todos los tipos de personalidad son adecuados; ninguno es mejor que el otro. Mi personalidad es mi estilo de expresión. Yo contribuyo de manera especial en base a mi tipo de personalidad cuando manifiesto mis capacidades internas y sabiduría para la acción, acepto la diversidad, a otros abrazo y uso con destreza mis habilidades profesionales.

Aquí hay otro ejemplo de cómo trascender las fronteras nacionales, étnicas y culturales. Helena Becker trabaja por la salud y el bienestar en una clínica, apalanca el cambio a través de grupos de estudio, organiza el programa de aprendizaje en acción "Stewardship for New Emergence" con otros tres en Auroville.

Para Helena, todo servicio a los demás es un "servicio consciente" desde la compasión. Ella dice: "Me pregunto: primero que todo, ¿cómo se relaciona mi ser interno con el tema o proyecto? ¿Cómo quiere expresarse? ¿Qué me impulsa a participar y comprometerme? Tan pronto como lo tengo claro es fácil conectarse y surgen nuevas ideas de lo que necesita cambiar y cómo. Aprendí a hacer lo que hago, con amor y pasión. Admiro la simplicidad en la complejidad de nuestro trabajo, utilizando la respuesta consciente de espectro pleno y un diseño que satisface la lógica pero permite e invita nuestro conocimiento más profundo, más allá de la lógica. Me inspira a manifestar mi intención, enfocada totalmente en la meta y los valores universales. Después del primer programa de administración consciente, mi compromiso de trabajar hacia una estructura organizativa alentadora, flexible y progresiva se hizo claro".

Helena nació en una familia de etnia alemana en la antigua Unión Soviética-URSS. Ella dice: "En mi infancia soñé con una sociedad próspera. Pronto observé muchas controversias e hipocresías en el sistema; al mismo tiempo podía imaginar una sociedad basada en los valores universales de equidad y unidad. En 1977 a nuestra familia se le permitió emigrar a Alemania Occidental. Rechazando el enfoque capitalista general, reconocí el aspecto social de la sociedad alemana que satisface las necesidades básicas y las redes de seguridad de las personas. Pero la presión del consumo que alimentaba la codicia por más y más estaba llevando a la gente a la esclavitud moderna. Los ideales de Auroville resonaron completamente con mi sueño interior y me mudé. Sigo constantemente mi sueño y busco formas de implementar cambios hacia "lo que la vida no es y, sin embargo, debería ser" dondequiera que voy.

Helena expresa su potencial, abierta a vivir más allá de las fronteras culturales convencionales.

Falacia: Debo seguir mis tradiciones sociales y de trabajo, es la única forma en la que mi familia y sociedad me respetará, y seré feliz.

Nuevo aprendizaje: La felicidad es un profundo estado del SER que surge al manifestar nuestra capacidad interna o sabiduría para informar mis acciones y creatividad. Cuando soy capaz de aceptar todas las partes de mi mismo (mi sabiduría interna, personalidad, habilidades profesionales y aspectos sociales) sin excluir a otros, puedo estar en paz, ser feliz, productivo y próspero.

Viajaba en tren de Nueva York a Filadelfia cuando una anciana me preguntó si podía sentarse cerca de mí. Tenía curiosidad de saber por qué me preguntó pues el asiento estaba vacío. "Sabes, a veces a la gente no le gusta sentarse cerca de personas mayores, y yo tengo 92 años", dijo Irene. Tuvimos una gran conversación. Ella era ama de casa y una ciudadana preocupada, apasionada por el estado de la paz mundial y su difunto esposo fue un científico eminente. En 1955, Irene Goldman conoció al Secretario General de las Naciones Unidas, Dag Hammarjold, junto con Paul Robeson (cuyas canciones me conmovieron profundamente cuando era niña). Ella recordó haberle dicho al Secretario General, "Mis hijos no pueden jugar en paz en Brooklyn mientras la guerra en Corea continúe y los niños en Corea no puedan jugar en paz en sus calles". Se comprometió a través de organizaciones comunitarias para promover la paz local y global. Irene me inspiró y para honrarla la invité a almorzar en el salón de delegados de las Naciones Unidas.

Cuando Irene llegó, se sorprendió y dijo que la Secretaría de las Naciones Unidas se veía bastante horrible comparada con 50 años atrás. "¡Hay tantas puertas! En ese tiempo no teníamos ninguna seguridad. Solo entrabamos y fue muy fácil". Más tarde me envió una nota de agradecimiento con el sello de Paul Robeson en el sobre.

Creativos y valientes líderes y administradores responsables generaron resultados en situaciones difíciles. ¿Qué era lo común entre ellos? Aflojaron el dominio de las identidades sociales exclusivas o las posturas profesionales dominantes. Como administradores responsables y líderes, cultivaron la capacidad para manifestar su propia sabiduría interna y valores universales, y la de los demás, para la acción estratégica y fomentar esto como el determinante más importante del cambio equitativo y sostenible.

Podemos practicar y aplicar nuestros nuevos descubrimientos y aprendizajes. Podemos ser conscientes, notar nuestros cambios y crecimiento, y romper hábitos ineficientes.

▸ Podemos estar conscientes de nuestros prejuicios socialmente construidos y darnos cuenta de cuándo surgen en conversaciones o acciones en el hogar, en nuestro lugar de trabajo y en la sociedad; y somos capaces de cambiar nuestras perspectivas manifestando nuestras capacidades internas.

▸ Cuando nuestros amigos o familiares ridiculizan o estereotipan a los otros en base a su perfil social, podemos decir lo que pensamos y generar conversaciones que nos permitan a todos ver lo valioso que es cada ser humano.

▸ Notamos exclusión y etiquetado basado en prejuicios en el lugar de trabajo, en la sociedad, en el hogar, y dijimos lo que pensamos para cambiar la situación.

▸ Ampliamos intencionalmente nuestro círculo de amigos y colegas para incluir la diversidad.

Conectando nuestros mundos duales y no-duale

El universo no-dual es donde tú y yo somos uno, como dice Rumi, "donde no hay uno u otro". El mundo dual es el mundo exterior en el que vivimos, donde hay diferencias y nuestras experiencias son nombradas, definidas y medibles. Cuando el mundo dual es informado por nuestra unidad, el Ser y universo no-dual, surge un conjunto diferente de realidades y entidades, creando un mundo próspero e interdependiente entre los humanos y los humanos y nuestro planeta.

Los fenómenos en el mundo dual son interdependientes y están relacionados a través de causa y efecto. El mundo opera en gran medida de una manera dualista con muchas polaridades. Los complejos problemas con los que actualmente lidiamos, como las inequidades del sistema financiero o los conflictos interminables, se basan sobre comportamientos humanos culturales excluyentes. No pueden ser resueltos por el pensamiento reduccionista lineal que los creó en primer lugar.

¿Cómo nos comprometemos en la cúspide del universo no-dual y el mundo dual y conectamos con quiénes somos y lo que hacemos? Todo nuestro trabajo está diseñado para unir el universo no-dual y el mundo dual. Aquí hay una muestra de herramientas prácticas y plantillas que logran la integración de estos dos mundos aparentemente divergentes.

Puente: Respuesta consciente de espectro pleno

Para liberar nuestro potencial pleno necesitamos imaginar el todo, luego unir el "sin imagen" universo no-dual y el mundo dual de normas culturales, sistemas y acción. En esta imágen completa, se pueden activar tres espacios simultáneamente a través de preguntar con profundidad, descubrir y orientarse a resultados específicos. La Figura 6.4 ilustra la respuesta consciente de espectro pleno, que se utiliza para unir los mundos dual y no dual en el diseño de proyectos.

▸ *El primer espacio es el universo no-dual*, donde somos uno y nos paramos en nuestros valores universales únicos, como dignidad, compasión y justicia, y nos comprometemos para la acción.

▸ *En la cúspide del universo no-dual y del mundo dual* las partes interesadas articulan los valores fundamentales para el proyecto, por ejemplo: equidad, integridad.

▸ *El segundo espacio es el mundo dual de patrones y sistemas invisibles y múltiples, normas culturales y "reglas del juego"* que requieren que creemos estrategias alternativas, para resultados equitativos y sostenibles.

▸ *El tercer espacio es el mundo dual de soluciones y acción,* incluyendo conocimiento técnico para resolver problemas.

Cuando "seguimos caminando" sobre los puentes que conectan nuestra sabiduría interna ubicada en el universo no-dual y nuestra manifestación en el mundo dual, ¡nuestro trabajo se vuelve alegría pura! Es una expresión de la belleza de nuestro SER.

Falacia: No hay una manera clara de conectar mi esencia, mi capacidad interna, con la acción en el mundo. Estos son dos espacios completamente diferentes.

Nuevo aprendizaje: Conocer mis valores, mi capacidad interna, y articulando los valores universales fundamentales, aplicables a todos y luego hacer de estos valores universales la base de las acciones estratégicas proporciona vías claras para generar resultados en nuestros proyectos con las partes interesadas.

Puente: Compasión—respuestas universales del corazón que conducen a la acción

Un corazón compasivo abierto es un espacio de posibilidades infinitas, un espacio no-dual de conciencia superior donde la espaciosa conciencia está al unísono con la mente, las emociones y el cuerpo. Las emociones sentidas en el momento, así como los sentimientos procesados a lo largo del tiempo, también son una parte intrínseca de nosotros. Cuando distinguimos estos dos espacios con conciencia y *actuamos* desde nuestro valiente corazón compasivo, unimos los espacios no-duales y duales al SER a través de la acción.

En un programa de aprendizaje en acción, los participantes recordaron incidentes de cuando caminaron sobre el puente conectando su Ser compasivo en un universo no-dual y su mundo dual de compromiso en acción. Reflexionaron y dijeron:

▸ Soy capaz de manifestar mi poder interior y sentir abundancia y espaciosidad.

▸ Parada en un espacio de discernimiento siento mi poder y claridad para transformar el espacio.

▸ Cuando reconocemos nuestro poder interior y actuamos estamos en un espacio resonante, sintonizados con los demás, estamos en sintonía.

▸ Cuando estoy "encasillado" y actúo desde mi poder interno, tengo la capacidad de notar y trascender el dolor emocional.

▸ Cuando estoy enfocado en mi propósito, dejo ir el control y me comprometo desde un lugar de flujo y creación conjunta.

Gregg Osofsky compartió: "Encontré que muchas de las personas comprometidas con Occupy eran personalidades difíciles, legítimamente enojadas por un sistema que lleva a nuestro mundo al borde del abismo, pero incapaces o sin voluntad de canalizar su ira de forma productiva. Un incidente en el que fui arrestado junto con muchas otras personas en Zuccotti Park me ayudó a ver cuán poderosa puede ser la empatía y la compasión no solo cuando las cultivas en ti mismo, sino también al buscarlas en los demás. Me senté junto a una amiga en la camioneta policial y sus esposas le estaban cortando la circulación. Ella tenía una cantidad de dolor tremenda. En el autobús, varios otros, quienes ya estaban furiosos por su arresto, estaban indignados por la circunstancia de mi amiga y estaban expresando su enojo en lugar de su preocupación a los oficiales de policía fuera del vehículo. Como resultado, la intensidad de la situación creció y los oficiales ignoraron mis súplicas de ayuda.

"Mientras reconocía que gritarle a un policía era la forma menos probable de obtener lo que quieres, no sabía cómo distraerlos de los gritos para involucrar su humanidad. Afortunadamente, una mujer que estaba con nosotros en la parte trasera de la camioneta policial tuvo la presencia mental para comenzar a cantar una canción que todos conocíamos bien. Todos nos unimos y la energía en la camioneta cambió por completo. Desde este espacio más tranquilo y silencioso, mi esfuerzo por acercarme al oficial y comprometer su compasión por alguien con dolor funcionó. Aun así, esa noche terminamos en las catacumbas de policía de Nueva York, pero él aflojó las esposas haciendo que la experiencia fuera un poco menos dolorosa. Me había conectado con el oficial de policía y su humanidad".

Gregg relató cómo el espacio que creamos a través de los programas de aprendizaje en acción en Occupy Manifest fue algo profundamente personal para todos los involucrados. Para algunos, esta fue la primera vez que se comprometieron en su desarrollo personal en el contexto de política y activismo. Para Gregg, el aspecto más significativo de este trabajo en su vida fueron las herramientas que recibió para fundamentar lo que hace dentro de la esfera política en su más profunda sabiduría personal.

Ya que a menudo reprimimos nuestros sentimientos, muchos programas de autodesarrollo se centran correctamente en ponerse en contacto con nuestros sentimientos para notar y liberar "bloqueos". Esto no significa que nuestro corazón compasivo se abre automáticamente y de repente actuamos con valentía simplemente porque nuestro equipaje emocional es más ligero. Debemos exponernos a situaciones reales, estar dispuestos a ser vulnerables e incómodos y permitir que nuestro corazón universal y compasivo se abra.

A veces, la vida nos presenta estas oportunidades. En otras ocasiones, podríamos optar por ponernos en situaciones en las que permitimos que nuestros corazones compasivos sean tocados.

Falacia: Seguido los seres humanos reaccionan al sufrimiento de otras personas porque tienen ¨corazones sangrantes¨ y no están siendo racionales, ¡están siendo emocionales!

Nuevo aprendizaje: Mi abierto y valiente corazón es un espacio de posibilidades sin fin. Es un espacio no-dual, donde soy amplia consciencia, en unísono con mi mente, emociones y cuerpo; en el mundo dual me muevo hacia la acción compasiva.

Muy a menudo, cuando decimos lo que pensamos desde nuestro corazón compasivo y valiente contra la explotación, la discriminación o los sistemas y normas inviables, se nos dice que estamos siendo emocionales y nuestros puntos de vista son desestimados, a veces intencionalmente. Es importante que reconozcamos este espacio sincero de acción compasiva como un compromiso fuerte y profundo al servicio de la humanidad, dilo y no permitas que la mala interpretación o el ridículo que mantiene el estatus quo nieguen el progreso.

Puente: Escuchando con nuestra mente en quietud y nuestro corazón abierto y compasivo

Como SERES humanos, podemos aprender a aquietar nuestras mentes y abrir nuestros corazones para escuchar profundamente a las personas, simultáneamente conscientes de que constantemente filtramos mentalmente lo que las personas dicen y hacen. Cuando somos conscientes de nuestros filtros mentales, somos capaces de notar cuando salen a la superficie; y este es el comienzo de soltar nuestros prejuicios. Cuando escuchamos profundamente desde el universo no-dual de nuestro corazón compasivo, caminamos sobre un puente creativo porque nos sentimos movidos a actuar de una manera completamente diferente en el mundo dual. Esta forma de escuchar se puede cultivar.

Hay muchos tipos de ejercicios de escucha, y cada uno tiene un propósito y una utilidad. La mayoría de los ejercicios de escucha tratan de la atención, el enfoque, el aliento, las negociaciones. Esta forma de escuchar tiene un propósito diferente. Es escuchar de una manera que manifieste nuestra unidad en el universo no-dual para actuar en el mundo dual. Cuando aprendo a aquietar mi mente, soy capaz de escuchar con el corazón bien abierto sin juzgar a la persona o saltar a conclusiones.

Jonathan Bartels, un enfermero de emergencias y cuidados paliativos, construyó un puente desde el universo no-dual al mundo dual escuchando con un corazón abierto a las personas en su dolor y sufrimiento. Jonathan dice: "Con 'compasión feroz' como mi fuente, vi la oportunidad de actuar, trabajando como enfermero de trauma mientras participaba en el programa de liderazgo. Fui testigo de cómo el equipo de atención médica se alejaba del cuarto del trauma lleno de decepción y frustración cuando un paciente moría. La capellanía a menudo estaba presente para ofrecer una oración judeocristiana. Esta oración significó algo para algunos y menos para otros. Sentí que nos faltaba una universalidad que pudiera capturar el no hablado cuidado compartido. No necesitaba una política. No necesitaba un mandato. Necesitaba alguien del equipo de salud que tuviera la audacia para hacer lo que es correcto.

"Un día después de la muerte de un paciente en trauma, dije lo que pensaba e impedí que el equipo saliera del cuarto. Les pedí a todos que se tomaran un momento para hacer una pausa y en silencio, juntos, ofrecer reconocimiento a esta persona en la cama. Este era el hijo, amigo o familia de alguien. Este era alguien que amaba y era amado. Cada uno a su manera y en silencio debe tomarse un momento para reconocer a esta persona y también para honrar los esfuerzos que hemos hecho para intentar salvar esta vida".

Este acto de uno o dos minutos se popularizó y ahora se llama 'La Pausa'. Otros comenzaron a hacerlo en su propia práctica. Proporciona espacio para sanar y tiempo para invitar a la quietud. Es una intervención sencilla, reproducible y universal. De manera orgánica se ha extendido más allá de nuestro departamento de emergencias y a áreas a lo ancho de nuestro sistema de salud".

Escuchando con una mente consciente y en quietud, y un corazón abierto y compasivo, crea una voluntad de alterar nuestro punto de vista, porque no identificamos nuestros puntos de vista como "la verdad". Como legislador y ciudadano, sabiendo que me preocupo profundamente por la humanidad, escucho desde mi sabiduría y capacidad interna, ¡y estoy dispuesto a alterar mis puntos de vista que simplemente no están funcionando!

Falacia: Esta manera sentimental de escuchar con una mente quieta y un corazón compasivo no es práctico, niega lo que es racional y no produce cambio.

Nuevo aprendizaje: Escuchar desde nuestra más profunda fuente permite que la creatividad se desdobla informe nuestro pensamiento y abre numerosas posibilidades para una transformación medible.

Puentes: Visiones del mundo emanando de "Quién estoy SIENDO y cuales son mis valores"

Tener una visión del mundo basada en quién estoy siendo y mis valores universales es diferente desde las perspectivas basadas en lógica e ideología. Estoy usando las "visiones del mundo" para referirme a las visiones del mundo basadas en valores universales; y "perspectivas" para las opiniones que emanan de posturas ideológicas.

El complejo mundo de hoy requiere que seamos conscientes de cómo se han formado nuestras perspectivas, ideologías y cosmovisiones; desde nuestra educación, cultura, lo que aprendimos de nuestros padres y lo que nuestros padres aprendieron de sus familias y cultura. No necesitamos necesariamente negar nuestras perspectivas. Pero necesitamos preguntar con profundidad sobre los prejuicios detrás de estas perspectivas para abrazarlos de manera diferente, en base a quiénes somos, lo que representamos y los valores universales.

Podemos aceptar la cultura en la que nacemos y la religión y la fe que tenemos como algo que mejora la vida. O podemos abrazar la cultura de una manera que se convierta en una cadena y que no seamos capaces de pensar más allá, que nos conduzca a ideologías dogmáticas.

Nuestra comprensión determina las decisiones que tomamos y a menudo es alimentada por el miedo a no cumplir con tradiciones por miedo a ser excluidos. Se convierte en la justificación de la propaganda divisiva, recetas para las "acciones morales", en lugar de formas de descubrir el espacio más hermoso, poderoso y compasivo de nuestro ser:

nuestra unidad. A partir de este descubrimiento, sabemos que podemos escucharnos unos a otros profunda y diferentemente; podemos escucharnos unos a otros y estar dispuestos a cambiar nuestro punto de vista sin comprometer alguno de los valores universales.

Cuando elegimos escuchar profundamente, parados en nuestros valores universales de dignidad, equidad y compasión, estamos dispuestos a alterar las políticas económicas limitantes y sistemas y normas financieras desalentadoras.

Falacia: Cada grupo reúne marcos para comprender cómo funcionan las cosas y qué perspectiva ideológica es la mejor. Esto conduce a desacuerdos y polarización, desafortunadamente, ¡no se puede hacer nada!

Nuevo aprendizaje: Cuando somos capaces de pararnos en nuestra unidad y estamos dispuestos a alterar nuestro pensamiento ideológico, podemos trascender diferencias y crear una nueva síntesis resultando en un cambio de paradigma.

SIENDO el cambiador del paradigma

Hay una diferencia fundamental entre enfocarse únicamente en lograr una meta y comprometerse para lograr un cambio de paradigma con principios que cambien el juego. Le pregunté a los "los factores de cambio con principios" cómo se describen a sí mismos cuando son conscientes tanto de quiénes están siendo como de los resultados que generan. Estas son algunas de sus reflexiones sobre SER un cambiador de paradigma:

▸   Creando un futuro basado en quién soy y mis valores universales, y un conocimiento claro de los pasos necesarios para generar impacto, completar actividades y lograr metas —sé a dónde voy.

▸ Compromiso inquebrantable para resultados —compromiso que va más allá de solo la intención e incluye una acción estratégica basada en valores universales.

▸ Imparable incluso cuando veo obstáculos; cuando veo los resultados claramente, los obstáculos aparecen como parte del viaje.

▸ Claridad que viene de conocer mis valores universales; la capacidad de relacionarme con los demás a través de mis valores universales; siendo "indomable"; siendo valiente.

▸ Capacidad para mantener múltiples perspectivas sin comprometer valores universales.

▸ Espacioso —expansivo, donde no hay 'yo— mis pensamientos se disuelven.

▸ No apegado, pero comprometido apasionadamente —esto es diferente de retirarse o desapego.

▸ Usar toda mi influencia, no solo mi autoridad.

▸ Pararme en mi poder y luz y crear oportunidad para los demás y fomentar su crecimiento.

▸ El siguiente paso de nuestra evolución es anhelar un mundo justo.

¿Te ves a ti mismo como un cambiador de paradigma?

Falacia: Necesitamos mostrar resultados; necesitamos lograr las metas declaradas a cualquier costo.

Nuevo aprendizaje: Para cambiar paradigmas y crear un futuro nuevo, necesitamos comprometernos para cumplir las metas de una manera que cambie las normas y sistemas que dieron origen al problema que estamos tratando de resolver; esto se basa simultáneamente en nuestra unidad, nuestra humanidad y nuestros valores universales.

Encarnando valores en lugar de hablando de valores

SER un cambiador de paradigmas requiere que encarnemos valores en lugar de solo hablar de valores. Requiere que evitemos el "fundamentalismo" o cualquier otros "ismos" y perspectivas dogmáticas. Nuestro coraje para crear se basa firmemente en nuestros valores universales, nuestra unidad, la capacidad interior, sabiduría, potencial pleno, y nuestra quietud en la acción urgente.

Un ejemplo: las Naciones Unidas, junto con otras agencias, ha hecho una contribución significativa hacia un mundo justo y equitativo para la humanidad y nuestro planeta a través de la Declaración de Derechos Humanos, las Metas de Desarrollo Sostenible y otros acuerdos. La declaración de derechos humanos, en la que todos y cada uno de los seres humanos pueden aspirar a vivir con dignidad y prosperar en un planeta donde no hay discriminación, es un gran paso al frente en la realización de nuestra unidad previa. La agenda de los derechos humanos se basa en valores universales, aplicables a todos, en todas partes.

Diseñamos varios instrumentos para abordar la violación de los derechos humanos y reclamar nuestros derechos. Pero hay una gran diferencia entre hablar de derechos humanos y valores universales, y encarnar valores universales.

Cuando me paro en este lugar y cuando hay violaciones a los derechos humanos, puedo decir lo que pienso, expresarme y actuar para corregirlas. Hablo de lo que es incongruente con nuestra humanidad, pero no lo hago con ira y revancha, sin odio, pero sabiendo que los seres humanos estamos limitados simplemente porque somos humanos y nuestras acciones son inaceptables cuando hay violaciones.

Cynda Rushton, profesora de Bioética en la Universidad Johns Hopkins, tiene claro que pasar de la retórica a la realidad y *encarnando* los valores que deseamos ver manifestarse es el núcleo de la transformación sostenida. Ella integra la conciencia plena y el cuidado compasivo en la práctica clínica y la enseñanza. Ella dice que "uno de los aspectos más profundos de la Respuesta Consciente de Espectro Pleno (RCEP, por sus siglas en inglés) es la base en quién estoy siendo en este momento. Esta orientación ha involucrado un espacio profundo de investigación personal con la atención plena como la base para involucrar la sabiduría y la acción compasiva. En lugar de comenzar con lo que haré, el enfoque del RCEP invita a preguntar con profundidad en ¿Quién soy? ¿Cuáles son mis valores universales? Para mí, esto requirió renunciar a un miedo de toda la vida de no ser suficiente para aceptar con confianza la idea de que SER quien *realmente* soy, es suficiente. La claridad de quién soy y lo qué represento me ha proporcionado un ancla a través de muchos desafíos de liderazgo. Por ejemplo, mientras co-dirigía una iniciativa en una universidad, un miembro influyente de la comunidad cuestionó mis intenciones y acciones sobre el diseño y el enfoque de una iniciativa a gran escala enfocada en la compasión. En muchas coyunturas, me llamaron a preguntar con profundidad, una y otra vez: ¿Cuáles son mis valores universales? ¿Quién estoy siendo en este momento? Encontré que al basar mi pregunta profunda en un espacio de conciencia consciente, encarnando los valores de los que hablo, me permitió silenciar mi miedo, coraje y decepción, para responder con claridad, estabilidad y compromiso inquebrantable con la integridad, compasión y ecuanimidad".

> **Falacia:** Estas conversaciones e instrumentos de derechos humanos sobre ética son solo pase señalar culpables y hacer que otros estén equivocados. ¡Enfoquémonos a terminar el trabajo!
>
> **Nuevo aprendizaje:** La ética y los derechos humanos son principalmente sobre encarnar los valores que apoyen estos instrumentos para todos, lo que lleva a la más alta calidad de vida para la humanidad, donde todos vivimos con dignidad, lforecemos sin discriminación y somos uno con la integridad.

Quietud

Con demasiada frecuencia se nos da el consejo de "reducir la velocidad" en lugar de "aprender a estar quietos". Durante sus discursos mi maestro, Tsokni Rinpoche, nos enseñó a practicar la quietud y nos animó a permitir que nuestra sabiduría, nuestra capacidad emergiera, para crear el espacio entre nuestros pensamientos.

Cuando serví en la Secretaría de las Naciones Unidas, meditar diariamente en "Un Cuarto de Tranquilidad" infundió en mí una sensación de paz interior. La Sala de Meditación de las Naciones Unidas llamada el Cuarto de Tranquilidad fue creada por Dag Hammarskjold. Él fue un profundo Secretario General de las Naciones Unidas, una inspiración para muchos de nosotros.

Escribió una pieza que se colocó a la entrada del cuarto de meditación en el edificio de las Naciones Unidas.

Todos tenemos dentro de nosotros un centro de quietud rodeado de silencio.

Esta casa, dedicada al trabajo y al debate de paz, debe tener un cuarto dedicado al silencio en el sentido exterior y a la quietud en el sentido interno.

El objetivo ha sido crear en este pequeño cuarto un lugar donde las puertas puedan estar abiertas a las infinitas tierras de la oración y el pensamiento.

Personas de muchas religiones se reunirán aquí, y por esa razón ninguno de los símbolos a los que estamos acostumbrados en nuestra meditación podría ser usado.

Sin embargo, hay cosas simples que nos hablan a todos nosotros con el mismo idioma. Hemos buscado dichas cosas y creemos que las hemos encontrado en el rayo de luz que golpea la superficie brillante de la roca sólida.

Así, en medio del cuarto vemos cómo el símbolo de cómo, diariamente, la luz de los cielos da vida a la tierra en la que estamos parados, un símbolo para muchos de nosotros de cómo la luz del espíritu da vida a la materia.

Pero la piedra en medio del cuarto tiene más que decirnos. Lo podemos ver como un altar vacío porque no hay Dios, no porque sea un altar a un dios desconocido, sino porque está dedicado al Dios a quien el hombre adora bajo muchos nombres y muchas formas.

La piedra en medio del cuarto también nos recuerda lo firme y permanente, en un mundo de cambio y movimiento. El firme bloque de hierro mineral tiene el peso y la solidez de lo eterno. Es un recordatorio de ese concepto básico de resistencia y fe en la que debe basarse todo esfuerzo humano.

El material de la piedra lleva nuestros pensamientos a la necesidad de elegir entre destrucción y construcción, entre paz y guerra. De hierro el hombre ha forjado sus espadas, de hierro también ha hecho sus arados. De hierro ha construido tanques, pero de hierro también ha construido casas para el hombre. El bloque de hierro mineral es parte de la riqueza que hemos heredado en esta tierra nuestra. ¿Cómo podemos usarlo?

El rayo de luz golpea la piedra en un cuarto de absoluta simplicidad. No hay otros símbolos, no hay nada que distraiga nuestra atención o que rompa la quietud dentro de nosotros. Cuando nuestros ojos viajan de estos símbolos a la pared de enfrente encuentran un patrón simple abriendo el cuarto a la armonía, libertad y equilibrio del espacio.

Hay un antiguo dicho que dice que el sentido de un navío no está en su caparazón, sino en el vacío. Así es con este cuarto. Es para aquellos que vienen aquí para llenar el vacío con lo que encuentran en su centro de quietud.

Dag Hammarskjöld 1957

Hay una hermosa pintura fuera del cuarto de meditación. En 1964, Marc Chagall creó un vitral titulado "Paz" y la entregó a las Naciones Unidas para honrar al Secretario General Dag Hammarskjold y a otras 15 personas que murieron en un accidente aéreo el 17 de septiembre de 1961 mientras se dirigían a negociar un cese al fuego en el Congo. Hammarskjold fue galardonado póstumamente con el Premio Nobel de la Paz por sus esfuerzos humanitarios. La ventana de 11,7 x 17,7 pies se puede ver en el vestíbulo de visitantes del edificio de las Naciones Unidas en Nueva

York. La música y el texto inspiraron a Chagall en la creación del esquema de la ventana. Los símbolos evocan la Novena Sinfonía de Beethoven, una pieza favorita de Hammarskjold.

Cada acto de coraje, compasión y servicio para todos despierta una nueva historia, una nueva posibilidad para la curación del planeta.

Falacia: Trabajar duro y de prisa es malo para la salud. ¡Es obsesivo! Debemos ir más despacio para ser efectivos.

Nuevo aprendizaje: No se trata de ir más despacio. Es aprender a estar quietos en el momento, SIENDO quietud; y en esa quietud, hay energía abundante y profunda.

Los pioneros contemporáneos son de impacto porque ellos

▸ Saben quiénes son, sus valores universales y trascienden sus miedos.

▸ Están anclados en los valores universales de dignidad, equidad y compasión, se comprometen y actúan.

▸ Crean plataformas para que otros manifiesten sus capacidades internas para la acción.

▸ Mantienen sus identidades sociales y profesionales sin rigidez, se basan en sus capacidades internas para la acción estratégica con el fin de generar equidad y sostenibilidad.

▸ Notan sus propias conversaciones internas para dejar ir prejuicios y preferencias.

▸ Distinguen las respuestas del corazón universal de las reacciones emocionales, se mueven con compasión.

▸ Generan visiones del mundo basadas en la manifestación de valores universales mientras que entienden las perspectivas ideológicas.

▸ En lugar de hablar sólo de valores, ellos encarnan los valores universales que sustentan la acción estratégica,

▸ Son capaces de estar quietos para responder manifestando su capacidad interna, en lugar de reaccionar.

Utilizan el RCEP y plantillas de diseño transformador similares para resolver problemas y ser factores de cambio con principios. Esto se trata en el siguiente capítulo.

CAPÍTULO 6

El arquitecto unificador

La respuesta radical única: ¡Diseñando diferentemente para hacer la diferencia!

"El mundo que hemos hecho como resultado del nivel de pensamiento que hemos hecho hasta ahora crea problemas que no podemos resolver al mismo nivel en el que los hemos creado... Necesitaremos una forma de pensar sustancialmente nueva si la humanidad ha de sobrevivir".

ALBERT EINSTEIN

"Un diseñador es una síntesis emergente del artista, inventor, mecánico, economista objetivo y estratega evolutivo".

BUCKMINSTER FULLER

¡Y cada ciudadano es un diseñador!

Nuestra capacidad de diseño

El arquitecto unificador es simultáneamente el pionero contemporáneo, un proactivista de conciencia, y transformador radical.

El arquitecto unificador no tiene miedo, tiene reverencia por la vida en todas sus manifestaciones y ve la belleza de la singularidad y la diversidad en nuestra unidad inherente, la interdependencia de los humanos, de todos los seres sintientes y nuestra tierra. El arquitecto unificador es un diseñador radical que no tiene miedo de ver con discernimiento la realidad humana por lo que se ha vuelto, una realidad actualmente empapada con inequidad y barreras de identidad, incluso fortalezas de identidad. Identifican sistemas y oportunidades culturales, así como disfuncionalidades; y se comprometen en la elaboración de una nueva arquitectura basada en los valores universales de compasión, justicia y dignidad. Lo hacen incluso frente al ridículo, la oposición, la obstrucción, la calumnia.

El arquitecto unificador:

▸   tiene el valor compasivo para actuar.

▸   es un factor de cambio con principios, manifestando su creatividad y capacidades internas.

▸   ve y toma en cuenta los patrones, normas y sistemas invisibles, así como los factores fundamentales que dan forma a las situaciones y acciones globales y locales.

▸   elabora políticas, proyectos y procesos para un cambio duradero, equitativo y sostenible.

▸   es competente en el uso de plantillas de diseño transformador, como la respuesta consciente de espectro pleno, las estrategias operativas sinérgicas, y la cadena de resultados transformadores.

▸   genera resultados transformativos, contribuyendo consistentemente a los cambios de paradigma.

¿Cómo diseña de modo diferente un radical e intrépido arquitecto para hacer la diferencia?

Ehab El Kharrat es un ejemplo de arquitecto radical e intrépido. Trabajamos juntos en el programa de las Naciones Unidas para abordar el VIH/SIDA en los Estados árabes. En un mundo donde las guerras se libran por la religiosidad y la afiliación religiosa, fue inspirador ver a Khadija, una mujer musulmana nacida en Túnez, trabajar de manera poderosa y sin problemas junto a Ehab, un hombre cristiano nacido en Egipto. Individualmente, sus valores internos eran la dignidad y equidad para todos, más allá de las divisiones sociales. Como miembros del equipo, crearon espacios únicos para que el personal y los socios transformaran las normas y sistemas culturales mientras abordaban el VIH/SIDA. En el capítulo cinco conociste a Khadija por vez primera. Ehab también es un destacado profesional comprometido para hacer una diferencia concreta y generar resultados transformadores dondequiera que trabaja. Incluso cuando hay ridículo, falta de acuerdo, oposición, obstrucción y calumnias, Ehab es imparable.

En el equipo de Khadija había otros arquitectos de cambio equitativo y sostenible. Nabil Elkot, un médico egipcio, comprometido en revertir la epidemia del VIH/SIDA. Él también trabajaba en muchas otras áreas, incluyendo civiles y activistas por la paz en Egipto y Siria, en su clínica, con sus clientes y colegas para abordar el trauma. Su visión del mundo y sus acciones de aceptación hacia todos inspiran a personas a trascender la religiosidad excluyente que prevalece. Olfat Allam es otro ejemplo. Además de su contribución al programa de VIH/SIDA, ella apoya a mujeres y niñas a sanar del trauma y a manifestar su potencial pleno. Ella dice que los programas de aprendizaje-en-acción refinaron sus habilidades y competencias: "Yo trato a la gente con mi corazón, no sólo con mi mente. Entiendo el profundo significado de la empatía. Apoyo profundamente a la gente usando las nuevas herramientas las cuales son comprensivas y útiles. Tengo una nueva visión que me hace persistente, optimista y libre, trabajando en Egipto hacia una sociedad vibrante.

Como director ejecutivo de "Libertad", una organización no gubernamental trabajando en el abuso de sustancias y el VIH, Ehab aplicó las herramientas y enfoques de liderazgo transformacional con su equipo de 190 miembros del personal, la mayoría de ellos consumidores de drogas en recuperación. Ir más allá del estigma para manifestar el potencial pleno de las personas, no es fácil. Ehab dice: "Como fundador y líder de una organización en crecimiento, hago las cosas de forma diferente. Reconozco competencias de Inteligencia Emocional en mi equipo y las fomento. Utilizo la Respuesta Consciente de Espectro Pleno (RCEP, por sus siglas en inglés) al diseñar y planear nuestro trabajo. Desde 1989, he estado trabajando para cambiar el estigma contra los adictos. Usando estos enfoques basados en valores universales, las conversaciones y herramientas generativas hicieron una enorme diferencia y aceleraron el cambio rápidamente. Ahora puedo decir con seguridad que la cultura en Egipto está cambiando. Los adictos en recuperación se están reconociendo como ciudadanos hechos y derechos, profesionales, y a los actuales consumidores de drogas se les está dando sus derechos a la salud y al respeto. Propuse algunas leyes para consolidar estos logros, pero la segunda ola de protestas revolucionarias en junio de 2013 llevó a nuestra renuncia como parlamentarios de oposición del cuerpo legislativo. No me he rendido".

Esto nos lleva a un aspecto fundamental de este trabajo: parándose firmemente con valor y compasión, el "rendirse" no existe en nuestro propio SER. Es realmente imposible darse por vencido cuando nuestro corazón universal compasivo está abierto, ardemos con un fuego interior de voluntad y justicia y "vemos"; con discernimiento y claridad, lo que hay que hacer.

Ehab dice: "Todo este conjunto de herramientas, técnicas y enfoques que fue la base de los resultados que logré, me hizo pensar de una manera más clara, abrió mi conciencia a las verdaderas raíces de mi compromiso. Ahora, cada vez que me enfrento a un desafío o examino un dilema, puedo usar una serie de lentes de liderazgo. Pero siempre, casi automáticamente, lo miro a través del lente de la plantilla de Respuesta Consciente de Espectro Pleno, el cual me ayuda a diseñar la respuesta. Esto me ha ayudado durante los años de las revoluciones de la primavera árabe, pude comunicarme mejor con otros líderes, incluso con 'rivales' o 'competidores' políticos y con los medios de comunicación".

Ehab fue uno de los principales líderes de campaña del candidato presidencial que perdió ante el presidente Abdel Fattah el-Sisi. Él escribió: "Todavía soy bien respetado como líder de la oposición, apareciendo en televisión nacional, regional e internacional, por lo menos dos o tres veces por semana, en algunos días dos o tres veces al día. Creo que he contribuido a un cambio en la conciencia política y democrática del pueblo egipcio. Creo que la gente gusta de ser mi anfitrión de televisión porque este enfoque transformador único hace que los principios e ideas complejos sean simples, accesibles, significativos e integrales para la audiencia promedio". En el capítulo once, volverás a encontrarte con Ehab en su papel político.

Es gente como Ehab quien aporta la pieza faltante más importante para resultados equitativos y duraderos, nuestros valores universales, nuestra humanidad, nuestro valor compasivo en acción; en corto, nuestras capacidades internas.

¿Cómo desarrollamos estas habilidades? Al elegir SER un alquimista y manifestar nuestro potencial pleno, generar cambio equitativo y sostenible, aprender y practicar las herramientas transformadoras, las técnicas y las plantillas necesarias para un cambio de paradigma.

LA PRAXIS DE UN ARQUITECTO UNIFICANTE:

1. Conscientemente, explora formas para continuamente profundizar en la transformación personal y prácticas.

2. Se compromete incondicionalmente con la equidad y la sostenibilidad; aprende nuevas herramientas y técnicas para crear la arquitectura alternativa que cambia paradigmas.

3. Acepta la confusión como un espacio creativo para la emergencia.

4. Cultiva la capacidad de ver conexiones y patrones con discernimiento y claridad prístina.

5. Sin miedo examina y redefine las nociones prevalecientes de las causas/factores subyacentes o fundamentales de los principales desafíos actuales (ej. las personas son pobres porque son flojas o es su "karma") sin aceptar ciegamente suposiciones no examinadas y explicaciones superficiales las cuales esconden la realidad.

Estos están elaborados en los párrafos siguientes.

1. Explora maneras continuas de profundizar la transformación personal

Primero, el intrépido arquitecto explora formas para continuamente profundizar constantemente en la transformación personal y las prácticas. En el capítulo anterior, discutimos algunas de estas formas y prácticas. Tocamos nuestra esencia, articulamos nuestros valores universales, los mismos que encarnamos. Superamos nuestros miedos y nos anclamos en nuestras capacidades internas para la acción. Elegimos dejar ir nuestros prejuicios y favoritismos. Volvimos a comprometernos con una acción valiente y compasiva que trascienda normas y prejuicios para detener la mutilación genital femenina. Creamos plataformas para fomentar la administración responsable y el liderazgo en los demás.

Falacia: Si cada uno trabaja en su transformación personal, todo lo demás caerá en sulugar y los actuales problemas en el mundo se resolverán.

Nuevo aprendizaje: La transformación personal es necesaria pero no una condición suficiente para la transformación social. Necesitamos tener el valor para diseñar e implementar la arquitectura apropiada para que los sistemas y culturas resulten en prosperidad para la humanidad y el planeta.

2. Se compromete para resultados equitativos y sostenibles

Segundo, el arquitecto unificador se compromete a hacer una diferencia concreta generando resultados transformadores basados en valores universales; y aprende nuevas herramientas, técnicas y plantillas para crear una arquitectura alternativa que cambie los paradigmas para resultados equitativos y sostenibles.

Por sí mismo, el autodescubrimiento no transformará el planeta a menos que nos comprometamos con la acción estratégica. El autodescubrimiento quizá pavimente el camino para el surgimiento de diferentes perspectivas y acciones. Pero solo si elegimos manifestar nuestras capacidades internas, manifestándolas a través de nuestras acciones, e implementando la arquitectura para un cambio equitativo y sustentable. Contrario a lo que dicen muchos gurús y expertos en potencial humano, la transformación equitativa y sustentable no fluye "automáticamente" del autodescubrimiento. Andrew Harvey, académico y autor, acuñó la frase "activismo sagrado" en sus escritos, enseñanzas y hablando para describir la necesidad absoluta de embarcarse en nuestros viajes personales de autoconciencia, mientras al mismo tiempo manifestamos nuestras capacidades interiores para transformar las normas y sistemas que crean el mayor problema de hoy.

3. Acepta la confusión como un espacio creativo para la emergencia

Tercero, el intrépido arquitecto acepta la confusión. Saben que son necesarios los enfoques radicalmente diferentes, que no conocen todos los caminos para lograr la transformación necesaria. Están dispuestos a ir más allá de la lógica y las razones fundamentales y permitir que sus mentes se confundan antes de que surjan nuevas claridades para la acción estratégica.

Aceptar la confusión como un espacio creativo en lugar de preocuparnos y tratar de entender todo antes de realmente comprometernos, nos permite usar nuestra experiencia y preparación de forma diferente, abriendo nuevos caminos para la acción estratégica. No significa procrastinación, que es retrasar la acción. Significa renovarse a uno mismo constantemente y tener una "mente de principiante".

A lo largo de nuestras vidas, se nos enseña que la confusión es un espacio negativo; estamos entrenados para ser claros y somos elogiados por saber la respuesta. El arquitecto unificador, sin embargo, es una persona que no tiene todas las respuestas pero tiene algunas preguntas muy profundas. Einstein dijo que "plantear nuevas preguntas, nuevas posibilidades, considerar viejos problemas desde un nuevo ángulo, requiere imaginación creativa y marca un avance real en la ciencia". Si no podemos hacer las preguntas correctas y evitamos constantemente hablar de lo que no queremos ver, reforzamos la misma realidad inaceptable. Aceptando la confusión simplemente significa que no sé todas las respuestas, no encaja en mi forma actual de pensar, pero estoy dispuesta a quedarme en este espacio. Permanezco en la confusión porque ardo por una realidad justa y digna para todos los seres; estoy dispuesta a explorar nuevas alternativas de diseño, confío en encontrar los caminos.

Falacia: Es importante tener certidumbre si quiero ser efectivo. La confusión es un signo de que soy ignorante, debo de mostrarle a mis colegas que yo sé y estoy en lo correcto.

Nuevo aprendizaje: Confusión simplemente significa que estoy dejando de aprender y reaprendiendo, así que mi mente no puede figurarlo con mis viejos métodos y marcos de referencia. Acepto la confusión y soy paciente, sabiendo que cuando me paro en valores universales y me comprometo para resultados equitativos y sostenibles, aprenderé a diseñar diferente para hacer una diferencia. Me siento cómoda y capaz de "contener o hacer nuevas preguntas, aún si no tengo la respuesta"; como parte esencial del progreso.

4. Ve conexiones y patrones con discernimiento y claridad prístina.

Cuarto, el intrépido arquitecto unificador ve conexiones y patrones con dis-cernimiento y claridad prístina. Entiende los múltiples patrones y sistemas invisibles que dan forma a nuestras vidas y a su vez dan forma a la sociedad y al mundo, reconociendo la interdependencia como un principio funda-mental en la generación de un cambio equitativo y sostenible. Una capaci-dad mejorada para ejercer un pensamiento crítico sobre uno mismo y la sociedad lleva a los arquitectos unificadores a ser más efectivos e impac-tantes al cambiar los sistemas y normas que mantienen el estatus quo.

Actualmente, en todas partes del mundo, el pensamiento sobre políti-cas, reglas y reglamentos lo hacen unos pocos en nombre de muchos, un patrón, suponiendo y justificando que los ciudadanos no tienen la expe-riencia para comprender e influir en la política, ni la capacidad de pensar críticamente. Los humanos, sin importar su educación, tienen la capacidad innata de ver patrones y crear nuevos sistemas y formas.

Ya que el pensamiento crítico estratégico es posible para todos, no solo para los expertos, necesitamos desmitificar la jerga técnica, crear formas de estimular el pensamiento crítico y de patrones junto con procesos autén-ticos para que todos puedan hacer oír su voz. Esto es fundamental para cam-biar el paradigma actual. Demasiadas plataformas intencionalmente tienen una participación "simbólica"; para mostrar superficialmente la diversidad en los procesos de toma de decisiones sin crear espacios para una partici-pación genuina e informada.

Uma Haimavati, a quien conociste por primera vez en el capítulo cinco, ve conexiones y patrones con una claridad prístina. Como la fundadora del estudio de diseño Upasana en Auroville, India, utiliza su experiencia para crear belleza a través de la tela y la moda, al mismo tiempo respondiendo a problemas culturales y sociales. Uma creó Upasana para brindar también oportunidades de trabajo, desarrollo de habilidades y crecimiento para mujeres y hombres de las aldeas locales, y como una plataforma donde estudiantes y voluntarios de diferentes partes de la India y del extranjero vienen a aprender y contribuir al "Diseño Socialmente Responsable". Uma creó modernos diseños y textiles a partir de telas tradicionales de la India que estaban desapareciendo, al mismo tiempo que revitaliza las oportuni-dades económicas para los tejedores.

Uma dijo: "Después del programa de administración responsable, la relación con mi equipo ha mejorado. Soy más accesible. He aprendido a escuchar, a dejar de tomarme las cosas personalmente y a ver el compromiso para actuar atrás de sus quejas. Veo una imagen más amplia y grande detrás de mis acciones. Y todos los miembros de mi equipo ven lo mismo. Como organización que utiliza materiales orgánicos, que tiene cero desperdicios en producción, salarios justos, vimos colectivamente nuestra contribución al mundo y al cambio sostenible; nos hicimos más conscientes de nuestras responsabilidades. Porque casi todos los miembros de mi equipo pasaron por el mismo proceso, el lenguaje organizacional de Upasana cambió".

Uma transformó su lugar de trabajo; Caitlin Wiesen trabajó para cambiar las normas culturales relacionadas a temas sociales, por ejemplo, el derecho de las mujeres a heredar. Caitlin Wiesen fue un miembro de nuestro equipo VIH/SIDA en UNDP y continúa trabajando con prácticas transformativas en varias posiciones que mantiene en las Naciones Unidas y en todo el mundo, donde las mujeres son excesivamente excluidas de tener o heredar propiedad. Aún cuando las leyes del país indican igualdad de derechos para hombres y mujeres de heredar, las costumbres y prácticas continúan excluyendo a las mujeres. Etiopía no es la excepción. En el programa de liderazgo en Etiopía que Caitlin y Allan Henderson implementaron, los participantes notaron las incongruencias entre los valores universales y las normas culturales en su comunidad. Tomaron acción con sus familias para asegurar que las viudas heredaran propiedad, cambiando la norma cultural.

Falacia: En cualquier organización, las estructuras, normas y sistemas necesitan ser diseñados principalmente para aumentar el rendimiento. Los empleados necesitan ser motivados para completar las tareas hacia ese fin. Ellos no necesitan pensar acerca de las preguntas grandes y profundas. Esto nos lleva al caos y no es práctico o rentable hacerlo.

Nuevo aprendizaje: Cuando el liderazgo formal elige establecer una cultura de trabajo en la cual manifieste las capacidades internas de la gente para la creatividad y el proceso de trabajo, y los conecte al "gran panorama", cada organización puede tener una cultura de trabajo con estructuras, normas y sistemas basados en información auténtica y valores universales. Esto es ambos, rentable para la organización e íntegro para los empleados.

5. Habla sin miedo sobre los factores subyacentes a factores de grandes desafíos

Quinto, el arquitecto unificador reconoce y habla sin miedo sobre los factores subyacentes o base de los principales desafíos de hoy, en lugar de aceptar ciegamente suposiciones no examinadas y/o camuflarlas. Al explicar nuestras crisis globales y locales, generalmente nos enfocamos en la importancia de las fuerzas y factores económicos, sociales y políticos como la causa para la persistencia de los problemas del mundo, o los problemas en un pueblo o aldea local. Decimos que la causa subyacente de la falta de educación, comida o cuidado médico, es la pobreza. Pero la pobreza en nuestro abundante mundo es el resultado de la desenfrenada codicia individual que se manifiesta a través de políticas financieras y económicas que sirven a unos pocos y dejan fuera a muchos, combinada con una cultura que perpetúa la inequidad y la discriminación.

La mentalidad con la que recolectamos, analizamos, interpretamos, presentamos datos y opiniones y posiciones sobre cualquier tema, dirige nuestra respuesta. Actualmente, cuando estudiamos problemas y causalidad, identificamos las causas inmediatas y de sistemas; e inevitablemente, pensamos en condiciones particulares como la pobreza, el analfabetismo, la disparidad, como "causas subyacentes o de raíz" de los problemas.

Tomemos el ejemplo de la mortalidad infantil. La causa inmediata puede ser la muerte por neumonía; las causas de sistemas pueden ser la falta de acceso al tratamiento o el hacinamiento en un barrio urbano. Cuando encontramos que la familia no tiene dinero, los analistas señalaron la causa subyacente como pobreza. Pero la pobreza no es una causa subyacente o raíz; es el resultado de los sistemas y normas culturales que hemos establecido. La pobreza es "causa de sistemas" en un mundo de abundancia. La pobreza surge de oportunidades desiguales, inequidades, recursos desproporcionadamente altos tomados por aquellos con influencia y la creencia de que algunas personas son mejores y más merecedoras que otras. ¡Sin embargo, continuamos diciéndonos a nosotros mismos que no podemos hacer nada hasta que aquellos que son pobres avancen y ganen una vida decente! El factor o causa raíz, la causa subyacente, es nuestra mentalidad apática e indiferente emanando de los seres humanos que no han tocado su núcleo interior compasivo. Como dijo Nelson Mandela, "La pobreza no es un accidente. Así como la esclavitud y el apartheid, está hecha por el hombre y puede ser eliminada por las acciones de los seres humanos".

La causa raíz o subyacente descansa en un dominio no causal, el dominio donde no hay causa o efecto, solo emergencia, resonancia, luz, unidad. Para abordar los desafíos que enfrentamos hoy, debemos reconocer los factores de raíz como parte integral de la respuesta y diseño estratégicos. Los mismos principios que se aplican en el trabajo, se aplican a lo que hago en mi familia, comunidad o sociedad.

En nuestra vida diaria, seguido encontramos razones superficiales para lo que parece estar saliendo mal. Los factores fundamentales de un niño no obteniendo buenas calificaciones en la escuela pueden ir más allá de los métodos de aprendizaje inadecuados o de que el niño no se esfuerce lo suficiente. ¡Puede ser que las medidas del éxito; necesitan redefinirse para incluir la alegría del dominio y del aprendizaje mismo! Los factores fundamentales de los comportamientos agresivos en el trabajo, el hogar o la escuela se encuentran más allá de los modales socialmente aceptables: se manifiestan en nuestra incapacidad para trascender nuestros miedos o juicios, o los mecanismos de defensa que podríamos usar para proteger nuestro ego o imagen. SER el arquitecto radical e intrépido de nuestras vidas y de la sociedad, requiere que veamos los problemas que enfrentamos en el contexto de nuestros sistemas y cultura, y profundizar en los factores fundamentales que dieron lugar a estos problemas!

Respuestas conscientes de espectro pleno

¿Qué es una arquitectura apropiada para resultados equitativos y sostenibles? *¿Qué falta fundamentalmente en la forma en que respondemos?*

Falacia: En el mundo de hoy, los elementos más importantes para que los proyectos produzcan los resultados deseados es tener el conocimiento basado en un diseño robusto y buenas habilidades de manejo relacionadas a los aportes, las actividades completadas y el manejo de relaciones.

Nuevo aprendizaje: Para resultados duraderos, el diseño y la implementación de proyectos o ideas necesita aprovechar el conocimiento y las habilidades, abordar los sistemas y causas culturales, así como los factores fundamentales del problema. La clave consiste en manifestar las capacidades internas y los valores universales para ambos, el diseño y la implementación. Este trabajo se trata de SER a través de la acción, encarnando los valores universales para la transformación personal y planetaria: en casa, en nuestros lugares de trabajo, en nuestra sociedad y por el planeta.

RCEP: una plantilla de diseño

El marco de respuesta consciente de espectro pleno (RCEP) es una herramienta para diseñar proyectos que hacen la diferencia. Esta plantilla de diseño entrelaza tres hilos de la triple hélice de un cambio de paradigma: (a) manifestar nuestra sabiduría/capacidades internas y valores universales para la acción (b) cambiar las normas, sistemas y estructuras culturales que mantienen el estatus quo y convertirse en agentes de cambio con principios, y (c) resolver problemas para generar resultados específicos, equitativos y sostenibles.

CARACTERÍSTICAS ESPECIALES DEL MARCO DE DISEÑO DE RESPUESTA CONSCIENTE DE ESPECTRO PLENO:

1. La transformación personal conduce a la transformación social y planetaria.

2. Integra a la perfección el poder interno y los valores universales de las personas —los recursos más vitales e importantes de la humanidad en todo el mundo— para cambiar los sistemas y las normas culturales y resolver problemas.

3. Es una arquitectura de factor de cambio con principios para un cambio equitativo y sostenible.

4. Es una base lo suficientemente amplia para tomar en cuenta condiciones diversas y al mismo tiempo para diseñar innovaciones específicas, generar avances extraordinarios y sostener los cambios.

5. Proporciona una dirección sin receta para el surgimiento de respuestas apropiadas para generar resultados específicos y medibles.

6. Integra el "qué" (resultados), el "cómo" (metodologías transformadoras) y el "por qué" (los factores de raíz) en una respuesta efectiva a través de proyectos o iniciativas.

7. Todos pueden participar significativamente. Desmitifica la complejidad de la estrategia y planeación, para cambiar de la participación simbólica de las personas a la toma de decisiones informadas. La plantilla RCEP aborda la complejidad sin ser complicada —es un arte simplificar sin ser simplista.

8. El RCEP es independiente del tema y, por lo tanto, puede usarse para cualquier tema o problema.

9. Es una plantilla transdisciplinaria para la acción estratégica, lo suficientemente robusto como para contener los marcos de trabajo de diferentes disciplinas y varias escuelas de pensamiento, conservando el rigor necesario de la excelencia.

Característica 1: De transformación personal a social a planetaria

La plantilla RCEP está diseñada para manifestar la transformación personal que conduce a la transformación social y planetaria. La transformación personal une el universo no-dual con la acción estratégica en el mundo dual, manifestándose en resultados transformadores (círculos externo, medio e interior de la plantilla, Figura 6.4) como un todo continuo.

La mayoría de los marcos de trabajo que se refieren a la dimensión interna de los seres humanos mejoran nuestro entendimiento de la naturaleza humana y tienen su lugar y propósito. Sin embargo, simplemente entendernos a nosotros mismos y los parámetros del desafío no es suficiente; necesitamos responder a los desafíos críticos con urgencia. La plantilla de respuesta consciente de espectro pleno requiere que comprometernos en un específico conjunto de preguntas profundas para examinar el contexto del problema a fin de resolverlo de forma sostenible; y está diseñado para generar respuestas conectando nuestra transformación personal con la transformación social y planetaria.

Característica 2: Manifestando sabiduría/poder interior/valores universales

Para generar sabiduría, capacidad interna, poder interno, mis valores universales, es encarnar los valores universales de dignidad, justicia y compasión para poder actuar. Utilizo estas cuatro palabras/frases indistintamente como expresiones de nuestro potencial pleno. Cuando manifestamos sabiduría en acción, abordamos las causas subyacentes o los factores fundamentales de un problema. Operamos desde un lugar apasionado y entusiasta, lo cual es esencial para empoderar a otros e inspirarlos a tomar acción.

La plantilla de respuesta consciente de espectro pleno requiere que constantemente nos preguntemos "¿Cuál es la fuente de mi acción?". Es una pregunta profunda para cambiar la mentalidad y nuestro paradigma actual.

Característica 3: Arquitectura de factor de cambio con principios para el cambio equitativo y sostenible.

La plantilla RCEP crea la arquitectura para un paradigma emergente necesario para un cambio equitativo y sostenible. Para que ocurra el cambio de paradigma, debemos diseñar y generar respuestas que integren los diferentes dominios que están relacionados con las enredadas jerarquías de cualquier situación dada: debemos manifestar nuestras capacidades internas individuales, sabiduría y valores universales para la acción colectiva. Al resolver problemas, debemos tener el valor compasivo de abordar los sistemas y las causas culturales, así como los factores fundamentales del problema.

La mayoría de los foros sociales, políticos, económicos, empresariales, se establecieron con intenciones altruistas o pragmáticas y entonces nuestros egos y límites humanos entran imperceptiblemente y sin querer. Encarnar y manifestar los valores universales de dignidad, justicia y compasión es esencial para una transformación real, no la retórica.

Las leyes, políticas y procedimientos crean sistemas y estructuras con reglas definidas. Necesitamos revisar constantemente estas y las "reglas del juego" para garantizar integridad con metas logradas, objetivos e impactos que deseamos hacer en apoyo a la prosperidad de la gente y el planeta. Cuando manifestamos nuestras capacidades internas para cambiar sistemas, estructuras y políticas, no somos rígidos ni estamos atados a nuestro punto de vista; somos vibrantes, dinámicos, éticos; capaces de renovarnos a nosotros mismos, nuestra dirección estratégica y nuestras acciones.

Las normas culturales son la expresión de las "reglas del juego" de ciudadanos y sociedades, y también deben revisarse constantemente con base en valores universales. Esto es lo que transforma las formas excluyentes y explotadoras que disminuyen a las personas y los grupos, acepta el cambio y crea nuevas formas para que todos nosotros desdoblemos nuestro potencial pleno.

Cuando no hacemos visibles las reglas que apoyan las normas y sistemas culturales no las examinamos intencionalmente ni articulamos públicamente lo que vemos, mantenemos el estatus quo y las inequidades presentes, las identidades culturales divisivas y los sistemas financieros que concentran el dinero para unos pocos a expensas de muchos.

Falacia: Me siento incapaz de cambiar normas, sistemas y estructuras, soy sólo un trabajador o solamente una ama de casa.

Nuevo aprendizaje: Soluciones que cambien el juego y las perspectivas basadas en valores universales manifestados en cada situación: desde las interpretaciones los padres y familiares dan a sus niños y su comportamiento, a la forma en que un asesor, trabajador, miembro de la comunidad o legislador, ve y responde en su trabajo o vida.

Característica 4: Resultados y avances extraordinarios específicos en un contexto de base amplia

La plantilla RCEP se puede utilizar en diversos escenarios y condiciones, al mismo tiempo que diseñamos e implementamos ideas e iniciativas específicas. Cuando cambiamos los sistemas, estructuras y normas culturales sin manifestar nuestras capacidades internas y valores universales, nos volvemos dogmáticos al considerar que nuestra propia ideología social, política y económica es la verdad y el único camino. Por consecuencia, polarizamos la situación y perdemos muchas oportunidades.

No importa si apoyamos un partido en particular y nos identificamos como republicanos, demócratas, libertarios, independientes en los Estados Unidos o con el partido del congreso, BJP en la India; sin importar que fe seguimos o que tan famosos somos como académicos, políticos, estrellas de cine, innovadores, artistas, multimillonarios, filántropos. *Lo que importa es si podemos manifestar nuestro potencial pleno en todo contexto, a través de cada grupo político, cada religión, cada profesión, para sanar nuestra dolorida humanidad y a la Tierra, y prosperar. La plantilla de respuesta consciente de espectro pleno requiere que nos paremos en el poder interno de la dignidad, equidad y compasión, para interrumpir de base los patrones de exclusión y dominación y establecer conscientemente soluciones de principios que cambien el juego.*

Característica 5: Generar resultados específicos y medibles

A través de RCEP, diseñamos respuestas para generar resultados específicos y medibles. Cuando conectamos acciones basadas en valores universales con los cambios en políticas, normas culturales, sistemas, estructuras, establecemos nuevas reglas del juego, cambiando lo que en primer lugar dio origen a los problemas.

Cuando no manifestamos capacidades internas para la acción a fin de generar sistemas y cambios normativos, avanzamos con una mentalidad de "arréglalo"; y luego nos preguntamos por qué tenemos una lista interminable de problemas. Es porque mantenemos en su lugar patrones que no trabajan.

Por ejemplo, para abordar el cambio climático, necesitamos acción basada en soluciones o actividades completas técnicamente sólidas, establecer fuentes de energía renovable; también necesitamos cambiar las normas y sistemas limitantes que determinan cómo nuestras economías, riqueza individual y procesos de producción están conectados a los combustibles fósiles. Debemos preguntar profundamente al interior para ver cómo cada uno de nosotros, individual y colectivamente, nos relacionamos con nuestro planeta y actuamos a partir de lo que vemos. ¿Podemos ver que nuestra mera existencia se nutre de nuestro planeta, o vemos a nuestro planeta como una mercancía para explotar y usar para la lista interminable de cosas que creemos que debemos tener?

Falacia: Si podemos identificar el problema, sus causas y tenemos las tecnologías correctas, podremos resolver el problema. No resolvemos los problemas porque no invertimos suficiente tiempo y dinero en soluciones técnicas.

Nuevo aprendizaje: Los complicados problemas de hoy son el resultado de múltiples causas interdependientes. Así como invertimos en tecnologías para resolver problemas, debemos abordar al mismo tiempo los sistemas y normas culturales que mantienen las condiciones que dan origen a estos problemas. Para abordar los factores fundamentales de estos problemas, los valores universales que apoyan nuestras necesidades humanas necesitan ser los cimientos de nuestro dinámico e impactante compromiso.

Característica 6: Integra el "Qué", el "Cómo" y el "Por qué" en una respuesta de sistemas integrales

La respuesta consciente de espectro pleno se basa en habilidades, competencias y capacidades internas que incluyen simultáneamente el qué, cómo y por qué del diseño, la estrategia e implementación, una respuesta de todo el sistema.

La aplicación y manifestación de nuestra capacidad interna hacia un tema en particular que aborda los factores fundamentales de un problema o los sistemas y normas que establecemos, corresponde al por qué de ese problema. Cuando no tenemos la capacidad de abordar factores fundamentales basados en valores universales y lo que representamos, somos incapaces de generar una transformación duradera y crear sistemas y culturas que brinden equidad, dignidad y prosperidad para todos.

Durante las últimas décadas, hemos delimitado las habilidades y competencias, así como los roles de los expertos. Hemos separado los expertos en la materia que dieron forma a las estrategias y tácticas de "qué" se debe hacer, ej. salud, leyes, educación, arquitectura, cambio climático, finanzas, negocios, por nombrar algunos, de expertos de "procesos" que guían iniciativas y organizaciones sobre "cómo" se deben hacer las cosas.

Cuando separamos el por qué, el qué y el cómo, nos lleva a expertos de "procesos" que son neutrales a las políticas y metas de organizaciones, sin cuestionar nunca si sus metas tienen consecuencias previstas e imprevistas.

Integrar el 'por qué, qué y cómo' en el tejido de valores universales sienta las bases para la emergencia y generación cambios de paradigma, combinando propósito, metas y procesos que generen resultados equitativos y sostenibles. La plantilla RCEP permite esta integración.

Característica 7: Simplicidad sofisticada para abordar la complejidad — Estrategia y planificación desmitificadas

Necesitamos desmitificar la compleja estrategia y los procesos de planeación para pasar de la "participación simbólica"; a la toma de decisiones informadas que creen aperturas para que todos participen.

A medida que más países y personas aceptan la democracia, la participación informada y sabia de las personas es esencial. Sin embargo, personas con influencia y poder extrínseco, analistas de políticas, expertos en todas partes del mundo, a menudo formulan políticas con participación simbólica de las personas. El pensamiento sobre políticas, reglas y regulaciones hecho por unas cuantas personas nos impacta a todos. Los expertos tienen conocimientos valiosos en áreas particulares que deben utilizarse. La suposición de que los ciudadanos y las personas no tienen la capacidad de pensar sobre temas complejos no es válida.

Cuando no desmitificamos la complejidad de la estrategia y la planeación, cerramos oportunidades para que los ciudadanos participen de manera significativa. La desmitificación es crucial para que surja el nuevo paradigma.

La plantilla RCEP aborda la complejidad sin ser complicada, ¡simplificar sin ser simplista es un arte! Este trabajo trata sobre la simplicidad sofisticada.

Característica 8: Una plantilla que puede usarse para cualquier tema

El enfoque RCEP se puede usar para cualquier tema o problema. Los valores universales se aplican en todos los entornos, independientemente de lo que elegimos para trabajar.

Por ejemplo, los colegas de las Naciones Unidas que utilizaron el enfoque RCEP para revertir la epidemia de VIH/SIDA utilizaron este enfoque para responder a otros problemas: involucrar a los ciudadanos en elecciones justas y responsables; por los derechos de la mujer y la herencia de bienes; derechos humanos y gobernanza; y por la educación de calidad.

Característica 9: Una plantilla transdisciplinaria para la acción estratégica

La RCEP Es una plantilla transdisciplinaria para la acción estratégica, suficientemente robusta para contener los marcos de trabajo de diferentes disciplinas y varias escuelas de pensamiento. Para abordar problemas complejos, necesitamos asociarnos con personas de diferentes disciplinas, cruzar disciplinas y límites sectoriales y adoptar un enfoque de sistemas integrales. Ciudadanos, legisladores, expertos de varias disciplinas y profesionales crean un nuevo conocimiento y entendimiento para la acción estratégica, siempre anclados en nuestro espacio resonante de unidad y valores universales. Ellos trascienden la ideología y trabajan juntos para crear alternativas basadas en valores.

Distinguiendo las respuestas conscientes de espectro pleno de las respuestas parciales

La mayoría de los problemas que afectan nuestra vida diaria son complejos. Y la mayoría del tiempo, tenemos respuestas parciales, no incluimos los tres elementos clave del marco de trabajo RCEP. No hay nada malo con el compromiso parcial; pero limita los resultados que potencialmente podemos generar. Podemos producir mayores resultados si diseñamos nuestros proyectos de forma que resuelvan problemas, cambien las normas culturales y sistemas, y hagan manifestar nuestro poder interno basado en valores universales. Esto puede sonar difícil, pero en la práctica es fácil y alinea diferentes aspectos de nosotros mismos.

Consideremos la "crisis alimentaria" global. Mil millones de personas se acuestan seguido con hambre en un mundo abundante. ¿Qué podemos hacer? No es lo mismo hablar sobre hambre y desnutrición en países de África y Asia, donde grandes poblaciones son pobres y no tienen acceso a alimentos, que hablar sobre hambre y desnutrición en los Estados Unidos y países de Europa. En estos países, donde las fuerzas de mercado juegan un importante papel determinar el acceso a alimentos de alta calidad, la obesidad es un gran problema. Sin embargo, los patrones son similares. Las respuestas parciales son sólo parcialmente efectivas. Es la respuesta consciente de espectro pleno la que hace que ese cambio sea más impactante y duradero.

Cuando una persona en USA o Europa tiene hambre, no tiene comida ni dinero para comprar comida, ¿qué se puede hacer?

Aquí hay seis formas parciales en las que podemos abordar el problema del hambre, produciendo algunos resultados y se ilustra en la Figura 6.1.

1. Ofrecer alivio inmediato a una persona hambrienta mediante el suministro de alimentos a través de comedores populares, bancos de alimentos, dar comida (círculo interior).

2. Cambiar políticas, sistemas, estructuras y normas para producir alimentos más nutritivos, dejar de promover y subsidiar la producción de alimentos no saludables, adoptar hábitos alimenticios saludables, tener alimentos nutritivos para todos, abolir los "desiertos alimenticios", crear trabajos e ingresos (círculo medio).

3. Combinar las dos estrategias anteriores, sin desarrollar capacidades internas (círculos interno y medio).

4. Desarrollar nuestras capacidades internas solo sin acción: trabajar en la transformación personal (círculo externo).

5. Ofrecer alivio inmediato a una persona hambrienta mediante el suministro de alimentos, ej. comedores públicos; dar comida y desarrollar capacidades internas sin abordar ninguna de las causas del sistema y normas culturales (círculos interno y externo).

6. Cambiar políticas, sistemas, estructuras y normas y desarrollar capacidades internas sin tener estrategias para el alivio inmediato del hambre (círculos medios y externos).

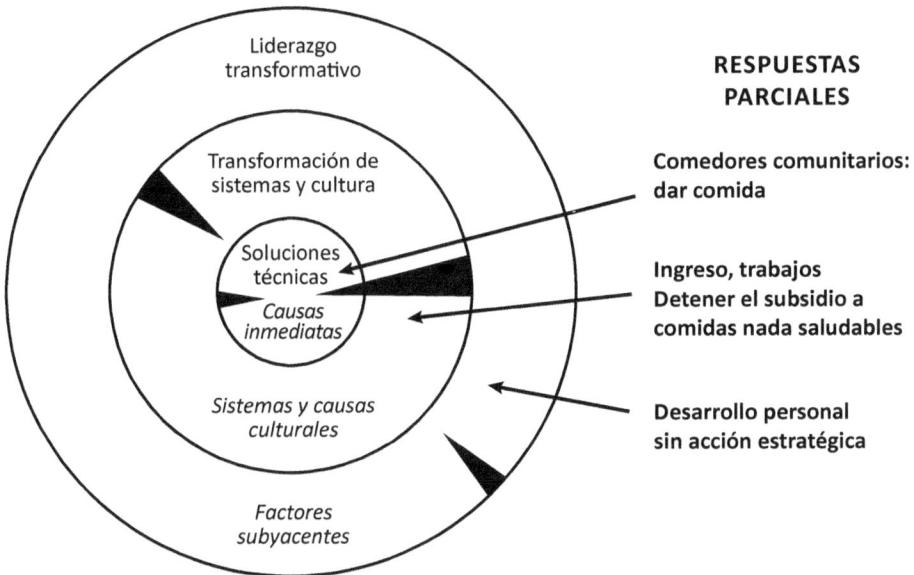

FIGURA 6.1. Respuestas parciales a la crisis alimentaria —un ejemplo.

En lugar de estas respuestas parciales, tenemos un impacto mucho mayor si abordamos todas estas dimensiones juntas —una respuesta consciente de espectro pleno (RCEP).

Nací en la India, amo la India y amo servir en la India. Reconozco la profundidad de la espiritualidad, celebró la diversidad cultural, me inspiro por la presencia de personas comprometidas haciendo la diferencia. También reconozco el materialismo desenfrenado, la corrupción generalizada, las horribles prácticas de explotación, las generalizadas prácticas excluyentes basadas en el género, la casta y la clase. Me pregunto cómo sería la India hoy si hubiéramos logrado nuestra independencia de Gran Bretaña con respuestas conscientes de espectro pleno, en lugar de respuestas parciales.

Es cierto que la India es una nación soberana y que ha logrado progresar en algunos campos como la tecnología de la información, carreteras, negocios y hospitales para aquellos que no pueden pagarlo. Sin embargo, la difícil situación de tantos indios está plagada de incertidumbre y privaciones debido a la pobreza extrema. Mahatma Gandhi tenía una estrategia de no violencia, lo llamó al movimiento de liberación Indio *"Satyagraha"*, la fuerza que nace de la verdad (*satya*) y el amor o la no violencia. *"Sarvodaya"* es un término sánscrito que significa "elevación universal" o "progreso de todos". Para garantizar que la autodeterminación y la equidad llegaran a todos los estratos de la sociedad india, los gandhianos adoptaron este término para referirse al movimiento social posterior a la independencia de la India.

Sin embargo, el movimiento de liberación en la India no proporcionó plataformas para todos para manifestar acción desde lo más profundo, desde los valores universales. Como resultado, con el tiempo las acciones se han quedado bastante cortas del potencial de cada indio para generar una sociedad equitativa, en la que todos prosperen con dignidad, donde haya "progreso para todos". No estábamos SIENDO el cambio que deseábamos ver durante el movimiento de independencia. La discriminación basada en casta, clase y género esta generalizada, afectando la vida de millones de personas. Ahora, el 1% más rico de los indios posee el 58% de la riqueza del país,[28] y la tendencia a la inequidad se está acelerando.

¿Qué sería diferente ahora si nos hubiésemos embarcado en políticas, programas y estrategias de implementación en las que prevalecieran la ciudadanía y el liderazgo ético? ¿Podríamos haber tenido reglas económicas y financieras que no concentraran la riqueza en manos de unas pocas personas? ¿Podríamos crear riqueza sin responsabilidades ni deudas? ¿Qué podría ser diferente ahora y en el futuro, si decidimos invertir en respuestas conscientes de espectro pleno en lugar de respuestas parciales?

Falacia: Toma demasiado tiempo para que la gente trabaje en su transformación personal y también diseñe e implemente políticas y programas basados en valores universales. Es más rápido enfocarse en unas pocas estrategias.

Nuevo aprendizaje: Usando el enfoque de consciencia de espectro pleno, moviéndonos más allá de las respuestas parciales, es en realidad un ahorrador de tiempo. Ahora tenemos una nueva práctica para manifestar nuestras capacidades internas para la acción, abordando el cambio de juego con principios y las innovaciones técnicas que al mismo tiempo generan resultados en tiempo y a un paso acelerado.

Respuestas conscientes de espectro pleno

Saber cómo diseñar la arquitectura de respuesta consciente de espectro pleno es fundamental para ser un arquitecto unificador, un factor de cambio del juego con principios. Basados en el mismo ejemplo que usamos para ilustrar las respuestas parciales, ahora diseñaremos respuestas conscientes de espectro pleno en las que los tres dominios estén conectados.

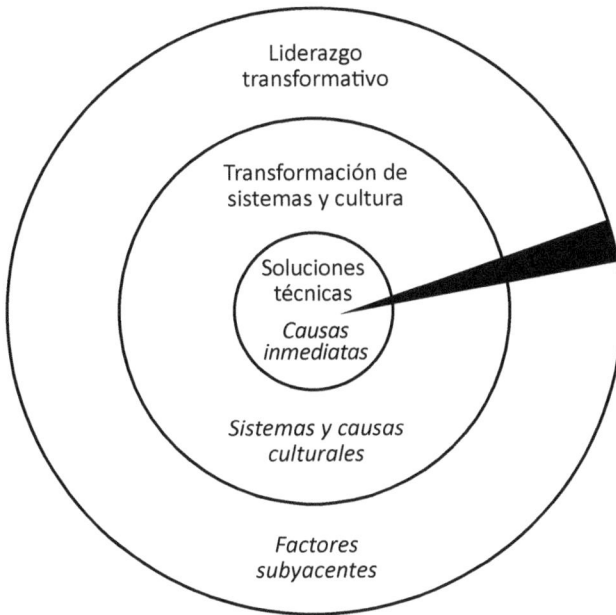

FIGURA 6.2. Respuesta consciente de espectro pleno.

El marco de trabajo de respuesta consciente de espectro pleno (RCEP) es para diseñar respuestas que generan resultados duraderos basados en valores universales. En esta respuesta, los tres componentes esenciales son abordados simultáneamente:

▸   Resolver problemas con tecnologías apropiadas —el círculo interno

▸   Cambiar normas culturales y sistemas a medida que resolvemos problemas para que nuestras soluciones cambien el juego —el círculo medio

▸ Manifestar nuestras capacidades internas y valores universales para resolver problemas a medida que cambiamos la cultura y los sistemas, SER un administrador responsable y un líder transformacional —el círculo exterior

Una respuesta consciente de espectro pleno a la crisis alimentaria tiene los tres componentes estratégicos arriba mencionados. Tengo hambre, no tengo comida y no tengo dinero para comprar comida. ¿Qué se puede hacer? Lo mejor, la respuesta más equitativa y sostenible es actuar en las tres dimensiones a la vez (1) dar comida o ser voluntario en un comedor público y resolver el problema inmediato del hambre —el círculo interno (2) cambiar las políticas actuales en subsidios alimentarios para mayor producción de alimentos nutritivos, aumentar el acceso a los alimentos nutritivos para todos, poner fin a los "desiertos alimentarios" en los que viven personas con recursos limitados; descubrir políticas y programas que generen ingresos e implementarlos o conéctese con las personas adecuadas —círculo medio (3) y encarnar los valores universales de dignidad, equidad y compasión, como base para la acción estratégica y el cambio de políticas, de modo que nuestras respuestas sean duraderas y equitativas —círculo exterior.

Proyectos RCEP en todo el mundo

Hace varias décadas, tomé la decisión de diseñar e implementar cada actividad, proyecto, programa o política a través del enfoque consciente de espectro pleno —en el hogar, en mi lugar de trabajo y en la sociedad. Según el tema y los acuerdos de políticas con gobiernos, socios y dentro de las Naciones Unidas, titulé las iniciativas de manera diferente, por ejemplo, "Liderazgo para resultados" fue el programa para abordar la epidemia de VIH/SIDA; 'Derechos de la Mujer en Acción' fue el programa para reducir la mortalidad materna; 'We Care' fue el programa para nuestros colegas afectados por el VIH/SIDA en nuestro lugar de trabajo. Cientos de iniciativas fueron diseñadas e implementadas con el enfoque RCEP, generando resultados, a través de las Naciones Unidas y más allá. Los practicantes, cuyas contribuciones se citan a lo largo de este libro, todos diseñaron e implementaron sus ideas y proyectos utilizando el enfoque consciente de espectro completo.

Algunos dieron nombres únicos al marco de trabajo RCEP que utilizaron en sus proyectos, para reflejar lo que querían manifestar —por ejemplo, GAIA: acción generativa para el impacto a través de la conciencia para responder a los problemas ambientales, diseñado por Kirsten Gallo; H3—Corazón, Cabeza y Manos para Arquitectura Eco-sostenible por Martin Scherfler; ACT-GAP: avance transformador para el bien común de todas las personas para abordar problemas sociales por Megan Joseph y Kymberly Lacrosse; SFAB Marco de trabajo espectral para construir agencia para la desmitificación de la ciencia y la tecnología para la justicia social, diseñado por Muthu Kumaran, Adya Siddarth, Vivek Coelho y Sudarshan Rodriguez; Liberación través de los campos minados relacionado con la prohibición de las minas terrestres en Israel por Jerry White; HTR — Respuesta holística transformativa para abordar la violencia por Vernon Williams; ACT (por sus siglas en inglés) —Conciencia, Creando cambios, Transformando respuestas a la Crisis del Cambio Climático diseñado por Karen O'Brien; marco de trabajo para la resiliencia en el lugar de trabajo por Dorrie Fontaine; el Marco de trabajo de la equidad por Megan Joseph. En diferentes partes del libro, aprenderemos al respecto.

Para revertir la epidemia mundial de VIH/SIDA a través del Programa para el Desarrollo de las Naciones Unidas, nos enfocamos en reducir el estigma y la discriminación y aumentar el tratamiento y las medidas preventivas mediante la creación de liderazgo para obtener resultados en múltiples niveles y sectores. En todos los 60 países en que trabajamos, el diseño y la implementación de programas y proyectos tenían algunos elementos centrales.

Práctica para generar valores universales y mejorar la autoconciencia, para saber "quién soy y mis valores universales"; y la capacidad de manifestar capacidad interna para la acción estratégica, fue fundamental. El estigma y la discriminación no pueden estar presentes en un espacio de nuestra unicidad, un espacio de nuestra unidad humana. Pero el estigma es aún más profundo cuando hay un indicio de conexión con el sexo, lo que hace aún más difícil de implementar este programa de VIH/SIDA debido a la prepotente moralidad detrás de la cual nos escondemos. Es por eso que los valores universales de dignidad, justicia y compasión son tan vitales como base de nuestro trabajo. Los valores universales interrumpen los patrones discriminatorios, excluyentes y explotadores que vemos en el clasismo, el racismo, las castas y el patriarcado.

Los cambios explícitos en la cultura, normas y sistemas fueron abordados por las personas mismas. Por ejemplo, las personas que vivían con el VIH/SIDA en las aldeas de Camboya fueron expulsadas —fueron rechazadas. Después de pasar por su propio viaje personal de autoconciencia, viendo la incongruencia entre sus valores internos como seres humanos y lo que estaban haciendo a otros, los miembros de la comunidad articularon las normas que querían cambiar en las aldeas. Desde entonces, las personas que vivían con el VIH/SIDA fueron totalmente aceptadas en sus aldeas e incluso bienvenidas a adorar junto con otras personas en los templos.

En Etiopía, las mujeres no iban a hacerse la prueba por temor a que las tildaran de promiscuas. Pero después de comprometerse con nuestro programa, hacerse la prueba se volvió un procedimiento normal, libre de miedo o estigma.

En los Estados Árabes se negó el tratamiento del VIH/SIDA a las personas en prisión porque la sociedad y los líderes religiosos las etiquetaron como "promiscuas y merecedoras de sufrimiento". Los líderes religiosos trascendieron sus juicios y se comprometieron a tratar a los presos con base en los valores universales de dignidad, equidad, compasión; y públicamente declararon su decisión.

Los problemas que las personas enfrentaron fueron resueltos. En Botswana, el dinero designado para las instituciones de salud locales fue detenido a nivel nacional debido a la cinta roja de la burocracia; dentro de seis meses, más del 90% de este dinero llegó a instituciones locales debido al avance extraordinario de iniciativas diseñadas e implementadas por los practicantes del programa de aprendizaje en acción. En Ucrania, las personas que morían de SIDA no tenían un lugar a donde ir; jóvenes y DJs de discotecas, organizaron la campaña amapola roja como su iniciativa de avance extraordinario, que estableció y espacios físicos y cuidado para las personas muriendo de SIDA.

Como resultado del diseño explícito de iniciativas con elementos del enfoque de "respuesta consciente de espectro pleno" (RCEP), generamos nuevas conversaciones en la sociedad que aceptaron a personas viviendo con VIH/SIDA y aumentó la prevención, las pruebas y el tratamiento.

Karen O'Brien es profesora de geografía humana en la Universidad de Oslo y cofundadora de cCHANGE, que se compromete con la "Transformación en un clima cambiante". Adaptó la respuesta consciente de espectro pleno de manera transdisciplinaria en una investigación orientada a los resultados sobre el cambio ambiental global, enfocado en ambos compromisos y resultados. Karen diseñó las "tres esferas de transformación" en relación con la adaptación, mitigación y sostenibilidad. Este enfoque se ha incluido en el capítulo sobre Vías de resiliencia climática del Quinto Informe de Evaluación del Panel Intergubernamental sobre el Cambio Climático (IPCC, por sus siglas en inglés) y es central para una nueva iniciativa sobre la transformación en un clima cambiante (cchange.no). El punto de partida de Karen es que "el cambio climático no es simplemente un problema técnico que pueda abordarse manejando mejor los sistemas existentes, mejorando la tecnología, fijando el precio de las emisiones, asignando fondos especiales para la adaptación y mitigación o reformando las instituciones y gobierno. Puede que requiera estos cambios, pero también es un desafío que está íntimamente relacionado a otros problemas ecológicos, sociales y económicos, que llaman a transformaciones más profundas en los sistemas y estructuras actuales que promueven resultados no deseados —contaminación, pérdida de biodiversidad, pobreza e inequidad, inseguridad. Además, el cambio climático puede considerarse un desafío transformador para los seres humanos que requiere que individuos y grupos se basen en valores universales y examinen sus visiones del mundo y suposiciones sobre el cambio mismo". Al integrar las esferas prácticas, políticas y personales de la transformación, ella está utilizando el marco de trabajo de respuesta consciente de espectro pleno para generar respuestas adaptables y sostenibles a la crisis del cambio climático.

Karen O'Brien fue galardonada con el Premio Nobel de la Paz 2007 junto con otros científicos del Panel Intergubernamental sobre el Cambio Climático (IPCC, por sus siglas en inglés) y Albert Arnold (Al) Gore Jr. "por sus esfuerzos para desarrollar y difundir un mayor conocimiento sobre el cambio climático provocado por el hombre, y para sentar las bases para las medidas necesarias para contrarrestar dicho cambio";. Karen se da cuenta de la necesidad de un enfoque justificable para la transformación al ritmo, la escala y la profundidad que exige el IPCC y el Acuerdo de París sobre el Cambio Climático del 2015, y encontró que el marco de trabajo de las tres esferas basado en el enfoque RCEP es una manera prometedora de conectar transformaciones personales y planetarias.[29]

Hemlata Kansotia, a quien conociste en el capítulo cuatro, diseñó e implementó su trabajo a través del enfoque de respuesta consciente de espectro pleno. Una de sus iniciativas de avance extraordinario fue diseñar e implementar programas de aprendizaje en acción en la India para cambiar la forma en que los trabajadores del alcantarillado y los barrenderos, todos Dalits, son tratados y apoyados. Durante todas sus vidas, a muchos Dalits se les dice que son "intocables", se les excluye de adorar en los templos y otras castas no beben ni comen con ellos.

Los participantes del programa de aprendizaje en acción realizado en Dehra Dun, India, eran trabajadores, líderes sindicales y miembros de organizaciones comunitarias, uniendo manos y corazones de todas las castas. Generaron resultados parados en su unidad, trabajando juntos más allá de las etiquetas de casta socialmente construidas con un compromiso compartido para transformar las condiciones inaceptables en las que los Dalits son forzados a trabajar. Produjeron documentales revelando las terribles condiciones laborales de los trabajadores del alcantarillado y lo que se necesitaba para su seguridad. Se obtuvo equipo de trabajo seguro y los sindicatos articularon nuevas demandas.

Uno de los momentos más profundos y conmovedores para mí fue cuando varios participantes se pusieron de pie y compartieron sus descubrimientos: ellos descubrieron quiénes son y su unidad con todos los SERES humanos; ellos no son "intocables". Para la mayoría de ellos, esta fue una experiencia innovadora y que les cambió la vida. Estos son momentos atemporales, cuando el tiempo se detiene en presencia de la gracia, la conciencia prístina y la unidad.

En uno de los programas de aprendizaje en acción de Hemlata, dos de los 75 participantes no sabían leer ni escribir. Ya que la hoja de trabajo RCEP transmite el mensaje a través de un diagrama, con un poco de ayuda de sus amigos y colegas, pudieron comprender los problemas y sus interconexiones, y pudieron expresarse por completo. Dijeron que esta era la primera vez que podían articular un futuro para ellos y sus niños. Hemlata y su colega Chandni dijeron: "Este marco de trabajo RCEP es extremadamente útil. Ahora nosotros mismos podemos escribir y enviar nuestras propuestas a los donantes para financiarnos. Previamente, pagamos a una ONG (organización no gubernamental) para que lo escribieran por nosotros. Los elementos clave de una propuesta comprensiva y lo que piden los donantes se cubre todo en las preguntas de la hoja de trabajo RCEP. Nos sentimos muy orgullosos de que mi idea para educar a los hijos de los barrenderos recibiera fondos de un donante".

> **Falacia:** Los problemas son complejos. Como ciudadanos y trabajadores ordinarios, no podemos planear lo que necesitamos para nuestro futuro y el futuro de nuestros niños. Los métodos son muy complicados. Solo personas "altamente educadas" con títulos pueden hacer esto.
>
> **Nuevo aprendizaje:** Todos los ciudadanos pueden participar activamente y planear para el futuro. Son capaces de ver el "panorama general" y saber qué patrones necesitan cambiar para resolver problemas, en la cultura y los sistemas formales Todos tienen capacidades internas con las que se pueden conectar y manifestar para la acción.

Anita, una colega de Hemlata, viajó durante la noche con su hijo Raju, de 14 años, en un autobús desde un pueblo en Uttarakhand a Dehra Dun para el programa. Como madre soltera, no podía dejar atrás a su hijo. Invitamos a Raju a participar en las sesiones con nosotros. Presentó su iniciativa de avance extraordinario, refiriéndose a la hoja de trabajo RCEP (Figura 6.3 en la página 130). Los valores universales de Raju son la dignidad y el valor para todos. Él dijo que transformará la cultura de discriminación sistemática en su escuela, donde los niños Dalit tienen que beber de fuentes de agua separadas. A veces no hay agua para ellos. También tienen que pararse en una fila separada para recibir su comida del mediodía, después de que todos los niños de "casta superior" hayan recibido su comida. Tienen que sentarse por separado para comer, están etiquetados como "intocables".

Raju se comprometió a tomar acción. Llevaría a su tío e iría a ver al magistrado de distrito, un oficial de la IAS, de quien Raju había oído que era un hombre que trabajaba con justicia. Raju le dirá lo que debía cambiarse y dijo que no tiene miedo de las repercusiones, de lo que las autoridades podrían hacerle en la escuela. "Lo peor que me podría pasar es que me echen de la escuela", dijo Raju. Seis meses después, nos enteramos de que Raju siguió adelante con su plan, se reunió con el magistrado del distrito y tuvo éxito cambiando las normas sobre la disponibilidad de agua para todos y para sentarse juntos a comer, un gran comienzo.

Falacia: La gente joven no tiene la experiencia necesaria para hacer la diferencia, aun cuando les importe. La estrategia y planeación requieren "madurez" y los adultos necesitan liderar.

Nuevo aprendizaje: Así como los adultos, los jóvenes pueden ponerse en contacto con sus capacidades internas si se les da la oportunidad de hacerlo; y como los adultos, tienen la elección de manifestar su grandeza interna a través de la acción.

Aplicando el marco de trabajo RCEP

El requisito previo para utilizar el enfoque RCEP para generar resultados es que a la persona le preocupe profundamente por la humanidad y el planeta y esté dispuesta a tomar acciones valerosas. Sin esta predisposición, no haremos las preguntas correctas ni generamos respuestas transformadoras.

¿Cómo diseñan las personas comprometidas? Comienzan identificando una idea, proyecto o iniciativa relacionada a un asunto con el que están actualmente comprometidos y apasionadamente preocupados. *Esto no se trata de nuevas ideas o ideas diferentes —se trata de hacer la misma cosa de manera diferente.*

Diseñar en la plantilla de respuesta consciente de espectro pleno comienza con un preguntar profundo, comenzando con estas seis preguntas. Favor de referirse a la Figura 6.3.

Mis capacidades internas *(círculo externo)*:

1. ¿Qué valores universales encarno y represento para hacer que esto suceda?

   Valores Universales y Proyecto con Principios (*en la cúspide de los círculos exterior y medio*):

2. ¿Qué (a) valores universales y (b) principios sustentan el proyecto?

    ¿Qué haría yo? En otras palabras, ¿Qué acciones visibles y medibles realizaremos para generar resultados, actividades completas *(círculo interior)*?

3. ¿Cómo aparecen los problemas (da uno o dos ejemplos)?

4. ¿Qué cambiará visiblemente debido a mis acciones?

5. ¿Qué haré?

    Cambios Culturales y de Sistemas *(círculo medio)*:

6. ¿Qué sistemas y normas culturales deben cambiarse para crear metas logradas equitativas y sostenibles? (ejemplos: cambios en políticas, reglas, estructuras organizacionales y su funcionamiento, normas culturales, en mi comunidad, sociedad, gobierno o negocio, para resolver el problema y hacer que esto suceda?)

A medida que los practicantes preguntan, mapean sus respuestas en la hoja de trabajo RCEP (Figura 6.3 —Hoja de trabajo RCEP: Arquitectura para el cambio equitativo y sostenible). La hoja de trabajo de respuesta consciente de espectro pleno representa un mapa para la transformación con componentes interdependientes. Es como una tela, con los diferentes hilos y elementos interconectados intrincadamente entretejidos. Puedo levantar toda la tela desde cualquier punto.

El enfoque RCEP se puede aplicar a proyectos específicos o programas grandes, a los diferentes componentes de cualquier proyecto y mapeado en la hoja de trabajo. Las primeras veces puede parecer incómodo e inicialmente confuso, porque no estamos acostumbrados a abordar la complejidad de esta manera simple pero poderosa.

Para que surja el próximo paradigma, de hecho, para que la próxima civilización surja, es vital que cada uno de nosotros tenga acceso al arquitecto unificador y valiente que llevamos dentro.

Este trabajo trata sobre personas de todo el mundo que se involucran en la creación de un cambio de paradigma porque se preocupan profundamente por las personas y el planeta. El marco RCEP no es solo para la participación de los ciudadanos, también es para profesionales, administradores de programas, empresas, medios de comunicación y la academia y quienes diseñan las políticas de diferentes disciplinas y sectores.

NOMBRE : _____

TEMA : _____

PROYECTO : _____

Mis capacidades internas:
¿En qué valores universales me paro
y encarno para que esto ocurra?

**Valores Universales
del proyecto:**
¿Qué

Cambios de sistemas y cultura:
¿Qué sistemas y normas culturales
deben cambiar para crear metas
logradas equitativas y sostenibles?

a) valores universales y
b) principios forman la
base del proyecto?

(Ejemplos: cambios en
politicas, reglas, estructuras
organizativas, funcionando.
Cambios culturales en
comunidad, Sociedad,
gobierno o negocios)

Liderazgo
transformativo

Transformación de
sistemas y cultura

Soluciones
técnicas

*Causas
inmediatas*

**Medidas visibles para
las metas logradas:**
(a) ¿Cómo se muestran los
problemas (1 o 2 ejemplos)?
(b) Establecer lo que cambiará
visiblemente debido a mis acciones.
(c) ¿Qué haré?

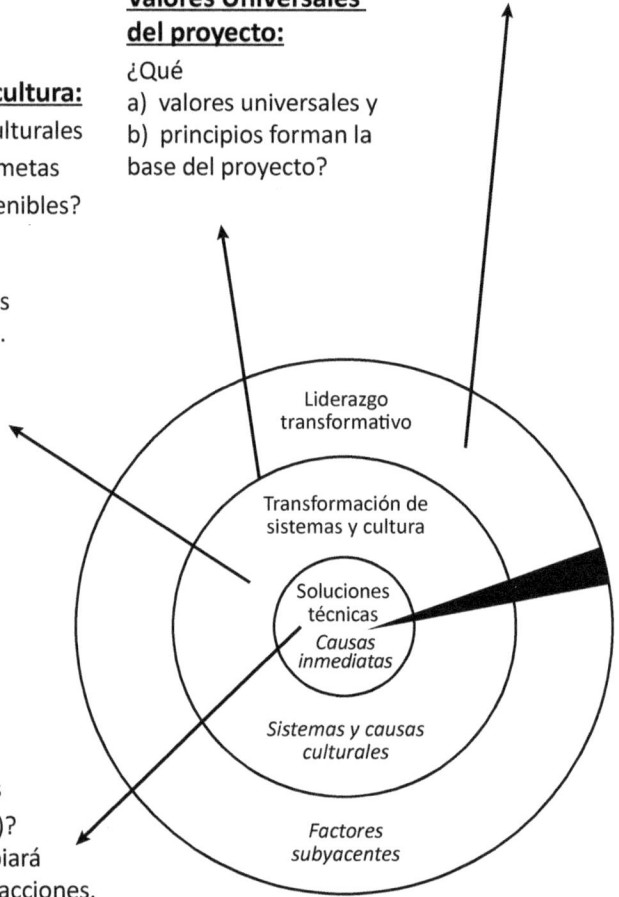

*Sistemas y causas
culturales*

*Factores
subyacentes*

Respuesta consciente de espectro pleno

FIGURA 6.3. Hoja de trabajo RCSP: Arquitectura para el cambio
equitativo y sostenible resolviendo problemas —cambiando
sistemas y cultura, manifestando valores universales.

Martin Schaeffer, un sociólogo que nació en Austria y ahora vive en Auroville, India, es un arquitecto unificador que utiliza los diferentes marcos de trabajo, incluyendo RCEP, para generar resultados. Diseñó e implementó una escuela de verano para estudiantes de arquitectura, ingeniería y diseño. La versión de Martin de la respuesta consciente de espectro completo es "enfoque 3H: manos (habilidades), cabeza (pensamiento sistémico, reconocimiento de patrones) y corazón (capacidad interna y valores universales)". El objetivo del programa de la Escuela de Verano de Prácticas Verdes de Auroville es cambiar la educación superior de un enfoque fragmentado a un enfoque que nutre las manos, la cabeza y el corazón al capacitar a una nueva generación de administradores responsables del ambiente, con orientación, el espacio para explorar y expresar su potencial pleno. El taller es un laboratorio educativo experimental y transdisciplinario, que conecta la teoría y la aplicación con valores humanos fundamentales como la justicia, la dignidad y la belleza, sobre un tema seleccionado. Los temas incluyen diseño de casas de bajo costo, recolección de agua, enfriamiento pasivo, saneamiento ecológico y agricultura urbana.

El programa de la Escuela de Verano 3H está diseñado como un fractal en el que cada actividad del programa contiene elementos de todos los componentes de 3H. Su objetivo es fomentar una nueva generación de líderes que sean capaces de conectar sus corazones, cabezas y manos para un futuro más equitativo y sostenible.

Los valores universales de Martin son integridad como totalidad, compasión y valor. Él dice: "Nunca me consideré un activista tradicional enfocado simplemente en la deconstrucción y la crítica de lo existente; y nada, o poco, en la creación y mantenimiento de alternativas. Mi búsqueda ha estado moldeada por los valores que mis padres le atribuían a la sencillez y al trabajo duro, por una confrontación con las ideas marxistas y su falta de respeto por el espacio interior; una búsqueda para combinar una aspiración a un crecimiento interior sin fin con un sentido de responsabilidad por el bienestar de la humanidad y el planeta; un continuo indagar sobre mis necesidades reales (materiales, emocionales, intelectuales y espirituales) combinado con la urgencia para la acción y cambio de estilo de vida".

Srilatha Juvva es profesora en el Instituto Tata de Ciencias Sociales en Mumbai con experiencia en Estudios de Discapacidad y Salud Mental, y sus valores universales son potencial pleno, compasión y dignidad. Para Srilatha, el bienestar es fundamental para la existencia humana.

Desde la infancia, Srilatha enfrentó numerosas adversidades. Ella manifiesta sus capacidades internas y se estira para manifestar todo su potencial. Su trabajo en salud mental y discapacidad se enfoca en que cada individuo alcance su potencial pleno, mantenga su bienestar y enfrente los desafíos de la manera más efectiva posible. Ella dijo: ""He aprendido a manifestar mi sabiduría interior para exponer mis puntos de vista y actuar. Diseño cursos y proyectos utilizando el marco de trabajo de RCEP. Es fácil usar este marco de trabajo para diseñar cualquier actividad, grande o pequeña. Sintetiza con claridad y propósito, manifestando explícitamente mi sabiduría interior junto a modelar mi comportamiento como maestro; conectando los valores universales en los que estudiantes, personal del proyecto y yo estamos parados, con los sistemas y problemas culturales relacionados con la salud mental y la discapacidad que debemos abordar, a medida que desarrollamos habilidades, competencias y capacidades internas para brindar cuidado.

"Como maestra, aplico el enfoque RCEP en la organización de mis cursos teóricos, así como en el trabajo de campo. Las respuestas de los estudiantes y aprendices han sido significativas: pasaron de ser indiferentes y "difíciles" a involucrarse y ser activos. Usando marcos de trabajo y herramientas que se refuerzan mutuamente, veo que la enseñanza-aprendizaje para mí se ha transformado por la forma en que los estudiantes no solo responden a la enseñanza en el aula, sino también en la forma en que su pensamiento ha cambiado sobre sus capacidades internas y valores universales, sus miedos socializados, el escuchar y sus conversaciones internas y sobre su compromiso para aprender. Los veo aplicar esto a su trabajo de campo y diseñar estrategias para hacer visibles los invisibles y sutiles patrones del estigma y la discriminación; simplificando los sistemas complejos para el servicio de los usuarios e inscribiéndolos para diseñar iniciativas de cambio. Hay resultados medibles, estoy trabajando para que esta forma de aprender y servir sea la norma".

Falacia: Las plantillas de planeación no se pueden usar para los complejos problemas que enfrentamos. Estos métodos (ej. el enfoque RCEP) son para proyectos. Las normas sociales nos llevan al estigma y la discriminación, los ambientes de trabajo que son difíciles, las esferas académicas tales como la enseñanza, requieren diferentes enfoques.

Nuevo aprendizaje: La respuesta consciente de espectro pleno es robusta y profunda. A través de la práctica manifestando los valores universales para la acción, para cambiar patrones que desempoderan, necesitan ser constantemente aplicados en varios escenarios y para resolver diferentes problemas.

Srilatha reflexiona: "Actualmente, en la academia, dejamos que las diferencias nos gobiernen, en lugar de nuestra grandeza individual y colectiva. Tales divisiones han alcanzado un inmerecido lugar de importancia solo porque no operamos desde un lugar de abundancia, fuerza y sabiduría, sino desde uno de miedo y competencia. Con un enfoque renovado, estamos evitando más y futuras descomposturas, a medida que nos recuperamos, nos paramos en nuestra sabiduría y trabajamos juntos. He aprendido: que los valores universales verdaderamente nos unen tan profundamente, que esto nunca falla; nuestras capacidades internas y valores universales es un lugar donde todos nos podemos conectar; esto aumenta el respeto por la diversidad en el pensamiento y la acción".

Hay una gran diferencia entre "enseñar" valores universales y "encarnarlos". Este trabajo trata sobre la profunda humildad de SER abierto, consciente de sí mismo, en la práctica, en un camino de aprendizaje permanente para académicos y otros que sobresalen en la materia que enseñan.

Dorrie Fontaine, Directora de la Escuela de Enfermería en la Universidad de Virginia (UVA), lanzó la Iniciativa de Liderazgo Empático y Cuidado Compasivo, una colaboración entre las Escuelas de Medicina y Enfermería. Su compromiso fue crear un ambiente de trabajo saludable en el que todos puedan prosperar; y aumentar la educación interprofesional, especialmente para que los estudiantes de enfermería y medicina aprendan juntos y ganen respeto el uno del otro. La meta era mejorar las vidas de aquellos con enfermedades terminales, a lo largo sus vidas, en entornos de cuidado médico, transformando práctica, educación, investigación y asociaciones comunitarias.

Dorrie utilizó el enfoque RCEP y diseñó su propio marco de trabajo para la "Resiliencia en el lugar de trabajo" y abrió un inmenso espacio para el aprendizaje profundo interprofesional a través de la Iniciativa de atención compasiva. Dorrie dice: "Más de cien proveedores de cuidado médico de múltiples disciplinas en nuestro sistema de salud en UVA participaron, poniendo en práctica cuarenta capacidades de liderazgo en poco más de tres años. Fomentamos una multitud de enfermeras, capellanes y médicos que ya no estaban contentos con los negocios como de costumbre. Se pusieron en marcha numerosas iniciativas para el cuidado y maneras de desarrollar la resiliencia. Cambiamos la cultura en la UVA: de "la Pausa", a asistir a pacientes pediátricos que se estaban muriendo, con cuidado de apoyo en el hogar y muchos otros ejemplos. Esto dio renombre a la Escuela de Enfermería de la UVA en todo el Sistema de Salud; por eso somos conocidos por la Iniciativa de Cuidado Compasivo, ahora y, con suerte, para siempre".

Dorrie combinó su excelencia profesional con la humildad para aprender. Ella dice: "Cada taller me empoderó un poco más, ya que siempre regresamos a este núcleo de quiénes somos y la capacidad de conocerme a mí misma y pararme en mi poder. Escucho más profundamente, participo en comportamientos más conscientes; conozco a las personas de manera diferente. Me encantaba escuchar a la gente decir "Mis valores universales son…", "Ahora utilizo estas ideas en todo mi trabajo con varios grupos."

Conocí a dos monjas, la Reverenda Guo Chan y la Reverenda Chang Ji, en el Caucus Espiritual en las Naciones Unidas. Siguen las enseñanzas del budismo chino Chan y querían aprender formas de mejorar sus habilidades para la acción social. Las invité a participar en programas de aprendizaje en acción con otros y tenía curiosidad por saber qué significaban estos programas para ellos.

Reverenda Guo Chan nació en Taiwán. Ella dijo: "Estamos solos pero caminamos juntos, la elección de las palabras me ayuda a ver mi trabajo de manera diferente. Este es un proceso sistemático y poderoso muy especial que tiene un lenguaje universal y un contexto universal, lo que me permite resonar con las enseñanzas del budismo chino Chan y vivir en una escala mayor.

"El uso del enfoque consciente de espectro pleno aumenta mi capacidad para reconocer dónde otros y yo manifestamos nuestros proyectos. Soy capaz de identificar lo que falta y también de expresarme en un lenguaje que alienta a otros a estar en el espacio de su potencial en lugar del miedo, y reduce el conflicto".

La Reverenda Chang Ji nació y se educó en los Estados Unidos de América. Ella compartió lo siguiente: "Trabajando con participantes fuera de mi orden espiritual, me di cuenta que no estoy sola en mi sufrimiento. En muchos sentidos, aunque la situación y el contexto pueden ser muy diversos, los sufrimientos básicos son muy similares y surgen de nuestros miedos. Desarrollé más empatía y compasión hacia mis compañeros terrícolas y me volví menos crítica.

"Cuando aplico la metodología consciente de espectro pleno, encuentro que puedo estar en mi indomabilidad y diseñando proyectos para tener metas logradas e impacto en lugar de solo aportes y actividades completas. Tendrían impactos más profundos, inmediatos e impactos a largo plazo dentro de la organización, con los socios del proyecto y las partes interesadas. Con esta claridad, puedo registrar más efectivamente a las personas para apoyar mi proyecto a través de la creación del espacio de nuestro potencial y valores universales.

"Después de trabajar en el programa de administración responsable, y habiendo pasado un tiempo en contemplación solitaria desde entonces, he tenido muchos momentos "ah-ha" en los que vi mis miedos bajo mis conversaciones e historias internas. Vi cómo me impidieron ser capaz de estar completamente presente y sin juzgar. He podido practicar el discernimiento y encontré un gran poder en eso".

Estrategias sinérgicas operacionales

La arquitectura para generar un cambio de paradigma con resultados equitativos y sostenibles necesita ser operacionalizada y puesta en práctica. Las estrategias sinérgicas operacionales (SOS, por sus siglas en inglés), cuando se implementan, generan un impacto exponencialmente mayor. Operan en conjunto con los diferentes componentes del marco de trabajo de la respuesta consciente de espectro pleno, expandiendo nuestra capacidad de responder a desafíos complicados.

La sinergia ocurre cuando la interacción o los esfuerzos cooperativos de dos o más entidades, organizaciones, grupos, sustancias u otros agentes producen un efecto combinado mayor que la suma de sus efectos por separado. Cuando diseñamos para la sinergia, logramos más con menos. De hecho, hacemos esto en nuestra vida diaria al combinar varias medidas para el bienestar, como una dieta saludable, ejercicio, un trabajo satisfactorio, sueño adecuado y meditación. Cada una de estas prácticas produce efectos positivos; hecho en conjunto, el efecto es mucho mayor que lo que cada uno ofrece individualmente.

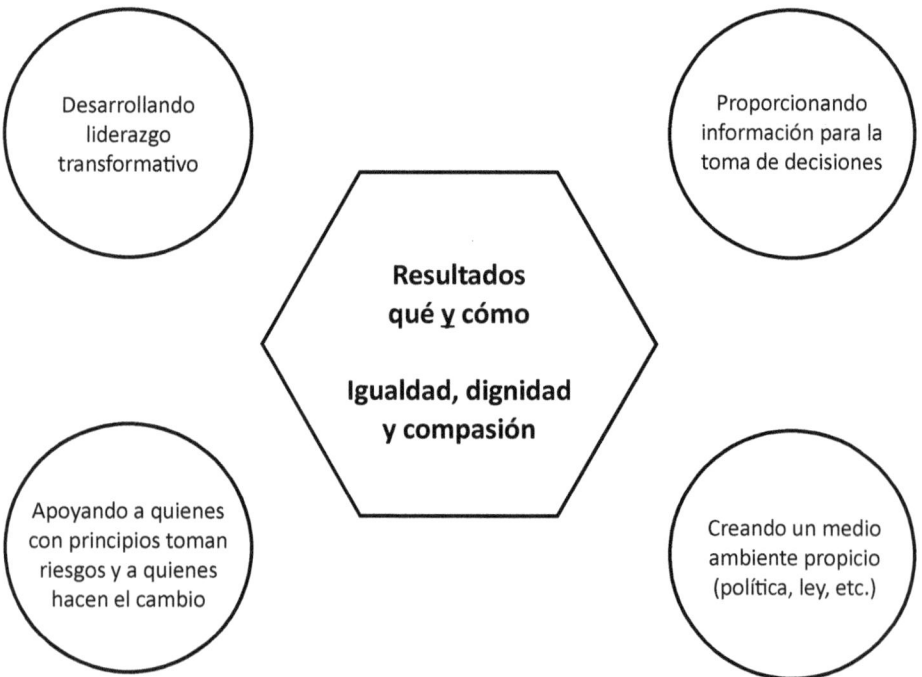

FIGURA 6.4. Estrategias operacionales sinérgicas (SOS).

Antes de explorar y establecer las estrategias operativas para nuestra idea, iniciativa o proyecto, debemos tener claro (a) los valores universales que encarno y el propósito de mi compromiso (b) los valores universales fundamentales en la base del proyecto, (c) los resultados que deseamos generar y nuestras metas (d) los principios que acordamos seguir para hacer operativo el programa (como participación informada, transparencia) y (e) la dirección estratégica de lo que hacemos y cómo intentamos hacerlo, ¿Vamos a usar formas convencionales o enfoques transformadores?

Después de diseñar una idea, iniciativa o proyecto utilizando el enfoque de respuesta consciente de espectro pleno, utilizamos las estrategias operativas sinérgicas (SOS) para asegurar que los cuatro componentes operativos esenciales estén en su lugar para implementar nuestro proyecto.

- ▶ Desarrollando liderazgo o administración responsable
- ▶ Dando información para la toma de decisiones
- ▶ Creando y habilitando un entorno propicio para el cambio
- ▶ Apoyando a quienes toman riesgos con principios

Liderazgo Transformativo y Administración Responsable

Un administrador responsable es un líder que también es un cambiador de paradigma. Los administradores responsables transformativos manifiestan cambios de paradigma haciéndose responsables simplemente porque se preocupan profundamente. Desarrollan las siguientes habilidades, competencias, capacidades internas:

- ▶ Habilidad para generar poder intrínseco, valores universales, creatividad, acción estratégica.
- ▶ Capacidad y voluntad individual, moviéndose de la resignación ante las circunstancias negativas al compromiso, iniciativa y acción.
- ▶ Une el universo no dual de la unidad con el del mundo dual.
- ▶ Ejercitar el pensamiento crítico sobre ti mismo y la sociedad.
- ▶ Ver los factores fundamentales de los retos y problemas, y abordarlos efectivamente.

▸ Diseñar iniciativas estratégicas que transformen sistemas y normas culturales inviables y construir arquitecturas alternativas para resultados equitativos y sostenibles.

▸ Están SIENDO factores de cambio con principios mientras resuelven problemas.

▸ Practicar continuamente para fundamentar acciones y resultados para presenciar equidad, dignidad, compasión.

▸ Crear resultados de estrategias transdisciplinarias dedicadas a soluciones sinérgicas basadas en valores universales.

▸ Aprender habilidades, competencias y capacidades internas para generar resultados (actividades completas, metas logradas e impactos transformadores) para resultados inmediatos y a largo plazo, así como un impacto equitativo y sostenible a gran escala.

▸ Forjar asociaciones sinérgicamente alineadas y orientadas a los resultados en base a los valores universales en todos los sectores y problemas.

▸ Crear capacidad en un número significativo de practicantes para entrenar a otros para generar resultados

Diseñé un enfoque integrado para mejorar ambas, liderazgo y diseño de capacidades en las mismas sesiones de aprendizaje en acción; por ejemplo, reducción de la mortalidad materna, reducción de la reincidencia, el VIH/SIDA en los países, la mutilación genital femenina, el cambio climático, la conservación en las zonas costeras de la India, así como en el Servicio de Parques Nacionales en EUA. Esta modalidad de aprendizaje en acción entreteje de manera efectiva la transformación personal con la transformación social basada en valores universales durante la misma sesión de aprendizaje.

En nuestra respuesta para revertir la epidemia de VIH/SIDA en alrededor de 60 países, doce facilitadores externos diseñaron e impartieron el componente de desarrollo de liderazgo en catorce lugares; y las esenciales habilidades arquitectónicas para la transformación social fueron diseñadas e implementadas por nosotros en el PNUD. Incluyeron el enfoque RCEP, estrategias operativas sinérgicas, la cadena de resultados transformativos, información, política, compromiso comunitario, gobierno y comunicación. Subrayo la necesidad de saber cómo diseñar programas para el desarrollo de liderazgo y resultados para la transformación social.

Información para la toma de decisiones

La información relevante debe ser ampliamente disponible para el diseño, la toma de decisiones, la educación al público, rastreando el progreso. Así como se desenvuelven nuestras capacidades para la administración responsable, haremos decisiones bien intencionadas, basadas en corazonadas y posturas en lugar de información sólida. Estudios revelan que la mayoría de las decisiones finales hechas por líderes relacionados al dinero y políticas que se basan en otras influencias y presiones políticas. Racionalmente, ciencia, estadísticas, información, no prevaleció. Es por esto que la administración responsable transformativa basada en valores éticos es tan vital para la toma de decisiones informadas.

Falacia: Los programas de liderazgo son la clave para el cambio. Mientras que las herramientas en el taller sean poderosas, las estrategias y acciones les seguirán y el cambio ocurrirá.

Nuevo aprendizaje: Los programas de liderazgo transformativo son necesarios. Aún más importante es la práctica de cada persona, basada en valores universales, en el continuo compromiso con la acción estratégica y trabajando en sinergia con otros componentes esenciales para la transformación —información para toma de decisiones, políticas efectivas y ambientes para los medios y apoyo a quienes, con principios, toman riesgos.

La transparencia es esencial pues la gente está demandando más apertura cuando participan en procesos democráticos. Información sobre reglas "invisibles" del juego nos permite cambiar lo que no trabaja. Por ejemplo, lo que compramos y la información que buscamos cuando compramos determina nuestro futuro colectivo y el estado de nuestro planeta. ¿Acaso los trabajadores que construyeron las cosas que compramos recibieron salarios justos y que alcanzan para vivir? ¿Fueron tratados con dignidad? ¿Son los productos de alguna forma dañinos para nuestra salud? ¿Son sus procesos de producción y distribución dañinos para nuestro planeta? La mayoría de las personas conscientes de los derechos de los animales eligen ser veganos y otros que permanecen vegetarianos y omnívoros están comenzando a buscar información sobre si los animales fueron bien tratados y alimentados, permitiéndoles moverse libremente y sacrificados humanamente. Ciudadanos informados, a quienes les importa, apoyarán transparencia de mercado y algunos académicos opinan que los negocios que progresarán en el futuro serán aquellos que sean "radicalmente transparentes".[30]

Hoy, estamos inundados con información —y desinformación— relacionada con la mercadotecnia, las ventas y los mercados de bolsa, todos con distintas interpretaciones sobre este casino global. De hecho, recibimos tanta información de tantos recursos que es difícil entender qué está pasando. Por otro lado, puede ser difícil tener acceso a información precisa sobre asuntos importantes que afectan nuestra vida diaria, tales como lo básico de la banca y la inversión, los efectos nocivos de las medicinas, estadísticas sobre quién se beneficia de las diferente políticas o transacciones y donde están los tecnicismos, como es que productos antiguos que tuvieron consecuencias desastrosas, están siendo re-empaquetados bajo nuevas marcas: por ejemplo, los derivados financieros que crearon un caos económico en 2008 son ahora re-empaquetados como instrumentos financieros seguros. Nuestra falta de consciencia sobre los productos peligrosos para nuestra salud, tales como pesticidas, no nos sirve. 95% de los adultos en los Estados Unidos tienen organofosforados en su sangre y los niveles son el doble de alto que en los niños. La exposición a pesticidas organofosforados está ligada a hiperactividad, discapacidades conductuales, retraso en el desarrollo físico y disfunción motora, la mitad de los insecticidas en los Estados Unidos tienen organofosforados.[31]

Como ciudadanos, necesitamos estar conscientes de los hechos sobre las políticas y los productos que afectan nuestras vidas. *Necesitamos aprender cómo saber en qué fuentes de información podemos confiar, para descifrar que es mejor para nosotros y el futuro de nuestros niños.* Debemos de trascender información ideológicamente motivada, indagando en lo que realmente está pasando, en base a nuestros valores universales de equidad y dignidad.

Tuve el privilegio de conocer a Aruna Roy, de quien admiro su trabajo, para comenzar a diseñar un programa de liderazgo comunitario. Aruna invitó hombres y mujeres de los pueblos en Rajasthan a participar y yo aprendí cómo ellos usan apropiada y asertivamente la información para la toma de decisiones y cambio. El fecundo trabajo de Aruna Roy para el derecho a la información surgió de la lucha por el sustento del pobre en el campo y la descarada corrupción en programas de gobierno en sus pueblos. Este fue el cimiento del Acto del Derecho a la Información en la India. A través de MKSS, "Mazdoor Kisan Shakti Sangathan" (una organización basada en la fuerza del trabajo de trabajadores y granjeros), había una demanda por información auténtica para contrarrestar la malversación, los pagos falsos y los billetes falsos por el establecimiento. Aruna dice que hay una diferencia entre los problemas de transparencia y la demanda de la gente por el derecho a la información. Cuando la gente demanda información, indica un cambio fundamental en quien hace las preguntas. Es más que hacer una pregunta, rompe el silencio y se opone fieramente a los comportamientos que no mantienen la integridad.

Para la gente pobre del campo, en la India, demandar información es un asunto de supervivencia. Miles de personas demandando información han hecho una diferencia medible en sus vidas cotidianas, por ejemplo: obteniendo información sobre gastos por trabajo en el pueblo; teniendo información precisa sobre maestros y escuelas.

El gobierno de la India declara que "El objetivo básico del Acto del Derecho a la Información es empoderar a los ciudadanos, promover transparencia y responsabilidad en el trabajo del gobierno, conteniendo la corrupción y haciendo que nuestra democracia trabaje para la gente en sentido real. No es preciso aclarar que los ciudadanos informados están mejor equipados para mantener la vigilia necesaria en los instrumentos de gobierno y hacer que el gobierno sea más responsable para sus gobernados".[32]

Aruna Roy recibió el Premio Ramon Magsaysay por el Liderazgo Comunitario, el Premio Nacional Lal Bahadur Shastri para la Excelencia en Servicio Público, Academia y Administración y fue nombrada como una de las cien personas más influyentes personas en el mundo, por la revista Time en 2011.

Unos pocos negocios previsores también están cambiando, yendo más allá de los confines de los derechos de propiedad intelectual y enfocándose principalmente en una humanidad y un planeta próspero. Por ejemplo, Tessler, una compañía automotriz que trabaja para fomentar el transporte sustentable, es una fuerte abierta que comparte información relacionada a la tecnología que usan, depende en los consumidores de pasar la voz, brinda servicios excelentes y sus ventas y ganancias están encaminadas.[33]

Falacia: La información la necesitan principalmente los que determinan políticas y ejecutivos. Es probable que los ciudadanos malinterpreten los datos y la información porque no tienen el panorama completo, y pueden causar conflictos innecesarios. Es más, si se comparte la información, perderemos la ventaja competitiva en nuestro campo, y no tendremos éxito.

Nuevo aprendizaje: Los ciudadanos, académicos, y personas de negocio quienes dejan a un lado sus intereses personales estrechos usan los datos hábilmente para cambiar las normas culturales y los sistemas desempoderantes, generando resultados para cambio equitativo y sostenible. Es más, compartir información fomenta la creatividad, aumenta el conocimiento, y contribuye al progreso.

Un entorno propicio para el cambio

Un entorno propicio para el cambio requiere de medios de comunicación responsables, provisiones legales que apoyen a quienes hacen los cambios y empoderan normas sociales. En sociedad, necesitamos conversaciones éticas que apoyen a las personas y al planeta a prosperar.

Durante la crisis del 2008 en los Estados Unidos, políticas fiscales dejaron sin hogar a ocho millones de personas. Las reglas del juego y el ambiente político llevaron a esto. Aunque la causa de la crisis es ampliamente aceptada a ser la venta de productos "derivados", gigantes financieros en los Estados Unidos y Europa los están rempaquetado para su continua ganancia monetaria personal.[34] Globalmente, la política de no intervención de la liberalización financiera ha lastimado a mucha gente, particularmente aquellos que viven en la pobreza.

Sin embargo, así como avanzamos, hay esperanza. Las Metas de Desarrollo Sostenible y la amplia dirección estratégica ha sido firmada por los 193 países en la Asamblea General de las Naciones Unidas[35] y proporciona una nueva plataforma para el cambio. Al crear y habilitar un ambiente todas las partes interesadas necesitan estar proactivas. Como ciudadanos de cualquier país, en particular en las democracias, también podemos escoger estar informados y hacer de estas metas y acuerdos una realidad; podemos demandar que nuestros estados de mercado" sean sujetos a cuenta. La noción de países soberanos ha sido erosionada no solo por los países ricos con fuerza militar, pro significativamente por algunas fuerzas de mercado multinacional que presionan y controlan el liderazgo de un país.

Es esencial crear un ambiente seguro para que equipos y organizaciones refuercen y transformen sistemas y normas disfuncionales; y podemos hacer esto apoyando conversaciones generadoras, basadas en valores y acciones para el cambio de políticas. Shebreh Kalantari Johnson y Brenda Armstrong, profesionales de salud pública en el Condado de Santa Cruz en California, se comprometieron en un proceso de siete meses de duración para abortar el complicado problema de la salud y el abuso de sustancias. Usaron la plantilla de respuesta consciente de espectro pleno.

Paradas en unidad y equidad, Shebreh y Brenda abordaron a los cultivadores de mariguana, cuyas ganancias se verían afectadas por la prohibición o aumento de regulación. Ellas mantuvieron conversaciones desde este espacio generador con un gran número de cultivadores, pasando tiempo con ellos y escuchando profundamente sus puntos de vista, sin juicio o filtros mentales.

La respuesta inicial de los miembros de la industria del cannabis fue la que usualmente se dice dichas situaciones: "La investigación es parcial y fundada por agencias de gobierno que están contra el cannabis. Por lo tanto, no sabemos realmente si hay impactos negativos para los jóvenes y su crecimiento y desarrollo"; "Tienen una perspectiva prohibicionista que nunca permitirá que regulaciones sólidas sean implementadas"; "Los problemas terminarán una vez que se acabe la prohibición"; "Esta es una medicina y ustedes la están tratando como otras drogas nocivas. ¿Por qué no abordan los demonios de las drogas farmacéuticas?"

Shebreh y Brenda compartieron sus valores universales y abrieron el espacio para que todos articularan los cambios que son necesarios para el bienestar en sus comunidades; cambiando de prohibición a regulación cambiando de desconfianza a confianza; y cambiando de una estrecha definición de comunidad a una amplia definición de comunidad, donde los representantes de la industria de la cannabis ofrecieron soluciones basadas en valores universales, para el bienestar de todos los segmentos de la comunidad, incluyendo sus propias familias.

El día de la junta del Consejo de Supervisores del Condado de Santa Cruz, donde algunos de los anteriores participantes en los programas de administración responsable también estaban presentes, se generaron nuevas conversaciones. Regulaciones esenciales fueron implementadas en lo sucesivo comprometiéndose con un programa de cannabis médica que tendría impactos negativos mínimos mientras proporciona acceso a medicina para aquellos quienes la necesitan.

Brenda notó: "Funcionarios locales, representantes de la industria, policía y miembros de la comunidad, abogaron por nuestra inclusión y voz en asuntos comunitarios y el desarrollo de pólizas. En lugar de solicitar invitaciones a la mesa donde se toman las decisiones, se nos identificó como partes interesadas clave con una perspectiva valorada." Shebreh agregó, "Hemos alcanzado una asociación sin precedente y una colaboración con compañeros poco tradicionales". Los miembros de la industria vienen a nosotros por nuestra experiencia con un espíritu de apoyo mutuo. Nos piden panfletos de cómo proteger contra el acceso de los jóvenes al cannabis medicinal para darles a otros. Cuando los jóvenes tuvieron acceso a sus productos, ellos querían plantear con nosotros en cómo esto se puede evitar. Apenas hoy me reuní con una persona de la industria del cannabis y él dijo, "Hace dos años, cuando por vez primera me encontré con tu grupo, pensé que eran aún otro "grupo que solo dice que no ". Ahora entiendo y sé que no podemos hacer bien este trabajo sin ustedes en la mesa."

Algunos profesionales de los medios dicen que tienen que ser sensacionalistas para mantenernos interesados. Decimos estar cansados de lo que los medios proyectan, pero continuamos consumiendo chismes y permitiendo que los medios nos distraigan más allá del pensamiento racional y conversaciones éticas. ¿Quién va a romper estos ciclos de consumismo y banalización? A menudo los medios perpetúan la "banalización" de los seres humanos, en lugar de reverenciar la vida.

Afortunadamente, existen ciudadanos y medios responsables. Las conversaciones comunitarias y los medios jugaron un papel importante para reducir el estigma contra las personas viviendo con VIH/SIDA; varias cadenas de medios se están enfocando en la inequidad, por ejemplo, Al Jazeera reportó sobre "La cuenta regresiva para la inequidad en el mundo"; reportando sobre el racismo ha abierto puertas a nuevas acciones y políticas para la inclusión y el cambio.

Aunque las normas y políticas democráticas son para todos, desafortunadamente algunas de las personas más ricas e influyentes se consideran estar "por encima de la ley", como si el obedecer la ley fuera opcional para ellos. Las personas que no están en esa categoría a menudo tienen miedo de hablar de lo que no está trabajando, en contra de funcionarios y prácticas de negocios corruptos, contra la explotación o la discriminación. Tienen miedo de que les quiten lo que tienen o peor, que sus familiares y seres queridos serán amenazados y lastimados. Esto nos lleva a la siguiente estrategia operativa sinérgica, apoyo a para quienes, con principios, toman riesgos.

Apoyo para quienes con principios toman riesgos

Esta es una pieza que falta en la mayoría de los programas. Es esencial apoyar a quienes con principios toman riesgos y cuyas acciones nos mueven hacia un cambio equitativo y sustentable. Quienes con principios toman riesgos están ahí en cada establecimiento, cada sociedad. Ellos retan lo que no está trabajando no porque tengan una agenda o queja personal, sino porque se encuentran firmemente basados en el espacio de unidad, de valores universales que aplican para todos, en todos lados. Ellos son éticos y no pueden cerrar sus corazones compasivos a lo que es injusto o indigno. Desafortunadamente, con mucha frecuencia otros los etiquetan como reaccionarios, inconformes, rebeldes o simplemente los descartan como emocionales; siembran puntos de vista negativos, alimentan la malinterpretación. Individuos conscientes y políticamente valerosos, con ideas audaces que apoyan el bien común seguido son etiquetados como idealistas; y los analistas les dicen que ellos no podrán trabajar en estos problemas porque el sistema detendrá sus ideas. Pero ellos continúan. Y necesitan apoyo para que no se les represente como ineficientes.

Como individuos, sociedades y comunidades, aún no hemos desarrollado el lenguaje que diferencian las reacciones emocionales de las valerosas, con principios, prácticas, respuestas del corazón. Muy a menudo tenemos miedo de romper el silencio, imaginando las nefastas consecuencias que seguirán cuando nos expresemos y decimos lo que pensamos. Apoyando a quienes, con principios, abiertamente toman riesgos no solo entre amigos, es esencial para hacer un cambio de paradigma.

Falacia: Al tener políticas basadas en los valores constitucionales de equidad y dignidad para todos, los gobiernos frenan nuestra libertad. En este mundo globalizado y era moderna, esto se le debería dejar a personas en posiciones de liderazgo en compañías multinacionales, negocios, instituciones financieras, comités de expertos, porque ellos tienen el conocimiento y la esperanza, crear trabajos y hacer dinero para el país. Los medios deberían de guardar silencio en los grandes problemas, aun cuando comprometen el bienestar de la gente, porque quizá eso cause inestabilidad. La constitución garantiza la "libertad de expresión"; tenemos derecho a escribir lo que queramos, incluyendo el odio.

Nuevo aprendizaje: En este mundo globalizado y era moderna, esto se le debería dejar a personas en posiciones de liderazgo en compañías multinacionales, negocios, instituciones financieras, comités de expertos, porque ellos tienen el conocimiento y la esperanza, crear trabajos y hacer dinero para el país. Los ciudadanos y las partes interesadas responsables de cada sector se deben informar a sí mismos y participar activamente para asegurar una humanidad equitativa y un planeta sostenible para nosotros y generaciones futuras. Los medios responsables necesitan nuestro apoyo para crear la cultura de inclusión y dignidad. ¡Libertad es un espacio responsable, profundo, precioso y creativo!

En nuestro trabajo alrededor del mundo, usamos tres tipos de acercamientos para apoyar a quienes, con principios, toman riesgos: conectar e involucrarse con personas éticas para convertirse en campeones; trabajar con periodistas e individuos de los medios de comunicación responsables; animar constantemente las conversaciones de principios en la sociedad.

Los campeones apoyan a quienes, con principios, toman riesgos

Cuando quienes, con principios, toman riesgos son amenazados y atacados, los campeones apoyan sus acciones abierta y públicamente. A menudo me pregunto qué tan rápido cambiaría si cada ética y respetada, con influencia local o global (como Desmond Tutu o líderes locales) apoyarán proactivamente a 5000 o aun solo 1000 personas con principios quienes tomaron el riesgo de liderar el cambio transformacional y avanzaron a pesar de la oposición. Sí funciona; las personas con intereses creados por lo regular se retiran.

El siguiente es un ejemplo de campeones apoyando a quienes, con principios, toman riesgos: el mandato de un departamento de policía es asegurar la seguridad de los ciudadanos. Alrededor del mundo, existen también instancias de interferencia política injustificada, particularmente a niveles locales, donde se espera que los policías se comprometan con la integridad y no se dejen vencer bajo la presión de personas políticamente poderosas. En todas partes existen policías, hombres y mujeres, que son valerosos y mantienen valores universales, en lugar de dejarse vencer por esta presión. Por lo regular son castigados por las autoridades, enviados a trabajos muy difíciles o alejados o despidiéndolos. Típicamente, a los excesos policiacos que envuelven formas inaceptables de violencia, incluyendo asesinato, se les dan etiquetas socialmente aceptadas, como "encuentros con terroristas o criminales".

Sin embargo, hay un departamento de policía en un estado de la India donde se apoya a los policías con principios. Coaliciones informales de policías retirados, abogados y activistas de derechos civiles, se ofrecieron para apoyar a los policías, quienes basados en sus propios principios éticos, a atreverse a no seguir órdenes de matar a la persona en base a cargos falsos.

En abril del 2007, "criminales" o "terroristas" fueron "encontrados" y asesinados por la policía. Un oficial de policía competente de principios, con integridad tomó el riesgo de pararse en contra de acusaciones falsas; después de un proceso largo, los oficiales de policía de alto rango involucrados fueron penalizados. Desde entonces, no ha habido dichos "encuentros" de la policía en este estado. Es notable darse cuenta del gran significado de este solo acto de valor.[36]

Cuando el Iman del Cairo, a quien conocieron en el Capítulo cinco, emitió una fatwa contra la mutilación genital femenina tal y como se había comprometido, su vida se vio amenazada por fundamentalistas. El Gran Mufti se levantó abiertamente ante la decisión del Imán del Cairo, salvando su vida.

A lo largo de mi propia carrera, casi cada vez que tomé riesgos, estaba apoyada por personas a quienes les importaba mi trabajo, dentro y fuera de las Naciones Unidas. Una vez, di mi renuncia después de que sin éxito enfrenté las falsas acusaciones hechas sobre dos miembros del equipo que yo supervisaba, quienes exitosamente movilizaron a los líderes en Washington D.C. para apoyar a las iniciativas para la sobrevivencia infantil. James Grant, el anterior Director Ejecutivo de la UNICEF, nos dio todo su apoyo y nos quitó de encima a los molestos burócratas de la ONU.

James Grant siempre apoyaba a quienes, con principios, toman riesgos. Mi colega era un representante de la UNICEF en una oficina rural, donde él reportó que niños soldados estaban siendo reclutados. El mismo día fue declarado por el gobierno 'persona non grata' (una persona inaceptable y no grata) y se le pidió abandonar el país. Fue James Grant quien lo reconoció por su valor y su compasión, fue ascendiendo y asignado a otra base, por la difícil situación de esos niños.

Una vez, un colega competitivo de otra agencia en la ONU se quejó abiertamente con los expertos y los oficiales de gobierno en países en los que nuestro equipo estaba "avanzando muy rápido" para reducir la mortalidad infantil y nos hicieron difícil el operar con efectividad. El Director de la División del Programa de la UNICEF movilizó importantes partes interesadas en diferentes países para apoyar nuestro trabajo.

Cuando trabajé con el VIH/SIDA con estrategias basadas en los valores universales de dignidad, equidad y compasión, fui acusada por dos expertos en salud pública de tener intenciones religiosas para convertir a la gente en África del Islam y el Cristianismo, al budismo. En base a las circunstancias, mi acercamiento para generar resultados (resolviendo problemas, cambiando normas y sistemas mientras manifiesto valores universales) estaba limitando su solución técnica. Esto puede sonar como chisme y un problema menor, pero cuando dichos puntos se hacen malinterpretada y públicamente en foros expertos y profesionales, desvirtúan los cimientos del liderazgo ético y generan oposición de los líderes y las partes interesadas. Los expertos dicen tener "más evidencia" porque trabajé en inteligencia emocional y sistemas de cambio, y que los eminentes expertos relacionados con estos temas meditaron con maestros budistas. Dichos rumores sin fundamentos, los cuales se transformaron en difamación y ridículo, no me detuvieron; pero si llevan a retrasos y temporalmente dificultan progreso y resultados. La directora Eimi Watanabe y el director adjunto Carlos López, de la Agencia de Desarrollo de Políticas en UNDP, me animaron y apoyaron abiertamente para continuar trabajando con las con las estrategias que diseñé e implementé. Conversaciones con cada uno de ellos mejoraron mi entendimiento de los amplios problemas del desarrollo humano.

En esta y en otras ocasiones, Eimi se paró conmigo, haciendo todas las preguntas correctas pero con la confianza en mí que abrió espacio para más desarrollo. Ella se preocupa profundamente por la inequidad y la discriminación, género, casta, clase. Fue una campeona incansable para la educación de las niñas y los derechos de las mujeres y nos inspiró a enfocarnos en las dimensiones de género en todos nuestros proyectos o iniciativas. Carlos dijo que él confiaba que valía la pena apoyar mi enfoque. Carlos creó el espacio para la agencia personal, nuestra autodeterminación basada en valores universales, para prosperar en nuestro lugar de trabajo así como en los programas que diseñamos e implementamos. Por medio de su firme apoyo de los países en África y otros países en desarrollo en todo el mundo, él creó muchas oportunidades de aprendizaje para que pudiéramos contribuir significativamente. En otra ocasión, cuando mi trabajo estaba siendo plagiado por un académico de una universidad en los EUA, Nancy Roof, la fundadora del galardonado Diario Kosmos, me apoyó incondicionalmente y me ofreció publicar mi trabajo y sus resultados en el Diario. Estaba sorprendida y profundamente conmovida de que ella me buscara, porque solo me había visto una vez, en una presentación de una hora en las Naciones Unidas. Nancy Roof fue una cofundadora del Concilio de Valores y del Concilio Espiritual en las Naciones Unidas, abogando por respuestas profundas a los cambios globales.

En solo cuatro de docenas de instancias en toda mi carrera, tuve que "pagar un precio" por expresarme y decir lo que pensaba cuando había irregularidades, y por abogar por acciones éticas y con principios, en lugar de entregarse a intereses establecidos. No me arrepiento, porque en mi interior estaba completamente entonada, alineada y con mis valores internos.

Me he parado por otros para tomar riesgos con principios. Un ejemplo: Khadija Moalla, a quien conocieron en el capítulo cinco, aseguró los fondos para una serie de eventos en los Estados Árabes, para asegurar acceso a tratamiento para aquellos viviendo con SIDA, sin importar su preferencia sexual. Enfrentó oposición desde el interior de nuestra institución. La cabeza de una agencia multilateral, de un país donde los homosexuales son sentenciados a muerte, objetó a las palabras de la Declaración del Cairo en base a que se motivaba la homosexualidad al ofrecer "tratamiento" a homosexuales. Abruptamente retiró los fondos una semana antes del evento, diciendo que el Gran Imam nunca apoyaría una declaración que menciona "condones" y tratamiento para todos.

Khadija fue exitosa en sus esfuerzos para abogar por tratamiento universal y el Gran Imam firmó, indicando su apoyo. Khadija dijo que sin mi apoyo abierto ello no hubiera podido hacer esto posible.

Allan Henderson, uno de nuestros coaches de clase internacional quien trabajó con nuestro equipo y partes interesadas en países en el programa de VIH/SIDA de UNDP, me reconoció por mi apoyo al personal cuando innecesarias presiones burocráticas se atravesaron en su camino. "¡Tu absorbiste toda la palabrería; cargaste en tus hombros todo asunto burocrático, creaste una organización paraguas, un espacio positivo en el cual tu personal pudiera trabajar!"

Los periodistas y profesionales de los medios apoyan a quienes toman riesgos, con principios

Existen individuos de los medios a quienes les importa y anhelan ver un mundo más equitativo y sostenible. Ellos participaron en el programa de administración responsable. En el programa para dar reverso a la epidemia del VIH/SIDA, el Director del Ministerio de Salud extendió su renuncia al Ministro, porque se reusó a formar parte de la corrupción relacionada con el Fondo Global para el SIDA, la Tuberculosis y la Malaria (GFATM, por sus siglas en inglés). Normalmente, su renuncia hubiera sido aceptada y el incidente no hubiera creado ninguna reacción en cadena. Pero ya que los individuos de los medios fueron testigos del incidente, el ministro rechazó aceptar la renuncia del Director y poner un alto a la corrupción.

Animar las conversaciones constantes que apoyan a quienes toman riesgos, con principios

Lo que sea a lo que le demos atención, crece. Cuando vemos y notamos actos cotidianos éticos, de valor y compasión, estamos fomentando una cultura de conductas éticas y tomando riesgos, con principios.

Megan Joseph, que conocieron anteriormente, recuerda que cuando ella estaba trabajando como la directora de organización comunitaria, un líder que dirigió la agencia local de servicios para desamparados se convirtió en el objetivo del clamor público y fue un chivo expiatorio por tomar riesgos y su estrategia de un pensamiento futurista. Megan y sus colegas convirtieron la narrativa actual sobre las personas que estaban experimentando desamparo, haciéndolos visibles, y articularon los cambios necesarios en varias juntas, nombrándolo y hablando sobre el tema con las partes interesadas y ofreciendo soluciones sostenibles que benefician a todos.

En los meses siguientes, el enfoque de la cobertura de los medios y en las juntas del concilio de la ciudad cambió hacia soluciones inteligentes en lugar de problemas. Este cambio afirmó el camino para un grupo creciente de quienes toman riesgos, con principios, para promover soluciones sostenibles para el desamparo y crear oportunidades para una comunidad que funcione para todos.

Falacia: Existen personas quienes se oponen a las prácticas no éticas. Es naturaleza humana pensar en nuestros propios intereses y a veces hay excesos, esto es parte de la vida, y siempre ha sido de esta manera. Existen otros que retaron las normas y sistemas desempoderantes que tenemos y en ocasiones luchan por equidad y sostenibilidad. Generalmente son gente enojada, resentida. ¡No deberíamos ser tan emocionales!

Nuevo aprendizaje: Los seres humanos tenemos un "impulso a la equidad" innato y estamos programados para conectarnos. Estamos dotados con ambos, compasión y valor, los cuales pueden ser descubiertos, cultivados y celebrados. Cuando se nos "llama a la acción" desde nuestro corazón de compasión universal, actuamos desde un espacio de paz interna, indignación ética (no enojo destructivo). ¡Es *ser* ético, no es ser emocional, aunque puede parecer diferente a los demás!

Otro ejemplo: S. Parasuraman, Director del Instituto Tata de Ciencias Sociales (TISS, por sus siglas en inglés), es un académico, proactivista, y constructor de instituciones. "Tú nunca necesitarás adivinar de qué lado estoy, yo siempre estoy del lado de la gente", dijo. Estoy inspirada por los continuos esfuerzos de Parasuraman para apoyar a quienes toman riesgos, con principios. Él contrata personal valientes como Shanaaz (un seudónimo, por su protección). Shanaaz se mudó a un pueblo para apoyar a la gente de la tribu en Madhya Pradesh, cuando su tierra les estaba siendo arrebatada por la fuerza por grupos locales con intereses establecidos. Contrataron una pandilla de rufianes para matar a Shanaaz, quien fue violada en grupo, golpeada y dejada por muerta. Los habitantes del pueblo y su familia la cuidaron hasta que sanó, y entonces inició la acción legal.

Parasuraman juega un rol crucial en abordar las inequidades en la sociedad al apoyar a quienes, con principios, toman riesgos, y pone en marcha los cuatro componentes de estrategias operacionales sinérgicas. Parasuraman anima a estudiantes, colegas y profesorado a comprometerse con la formulación de políticas a nivel estatal y nacional, para obtener nueva información por medio de la investigación de campo sobre problemas sociales, para la acción estratégica. El crea oportunidades para los estudiantes y la facultad a incrementar su liderazgo ético.

Típicamente, la mayoría de los programas tienen uno o dos de las estrategias operacionales sinérgicas en marcha. Pocos programas desarrollan sistemáticamente el liderazgo transformativo o la administración responsable en personas de todos los preocupados electores, incluyendo partes interesadas; y aún menos tienen estrategias en marcha para apoyar a aquellos que toman el riesgo de agitar el estatus quo y ser quienes, con principios, cambian el juego. Para generar resultados, es esencial tener todos estos cuatro componentes en marcha al mismo tiempo.

Esto puede parecer complicado, pero no lo es. En nuestro trabajo y vidas diarias, ponemos estrategias similares en marcha para poder lograr lo que nos propusimos hacer. Por ejemplo, un efectivo jefe de finanzas en una organización, desarrolla liderazgo personal, no tiene favoritismos personales, trabaja con información, implementa políticas apropiadas y tiene estructuras de responsabilidad y mecanismos en marcha para apoyar a aquellos que toman el riesgo de señalar fraude o malos manejos. Similarmente como padres, desarrollamos capacidades paternales o maternales, encontramos información relevante y monitorean lo que está pasando con nuestros niños, creando un ambiente de educación y apoyo a la conducta de nuestros niños de, con principios, tomar riesgos aun cuando la sociedad ridiculiza o ve con malos ojos a nuestro niño, y aun cuando amenaza aislar a la familia.

Aplicando las estrategias operacionales sinérgicas para resultados en mi iniciativa de avance extraordinario

En los programas de liderazgo y administración responsable, los participantes toman el proyecto que han diseñado en la hoja de trabajo RCEP y responden a cuatro preguntas relacionadas a las cuatro estrategias operacionales sinérgicas:

▸ ¿Tengo una estrategia explícita en mi proyecto para desarrollar capacidades de administración responsable y transformadora en un gran número de partes interesadas? Y si no, esto se necesita poner en marcha.

▸ ¿Estoy informado sobre el tema que estoy abordando (ej. VIH/SIDA, violencia juvenil, conservación y biodiversidad)? ¿Cómo distribuiré esta información a las partes interesadas?

▸ ¿Tengo un ambiente que permita a mi proyecto tener éxito? ¿Están en marcha las leyes y políticas necesarias? Y si no, las conexiones debieron de hacerse con personas que estén trabajando en estas leyes y políticas y deberán de ser apoyados proactivamente. En algunas instancias, es posible que yo misma me pueda comprometer en la reforma política. ¿He involucrado a los medios para poder cambiar las conversaciones sociales?

▸ ¿Tengo una estrategia para apoyar a mi equipo y a mí misma cuando, con principios, tomo riesgos y acción? ¿Campeones que valoren nuestro trabajo? ¿Medios de comunicación responsables? ¿He trabajado junto a las partes interesadas co-creando estrategia? ¿Se pararán para decir lo que piensan?

Estas estrategias operacionales sinérgicas han sido fundamentales para generar resultados —actividades completas y metas logradas— medibles y efectivas.

Cadena de resultados transformativos

El continuo repetitivo para transformar la realidad

La cadena de resultados transformativos (CRT) es el tercer marco de diseño que usamos para generar resultados que cambien el juego, con principios. Esta plantilla es útil para aquellos que trabajan en proyectos y programas en todos los sectores: gubernamentales, organizaciones no gubernamentales, agencias de ayuda, filántropos, académicos, medios, negocios, instituciones políticas, inclusive las Naciones Unidas.

En cada paso y proceso del continuo, la Cadena de Resultados Transformativos diseña la interacción entre:

▸ *valores universales* explícitamente declarados;

▸ *resultados diferentes (que)* sobre un continuo (aportes-actividades completadas-metas logradas-impactos) y la necesidad de cambios en sistemas y cultura;

▸ *procesos transformativos (cómo) e iniciativas para avances extraordinarios;*

▸ *mientras manifiesto mis capacidades internas,* mis valores universales, a través de acción estratégica (*"quién" estoy SIENDO en acción*) —mi agencia.

Nuestra práctica es la alquimia en cada proceso y cada paso, inextricablemente ligado a generar nuevos cultura y sistemas, transformando nuestra mentalidad para apoyar un cambio de paradigma ético para la humanidad y el planeta. Debemos de poder articular los cambios necesarios para generar metas logradas y obtener metas; cuando estos cambios se vuelven la norma tendremos las piezas fundamentales de un cambio de paradigma.

La Cadena de Resultados Transformativos es un marco de trabajo de planeación e implementación que responde a preguntas relevantes y clave, con senderos claros pala implementar proyectos para lograr, con principios, resultados que cambian el juego.

¿Qué es diferente en la forma en que diseñamos, planeamos e implementamos, usando la Cadena de Resultados Transformadores? Hay diferencias radicales:

▸ Se construye sobre marcos de trabajo convencionales, herramientas y técnicas, y va más allá para lidiar con *la complejidad de los problemas* que enfrentamos hoy.

▸ Toma en cuenta *las interdependencias* de formas sencillas y accesibles para que los ciudadanos puedan participar significativamente. En lugar de un proceso unidireccional "cascada", es un proceso generador, dinámico, y *reiterativo*.

▸ Explícita y específicamente, manifiestan el más importante parámetro para *el cambio de paradigmas —las capacidades internas* de las personas para manifestar una transformación planetaria. *Herramientas y técnicas que manifiestan nuestras capacidades internas son utilizadas en cada paso del diseño, planeación e implementación de nuestros proyectos son ideas en acción.*

▸ Requiere que *encarnemos los valores universales* que respalda la visión, visión y resultados que articulamos en nuestras iniciativas, no solo hablamos de ellas.

▸ Nos ayuda a crear los *cambios de normativa y sistemas* necesarios para generar un paradigma sostenible y equitativo.

▸ Nos permite co-crear programas con un espectro amplio de ciudadanos y expertos. *Desmitifica los procesos de planeación*, permitiendo una participación informada con una apertura para transformar.

▸ Nos ayuda a co-crear nuevos patrones, desarrollar nuevas reglas del juego, nuevas normas y nuevos sistemas para resolver problemas para el cambio equitativo y sustentable.

▸ Es una plantilla para planear dirigida a *transformar la realidad de hoy y crear un nuevo futuro, sin extrapolar del pasado*. Nuestras declaraciones de misión y visión a menudo son grandes e inspiradoras. Pero el proceso de planeación y las herramientas se basan mayormente en nuestras experiencias; sobre metas sin cumplir y objetivos que se establecieron en un contexto anterior, los huecos que vimos en nuestra respuesta anterior.

▸ Nos permite construir un *cimiento estable* frente al cambio acelerado.

▸ La cadena de resultados transformativos *mejora el enfoque convencional basado en resultados administrativos* al anclar cada proceso en los valores universales de dignidad, equidad y compasión, y generar resultados equitativos y sustentables.

Necesitamos comprometernos con toda la cadena de resultados transformativos para generar resultados equitativos y sustentables. En el sector de desarrollo humano, la gente se relaciona a toda la cadena de resultados; es interesante que algunos sectores se relacionan a la cadena de resultados, diferente y parcialmente. Por ejemplo, en el mundo corporativo y de negocios, los planes y su implementación incluye el logro de metas, las actividades completadas y los aportes, pero no impactos. Muy pocas corporaciones y negocios se relacionan a los "impactos", los cuales son resultados en base a metas logradas equitativos y sostenibles. Este fenómeno limita el propósito, la contribución, el alcance y el horizonte de los esfuerzos de negocios. Las ganancias son consideradas metas logradas por la mayoría de negocios y corporaciones. Pero las ganancias son actividades completadas; las metas logradas son "cambios medibles en el desarrollo humano".

Otros ejemplos de sectores relacionados parcialmente a la cadena de resultados incluyen donantes y organizaciones civiles en la sociedad. Su intención quizá sea generar metas logradas e impactos, pero lo que es financiado e implementado son aportes para generar actividades completas. Las actividades completas son esenciales; pero a menos que estas generen cambios en sistemas y normativa, en el contexto de metas logradas, estas no producirán los resultados deseados. Sus intenciones se mantienen insatisfechas y ellos se preguntan por qué. Para que ocurra un cambio de paradigma con valores universales, debemos bailar sobre toda la cadena de resultados transformativos.

¡Los planos existentes para el "cambio" necesitan cambiar!

Grandes cantidades de tiempo se gastan en desarrollar planes para traducir las políticas en programas y proyectos para lograr las metas declaradas por gobiernos, negocios, organizaciones no gubernamentales, agencias de ayuda nacional e internacional y las Naciones Unidas.

Los enfoques lineales han producido respuestas parciales a los problemas; han solucionado un problema específico, por ejemplo, la erradicación de la viruela. Pero ellos no abordan problemas más complejos como el cuidado de salud; no alteran las normas culturales y los sistemas para el impacto equitativo y sostenible. La cadena de resultados transformativos es una plantilla diseñada para resolver problemas en medio de la complejidad, aborda la interdependencia y cambia los patrones para generar resultados equitativos y sustentables.

Falacia: Actualmente, los avances en ciencia y tecnología muy rápidos y específicos, que inevitablemente crearemos silos cuando los aplicamos para nuestro bienestar. No hay formas sencillas de abordar esto.

Nuevo aprendizaje: Existen formas sencillas y poderosas de planear e implementar, y al mismo tiempo crear espacios para la integración dinámica de nuevas soluciones tecnológicas. Metas, metas logradas, impactos no proporcionan dirección. En medio del cambio rápido y aparentemente abrumadoras condiciones externas, los valores universales de equidad, dignidad y compasión, son los únicos estabilizadores constantes de nuestros esfuerzos.

La Figura 6.5 es una ilustración de una cadena de resultados convencional citada del Programa de Desarrollo de las Naciones Unidas.[37] Procesos similares se están utilizando en todo el mundo para otros temas. La figura muestra: el continuo de resultados, actividades completadas, metas logradas, impacto, y aportes; la secuencia de planeamiento (del impacto a las metas logradas, actividades completadas, aportes); y la *opuesta secuencia mientras se implementa*.

Los impactos son cambios equitativos y sostenibles; las metas logradas son cambios en las condiciones de desarrollo; las actividades completas son productos o servicios específicos, actividades y tareas completadas; aportes son los recursos que necesitamos para completar las actividades. Algunas agencias, por ejemplo, la UNESCO (Organización de las Naciones Unidas para la Educación la Ciencia y la Cultura) incluyó un componente adicional, metas logradas temporales, descritas en la Tabla 6.1.

La Figura 6.6 es una ilustración de una cadena de resultados transformativos en el contexto del incremento del empleo. ¿Te imaginas lo que sería posible y presente si diseñamos programas para empleo y terminamos con la falta de trabajo usando la cadena de resultados transformativos? Estaríamos parados firmemente en nuestros valores universales de dignidad, equidad y compasión, y basando nuestras políticas y estrategias económicas y financieras en estos valores. No tendríamos miedo de cambiar las políticas existentes desempoderantes. Crearemos condiciones de trabajo decentes para todos los trabajadores, incluyendo en los Estados Unidos, y no promover la inseguridad de los trabajadores por la amenaza constante de dejar cesantes a los trabajadores. No fabricaremos artículos en talleres de explotación o fábricas en las cuales las condiciones laborales para los seres humanos son atroces. Los líderes corporativos responsables y ciudadanos (que son accionistas y consumidores de artículos baratos) pasarían más allá de las ganancias por cualquier medio y la motivación del dinero, y diseñar y apoyar estrategias que crean trabajos y condiciones laborales decentes globalmente. Individuos ricos responsables, para quienes cien mil dólares es una cantidad insignificante, harían lo correcto y pensarían sobre lo que es necesario para las próximas generaciones, y las comunidades y el planeta prósperos. Consideraríamos nuevas políticas que cambiarían los sistemas y las normas globales sin miedo y las justificaciones ilógicas que mantienen el estatus quo; por ejemplo, la equidad podría manifestarse si la movilidad laboral fuera igual a los flujos de capital en todo el mundo; o clausurar los paraísos fiscales. Y esto requiere liderazgo corporativo con visión y valentía y participación de los ciudadanos.

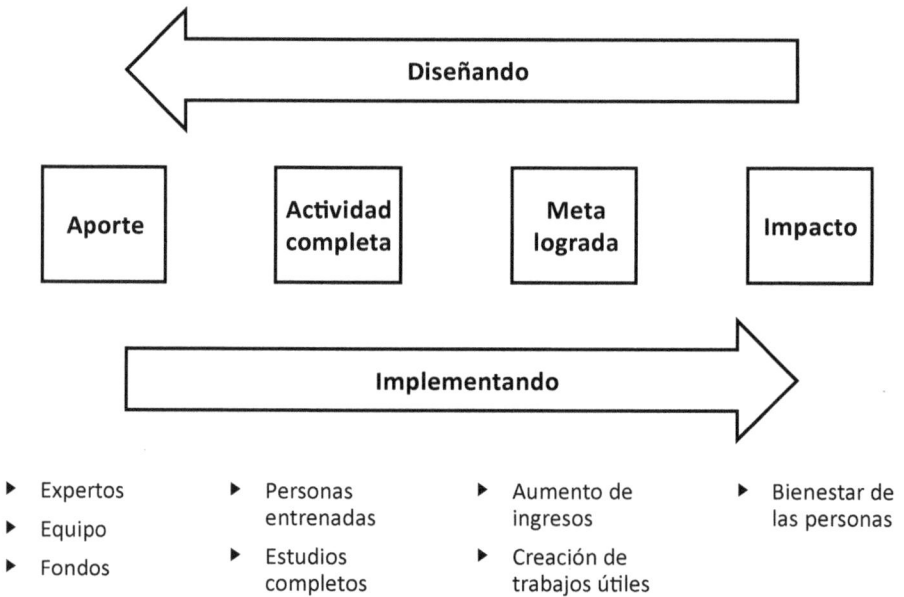

FIGURA 6.5. Una cadena de resultados convencional.

La cadena de resultados transformativos se trata de "hacer las mismas cosas diferentemente". Tiene el mismo continuo de resultados —actividades completas, metas logradas, impactos y aportes; la misma secuencia para planear; del impacto a las metas logradas, actividades completas, aportes; y la misma secuencia mientras se implementa. Pero tiene nuevos componentes vitales: (1) procesos transformativos e iniciativas de avances extraordinarios que generen resultados en diferentes interconexiones:

aporte-actividad completa; actividad completa- meta lograda-impacto; (2) base de valores universales para cada paso, cada proceso, todas las iniciativas de avances extraordinarios, manifestando nuestras capacidades internas , sabiduría y (3) quién estoy SIENDO en acción, en cada proceso y cada paso del continuo; un gerente transformador, un líder transformador, un administrador responsable transformador.

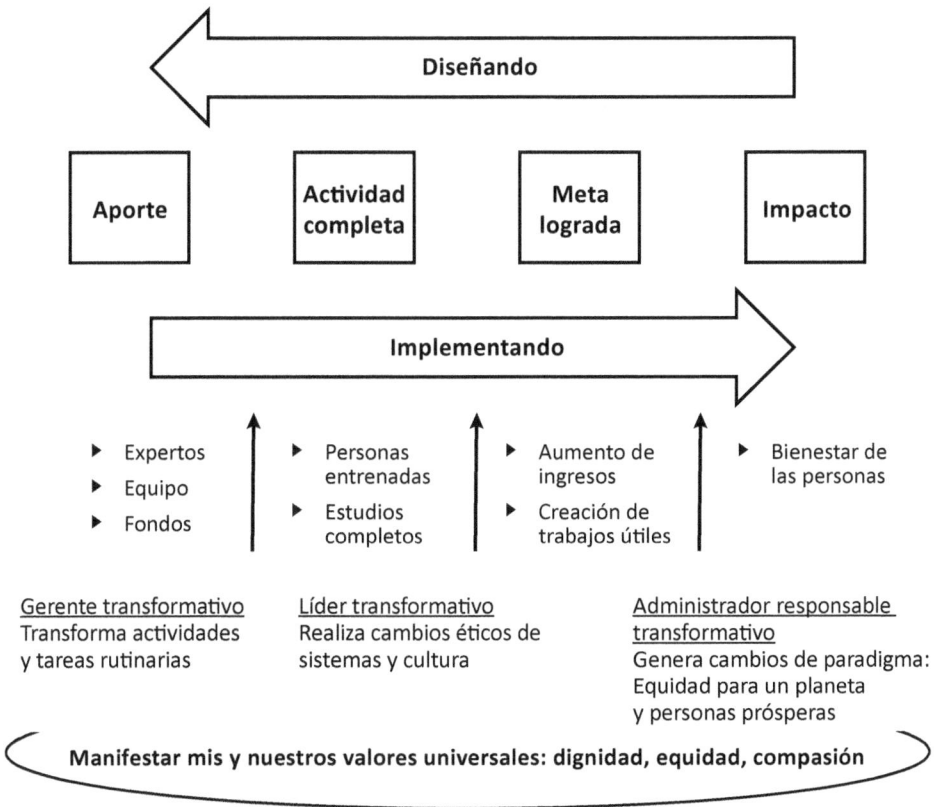

FIGURA 6.6. Una cadena de resultados transformativos.

TABLA 6.1. Resultados transformativos y convencionales: "Qué".

VOCABULARIO DE RESULTADOS	CADENA DE RESULTADOS CONVENCIONALES	CADENA DE RESULTADOS TRANSFORMATIVOS
Impacto	Cambios en el bienestar de humano y el medio ambiente	Cambio equitativo y duradero en el bienestar humano; planeta y personas prosperado
Meta lograda	Cambios en condiciones de desarrollo	Cambios en las condiciones de desarrollo basados en equidad y dignidad para todos, así como una ecología prosperando
Meta lograda interina*	Precursores* necesarios para cambios en las condiciones de desarrollo	Precursores* establecidos en base a equidad y dignidad para todos, así como una ecología próspera para cambios en las condiciones de desarrollo
Actividad completa	Productos o servicios específicos	Productos específicos, servicios o soluciones tecnológicas, basadas en valores universales, lineado a metas logradas equitativas y sustentables e impactos.

Aportes	Recursos necesarios p. ej. dinero, experiencia, equipo	Recursos necesarios y procurados de acuerdo a los valores universales y principios éticos p. ej. obtener dinero de personas y organizaciones que quieren metas logradas e impactos similares; reclutando experiencias de personas a quienes les importa profundamente la equidad y la dignidad para todos y un planeta prosperando; procurando equipo y suministros ecológicamente sólidos y fabricados con salarios justos.

*Meta lograda interina: otro resultado sumado como precursor para metas logradas o cambio en las condiciones de desarrollo. Varias organizaciones (p. ej. la UNESCO -Organización para la Educación, la Ciencias y la Cultura de las Naciones Unidas) suma "metas logradas interinas" en su cadena de resultados, porque es posible que sus notorios resultados "pulpo" no reflejan adecuadamente el grado de esfuerzos y logros, y las metas y metas logradas aún tienen que ser completamente logradas. Algunos programas incluyen metas logradas interinas en su cadena de resultados, por ejemplo, en el programa "Salvando Vidas de Mujeres", a través de UNICEF de Asia del sur.

Falacia: Los avances en tecnología requieren que tengamos una lógica analítica paso por paso y herramientas de planeación para asegurar que no omitimos detalles para abordar problemas y producir los resultados en situaciones complejas.

Nuevo aprendizaje: Cuando nos anclamos en nuestro pensamiento lógico, estrategias, acción en los valores universales de dignidad y equidad, estamos abiertos a ver factores interdependientes y podemos abordar problemas complejos para generar resultados transformativos; y podemos integrar los rápidos avances científicos y tecnológicos.

Las metas logradas interinas son cambios y resultados que deben ser puestos en marcha para las metas logradas y las metas a completar. Por ejemplo, a finales de los 90"s el propósito del proyecto "Salvando Vidas de Mujeres" era reducir la mortalidad materna en Asia del sur.

- ▶ El impacto fue realizar la autodeterminación, dignidad y bienestar de todas las mujeres.

- ▶ Las metas logradas eran tener una reducción en la mortalidad materna y discapacidades similares que surgen durante las complicaciones del embarazo.

- ▶ Una de las metas logradas interinas era establecer un hospital completamente funcional, con cuidado obstétrico de emergencia para una población de medio millón; otra meta lograda interina era dar tratamiento en las instalaciones al 100% de mujeres con complicaciones obstétricas.

- ▶ Un ejemplo de actividades completas incluyen: liderazgo basado en valores, programas de aprendizaje en acción para proveedores de servicios y miembros de la comunidad diseñaron y entregaron; los planes locales para la reducción de la maternidad materna y la prevención de discapacidades, incluyendo indicadores desarrollados e implementados; hacer accesible la formulación a guías técnicas;

médicos entrenados y capaces de dar cuidado adecuado e instalaciones para el cuidado de salud equipadas con equipo y suministros esenciales.

▸   Tres valores universales forman la base del diseño e implementación de cada paso en base a una agenda de Derechos humanos, dignidad, equidad (no discriminación) y autodeterminación como "agencia". "Todos los seres humanos nacen libres e iguales en dignidad y derechos" es el Artículo 1 de la declaración de los Derechos Humanos.[38]

Tabla 6.2 compara formas convencionales de trabajar," lo mismo de siempre", con enfoques transformativos. Los enfoques transformativos nos llevan al cambio equitativo y sustentable.

TABLA 6.2. Procesos convencional y transformadores: "Cómo".

VOCABULARIO DE PROCESOS	CADENA DE RESULTADOS CONVENCIONALES	CADENA DE RESULTADOS TRANSFORMATIVOS
Administración Usando aportes para lograr actividades completas Manejar las relaciones	Diseñando y administrando una serie de tareas para completar actividades y actividades completas, asignando trabajo a la gente, fomentando el trabajo en equipo, evaluando el desempeño, promoviendo eficiencia	La administración transformativa ocurre cuando las iniciativas de avances extraordinarios y procesos de trabajo están diseñados, administrados y completados en base al bienestar de las personas, la eficiencia, encarnando valores universales (no solo hablando de valores), y generar cambio equitativo y sustentable. Los trabajadores están alineados con las metas y las metas logradas, así como al núcleo de los valores universales de la organización. El trabajo es un lugar para manifestar mi potencial interno, auto expresión, logros y éxitos.

VOCABULARIO DE PROCESOS	CADENA DE RESULTADOS CONVENCIONALES	CADENA DE RESULTADOS TRANSFORMATIVOS
Liderazgo Actividades completadas para lograr metas logradas o metas en una organización o programa	Diseñar estrategias para lograr metas y metas logradas; influenciar a un grupo de personas para lograr las metas y metas logradas establecidas en una organización o programa; usando principalmente herramientas basadas en conocimiento y lógica. Lo más importante son la eficiencia y el control de costos, así como las ganancias del negocio.	El liderazgo transformativo se manifiesta cuando las estrategias y acciones están basadas en valores universales como la equidad y la dignidad para todos así como para un planeta próspero. Los cambios culturales y de sistemas están explícitamente articulados para lograr las metas y metas logradas. El proceso de planeación para diseñar estrategias e implementación son todas oportunidades para manifestar nuestras capacidades internas y visiones del mundo basadas en valores universales. Administración y liderazgo ético son la norma a todos los niveles. Todos los componentes de administración transformativa mencionados anteriormente, trabajan juntos. El bienestar de las personas es lo más importante, con la adecuada atención a la eficiencia y control de costo, así como las ganancias del negocio.

Administración responsable* Actividades completas y metas logradas para generar impactos.	El trabajo se lleva a cabo con la misma mentalidad tradicional.	La administración responsable transformativa se manifiesta cuando las metas y las metas logradas son claramente articuladas en el contexto de cambios de paradigmas y genera impactos equitativos y sustentables. Por ejemplo, un cambio de paradigma es "eliminar el racismo y el castísimo, donde el respeto y la dignidad estén presentes para todos". La administración responsable transformativa es otro paso más allá del liderazgo transformativo, el cual se base en lograr metas y metas logradas, así como también actividades completas, justo a los cambios necesarios culturales y de sistemas. Los cambios de paradigma, así como de cambios culturales y de sistemas están basados en valores universales tales como equidad y dignidad para todos, así como un planeta prosperando. Un nuevo patrón se presencia a sí mismo en nuestro planeta. Todos los resultados son generados a través de procesos transformativos donde las capacidades internas de la gente manifiestan el nuevo paradigma. Incluye todos los aspectos del liderazgo y la administración transformativa.

*Algunas personas consideran la administración responsable ser lo mismo que el liderazgo. La base de la administración responsable es más profunda. Para lograr metas y metas logradas, especialmente incluye esto: "el cuidadoso y responsable" liderazgo y administración del algo encargado a nuestro cuidado. p.ej. administración responsable de los recursos naturales o de una comunidad o nación.

Falacia: No seremos eficientes y nuestra productividad sufrirá si basamos nuestras acciones y estrategias sobre los valores universales en las instituciones. Además, nuestra economía tendrá retrocesos, ¡no hay tiempo! ¡Debemos mejorar la productividad laboral!

Nuevo aprendizaje: Crear una cultura de responsabilidad basada en valores universales "ahorra tiempo", mejora la productividad y eficiencia, fomenta la creatividad y genera resultados. ¡Trasciende la mentalidad industrial de terminar más tareas en el menor tiempo posible (eficiencia) y los resultados resistiendo valores, bienestar, y nuestra tierra prosperando y prosperidad para todos!

Revertir la epidemia mundial del VIH/SIDA a través de las Naciones Unidas involucró a varias agencias enfocadas sobre aspectos específicos de la respuesta, con UNAIDS como el cuerpo coordinador para evitar la duplicación de esfuerzos. Nuestro papel a través de UNDP fue abordar los retos de gobierno y liderazgo dentro de nuestros países. Nuestras contribuciones únicas se basaron en usar las plantillas y técnicas transformadoras para el diseño, planeación e implementación: una respuesta consciente de espectro pleno, estrategias operacionales sinérgicas y la cadena de resultados transformativos, así como la práctica e implementación conscientes.

Dignidad, equidad e inclusión fueron los valores universales en los cuales se basaron todos los procesos, estrategias y acciones. Y cada paso es una oportunidad para ambos, la transformación social y personal.

Fuimos claros sobre los cambios de sistemas y normas, necesarios para revertir la epidemia del VIH/SIDA y explícitamente articulados juntos con compañeros. Trabajamos en: cambiando de estigmatizar a las personas como promiscuas e irresponsables a preguntarnos profundamente sobre nuestra propias conductas, manifestando valores universales para acoger a las personas viviendo con VIH/SIDA y otros que son estigmatizados; cambiar de sexo sin protección respeto por el bienestar de mi compañero y medidas preventivas responsables durante el sexo, tales como usar condones para prevenir la difusión del virus; cambiar de la discriminación en el trabajo y las instalaciones de cuidado de salud a un cuidado compasivo y con inclusión, dignidad y respeto; cambiar de una falta de instalaciones para pruebas y tratamiento a un incremento en la disponibilidad, acceso y utilización de servicios para tratamiento y pruebas; cambiar de tratamientos con costos prohibidos y enormes márgenes de ganancias en medicinas que salvan vidas a tratamientos a precios razonables.

Cambiando las normas relacionadas al sexo y la sexualidad, nuestra tendencia a ser moralista, elitista y mojigato, requiere que manifestemos nuestros valores universales para interrumpir patrones. Se requiere una transformación personal profunda.

La Figura 6.7 ilustra la interacción de papeles y acciones transformativas como administradores, líderes y administradores responsables generando un continuo de resultados en el programa del VIH/SIDA.

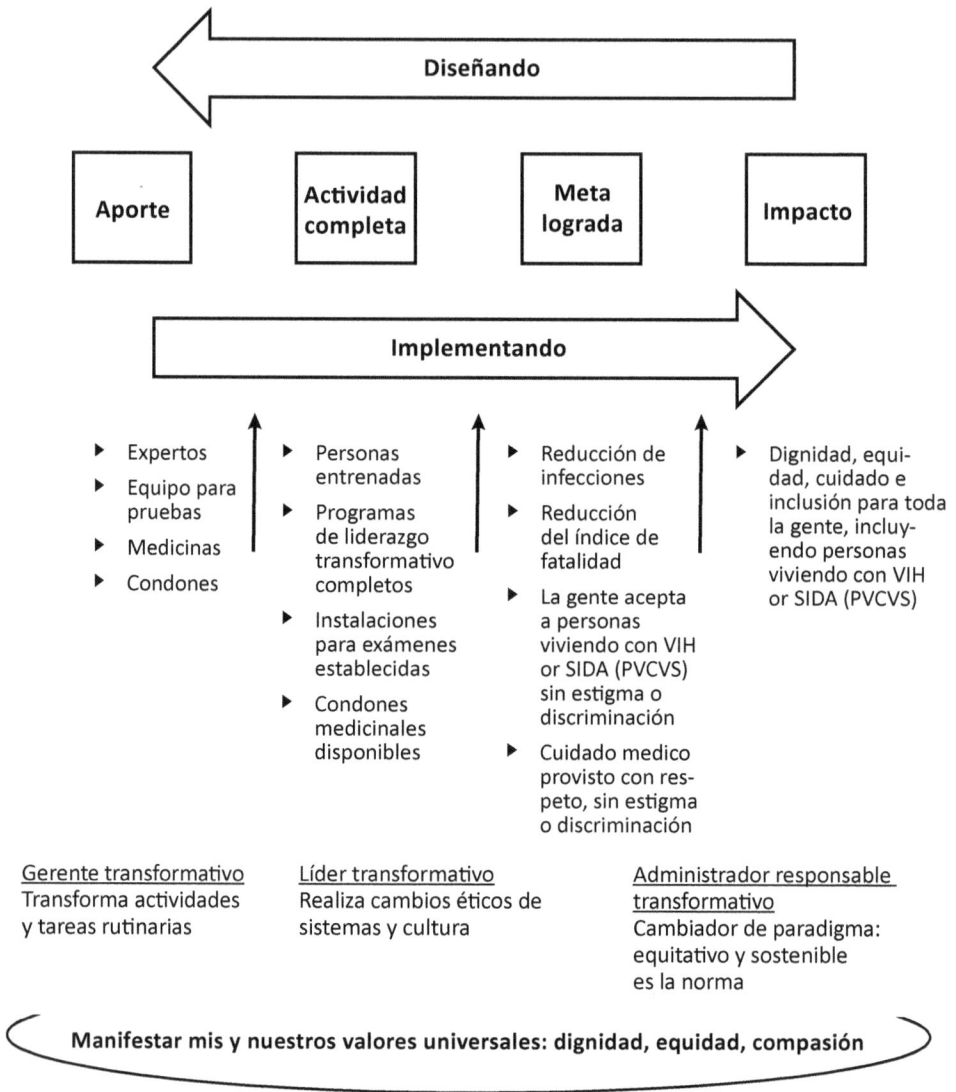

Diseñando

| Aporte | Actividad completa | Meta lograda | Impacto |

Implementando

▶ Expertos
▶ Equipo para pruebas
▶ Medicinas
▶ Condones

▶ Personas entrenadas
▶ Programas de liderazgo transformativo completos
▶ Instalaciones para exámenes establecidas
▶ Condones medicinales disponibles

▶ Reducción de infecciones
▶ Reducción del índice de fatalidad
▶ La gente acepta a personas viviendo con VIH or SIDA (PVCVS) sin estigma o discriminación
▶ Cuidado medico provisto con respeto, sin estigma o discriminación

▶ Dignidad, equidad, cuidado e inclusión para toda la gente, incluyendo personas viviendo con VIH or SIDA (PVCVS)

Gerente transformativo
Transforma actividades
y tareas rutinarias

Líder transformativo
Realiza cambios éticos de
sistemas y cultura

Administrador responsable
transformativo
Cambiador de paradigma:
equitativo y sostenible
es la norma

Manifestar mis y nuestros valores universales: dignidad, equidad, compasión

FIGURA 6.7. Cadena de resultados transformativos
para revertir la epidemia de VIH/SIDA.

Considerando como nuestra transformación personal influencia profundamente los resultados que generamos, cada interacción que ocurre donde
acciones e iniciativas para avances extraordinarios —las flechas negras en el

diagrama— deben (1) ser manifestadas desde nuestras capacidades internas y valores universales (2) cambiar normas y sistemas que desempoderan y (3) resolver problemas específicos. A través del libro, hay ejemplos de iniciativas y resultados transformadores relacionados con revertir el VIH/SIDA en los lugares donde trabajamos.

Falacia: Ya que cada cultura es tan diferente, no es posible operar desde los valores universales en programas mundiales. ¡Debemos de respetar las diferencias y no debemos imponer a otros nuestros valores!

Nuevo aprendizaje: Diferentes expresiones culturales celebran la diversidad de diferentes maneras. La cultura no debe de ser la "tapadera" de conductas explotadoras, que desapoderan y subestiman en diferentes partes del mundo. En el fondo los seres humanos somos lo mismo. Amamos, entristecemos, estamos programados para conectar, necesitamos pertenecer y ser acogidos. En cada cultura a lo ancho del planeta expresamos compasión, justicia, dignidad, empatía y simpatía. Programas mundiales basados en los valores universales trabajan en tanto que no sean normativos, ellos no imponen nuestras opiniones en cómo se deben de hacer las cosas. En su lugar, los programas mundiales desenvuelven las capacidades internas de las personas y mantienen los valores universales a través de la acción, mientras celebran expresiones saludables diferentes.

Otro ejemplo: el Grupo de Trabajo para la Prevención de la Violencia Juvenil del Condado de Santa Cruz. Megan, que ya conocieron, y Sarah Emmert, la directora de organización comunitaria de United Way del Condado de Santa Cruz, California, iniciaron una iniciativa. Los valores universales de dignidad y equidad apoyaron todas las iniciativas, sus procesos y sus resultados. El impacto que la comunidad deseaba ver era una comunidad próspera donde todos, jóvenes y adultos, tengan bienestar y estén alcanzando su potencial pleno. Las metas y metas logradas eran: Aumentar en gente joven, entre 16-24 años, la obtención y retención de trabajos de calidad; aumentar en gente joven que se recibía de la escuela secundaria; disminuir el número de gente joven envuelta en violencia.

Muchas actividades completas fueron enumeradas, por ejemplo, programas para entrenamiento de empleo para jóvenes; comprometiendo a empleadores, tutoría académica, compromiso de padres/familia; programas para la intervención y prevención de pandillas; entrenamiento para fuerzas policiacas en desarrollo juvenil y vigilancia policial con cuidado informado del trauma. Los aportes incluyen personal, juntas, fondos, datos y reportes.

Trabajando juntas en la Cadena de Resultados Transformativos, Megan y Sarah reconocieron que la educación, la seguridad pública, el gobierno, los servicios sociales y los sectores basados en la comunidad, todos tenían que colaborar para alcanzar estos impactos, metas, metas logradas y actividades completas, en base a sus valores universales. Sarah dice, "Si solo continuamos declarando el problema como "estamos en contra de la brutalidad policiaca", no crearemos cambio. Nos enfocamos en lo que queremos ver en la comunidad: "haciendo fuertes las relaciones entre la comunidad y las fuerzas policiacas". Las fuerzas policiacas, los jóvenes, las familias y las organizaciones de base, todas pueden ver que todas tienen un papel que jugar para mejorar las relaciones entre la comunidad y las fuerzas policíacas, basadas en dignidad y justicia para todos. Nuestra Asociación de Jefes de Policía del condado ha estado dando fondos al Equipo de Trabajo para la Prevención de la Violencia Juvenil y sus esfuerzos por los últimos tres años".

Falacia: El gobierno, los negocios y la sociedad civil en países en desarrollo son pobres, con infraestructura y servicios inadecuados, más ineficientes y corruptos, necesitan usar plantillas como Respuesta Consciente de Espectro Pleno (RCEP, por sus siglas en inglés), Estrategias Operacional Sinergético (SOS) y Cadena de Resultados Transformadores (TRC). En países desarrollados como EUA, Japón, y países en Europa, tenemos la tecnología y sabemos qué hacer, así que no necesitamos estas plantillas.

Nuevo aprendizaje: Todos los países necesitan plantillas transformadoras en gobiernos, empresas y sociedad civil para diseñar e implementar un cambio equitativo y sostenible. Los métodos convencionales de planeación usados en todos los países están basados en plantillas lineares y reduccionistas.

La mentalidad dominante y de escasez es común en todos los países, pobres o ricos, e influyen el diseño y la acción estratégica. "Otredad", corrupción, explotación e ineficiencias están presentes en formas diferentes en todos los países. Plantillas transformadoras como RCEP, SOS y TRC, son esenciales para manifestar cambios de paradigma basados en valores universales, en cada parte del mundo, para la paz y la prosperidad.

Usando la cadena de resultados transformativos a nuestras iniciativas para avances extraordinarios

Es nuestra decisión: ¿queremos hacer un trabajo porque simplemente tenemos que hacerlo, o estamos eligiendo hacer un impacto significativo? Si no podemos o no elegimos transformar la forma que diseñamos, planeamos e implementamos en pequeñas iniciativas o a gran escala, no produciremos los resultados necesarios para el futuro que queremos crear.

Cada programa e institución hacen declaraciones de visión, deben de articular las metas logradas e impactos que desean producir. Ellos declaran sus valores centrales que forman la base de la estrategia y acción. Los resultados son cruciales, dicen ellos. Incluso, la mayoría de las iniciativas convencionales se centran últimamente sólo en actividades completas, producción de bienes y servicios, ganancias, infraestructura para la inversión, entrenamiento, estudios. Las iniciativas convencionales incluyen como su propósito selectas metas logradas sociales y económicas, como el aumento de los ingresos, salud, educación, comida saludable, nutrición.

Los arquitectos unificadores saben que aunque las actividades completas y las metas logradas son importantes, no proporcionan una verdadera medida del bienestar y el potencial humano. Ellos saben que para impactos equitativos y sustentables, las metas logradas y las actividades completas deben de estar firmemente basadas en valores universales y los resultados deben ser generados a través de procesos transformativos personales y sociales. Estos líderes y administradores responsables también pueden contener con facilidad la aparente paradoja de la responsabilidad y los resultados con la impredecibilidad de emergencia.

Participantes y practicantes del programa de administración responsable manifiestan valores universales para diseñar. Se refieren al proyecto ya diseñado en las hojas de trabajo CFRS (Figura 6.3), incluyendo las cuatro estrategias sinergéticas operacionales (Figura 6.4). Ahora ellos extienden su diseño en la cadena de resultados transformativos a través de tres juegos de diseño de preguntas y preguntas profundas (Figura 6.6), que se dan en lo sucesivo.

Explorando de adentro hacia afuera:

▸ ¿Tengo claros mis valores universales y encarno los valores universales que apoyan mi iniciativa y compromiso?

▸ ¿He diseñado foros donde me asocio con otros para generar resultados, cada persona parada en su sabiduría y capacidades internas, encarnando los valores que apoyan el proyecto, con el compromiso de manifestar nuestra grandeza para un futuro nuevo?

▸ ¿Articulamos o proyectamos juntos los valores universales que apoyan nuestras iniciativas para avances extraordinarios?

▸ ¿Articulamos los principios para implementar nuestro proyecto?

¿Qué resultados intento generar? Comienzo con impacto.

▸ Qué *impacto* intentamos hacer? ¿Cambio equitativo y sustentable en el bienestar humano, para todas las especies, el medio ambiente y el planeta?

▸ ¿Qué *cambios de paradigmas* son esenciales para el impacto?

▸ ¿Qué *metas y metas* logradas estamos intentando lograr alineadas con el impacto? ¿Cuáles son los cambios en el desarrollo de condiciones que deseamos ver, basadas en equidad y dignidad para todos?

▸ ¿Qué cambios debemos tener *en sistemas y normas culturales* para que estas *metas y metas* logradas sean generadas?

▸ ¿Qué *actividades completas* intento lograr? ¿Qué productos específicos, servicios o soluciones tecnológicas, serán entregados, basados en valores universales y alineados al impacto y las metas logradas? ¿Qué actividades y tareas debemos completar?

▸ ¿Qué *aportes*, basados en operaciones éticas y valores universales, usaré para generar estas *actividades completas*?

¿Cómo trabajaré para generar estos resultados? Comienzo con la inter-relación aporte-actividad completa.

▸ *Interrelación aporte-actividad completa:* ¿Cómo generamos trans-formación a través de actividades de rutina para lograr activi-dades completas? ¿Cómo manifestamos mis capacidades internas y las de otros a través de actividades cotidianas, juntas rutinarias, contestando correos electrónicos, escribiendo reportes, talleres, planeando sesiones, organizando o monitoreando eventos? ¿Qué técnicas y prácticas usar? ¿Existen recursos necesarios obtenidos de acuerdo a valores universales y principios éticos? ¿Los fondos vienen de personas y organizaciones que quieren metas logradas e impactos y manifestar valores universales similares? ¿Estamos obteniendo personas con valor basado en experiencia, a quienes les importa profundamente la equidad y dignidad para todos, tanto como un planeta que prospere? ¿Estamos procurando equipo y provisiones fabricadas con salarios justos y económica-mente sólidos?

▸ *Interrelación actividad completa-meta lograda:* ¿Cómo creamos los cambios necesarios en estructuras, normas y sistemas, mien-tras logramos nuestras metas y metas logradas? ¿Cómo manifes-tamos nuestras capacidades para tener el valor de crear? ¿Qué herramientas, técnicas y prácticas transformativas usaremos?

▸ *Interrelación impacto-meta lograda:* ¿Cómo haremos nuestra iniciativa equitativa y sustentable? ¿Cómo manifestamos nuestras capacidades internas para crear un cambio de paradigma de la retórica a la realidad, para moverse hacia la equidad y la sostenibilidad? ¿Qué herramientas, técnicas y prácticas transformativas usaremos?

Einstein dijo, "la locura es hacer lo mismo una y otra vez, esperando diferentes resultados". Esto no es acerca de presentar algunas nuevas herramientas o jugueteo al margen. Se trata *fundamentalmente de generar la transformación radical de la cultura,* en la cual las personas se dan permiso para actuar de una manera diferente de SER, abrazando el cambio que conduce a resultados en lugar de temerle al cambio. Las organizaciones tienen sus procesos, procedimientos, herramientas y técnicas; las culturas tienen sus normas y rituales. A menudo, ambas no están dispuestas a embarcarse en una transformación vital y radical. Aventurarse en dichos programas para generar resultados transformativos requiere de ciudadanos, líderes, administradores y todo aquel que quiera salir de su zona de comodidad y con principios tomar un riesgo para crear nuevos y valerosos caminos.

Lo más importante, ¿Cómo comenzamos nuestro trabajo mirando hacia adentro, a nuestras actitudes, nuestros comportamientos, nuestras perspectivas y el indomable espíritu interno que informa nuestras decisiones, aun encarando la oposición? Nos preguntamos: ¿quién soy y en verdad encarno los valores que apoyan un mundo equitativo y sostenible, con una humanidad y un planeta próspero? ¿Cuál es la fuente de mis acciones?

SIENDO un factor de cambio con principios

Típicamente, pensamos en los factores de cambio como personas innovadoras que, a través de esa innovación, interrumpen o cambian un patrón. Por ejemplo, en los 1970s las computadoras eran almacenadas en edificios; ahora es un laptop. Los innovadores han creado la oportunidad para que ciudadanos ordinarios puedan usar computadoras en casa y ser móviles mientras hacen negocios, y a esto nos referimos como una solución que cambia el juego. He redefinido *soluciones que cambian el juego* para querer decir "innovaciones y soluciones que cambian patrones, basados en valores universales".

SER factores de cambio requiere que entretejamos las soluciones tecnológicas, junto a cambios de sistemas normas y culturas, encarnando los valores universales para la acción estratégica, simultánea y sinérgicamente, en patrones que generan poderosos resultados transformadores. Mientras que practicamos y crecemos, caminamos más alegres y jubilosos por la vida. Un descubrimiento de un coach practicante: "Soy el espíritu de la interdependencia, sólo que no entiendo la interdependencia intelectualmente".

Un factor de cambio con principios requiere *criterio* para que las ideas e iniciativas cambien el juego. Cuando nuestra intención es cambiar las normas y problemas que desapoderan para generar nuevos patrones, mientras resolvemos problemas, a veces asumimos que nuestros esfuerzos están cambiando el juego. Pero debemos de tener un criterio simple, explícito, para saber si nuestras intenciones están realmente cambiando las normas y las reglas del juego.

En la "Historia de Soluciones", Annie Leonard plantea la pregunta fundamental: ¿es la solución un factor de cambio?[39] Para responder esta pregunta, ella usa cuatro criterios, reflexionando en las actuales preocupaciones locales y mundiales: poder superfluo y decisiones concentradas en las manos de muy pocas personas; nuestro propósito en la vida, en medio de un interminable espiral de deseos; un sistema de contabilidad que externaliza costos para perpetuar de esa manera la explotación de la gente y el planeta; y una enorme y elevada inequidad. Para definir su criterio, ella usa un acrónimo fácil para evaluar soluciones que cambien el juego: META (GOAL, por sus siglas en inglés).

- ▸ G: da más poder a la gente

- ▸ O: abre nuestros ojos —una vez satisfechas nuestras necesidades básicas, la felicidad llega de la comunidad y el propósito

- ▸ A: lleva cuenta de todos los costos

- ▸ L: disminuye la brecha de la riqueza

El punto esencial es tener un criterio explícito, basado en interdependencia, que nos permita distinguir una "solución que cambie el juego", de una "solución que mantiene en su lugar el antiguo juego". Yo añadí dos criterios adicionales para una solución para ser un factor de cambio, con principios:

▸ Deberá de basarse en los valores universales de dignidad y equidad, que forman la base de cambios de sistemas y culturas.

▸ Deberá de generar resultados transformativos, donde "qué" y "cómo" estén integrados —actividades completas transformadoras, metas logradas e impactos.

Necesitamos tener criterio. De otra forma, podríamos asumir que nuestras "intenciones" automáticamente resultan en el cambio que deseamos ver.

Este criterio puede ser aplicado en cualquier situación, en nuestras vidas diarias y en casa, al tiempo que hacemos trabajo voluntario en comunidad, en nuestro trabajo, en políticas, programas e iniciativas. ¡Si elegimos cambiar nuestros patrones de consumismo, materialismo riguroso y espiral sin fin de deseos de opulencia presentes en cada país del mundo, podríamos ser factores de cambio, con principios! Cómo tratamos y remuneramos a nuestras sirvientas y ayuda doméstica en nuestros hogares en Bangladesh, India, Nepal o Pakistán, puede cambiar el juego en lugar de ser explotador. Patrones de explotación similares existen en otros países de Asia, África, el Oriente Medio y Latinoamérica.

Falacia: Como ciudadano ordinario, no hay nada que pueda hacer para cambiar patrones imprácticos. En el mejor de los casos, puedo tomar acciones pequeñas, que en el panorama completo no importan. Yo no soy un factor de cambio.

Nuevo aprendizaje: Cualquiera puede ser un factor de cambio con principios si eligen hacerlo en casa, en nuestro lugar de trabajo, en sociedad. Esto es acerca de manifestar nuestros valores universales, viendo y estando dispuesto a cambiar lo que no trabaja. Necesitamos pensar en qué es lo que es profundamente importante para nosotros y articular los cambios que deseamos ver; el criterio de nuestro factor de cambio. No es importante que tan grandes o pequeñas son las acciones; lo importante para cambio de paradigma y resultados transformadores, es que cada elige SER en su vida un factor de cambio, con principios, y actúa de acuerdo a ello.

SER un factor de cambio implica tener el valor de crear nuevos patrones. El valor no es la ausencia de miedo o desesperanza. A menudo nos enfrentamos con la desesperanza como seres humanos sensibles y también encaramos nuestros miedos como van surgiendo —los miedos que son el resultado de nuestro proceso de socialización. El valor es nuestra capacidad de decir lo que pensamos y avanzar a pesar de la desesperación o el miedo.

Un ejemplo de usar nuestra profesión como punto de entrada para cambiar el juego es Priyadarshan, mi esposo, un econometrista que diseña programas para la toma de decisiones a nivel nacional, en colaboración con gobiernos. A través de numerosas ecuaciones simultáneas representando factores interdependientes afectando diferentes sectores de la economía, el creó plantillas nuevas y originales. Estas son únicas porque él conecta políticas financieras a políticas de inversión, haciendo explícitos los factores interdependientes, interconectados y las consecuencias de particulares decisiones. La burbuja del sector inmobiliario en los Estados Unidos y la explosión de esta burbuja no hubiera sucedido si plantillas similares se hubieran creado y aplicado, porque las personas hubieran podido ver y entender lo que está pasando y hacer decisiones informadas.

El trabajo de Priyadarshan es potencialmente un factor de cambio porque, a través de análisis y predicciones concretas, hace visibles y transparentes los factores invisibles. Tomar decisiones para el cambio equitativo y sostenible se vuelve posible en los países, a su nivel más alto. Compartiendo su trabajo como fuente abierta y construyendo capacidad en economistas y legisladores al interior de los países, asegura continuidad en el uso de las herramientas y técnicas. Las contribuciones de Priyadarshan tienen la posibilidad de crear políticas que cambien el juego y estrategias al interior de países, por medio de un liderazgo visionario, conectando las decisiones abstractas a las concretas.

SER un factor de cambio implica que dejemos de estar indecisos. Nos comprometemos apasionadamente en una alegre búsqueda de un mundo que trabaje para todos. Criticamos lo que no trabaja creando alternativas. Nos comprometemos valientemente. Este valor requiere estar centrados dentro de nuestro propio ser, continuamente en contacto con quienes somos y nuestros valores universales.

A veces, nos comprometemos selectivamente por una causa con la que nos identificamos fuerte y personalmente, puede convertirse en una respuesta limitante y breve. A menudo "pelea" por la justicia, pero no acoge a todos, como nos comprometemos. ¿No vemos que nuestros comportamientos quizá estén alimentando otra forma de injusticia? Por ejemplo, en pueblos de la India, las mujeres de las denominadas "castas altas" trabajando por equidad de género en la India, se rehúsan a sentarse a juntas y comer con otras mujeres que son de "la etiquetada casta baja". La equidad no es retórica o egoísta —es una forma de SER. En los EUA, los afroamericanos y aquellos de origen hispano está trabajando para acabar con el racismo; pero algunos de ellos mantienen una clase jerárquica y elitista dentro de sus comunidades.

No podremos terminar la discriminación comprometiéndonos en un solo problema; debemos ir más profundamente y terminar la discriminación en todas sus formas y expresiones. Los factores de raíz del racismo o la discriminación de género o el sistema de castas son lo mismo —se relacionan a nuestra *inhabilidad para pararnos en nuestros valores universales* de dignidad, equidad y compasión.

El valor no es "bravuconería". La bravuconería es una manera atrevida, o una muestra de atrevimiento dirigido a impresionar o intimidar. El valor no se trata de luchar por o en contra de algo —es la habilidad de trascender lo que no trabaja con acción estratégica y concreta, más allá de "nosotros contra ellos". Los factores de cambio no pasan sin notar frente a la injusticia o la exclusión con apatía porque sus corazones compasivos no lo permiten. Se sienten llamados a responder y actuar.

CAPÍTULO 7

El proactivista consciente

Ser e implementar el cambio que deseo ver

Dormí y soñé que la vida era alegría.

Desperté y vi que la vida era servicio.

Actué y contemplé, el servicio era alegría.

RABINDRANATH TAGORE

La alegría de ESTAR en acción

El proactivista consciente es simultáneamente el pionero contemporáneo, arquitecto unificador, transformador radical.

Manifestamos quiénes SOMOS a través de la acción basada en el diseño radical y los valores universales. Este trabajo es "Consciencia y Corazón en Acción" en cada paso. "La conciencia es el despertar que surge a través de poner atención, a propósito, en el momento presente, sin juzgar. Se trata de saber lo que está en tu mente", dice Jon Kabat-Zinn, un eminente perito, experto en la consciencia y su aplicación para la reducción del estrés.[40] En nuestro trabajo, amplié la definición de Kabat-Zinn para incluir "la consciencia que surge a través de poner atención, a propósito, en el momento presente, sin juzgar, *cómo manifiesto mi unidad, lo que represento y mis valores universales, a través de estar en acción".*

Cuando implementamos lo que hacemos, *conscientemente*, momento a momento, el mismo proceso de implementación se convierte en un espacio para la acción ética, sabia y sin prejuicios. La yuxtaposición de "no crítico" con "acción ética" puede parecer un oxímoron; pero en nuestro trabajo la acción ética encarna valores universales, no la retórica de tan solo hablar de valores sin acción. No se trata de juzgar a una persona como mala o equivocada, sino de reconocer qué acciones son incongruentes con nuestros valores universales y dar los pasos necesarios para cambiar. Esta consciencia está imbuida de la energía y la ecuanimidad de los valores universales de compasión, dignidad y equidad. Esta es la forma en que generamos resultados, transformamos conflictos, brindamos servicios, nos organizamos en comunidades, realizamos negocios en el hogar, en nuestro lugar de trabajo y en la sociedad.

Es el trabajo de SER un proactivista consciente. El activismo es acción para lograr un cambio político o social basado en valores que beneficien a la sociedad. Sin embargo, el activismo no siempre se percibe en ese espíritu, porque la acción directa puede ser interpretada como disruptiva o incluso agresiva, especialmente cuando es en apoyo u oposición a, de un tema controversial. Yo acuñé la palabra "proactivismo" para referirnos a "acciones proactivas" que tomamos cuando nuestro corazón de compasión universal está abierto a todos —para aquellos cuyas acciones nos oponemos y aquellos cuyas acciones están en sincronía con nuestros propios valores universales. El proactivismo es consciente: Cuando la ecuanimidad y nuestro sentido innato de equidad están presentes, encontramos el valor para decir lo que pensamos y expresarnos. Romper el silencio sobre problemas que son inconsistentes con nuestros valores universales es el principio de un cambio de normas y sistemas.

Cada uno de nosotros puede recordar momentos en nuestra vida cuando sabíamos que lo que vimos fue injusto y ya sea que hicimos algo al respecto o quisimos hacer algo al respecto. El "proactivismo consciente" es la siguiente etapa evolutiva del activismo, en la que tenemos la posibilidad de trascender polaridades, donde no existen ganadores ni perdedores. Desde este espacio de compasión y humanidad es posible crear sistemas y culturas que funcionen para todos, sin que nadie quede excluido.

Los tres hilos de nuestras habilidades —SIENDO, diseñando y actuando— están entretejidos para manifestar un cambio radical de paradigma. En el capítulo cinco, como pionero contemporáneo, descubrimos cómo nuestras capacidades internas son la fuente más poderosa de resultados transformacionales; en el capítulo seis, como arquitecto unificador, trabajamos con plantillas de diseño transformativo. En este capítulo, exploramos maneras de manifestar nuestras capacidades internas para implementar nuestras ideas y proyectos, así como nuestras acciones cotidianas.

Cuando *explícitamente alineamos cada plantilla de diseño con base en valores para la acción*, se convierten en una guía continua para una implementación a conciencia. Esta crea coherencia cognitiva, para que nuestros procesos mentales de percepción, descubrimientos profundos, memoria, discernimiento y razonamiento, sean congruentes con nuestro diseño, acción y los valores universales. Las formas en que las plantillas de diseño transformativo se utilizan para la implementación consciente se describen en este capítulo y en la tercera parte.

Lo que no se consideró

Este libro no trata de ninguna estrategia de implementación técnica para temas específicos, no porque no sea importante, sino porque cada problema complejo necesita una amplia gama de talento y experiencia. La implementación de servicios de vacunación, teniendo un tratamiento asequible y revirtiendo de la epidemia del VIH/SIDA, la reducción de la mortalidad materna, abordando el cambio climático, acabando con la violencia, reduciendo la pobreza y la creando comunidades prósperas, todo requiere estrategias con experiencia técnica para lidiar con los problemas. La experiencia es esencial. Sin embargo, la experiencia por sí sola no resolverá los problemas equitativa y sustentablemente.

Las acciones cotidianas de administradores responsable, líderes y gerentes conscientes

Sin importar lo que me corresponde hacer en el trabajo, en casa y en el mundo, SER un proactivista consciente se expresa a sí mismo en *todos nuestros roles*. Como administradores responsables conscientes, nuestro enfoque es trabajar con todos los recursos (personas, seres sintientes y el planeta) es de interés, compasión y de tener el valor para generar nuevos patrones y generar conversaciones sociales nuevas, con reverencia por la vida. Como líderes éticos, diseñamos planes alineados con nuestros valores universales para nuestras familias, en nuestros proyectos, nuestras vidas laborales y nuestras comunidades. Tomamos decisiones prácticas, mantenemos conversaciones generadoras y tomamos acción con principios. Como gerentes en casa, en el trabajo y en nuestras comunidades, nos comprometemos conscientemente en nuestras actividades cotidianas, completamos nuestras actividades y tareas no como quehaceres o cargas, sino como una contribución; me cuido a mí misma y otros; de la misma manera me comprometo en mi comunidad y trabajo. Incluso cuando alguien en una organización tiene un papel específico, la gerencia transformativa, liderazgo y administración responsable son toda una parte integral de la manera en que la persona piensa y actúa.

Elegir "lentes" o marcos de implementación apropiados para la transformación

Exploré siete plantillas creadas por diferentes expertos o académicos sobre el terreno, en diferentes lugares, para analizar qué trabaja mejor para generar resultados a través de nuestros programas, tales como mejorar la supervivencia infantil, reducir la mortalidad materna, abordar la epidemia de VIH/SIDA y fortalecer los recursos humanos dentro de las agencias de la ONU. La mayoría de estas plantillas aumentaron la comprensión. Encontré el marco Likert-Emberling más adecuado para responder a los desafíos profesionales y programáticos, para mover la aguja en resultados.[41] Allan Henderson y Sharon Knoll introdujeron esto en nuestro programa.

Estas son algunas de las características del modificado marco de trabajo de Likert- Emberling:

▸ Es simple, claro, relevante en diferentes contextos, fácil de comprender en todos los niveles de la burocracia y en diferentes sectores y culturas;

▸ Está alineado con cómo se espera que funcionemos dentro de las Naciones Unidas y en los países en los que trabajamos. Se enfoca en decisiones a tiempo durante una crisis, administración sólida, orientación hacia los resultados, acción ética con principios, manteniendo perspectivas múltiples sin comprometer valores universales.

▸ Crea entendimiento común entre ambas divisiones, "programa" y "operaciones". En la mayoría de organizaciones grandes y medianas, las personas que trabajan en las unidades administrativas, de recursos humanos y financieras, tienen poca interacción diaria con las personas que trabajan en diferentes proyectos, en la misma organización. Trabajan en silos. Este marco de trabajo se dirige al personal con diferentes funciones, en varios departamentos, trascendiendo los silos.

▸ En cada etapa, el proceso se redacta de una manera que nos anima a notar, nombrar y ser conscientes de nuestro comportamiento. No se trata de juzgarnos a nosotros mismos —se trata de ser consciente y notar que nuestra propia conducta a veces es saludable y a veces no; nuestro bienestar depende de movernos hacia SER saludables en cada etapa.

▸ Se relaciona con todos los que participan y practican, sabiendo que cada persona se encuentra en una etapa diferente de crecimiento y evolución personal. Nadie es puesto en una categoría. La suposición subyacente es que cualquiera puede transformarse profundamente en cualquier momento. Esto es aceptable para todos los presentes. A medida que nos abrazamos unos a otros con respeto y aceptación, cada persona es estimulada por la atracción de nuestro ser evolucionando para esforzarnos a ESTAR saludables en cada etapa.

▸ Es coherente a nivel cognitivo con el enfoque consciente de espectro pleno y otras prácticas transformadoras, facilitando el aprendizaje y suavizando la práctica.

▸ Las etapas de desarrollo del liderazgo personal siguen el mismo patrón que las etapas de desarrollo organizacional y de equipo y, por lo tanto, son más fáciles de aplicar al desarrollo individual, de equipo y organizacional.

Las etapas de liderazgo en el modificado Marco de Likert-Emberling son:

Etapa 1: *Autocrática*, tomando decisiones por uno mismo y obligar a otros a cumplir; "haz lo que digo ahora mismo", sin explicación. Bajo ciertas circunstancias, esto puede ser apropiado, "saludable". Por ejemplo: cuando un padre aleja a un niño de poner las manos en el fuego; los bomberos instruyen a las personas a salir de un edificio en llamas; cuando hay un accidente y se debe salvar la vida de alguien.

No es saludable cuando es coercitivo, cuando exige que otros hagan algo sin contexto o relación presente.

Etapa 2: *Gerencia* y gerentes, relacionados con las reglas y roles: Se requiere seguir las *reglas* y realizar *roles* específicos en cualquier organización, ya sea una universidad, una empresa, un departamento del gobierno, una ONG, un restaurante, un equipo deportivo. Lo que es saludable es seguir las reglas cuando sea necesario: en un juego de baloncesto cuando el árbitro llama a alguien por una falta o un doble dribleo; o cuando un maestro reprende a un estudiante por falta de asistencia o una tarea no completada a tiempo; o cuando el grupo de contaduría observa que las facturas presentadas no se alinean con las reglas.

Lo que no es saludable es cuando las reglas se convierten en lo más importante, en lugar de un mecanismo para lograr algo; por ejemplo, complicarle las cosas a alguien al detener u obstruir la firma de un documento importante, incluso cuando se siguen todas las reglas. Muchas organizaciones se atascan en esta etapa, donde las reglas se vuelven un fin en sí mismas. Otro ejemplo en las familias y comunidades: "Los niños deben ser vistos y no escuchados" es una regla que puede resultar en seres humanos reprimidos.

Etapa 3: *Líder pragmático;* énfasis principal en la funcionalidad y los resultados. Esta es una persona orientada a la acción y los resultados. Cuando es saludable, dicho líder involucra a las personas de forma proactiva; por ejemplo, al liderar una campaña a favor de energía renovable.

Es insalubre cuando los fines justifican los medios, cuando el líder exige resultados a cualquier costo, incluso a expensas del bienestar de los empleados; o cuando los principios personales son abandonados en la búsqueda de ganancias. Otro ejemplo es la implacable presión que se ejerce sobre los niños para que obtengan altas calificaciones a expensas de su bienestar físico, emocional, mental y social.

Etapa 4: *Líder con principios, administrador responsable, mentor:* basado en conducta de principios éticos. Los individuos encarnan los valores universales básicos de dignidad, equidad y compasión en todas las etapas del liderazgo, y actúan como corresponde. En esta etapa, cada acción se revisa de forma explícita en el contexto de valores universales e integridad. Un ejemplo sano es cuando se considera antes de aceptar fondos de una organización que no se adhiere a los valores universales. Los dilemas éticos están obligados a presentarse a sí mismos a medida que nos comprometemos —en la casa o el trabajo— y es vital aprender a cómo trascenderlos.

Puede volverse insalubre cuando los principios se convierten en la "verdad" y los individuos se vuelven pedantes, haciendo que otras personas o grupos sean los equivocados; nos volvemos rígidos e inflexibles y juzgamos a otras personas En el trabajo, en el hogar y en nuestra comunidad, a menudo nos humillamos unos a otros a través de un comportamiento pedante, lo que reprime la manifestación de la acción con principios.

Etapa 5: *El líder perspectivista y el administrador responsable:* mantienen múltiples perspectivas sin comprometer los valores universales. Esto no significa una actitud de "todo se vale". Significa que este líder puede *discernir* y distinguir cosmovisiones basadas en valores universales de opiniones y puntos de vista basados únicamente en argumentos y justificaciones racionales. No están atrapados en algún punto de vista o perspectiva en particular. Este es un líder que reconoce la interdependencia y valora la diversidad, además tiene la capacidad de ver diferentes perspectivas y proporcionar un espacio para crear alternativas e innovación. SER saludable en esta etapa implica SER saludable en todas las otras etapas. Existen personas como la madre de Andrej Nosov, a quien conocieron en el capítulo cuatro, e Irene Goldman en el capítulo seis, que son líderes de la etapa cinco en sus comunidades.

Estas etapas de liderazgo generaron conversaciones para el avance del personal ya que cada etapa progresiva y saludable ayuda a superar la expresión insalubre de la etapa anterior; y aun así, necesitamos trabajar en todas las etapas. Nos ubicamos en esa etapa, según la función que realizamos en un momento determinado. Con un lenguaje y distinciones comunes, se estimula a individuos y equipos a notar (sin juzgar) patrones de comportamiento insalubre y retrasos en el trabajo; y luego a esforzarse por encontrar formas más sanas. Por ejemplo, mientras revisábamos los planes y logros sobre el marco de integridad (Figura 7.1) relacionados con el financiamiento y la descentralización, después de reflexionar, algunos miembros del personal de contabilidad señalaban cómo su equipo era insalubre porque no habían procesado los pagos a tiempo. Y tomaron medidas inmediatas para remediar la situación. Este fue un cambio dramático de los habituales comportamientos defensivos.

¿Tienes un marco de trabajo que te permite rastrear dónde te encuentras y cómo estás funcionando? Si no lo tienes, encuentra una que cumpla con las necesidades de tu trabajo y se base en valores universales.

SER líderes, gerentes y administradores responsables conscientes

Gerentes transformadores

En entornos convencionales, se espera que un gerente sea eficiente, productivo y que haga el trabajo. El cómo se haga el trabajo no importa tanto. No se espera que ellos cuestionen o contribuyan a las grandes políticas, metas y metas logradas de la organización.

Gerentes transformadores en el lugar de trabajo utilizan cada actividad rutinaria —por ejemplo, juntas, correos electrónicos, comunicación, planeación, reportando, supervisando —*para generar nuevas conversaciones, resultados y actividades completas basados en valores universales.* Practican varias formas de manifestar capacidades internas para la acción. Están en sintonía con los demás y crean espacios para que el potencial pleno de las personas se manifieste en el trabajo. Ellos y sus equipos contribuyen al "panorama general" —los resultados transformativos: actividades completas, metas logradas, impacto— de la organización. El personal está inspirado para alinear y motivar a comunidades, sociedades, lugares de trabajo equitativos y sostenibles, además de crecimiento personal y profesional al ver cómo su contribución ayuda a crear este cambio.

La gerencia transformativa también se aplica en el hogar. Los miembros de la familia crean espacios para que el amor y las opiniones de todos sean expresadas, se diviertan, escuchen profundamente, hablen con responsabilidad y no sientan la necesidad de ser perfectos.

Transformando actividades cotidianas

Cuando uno sabe y elige usar procesos transformativos, la forma en que se realizan las actividades cotidianas y se efectúan los negocios, se convierte en una oportunidad continua para un cambio extraordinario. Tenemos muchas oportunidades para influir en el cambio en nuestras actividades cotidianas a través de las conversaciones que tenemos y la forma en que estamos SIENDO. En casa, podemos ser conscientes de cómo hacemos las actividades rutinarias, como llevar a los niños a la escuela, compartir los quehaceres de la casa, preparar y comer nuestros alimentos, limpiar, compartir lo que sucedió durante nuestro día, jugar juntos. En el trabajo podemos transformar reuniones de rutina, responder a correos electrónicos, redactar informes, planificar sesiones, monitorear u organizar eventos. ¿Estamos implementando estas actividades cotidianas de una manera en que la transformación pueda manifestarse naturalmente? Estas oportunidades se presentan con frecuencia y regularidad en todos los esfuerzos humanos, en cada organización, en el hogar, en la comunidad y en el trabajo, y siguen siendo muy poco utilizadas para que ocurra un cambio de paradigma. *El ritmo generando resultados equitativos y sostenibles podría acelerarse de manera exponencial si decidimos aprovechar el potencial transformador de la plétora de actividades de rutina en la vida diaria.*

Tomemos el ejemplo de las reuniones de rutina para ilustrar cómo generamos nuevas conversaciones y transformamos los resultados. Existen muchos ejercicios de gerencia útiles para cambiar la forma en que se llevan a cabo las juntas con diferentes objetivos; por ejemplo, para hacer las juntas más eficientes, para reducir la actitud defensiva en las juntas, para las negociaciones en situaciones de conflicto. Estos tienen su lugar. Aquí, el propósito es transformar las juntas en espacios que se enfoquen en generar resultados basados en valores universales.

En el capítulo cinco, conocieron a Irene Goldman, una ciudadana del mundo de Brooklyn que estaba profundamente preocupada por los niños y civiles afectados por la guerra en Corea. Irene habló en reuniones comunitarias, cambiando la conversación por la acción basada en valores universales. Cuando otros miembros de la comunidad discutían sobre "darle una lección al país", ajenos a su sufrimiento, ella desafió la filosofía prevaleciente de necesitar "guerra para crear la paz".

Las conversaciones sociales cambian cuando tenemos el valor de romper el silencio. Hemlata de Nueva Delhi, a quien conociste en el Capítulo tres, se compromete con los sindicatos y también apoya a las personas que viven en refugios. Ella recuerda haber cambiado las conversaciones del vecindario, donde los ciudadanos estereotipan a "esa gente en los refugios" como de mala reputación, desagradables, groseras y que deben evitarse a cualquier costo. Al hablar de lo que profundamente le preocupa, los valores universales que representa, el mundo en el que los niños podrían crecer con justicia y dignidad, Hemlata atrajo a sus vecinos a conversaciones que incluían a las personas sin hogar como seres humanos que tienen dignidad.

Megan Joseph señaló cómo cambió la trayectoria de un proyecto comunitario cuando ella habló sobre la falta de representación de las personas que habían experimentado encarcelamiento en una reunión cuyo fin era planear actividades de reingreso específicamente para ellos. Llamar la atención al hecho de que la voz de aquellos afectados por la planeación estaba ausente hirió susceptibilidades, pero últimamente llevó a incluir el liderazgo de aquellos formalmente encarcelados.

Mientras trabajaba para revertir la epidemia del VIH/SIDA en América Latina, Néstor Arias transformó las reuniones burocráticas de rutina en espacios para el surgimiento de nuevos avances extraordinarios para la acción. Puede que esto no les parezca un ejemplo importante; pero cualquiera que haya trabajado en la burocracia en cualquier parte del mundo, conoce el significado de su contribución. Estos foros burocráticos suelen ser poco inspiradores, poco imaginativos e impulsados por procedimientos; tienen un alto costo de transacción y nos quitan mucho tiempo. Pero Nestor utilizó esta actividad rutinaria como una oportunidad para crear asociaciones orientadas a crear resultados: negociando, profundizando y alineándose con las capacidades internas de los participantes, conectándose a través de la acción con el mandato de verdaderamente servir y cuidar de las personas que viven con VIH o SIDA en América Latina y el Caribe. Los resultados fueron significativos. A través de los programas de liderazgo transformativo, 75 líderes clave generaron resultados sin precedentes.

Basándome en mi experiencia en la ONU y en otros lugares, diseñe varias plantillas para procesos transformadores, una de las cuales es convertir las juntas en espacios transformadores para generar resultados basados en valores universales. No importa si somos el presidente o el moderador de las juntas, lo que importa es nuestra capacidad para generar nuevas conversaciones. Los profesionales lo encuentran muy útil y así son capaces de mover las agendas que están "estancadas".

Diez pasos para una justa transformativa: Generando conversaciones para resultados

Antes de la reunión, prepárate, manifiesta tus valores universales, con información relacionada a las personas en la sala, el tema discutido. Muy a menudo, asistimos a juntas sin estar preparados o tener información.

En la junta:

1. *Básate en tus valores universales* —recordando todo el tiempo de tus valores universales, donde estás parado, las cualidades que se manifiestan en este mundo a través de ti para hacer un lugar mejor. En las conversaciones manifiesta los valores que son únicamente tuyos.

2. *Crea el espacio para que todos accedan a su propio poder* y vayan más allá de lo mundano. Si se trata de un grupo grande, entonces haz esto con al menos 10 personas. Pregúntales: ¿Qué es lo que realmente les importa? Reconócelos por su presencia y su profundo compromiso detrás de su presencia. Existen varias formas de hacerlo, incluyendo poderosos videos cortos con base en valores.

3. *Pon en marcha la conversación para creación colaborativa.* Invita a los participantes a ser parte del cambio más grande que quieres ver. Por ejemplo, si la junta es sobre servicios equitativos o para poner fin a la violencia en las escuelas, invítalos a interesarse en el logro de las metas.

4. *Comprometerse en conversaciones que invitan a la posibilidad de ver el valor de un enfoque consciente de espectro pleno.* Necesitan ver que las respuestas típicas son parciales. Para hacer eso, reconozcan que han estado trabajando y, aun así, los resultados que desean ver no están ahí.

5. *Reposicionar el problema* que al grupo le gustaría resolver, como un *desglose* (por su/nuestro compromiso), *como una posibilidad para el avance extraordinario.*

6. *Nota el compromiso detrás de las quejas* y cambia la conversación. Evita la manera normal de responder: discutiendo, coincidiendo, divergiendo.

7. *Transforma con habilidad las actividades completas basadas en conversaciones para impacto y metas logradas.* Enfócate en lo que de verdad importa para la gente: impactos y metas logradas que ellos quieren producir. En la mayoría de los casos, nos "atoramos" en las cosas pequeñas, el meollo del asunto. Dirígete al contexto y panorama más amplio.

8. *Ofrece una estrategia concreta para resultados sostenibles* a través del enfoque consciente de espectro pleno. Habla concisamente, no te compliques. Por ejemplo, "nuestro trabajo es para (i) resolver problemas; (ii) cambiar patrones, (iii) manifestar capacidades internas".

9. *Crear una agenda para la acción con dos marcos de tiempo*: (i) los próximos tres meses; (ii) dos años. En demasiadas juntas, seguimos hablando sobre los desafíos, pero no sobre las acciones a tomar.

10. *Cierra la junta con reconocimiento.*

Líderes transformadores

Se espera que el líder convencional entregue resultados relacionados con los objetivos establecidos de la organización. En algunas organizaciones, se espera que el líder logre resultados a cualquier costo; en otros, puede haber autoridad limitada para poner los planes en acción.

Sin embargo, los líderes transformacionales trabajan "de adentro hacia afuera", y obtienen sus capacidades internas para generar resultados —en el hogar o en el lugar de trabajo. Operan encarnando valores universales, no solo hablando de ellos —son líderes sabios y éticos en acción. Dondequiera que se involucran, están en sintonía con los demás y crean un espacio resonante para la transformación y la comunicación.

En su trabajo, los líderes transformadores fomentan y apoyan proactivamente a gerentes y personal transformador, se comprometen activamente en procesos transformadores en todas las actividades y alientan al personal a hacer lo mismo. Los líderes transformadores diseñan e implementan estrategia, trascienden los métodos lineales fragmentados y establecen enfoques y métodos iterativos, dinámicos y transformadores. Son firmes y capaces de navegar el sistema; mantienen la dignidad y los salarios de trabajo justos; revisan constantemente los procesos para asegurar la sostenibilidad de nuestro planeta. Es una forma de SER. *El logro de las metas y metas completadas son tan importantes como los enfoques y métodos de transformación utilizados para lograrlos; no se trata de producir resultados a cualquier costo.* En sintonía con los demás, lograr resultados es un vehículo para la autoexpresión, el logro y la realización del potencial pleno de las personas que participan en estos esfuerzos. Estos líderes transformadores son expertos haciendo necesarios los sistemas y cambios culturales para lograr metas, metas logradas, actividades completas, tanto dentro y fuera de la organización, a menudo frente a pequeños acuerdos u oposición total.

El liderazgo transformativo se manifiesta en el hogar, así como en el trabajo. Las conversaciones que tenemos en casa, las respuestas que damos cuando los niños hacen preguntas, nuestra interpretación de lo que consideramos "exitoso" para nosotros mismos y los miembros de nuestra familia, las expectativas que tenemos unos de otros, todo ello determina si elegimos vivir nuestras vidas a potencial pleno o ¡si decidimos unirnos a la interminable carrera de ratas! En el mundo de hoy, cada consumidor determina el destino de otros seres humanos y sintientes y del planeta a través de nuestra conciencia y las decisiones que hacemos.

Transformando sistemas y normas culturales

El liderazgo transformativo se trata de SER factores de cambio, con principios, no tan solo solucionadores de problemas. Creando alternativas, estos líderes lidian con lo que no está trabajando. Los líderes transformadores no sólo resuelven problemas sociales complejos a nivel superficial, también abordan proactivamente las dimensiones más profundas de la problemática. Demuestran que es posible diseñar, planear e implementar programas de forma diferente para generar resultados transformativos.

Jerry White comparte el Premio Nobel de la Paz de 1997 otorgado a la Campaña Internacional para Prohibir las Minas Terrestres. Cuando tenía 20 años, Jerry perdió su pierna a causa de una mina terrestre mientras caminaba por un campo minado sin marcar en las Alturas de Golán, Israel. Él dice que nunca pensó mucho en las minas terrestres hasta que pisó una en 1984: "De repente, la tierra explotó a mi alrededor. En horror confuso miré mis piernas destrozadas y ensangrentadas, queriendo saber a dónde había ido mi pie derecho". Desde entonces ha dedicado su vida a construir resiliencia en personas y comunidades afectadas por conflictos violentos.

Las minas terrestres fabricadas y sembradas por miles de seres humanos siguen matando gente inocente todos los días, 80 % de ellos son civiles. Se estima que todos los días 10 personas siguen muriendo a causa de explosiones de minas terrestres; en 1999 eran 25 muertes al día.[42]

Jerry quería lanzar la Campaña Israel Libre de Minas en 2004. Él reflexiona que esto fue como una cruzada personal para hacer a Israel libre de minas; y la energía del "defensor" cuando produce acción, ya sea medieval o moderna en su manifestación, nunca termina bien. Abogando por la prohibición de minas terrestres, relató sus experiencias personales, habló con regularidad sobre cómo Israel estaba atrasado una década en la prohibición de las minas terrestres y dijo que estaba listo para ayudar. Previamente, la princesa Diana era una campeona de esta causa. Con sus conexiones, credenciales de alguien laureado con el Nobel, experiencias personales y conocimiento para hacer el trabajo, Jerry supuso que Israel entraría en acción. ¡No funcionó!

Jerry comparte que hasta que participó en el Taller de Liderazgo en la Facultad de Negocios de Mendoza, de la Universidad de Notre Dame, no tenía el vocabulario ni las herramientas para saber cómo "ganar acceso al poder de la sabiduría". Leo Burke, profesor de la Facultad de Negocios Mendoza y yo diseñamos e impartimos este curso. Invitamos a los ejecutivos a profundizar en: ¿Quién eres y cuáles son tus valores como líder? ¿Qué implican los cambios a gran escala en los sistemas y la interdependencia global? Encontrar la gracia en un mundo competitivo y entender la interdependencia es vital. La mayoría de programas de educación ejecutiva hacen del liderazgo un conjunto de habilidades con una caja de herramientas. Pero Leo y yo trajimos nuevas formas de abordar la complejidad, de forma simple y con una base de valores universales, tejiendolas en nuevas formas de abordar los problemas prácticos que enfrentan los ejecutivos.

Jerry dice: "La sabiduría, aunque esencial, a menudo falta en el liderazgo moderno. Liderar desde el alma de nuestra conciencia más profunda y nuestros valores universales dará acceso al poder transformador para entregar resultados duraderos. Llegar a lo más profundo para conocer mi propio ADN de liderazgo, mi sabiduría, fue extremadamente útil durante el programa de liderazgo". Él regresó a Israel en 2009 para volver a relanzar una Campaña de Israel Libre de Minas, esta vez con una creciente capacidad para mantenerse firme en su sabiduría y diseñó la campaña de manera diferente.

"La diferencia fue la presencia de Sabiduría, algo indivisible que nunca puede ser propiedad de un individuo o algún grupo, y mucho menos de marca registrada o de marca", relata Jerry. "La esencia de la sabiduría es trascendente, dinámica, espiritual, sin ser la franquicia exclusiva de cualquier persona, religión o tradición. La sabiduría atraviesa fronteras, límites e identidades sociales, religiosas y nacionales. Por eso es un gran unificador y liberador. La sabiduría, nacida de una profunda reverencia por la vida, se ancla en valores universales, desencadena nuestra inherente resiliencia, potencial y poder, ayuda a reemplazar la fragmentación con unidad, la falta de visión con visión, y el miedo con valor".

Esta recién encontrada realización se volvió especialmente crucial para su alcance político en la Knesset israelí (la Knesset israelí es la legislatura nacional de Israel). Mientras se comprometía, en sintonía con las personas a su alrededor, accedió a los valores universales de los demás en las salas de juntas y las numerosas conversaciones en cafés y salas de estar.

Jerry preguntó con profundidad: ¿Qué cualidades de liderazgo se necesitan para crear espacio para que la transformación se manifieste? Creía que los líderes de la transformación debían alinear tres elementos centrales para manifestar un cambio a nivel de sistema que abra problemas previamente intratables. "Los líderes exitosos deben aprender a: (1) obtener el poder de su sabiduría interna, anclándose en sus valores, no solo sus intereses personales; (2) buscar el entendimiento de complejidades subyacentes y los patrones de comportamiento que contribuyen a espirales dañinos, y discernir y trabajar hacia alternativas más saludables; y (3) usar el conocimiento y saber cómo entregar resultados medibles, ofreciendo a todos una forma de contribuir, de tomar una pala y cavar. Sabiduría, entendimiento, conocimiento." Este modelo de "Liderazgo de liberación: W.U.K." es la expresión de Jerry del enfoque consciente de espectro pleno.

Jerry y su equipo tenían claros los resultados que querían y los cambios necesarios para que sucedieran: la posibilidad de un Israel libre de minas dentro de diez años; la liberación de tierras fértiles para la agricultura; familias viviendo con seguridad, libres del miedo y sanando las personas y el medio ambiente.

Jerry y su equipo instaron al Primer Ministro, al Ministro de Defensa, al Ministro de Relaciones Exteriores y al Jefe de la Oposición a que cumplieran sus promesas y votaran a favor del proyecto de ley de remoción de minas. Ese día, el proyecto de ley pasó su primera lectura por un voto unánime, a través de todas las líneas de partido (60-0). Esto fue inaudito. Se trajo de regreso la legislación propuesta a la Knesset entera para una votación final histórica el 14 de marzo de 2011. Una vez más, la votación fue unánime. Por primera vez, Israel había aceptado por unanimidad limpiar sus campos minados no operacionales. Sabiduría, Entendimiento y

Conocimiento (W.U.K., por sus siglas en inglés) formaron una plataforma innegable para la liberación.

¿Cómo hizo la Campaña Israel Libre de Minas este cambio histórico? ¿Por qué tuvo éxito esta campaña cuando otras (incluso el esfuerzo anterior de Jerry) habían fallado? Un factor importante fue la capacidad del sabio liderazgo para transformar polémicos problemas en oportunidades unificadoras, activando a otros líderes para que trasciendan su identidad personal y perfiles sociales para servir a la humanidad por el bienestar de las generaciones futuras.

Jerry dice: "Trabajando de esta forma, respiro más y espero a que el liderazgo diverso emerja de manera más orgánica. Invito a la gente a comprometer sus dones. No tengo que consumirme en la ira de los activistas, pero puedo conectarme a las fuentes de esperanza, sabiduría y fortaleza para sostener el trabajo más allá de mí".

No todo el mundo opera con la legislatura nacional y los primeros ministros como Jerry lo hizo. Cada acción y conversación en cualquier situación tiene la posibilidad de generar resultados transformadores; se trata de que el liderazgo cree nuevos futuros dondequiera que estemos, en casa, en el trabajo, en la sociedad. La madre de Andrej, un ama de casa en Serbia, se levantó por equidad y dignidad para todos. Cuando Andrej, a quien conociste en el capítulo cuatro, regresó de la escuela en el octavo grado y compartió cómo algunos niños de su clase ridiculizaban y se burlaban de un nuevo niño de Letonia, su madre respondió diciendo: "¿Cómo te sentirías si fueras a los Estados Unidos y todos te ridiculizan?" Esa noche, Andrej pensó sobre ello y recordó que la declaración compasiva de su madre cambió su perspectiva de por vida. No debemos subestimar la influencia poderosa, que cambia vidas, que nuestras conversaciones puedan tener. Al día siguiente, Andrej desafió a sus compañeros de clase. Años más tarde, cuando desafió las injusticias contra los albaneses en Kosovo, la madre de Andrej lo apoyó frente a la desaprobación social y las amenazas.

También conociste a Raju en el capítulo seis, el joven estudiante en la escuela que fue a las oficinas del colector del distrito, en Himachal Pradesh, en la India para tomar medidas y revertir el estigma y la discriminación basados en la casta en su escuela.

Falacia: Los líderes que tienen el conocimiento para hacer el trabajo, los recursos necesarios, las conexiones correctas, son los que tienen más probabilidades de tener éxito y alcanzar las metas.

Nuevo aprendizaje: Además de conocimiento y recursos, liderar desde nuestras capacidades internas, nuestra sabiduría, utiliza el poder para entregar resultados sostenibles, Requiere que operemos desde valores universales como la dignidad, equidad y compasión. Nuestra capacidad interna, nuestra sabiduría, es fundamentalmente acerca de quiénes somos en nuestro corazón, más allá del título, identidad social, pasión personal, el conjunto de habilidades, nuestro Curriculum Vitae.

Administradores responsables transformadores

En entornos convencionales, un administrador responsable puede ser responsable, junto con otros, de los recursos naturales como la tierra, "los Comunes". La motivación suele ser el interés compartido de la comunidad. Un administrador responsable podría trabajar de acuerdo con mandatos y acuerdos; también se le puede confiar la supervisión de los recursos en beneficio de ciertas personas o grupos.

Los administradores responsables transformadores manifiestan un cambio de paradigma haciéndose responsables en casa, trabajo y comunidad, simplemente porque se preocupan profundamente. Como consumidores, clientes, proveedores, trabajadores, personal, familiares, ellos no son observadores sin preocupación: eligen asumir responsabilidades para generar resultados duraderos porque se preocupan profundamente; sus acciones estratégicas establecen dignidad, equidad, y compasión, como normas.

Transformando paradigmas

Muchos individuos únicos viven en unidad en cada parte del mundo, su administración responsable transforma patrones divisivos. Un ejemplo de Siria que siempre sobresale para mí, y particularmente ahora, con el inmenso dolor, matanzas innecesarias, éxodo masivo, el odio y la feroz rivalidad por el control del país. Cuando Khadija y yo trabajamos en los Estados Árabes para abordar el VIH/SIDA, diseñamos nuestro trabajo con un enfoque consciente y de espectro pleno y usamos prácticas transformadoras basadas en los valores universales de dignidad, equidad y compasión, con los líderes religiosos.

Khadija, a quien conociste en el capítulo cinco, recuerda un momento inolvidable en el que tanto el Imán como el sacerdote católico cantaron a María en una iglesia. Ella dijo: "Es costumbre tener himnos cristianos en la iglesia; lo que lo hizo extraordinario es que fue seguido por cantos de versos del Corán. Posteriormente, en una mezquita, se hicieron oraciones basadas en el Corán como se esperaba, seguidas de oraciones de la Biblia. ¡Qué admirable valor en medio de las políticas religiosas divisivas! Solo puedo imaginar cómo estos eventos deben haber inspirado profundamente a aquellos que estaban presentes, tocando sus mentes y corazones, activando un espacio que los presentes nunca podrán olvidar. Si tan sólo pudiéramos hacer cantar juntos a todos los musulmanes y cristianos de todas las denominaciones, no veríamos la masacre que estamos presenciando todos los días en Gaza, Siria, Irak, Libia, Yemen, Sudán, Somalia..."

El Imán sunita y el sacerdote católico son líderes y administradores responsables transformadores. Son portadores de antorchas de los cambios radicales de paradigma. Es cierto, existe una agitación trágica y catastrófica en el mundo de hoy. Avanzamos unos cuantos pasos hacia adelante y luego es posible que tengamos que dar algunos pasos atrás, solo para encontrar oportunidades y seguir adelante. Cuando tocamos el espacio de la unidad y la resonancia, la vida nunca vuelve a ser la misma.

Kirsten Gallo, a quien conociste en el capítulo cinco, es gerente transformadora, líder y administradora responsable. Se preocupa profundamente por las personas, todos los seres sensibles y el planeta. Se enfoca en los recursos naturales y las personas, incluyendo el personal del Servicio de Parques Nacionales, visitantes y ciudadanos. El trabajo no es solo un trabajo para Kirsten. Es un lugar para que ella manifieste quién es en su centro más profundo. Kirsten comenta: "Al Servicio Nacional de Parques (NPS, por sus siglas en inglés) se le conoce en todo el mundo por los paisajes espectaculares, los valiosos recursos culturales que protegemos, y por los programas de educación ambiental de primer nivel. Me esfuerzo por construir sobre esa base. El personal del NPS transmite un mensaje poderoso a los visitantes al mostrarles con el ejemplo lo que puede lograrse cuando tomamos acción manifestada de nuestro compromiso con lo que más nos importa, demostrando así el poder que tiene una persona, una familia, una comunidad, para hacer la diferencia".

Kirsten y su equipo formularon los impactos que generarían basados en los valores universales de respeto e integridad en el contexto de su visión y misión actual del NPS:

▸ Humanidad próspera: saludable, próspera y manifestando un potencial pleno

▸ Tierra saludable

Usando procesos transformadores, preguntaron profundamente en qué paradigmas, normas y sistemas debían cambiar para que se generaran y mantuvieran resultados sostenibles y equitativos. Un cambio de paradigma ocurre cuando los cambios transformativos que son necesarios para generar resultados equitativos y sostenibles se vuelven la norma.

El primer cambio de paradigma: Cambiar de una cultura que se manifiesta del miedo y la escasez, a una cultura que se manifiesta de la satisfacción y la abundancia.

El compromiso de sus equipos es tener una próspera fuerza laboral cuyas acciones demuestren interdependencia, establezcan derechos de la naturaleza, con comunidad, equidad y dignidad presentes; y que los visitantes de NPS demuestren interdependencia y sean una ciudadanía activa y comprometida que es una fuerza social y política para la prosperidad de las personas y el planeta.

El segundo cambio de paradigma: Cambiar de una cultura de separación y otredad a la unidad, inclusión e interdependencia. Están generando un nuevo paradigma para la sana recreación en la naturaleza. Sabemos que la naturaleza nos inspira y nos sana.

Ellos planean contribuir al bienestar y humanidad transformando la cultura de lo que es recreación en el mundo de hoy. Fomentarán actividades recreativas primarias que se disfrutan en los Estados Unidos y que reafirman de la vida, como actividades al aire libre, voluntariado/servicio a los demás, danza, yoga, y artes.

El tercer cambio de paradigma: Cambiar de una cultura de dominación y mercantilización de las personas y el planeta, a una cultura de profundo respeto por el valor intrínseco de todas las personas y el planeta. Kirsten y los miembros de su equipo ven un momento en que la administración responsable se convierte en práctica normativa para la sociedad donde la conservación de especies y hábitats es solo la forma de vida; hay una disminución dramática en el consumismo y el materialismo; todas las prácticas destructivas de contaminación, minería y cosecha terminaron; materiales para la fabricación son derivados de los basureros; toda la energía se genera de fuentes renovables no contaminantes.

En este momento, se enfocan en los siguientes resultados: poblaciones de especies raras y sensibles han aumentado; mejora en las condiciones del hábitat; aumento de la biodiversidad.

Si bien Kirsten y su equipo articularon cambios fundamentales para su trabajo en el Servicio de Parques Nacionales, estos aplican en todas partes: en nuestros hogares, trabajo, comunidades e instituciones. ¿Puede ver cómo estos cambios se aplican a las ideas e iniciativas con las que tú y yo trabajamos?

Kirsten dice: "NPS está aprendiendo a cómo verdaderamente administrar responsablemente las tierras de forma que honra los derechos de la naturaleza y la humanidad y apoya a otros a hacer lo mismo". NPS no puede hacerlo solo: la administración responsable ciudadana necesita surgir con fuerza. A medida que se desmitifica la ciencia, los ciudadanos adquieren habilidades en el uso e interpretación de datos para el aprendizaje y la toma de decisiones. Los proyectos son diseñados sobre el marco de trabajo Acción Generadora para Impacto y Conciencia (GAIA, por sus siglas en inglés), un enfoque consciente de espectro pleno.

Durante los programas de aprendizaje en acción, Kirsten y el personal de NPS identificaron las actitudes individuales que necesitaban cambiar para generar resultados, y aquí otra vez, estos cambios de actitud aplican a todos los que quieren hacer un cambio en el mundo.

Señalaron que necesitamos:

▸ Cambiar de una actitud de "no soy parte del problema" y víctima de circunstancias externas, a una expresión de potencial pleno, responsabilidad y acción personal, y SER parte de la solución.

▸   Cambiar de una cultura de competencia a una asociación sinérgica y resonancia; cambio de "Yo" a "Nosotros"; y en el contexto
de NPS, cambiar el enfoque del interior de los límites del parque a
SER un líder mundial en conservación y transformación a través de
estrategias y acciones alternativas.

▸   Cambiar de tomar decisiones basadas en la política, el pasado y/o
el miedo a tomar decisiones basadas en información sólida y el
logro de los resultados e impactos deseados.

▸   Cambiar de la resignación en el trabajo y la comunidad, a la autoorganización y autocorrección, basadas en integridad, responsabilidad y rendición de cuentas.

Falacia: El cambio climático y los problemas ambientales pueden
abordarse adecuadamente a través de estrategias como el comercio, adaptación y mitigación de carbono. Tenemos que ser prácticos y hacer cambios graduales. Lo mismo aplica a cuestiones complejas como la paz —necesitamos ser prácticos. Las estrategias
basadas en valores universales están destinadas principalmente a
abordar problemas sociales.

Nuevo aprendizaje: La mentalidad que mercantiliza a otros seres
humanos y los trata como objetos de utilidad también mercantiliza nuestra tierra y sus recursos. Nuestra unidad incluye seres
humanos, todos los seres vivos (animales y plantas) y la Tierra.
Los cambios incrementales como la adaptación y el comercio de
carbono no abordan la magnitud actual de la crisis que enfrentamos; crean una falsa sensación de estar en acción que conduce
a la complacencia. En el mejor de los casos, son estrategias para
sobrevivir, no prosperar.

Los valores universales y la mentalidad o cosmovisión que emana
de estos valores universales, sustentan la paz y el cambio equitativo para la humanidad; también sustentan un cambio sostenible
para nuestro planeta.

Kirsten reflexiona: "¿Qué cobra vida para mí como científico? La mayoría de nosotros queremos dejar una marca en el mundo de alguna manera, para saber que hicimos una diferencia. Los científicos quieren que los resultados de nuestro trabajo contribuyan a algo ... ya sea la cura para una enfermedad, aliviando el hambre o la conservación de una especie. Incluso aquellos de nosotros que solo queremos saber cómo funciona el mundo, queremos que la sociedad use ese conocimiento de una manera significativa. Lo que cobra vida para mí al usar la respuesta consciente de espectro plano es 1) encarno mis valores universales y aseguro que mi trabajo esté alineado con mis valores y compromisos más profundos. Esto ha creado un nivel más profundo de convicción y vitalidad dentro de mí. 2) Soy mucho más estratégica, así que tengo más confianza en que mi trabajo será significativo y útil para mi audiencia. 3) Puedo reclutar y empoderar a otros a contribuir a mi visión, por lo que muchos de nosotros ahora estamos trabajando hacia las mismas metas logradas. 4) En lugar de diseñar experimentos o estudios individuales, estoy diseñando proyectos mayores que tienen implicaciones mucho más amplias, pasando de 'parques individuales' a 'paisajes' al mundo".

Falacia: Necesitamos informar a la gente sobre lo que está pasando en nuestro entorno y la ciencia detrás de ello. Entonces depende de ellos encontrar más información y tomar acción.

Nuevo aprendizaje: La forma en que los científicos desmitifican el conocimiento, inspiran asombro y descubrimiento, conectan a los seres humanos a su propia interdependencia con todo lo vivo y generando reverencia y respeto por todas las formas de la naturaleza, determina la acción para que la gente y el planeta prosperen.

Nuestra hija Aeshna, una experta endodoncista en práctica, encuentra la naturaleza profundamente enriquecedora y constantemente comparte con sus hijos su pasión por todas las formas de vida. Viendo a cada criatura en las piscinas naturales con asombro, conectando los puntos en la red de vida interdependiente en los parques y museos de historia natural, Aeshna ha encendido la emoción de descubrir y el interés por la ciencia en nuestros nietos. La ciencia es para los ciudadanos, no sólo para los científicos.

Cuando era niña, Aeshna rescataba pájaros y gatos heridos y los traía a casa para curarlos. Las calles de la India estaban llenas de perros callejeros y Aeshna los alimentaba y jugaba con ellos todos los días. Media docena de perros esperaban todos los días para recibirla en la parada del autobús escolar y la escoltaban a casa. Cada vez que salía de la casa, los perros calle-jeros la seguían alegres. Los atributos de la infancia viven a través de la vida, dando expresión a lo que más nos importa. Aeshna me cuidó durante mi reciente accidente casi mortal; en el pasado, se hizo el tiempo para viajar y celebrar mis logros de trabajo.

El cuidado del planeta está indisolublemente ligado a la paz en el pla-neta. Millones de personas sufren y se desplazan debido a los efectos del cambio climático. Lamentablemente, los que menos tienen son los que más sufren. El cambio de separación a ubuntu (que significa "unidad" en zulú) es imperativo.

La administración responsable trata de cuidar tanto a las personas como al planeta. Kirsten Gallo y Paola Babos son gerentes transformadoras, líderes y administradoras responsables. Conociste a Paola anteriormente en el capítulo cuatro. Paola dirige el trabajo sobre cuestiones de género en el UNICEF, junto con otros organismos de las Naciones Unidas en África central y occidental.

Manifestar los derechos humanos relacionados con problemas regio-nales de género en África central y occidental a través de las Naciones Unidas es un desafío. En los 24 países de África central y occidental, las mujeres proporcionan la mayor parte de la mano de obra agrícola; no obstante, tienen acceso limitado a bienes productivos. Se ratificaron leyes y políticas específicas sobre los derechos de la mujer en relación con la herencia de propiedad, su estado civil y detener la violencia contra la mujer. Las interpretaciones definidas culturalmente del lugar de las niñas y las mujeres, combinado con un historial consistentemente deficiente en la aplicación de los instrumentos de derechos humanos para mujeres y niñas, son mayores obstáculos para el progreso.[43]

Paola creó perfiles regionales y nacionales sobre la equidad de género, usando datos para hacer visibles los patrones "invisibles"; al descubrir los determinantes estructurales de género de las metas logradas (salud, educación, seguridad) para los niños. El personal y los asociados comenzaron a ver el problema de género a través de lentes de sistemas más profundos, yendo más allá de simple desagregación por sexo de los datos sobre las diferencias de género. Paola está cambiando la forma en que se realiza el trabajo de género: cambiando de las narrativas convencionales que describen lo que se está haciendo a través de diferentes organizaciones de la ONU u otras organizaciones para programar por género a escala, con resultados tangibles, para las niñas. Ella está apoyando programas nacionales para ir más allá de proyectos a pequeña escala e insostenibles, identificando puntos de entrada para cambios de sistemas y culturas. Ella está diseñando programas con potencial para generar resultados transformadores en las áreas de salud sexual y reproductiva de las niñas, su educación secundaria y para abordar la violencia de género y el matrimonio infantil. Su compromiso utilizando enfoques transformadores para el género es reciente: esto es trabajo en proceso.

Paola y sus socios utilizaron la cadena de resultados transformadores para formular el programa basado en los valores universales de dignidad y equidad de género. Están comprometidos para un impacto claro: que las instituciones, los padres y las adolescentes mismas, reconozcan que la dignidad y la autonomía de las niñas, resulta en bienestar. Para lograr este impacto, definieron tres metas específicas, metas logradas; ellos especificaron los servicios que proporcionan.

Primero: Paola y sus socios están trabajando para ampliar las oportunidades de aprendizaje de las niñas (formales o informales) que proveen las habilidades y capacidades para transformar los patrones económicos, sociales y políticos de la inequidad de género. Trabajan en políticas y presupuestos de educación de género equitativa; aseguran que las escuelas sean un ambiente seguro y protector para las niñas; también responden a las necesidades específicas de las adolescentes incluyendo habilidades para la vida, educación sexual integral y habilidades para el emprendimiento. Todos nos podemos relacionar con estas actividades, queremos lo mismo para nuestros hijos.

Segundo: Paola y sus socios están trabajando para apoyar a niñas vulnerables (madres adolescentes, niñas víctimas de violencia y/o VIH positivas, las niñas más pobres) para que tengan acceso y utilicen servicios sociales y oportunidades de subsistencia de calidad, "sensibles a la edad y al género". Los funcionarios de gobiernos locales, proveedores de servicios del sector social, trabajadores de la salud, maestros, trabajadores sociales, así como las comunidades y los padres, están capacitados para identificar con habilidad a las niñas vulnerables y remitirlas a servicios apropiados de apoyo y protección.

Tercero: Ellos están fomentando la innovación social y la acción ciudadana que transforman las manifestaciones sociales, culturales y económicas de la inequidad de género en diferentes sectores de la sociedad ; identifican temas específicos y se llevan a cabo en cada país. Las tasas de matrimonio infantil se reducirán en la región. Se invita a organizaciones influyentes de hombres, mujeres y jóvenes, a tomar acción e impulsar iniciativas sobre equidad de género, desafiando y transformando las normas y construcciones nocivas en torno a masculinidad y desafiando el matrimonio infantil en las sociedades. En todo el mundo necesitamos que hombres y mujeres se levanten por los derechos de género.

La administración responsable tiene que ver con las personas y el planeta; también tiene que ver con otros seres sintientes. No hablamos explícitamente de cómo los animales y otras criaturas tienen la capacidad de sentir, percibir o experimentar subjetivamente a través de sus sentidos.

Cada año, muchos millones de animales son sacrificados innecesariamente en laboratorios de vivisección. A los seres humanos les siguen gustando los abrigos de piel, aun cuando tenemos hermosas y elegantes alternativas. A los animales se les mata cuando se mantienen en cautiverio en las empresas de esclavitud animal como circos, rodeos, zoológicos y parques marinos; también cuando se les obliga a participar en deportes sangrientos como las corridas de toros, las peleas de gallos, las peleas de perros y las carnadas de osos. Los caballos y galgos son exterminados después de que ya no se los consideran aptos para las carreras. ¿Cómo pueden los ciudadanos no preocuparse por esta crueldad e incluso divertirse?

Falacia: Temas como género, clase, casta, y desigualdades raciales han estado presentes durante varios miles de años. ¡Esto está destinado a tomar mucho tiempo para abordar estos temas!

Nuevo aprendizaje: Las herramientas transformadoras, las técnicas y prácticas basadas en valores universales generan resultados en un período corto de tiempo, incluso cuando los problemas han estado ahí por mucho tiempo, a través de personas que anhelan hacer una diferencia equitativa y sostenible para la humanidad y nuestro planeta. Eligen aprender, practicar y actuar para transformar las realidades inviables de hoy.

La crueldad intencional hacia los animales está fuertemente relacionada con otros crímenes, incluyendo la violencia contra las personas.[44]

Legisladores y ciudadanos reflexivos alrededor del mundo están haciendo las preguntas pertinentes acerca de cómo tratamos a los animales —la mercantilización, explotación y crueldad con la que los seres humanos los someten.

Manifestando plenitud: Integridad

Anteriormente en este capítulo, discutimos la alegría de estar en acción, y notamos que las plantillas de diseño transformador y las respuestas prácticas conscientes están sincronizadas. Nosotros usamos la plantilla de Respuesta Consciente de Espectro Pleno (CSFR, por sus siglas en inglés) para la implementación —el lente de integridad es un ejemplo.

Integridad significa "SER íntegro" Se basa en nuestro impulso evolutivo de ser íntegros, sin menoscabo. A menudo, los términos moralidad, ética e integridad se utilizan como sinónimos, pero en nuestro trabajo los distinguimos. Peter Singer, un filósofo bioético, usa su ética y moralidad de forma indistinta.[45] En lenguaje común, la moralidad se relaciona con la conducta individual basada en valores, en la sociedad. Pero a veces puede convertirse en un espacio para juzgar y marginar a las personas, promovido por la religiosidad excluyente. Ética se comprende como conjuntos de principios basados en valores operando en sociedad. En nuestro trabajo, liderazgo ético se refiere específicamente a la habilidad de un líder para actuar desde los valores universales de dignidad, justicia, compasión por todos y trascender expresiones y diferencias culturales.

El lente de la integridad es un proceso de preguntarse profundamente qué significa ser íntegro, en lugar de un proceso para valorar, monitorear o evaluar si estamos en el camino correcto. Tales procesos tienen su lugar y los exploraremos en el capítulo diez.

He encontrado que es esencial para mí y los equipos con los que trabajo tener espacios sin prejuicios para preguntar con profundidad, reflexionar, darse cuenta, ser conscientes de que estamos en acción, ni eufóricos ni a la defensiva. Formulé seis preguntas para preguntar con profundidad y coherencia con la arquitectura de la respuesta consciente de espectro pleno y las utilicé en diferentes niveles en diferentes culturas y escenarios. Se trata de una pregunta profunda para notar las brechas sin culpar o sentirse inadecuado o culpable por no completar actividades. Esto reduce la actitud defensiva que a menudo enfrentamos en la casa y el trabajo. Y dado que nos sentimos impulsados a ser íntegros, ¡funciona! Siempre genera nuevas perspectivas, estrategias y acciones, tanto en la vida personal como profesional.

Las seis preguntas profundas ilustradas en la Figura 7.1 son un conjunto indivisible basado en valores, y se articulan a continuación:

INTEGRIDAD

RESPUESTA CONSCIENTE DE ESPECTRO PLENO

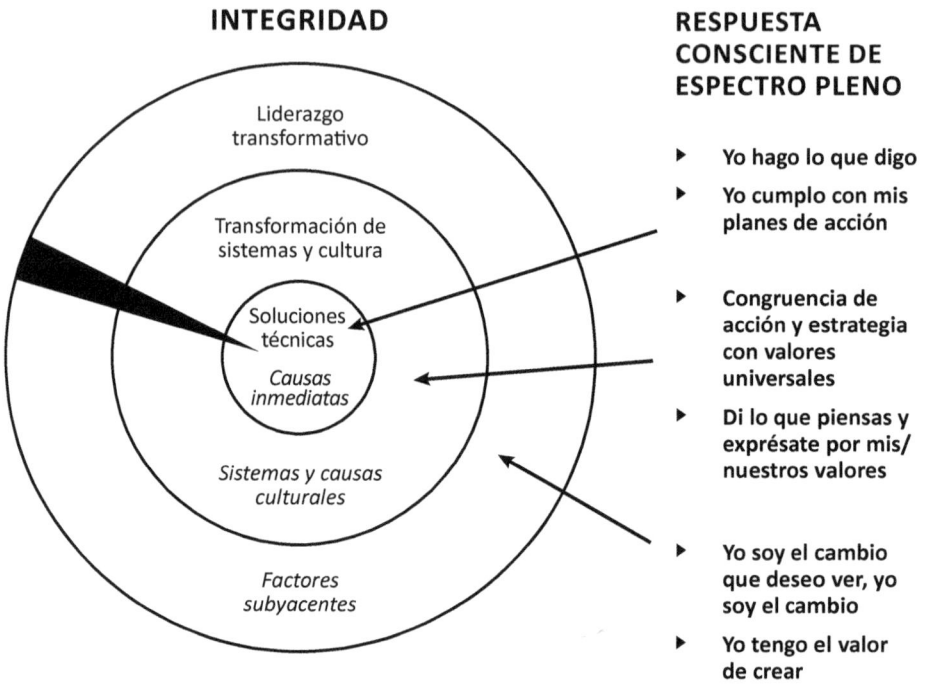

- Liderazgo transformativo
- Transformación de sistemas y cultura
- Soluciones técnicas
- Causas inmediatas
- Sistemas y causas culturales
- Factores subyacentes

▸ Yo hago lo que digo
▸ Yo cumplo con mis planes de acción

▸ Congruencia de acción y estrategia con valores universales
▸ Di lo que piensas y exprésate por mis/ nuestros valores

▸ Yo soy el cambio que deseo ver, yo soy el cambio
▸ Yo tengo el valor de crear

FIGURA 7.1. Seis preguntas profundas y los lentes de integridad.

Dos preguntas profundas se relacionan al círculo interior de la CFSR y mueve a la acción y a los resultados equitativos y duraderos.

1. **Hago lo que digo:** Soy mi palabra y tomo mi palabra en serio, en las numerosas decisiones, grandes y pequeñas, que tomo día a día. No "¡tú haces lo que yo digo!" Familia, amigos, colegas, saben que pueden contar conmigo para honrar mis acuerdos con ellos. Cuando me relaciono con otros, cada persona se da cuenta cuando hay brechas entre lo que hacemos y lo que decimos. Esto nos permite avanzar con claridad. Existen artículos sobre lo crucial que es para líderes y gerentes el "honrar su palabra".[46] Sin embargo, la mayoría de estos artículos posicionan a "yo soy mi palabra" como un punto independiente. Tan crucial como es "yo soy mi palabra", sin valores universales que sustenten "mi palabra" y sin preguntar con profundidad en las implicaciones estratégicas equitativas de "yo soy mi palabra", quizá pueda caer en una trampa totalmente

equivocada. Tomemos un ejemplo extremo, sólo para hacer este punto… ¿No era Hitler su palabra? Cumplió con lo que planeó, infligiendo tortura horrible e insoportable y muerte a los judíos y a otra gente que consideraba inferior.

2. **Cumplo con mis planes de acción:** Cuando cumplo con lo que planeo, me renuevo a mí misma en espacios de terminación con callada alegría, sintiéndome realizada. No se trata de una resolución para terminar las tareas, se trata de preguntar con profundidad, para que note las brechas en mi progreso y elija reducirlas. ¿Existen brechas en algunas áreas de mis compromisos? ¿Qué estoy haciendo, o no haciendo, que arruina mis intenciones y acciones? ¿Ha cambiado el contexto de mi vida familiar, comunitaria o de trabajo? ¿Hice suposiciones que se necesiten cambiar? Miembros de nuestro equipo lo encontraban cada vez más fácil notar y simplemente declarar "estaba fuera de integridad", sin sentirse culpables, juzgando o culpándose a sí mismos y los demás o estando a la defensiva. Ellos simplemente se dieron cuenta de forma consciente.

Dos preguntas profundas se relacionan al círculo medio de la CFSR, en relación a lo que necesitamos cambiar en normas y sistemas para que nuestras acciones y resultados sean equitativos y duraderos.

3. **Establezco congruencia entre estrategias y acciones, valores universales y principios:** Es práctico y esencial reflexionar sobre esto a medida que diseñamos e implementamos nuestros programas o ideas. Podemos cambiar normas y sistemas para generar futuros equitativos y duraderos si lo elegimos; después de todo, somos nosotros los humanos quienes creamos estos patrones y estructuras. Para que este futuro surja, las estrategias y acciones deben provenir de los valores universales de dignidad, justicia y compasión, para todos. Este es quizás el componente más débil de los esfuerzos humanos en nuestro mundo actual, en el que los intereses creados y las agendas personales están al centro, manteniendo el estatus quo y los sistemas no viables. ¿Por qué esforzarse todos los días en la caminadora de la vida, corriendo incansablemente en la carrera de ratas, cuando es posible cambiar las "reglas de los juegos" que jugamos?

4. **Digo lo que pienso y me expreso en mis valores:** Al decir lo que pensamos y expresarnos en base a nuestros valores, podemos cambiar las normas y sistemas que aumentan los problemas, crear nuevos contextos para que las culturas prosperen. Es posible que la gran mayoría de los seres humanos reorganicen sus vidas para que toda la humanidad pueda prosperar a través de nuestras conversaciones en el hogar, el trabajo y la sociedad.

Dos preguntas profundas se relacionan con el círculo exterior de la CFSR y están relacionadas con cómo podemos generar acciones para resultados equitativos y duraderos y cambiar el paradigma de manera radical.

5. **Yo soy el cambio que deseo ver, yo soy el cambio:** Esta es una pregunta profunda y reflexión personal notando cuando estoy SIENDO el cambio que deseo ver. Estoy en un viaje de por vida a fin de mejorar mis capacidades internas. Cuando comparto las ideas que genero de mi práctica personal, se crea el espacio para comunicación auténtica e inspiradora. Conocer la propensión inherente en los humanos a evolucionar hacia la plenitud e integridad, mi pregunta profunda es para discernir y ver las cosas como son con un corazón abierto. Debo aquietar el parloteo en mi mente.

6. **Tengo el valor de crear:** Me pregunto con profundidad y me doy cuenta cuando mi corazón compasivo no me permite sentarme en la cerca, con apatía y ver el dolor de la gente y el planeta sin responder. Me doy cuenta y comparto con otros, aun cuando existen objeciones o enfrentando un desacuerdo.

He aquí algunos ejemplos de SER y manifestar integridad, donde existe una síntesis de nuestras reflexiones basadas en las seis preguntas profundas.

Mike, jefe de recursos humanos de una empresa multinacional, participó en el programa de liderazgo de la Facultad de Negocios Mendoza. Se esperaba que hiciera recortes de personal en la empresa, ese era el proyecto en el que trabajó durante el programa de aprendizaje en acción. El preguntó con profundidad y reflexionó: "Mis valores son la compasión y la dignidad; ¿Cómo voy a llevar a cabo esta tarea?" Despedir a varios miles de personas no era congruente con sus valores. Se dio cuenta de esta brecha y parado en la base de su SER, con valor y compasión, abrió nuevas vías para la acción y creó una alternativa. Trabajó sin descanso con diferentes gerentes de la empresa para encontrar lo que necesitaban; y reestructuró los trabajos. Decidió cambiar las normas y supo cómo navegar el sistema. Todo el tiempo dijo lo que pensaba e inspiraba a otros a pensar de modo diferente. Creó una situación donde todos ganaban, en lugar de perder sus trabajos, los empleados pasaron a otras responsabilidades; se cubrieron las necesidades de la empresa; y Mike estuvo en integridad y en paz consigo mismo.

Falacia: La integridad es para idealistas. Debemos ser prácticos y hacer lo que se necesita hacer; no tenemos opción ya que los sistemas son demasiado grandes y las presiones sociales increíbles. Por lo tanto, tenemos que comprometernos sobre valores universales si queremos generar resultados.

Nuevo aprendizaje: La integridad se basa en nuestro llamado evolutivo inherente a ser íntegros. Cuando nos posicionamos por lo que somos, se abren nuevos caminos y soluciones alineados con nuestros valores universales. A medida que practicamos, cultivamos este aspecto de nosotros mismos y somos capaces de liberar todo nuestro potencial mientras respondemos.

Existe algo muy poderoso cuando se va más allá de los juicios correctos-incorrectos, y más allá de los "juegos de culpa" que jugamos. Es liberador trascender echarnos la culpa a nosotros mismos o a alguien más porque algo no está funcionando; trascender nuestras tendencias de defender ciegamente las identidades culturales que son divisorias y promueven normas dañinas; cuestionar las normas en divergencia con los valores universales.

Todos podemos usar la lente de la integridad con seis preguntas profundas en nuestra casa, trabajo y sociedad.

▸   ¿Hice lo que dije?

▸   ¿Cumplí con lo que planeé hacer?

▸   ¿Son mis acciones congruentes con mis/nuestros valores universales?

▸   ¿Dije lo que pienso y me expresé parada en mis valores universales?

▸   ¿Soy el cambio que deseo ver? En otras palabras, ¿hago lo que digo?

▸   ¿Tuve el valor de crear?

Podemos intentarlo: es muy liberador dejar ir la actitud defensiva, darse cuenta de las brechas y crear aperturas para el surgimiento de nuevas realidades.

Comunicándose con conciencia

Cuando estoy consciente de mí mismo, mi comunicación genera espacios transformativos y despliega nuevas posibilidades y formas de SER a través de consciencia y acción. Existen metodologías distintivas de comunicación y desarrollo personal, y la mayoría de los programas de administración y liderazgo cuentan con un conjunto de herramientas de comunicación en su repertorio. He aquí algunas de las prácticas de comunicación que usamos en nuestro trabajo. Todas estas herramientas y métodos son coherentes a nivel cognitivo; anclados en nuestras capacidades internas y valores universales; son para administrar nuestro compromiso diario, liderar el cambio, y administrar responsablemente nuestros recursos.

Cultivando resiliencia personal para una comunicación autoconsciente

La autoconciencia es crítica para una comunicación efectiva y transformadora. Algunos de nosotros elegimos embarcarnos en un viaje de por vida para realizar nuestro potencial pleno, esforzarnos para notar nuestros detonantes, aligerar nuestros "ahorcamientos" psicológicos y "limpiar" algo del lío en que nos encontramos.

Tres preocupaciones particulares surgen repetidamente cuando avanzamos como factores de cambio, con principios: enfrentamos ridículo, insultos y obstrucción. Otras personas se sienten amenazadas y se ponen defensivas. Las preguntas clave son: ¿Cómo construimos resiliencia sin albergar resentimientos o sentirnos menos? ¿Cómo continuamos siendo abiertos para aprender de otros sin ser "silenciado y aplastado"?

Cuando alguien me ridiculiza, insulta, se burla o a propósito me margina, utilizo algunas prácticas que funcionan para mí, y he notado que también trabajan para otros practicantes:

▸ No tomes personal lo que se está diciendo o escribiendo: no se trata de ti o de mí; se trata de la forma de juzgar de la otra persona. No tomes personal el ridículo, los insultos y las críticas.

▸ Sé asertivo, no sumiso o agresivo, habla desde tus valores personales. En la mayoría de las culturas, cuando las mujeres son asertivas, se les etiqueta como agresivas; cuando los hombres son asertivos, y no agresivos, se los etiqueta como débiles y los insultan llamándoles "maricas".

▸ Prepárate para que otros te "humillen", pero nunca "te desanimes o te sientas deprimido".

▸ Espera enfrentar resistencia —la mayoría de las personas tienen miedo al cambio, aun cuando odian las circunstancias en las que se encuentran.

▸ Escucha, está dispuesto a cambiar y expresar tu punto de vista basado en valores universales.

Debemos defender con firmeza nuestros valores universales, incluso ante la falta de acuerdo. Esto no es fácil, pero es vital. A pesar de lo tácticos que podamos ser, siempre que nos esforcemos por crear cambios, siempre hay gente en la organización, la burocracia, la comunidad, la sociedad o la familia que nos humillarán. De hecho, la resistencia es un indicador que estamos presionando por cambio y haciendo una diferencia.

Debemos cultivar la habilidad de no tomar las cosas como algo personal. Durante los retiros de meditación de Vipassana, Goenka-ji comparte una historia sobre el Buda. El Buda estaba enseñando en una reunión de miles de personas; los sacerdotes estaban molestos porque su "control" sobre la gente se estaba debilitando: las personas estaban redescubriendo quiénes eran y manifestando sus capacidades internas para la acción. Los sacerdotes enviaron a una mujer a la reunión, fingiendo estar embarazada con el hijo del Buda y lanzándole insultos. El Buda responde: "Tú conoces la verdad; yo no deseo aceptar este regalo de insultos de tu parte". Este ejemplo me ayudó muchísimo. ¡De igual manera, ni tú ni yo tenemos que aceptar tales "regalos"!

Falacia: En cada cultura y entorno, necesitamos contar con formas de forzar los "límites". Cuando las personas no escuchan la razón, la única manera de manejarlos es a través del miedo o el control a través del ridículo y los insultos apropiados. Solo entonces cumplirán y esto es normal en todas las culturas. Y como no soy una persona importante, tengo que cumplir.

Nuevo aprendizaje: Independientemente de mi estatus social, mis recursos materiales o mi lugar en una jerarquía organizacional, como SER HUMANO soy igual. Cuando soy resiliente y no me hago menos, despliego mi potencial pleno. Otros no pueden hacerme de menos, incluso si su intención es hacerlo.

Eleanor Roosevelt dijo: "Nadie puede hacerte sentir inferior sin tu consentimiento".

El ridículo, el insulto y la obstrucción son inevitables debido a la forma en que los humanos actualmente operamos con una mentalidad de dominación, escasez, ganar/perder, y competencia. Cuando no tomamos estas cosas como algo personal, liberamos espacio para que surjan nuevas posibilidades.

Mi primera presentación profesional fue en una conferencia internacional sobre financiamiento de la salud a finales de los 1970; se llevó a cabo en Nueva Delhi, en mi alma máter, el All India Institute of Medical Sciences. Había hecho mi investigación, entrevistado a personas en aldeas y barrios pobres urbanos y mi presentación fue para argumentar por la atención médica sin costo para aquellos que no podían pagar. Incluso antes de poder terminar, un experto con señoría de una de las instituciones de Bretton Woods en Washington DC se acercó, me quitó el micrófono y me dijo: "¡Eres una mujer india realmente hermosa y emocional también!" ¡Me sentí regañada e insultada! Desde entonces aprendí que el insulto no tiene nada que ver conmigo; se trata de la mentalidad de la otra persona. Una y otra vez, estoy en situaciones similares, pero mi estado interno y mis respuestas externas son muy diferentes.

Khadija Moalla, la abogada y proactivista consciente tunecina a quien conociste en capítulos anteriores, también ha cultivado esta capacidad. Recientemente, en una reunión sobre los derechos de la mujer en Dakar, cuando algunos jefes ejecutivos de departamentos gubernamentales de África occidental la insultaron en público e hicieron comentarios personales despectivos porque se pronunció en contra de la violencia física infligida a las mujeres de la región, Khadija logró permanecer impasible y continuar la reunión.

Practícalo —¡funciona! Cuando colegas, amigos o familiares te ridiculizan, se burlan de ti y te menosprecian, insultan o ignoran, nota cómo te sientes. Decide no aceptar este "regalo de palabras". Y, quizá, exprese tu decisión de ¡no aceptar su regalo!

Distinciones y prácticas que mejoran la comunicación consciente

Basándonos en la plantilla CSFR, he aquí algunas conversaciones conscientes que tenemos mientras implementamos programas, en nuestro hogar y trabajo.

▸ *SER "indomable"* a diferencia de una posición defensiva de "no te metas conmigo". En otras palabras, SER firmes en la sabiduría y manifestar nuestras capacidades internas para la acción.

▸   *Respuestas valientes del corazón,* que se distinguen de las reacciones emocionales —para trascender las dicotomías sociales, culturales e institucionales.

▸   *Valor,* a diferencia de la bravura. El valor es una acción que nace de un "corazón" cariñoso y compasivo, no ES capaz de pasar frente al dolor con indiferencia; la bravura se relaciona con actos atrevidos y se basa con frecuencia sobre construcciones y expectativas sociales.

▸   *Las cosmovisiones que emanan de los valores universales* se distinguen de los puntos de vista y visiones basadas en ideología o la identidad social de la persona.

He aquí algunas otras distinciones que adelantan la comunicación transformadora para la acción y los resultados.

La indignación ética se distingue de la ira destructiva. La indignación ética y la ira destructiva a menudo "suenan" igual para otros. La indignación ética puede parecer ira a nivel externo, pero no es ira.

La ira destructiva es una reacción que daña y hace menos a uno mismo y a otros. Nuestra capacidad de regular —no suprimir— nuestra ira, es necesaria para una implementación consciente. Notamos que cuando entramos en ira, se nos denota, o necesitamos estar en lo "correcto" para hacer que la otra persona esté incorrecta, es nuestra emoción la que está "al mando". Como resultado, somos incapaces de manifestar nuestro potencial pleno; no hay el espacio para generar transformación. Para trascender la ira destructiva, primero debemos experimentar y notar nuestra ira.

Megan, a quien conocimos en los capítulos cinco y seis, comparte su ejemplo de indignación ética. "Hace poco me enteré de que varios políticos en una comunidad predominantemente latina habían debilitado el trabajo que estábamos haciendo allí sobre la prevención de la violencia juvenil; usando el hecho de que éramos blancos como razón para crear una "barrera". Entonces estaba en una junta donde surgió la barrera, aún así, el trasfondo de la raza se barrió debajo de la alfombra. Por supuesto, sentí que brotaban la emoción y la reacción, pero respire hondo, varias veces, y esperé hasta que pude formular una respuesta que viniera de mis valores universales de dignidad y justicia para todos, que pudiera reconocer y nombrar nuestro compromiso compartido con la equidad y la paz, y que pudiera nombrar y hacer visible lo que no estaba bien. No tomé sus comentarios personalmente. Dije lo que pensé y me expresé, y eso cambió por completo la junta y las interacciones que tuve después con los socios. Enojarse y reaccionar no habría completado eso: la ira destructiva no nos da el espacio para crear cambio, para hacer las cosas de forma diferente. Hace que otros estén equivocados, nosotros correctos y solo honra nuestras propias perspectivas sobre lo que pasa. Proviene de nuestros miedos y detonantes, y envía a otros directamente a los suyos".

La mayoría de nosotros podemos recordar incidentes en nuestras vidas en los que experimentamos o expresamos indignación ética; también recordamos incidentes de ira destructiva. Estos son dos estados muy diferentes dentro de nosotros.

Discernimiento es diferente del juicio. El discernimiento es nuestra capacidad de pensar críticamente, informados por valores universales. Para que los valores universales como la compasión, la dignidad y la justicia sean la base de la acción estratégica, debemos cultivar discernimiento. Tendemos a mirar lo que está sucediendo a través de la lente de lo correcto e incorrecto, nosotros o ellos, culpa o vergüenza. Como resultado, tendemos a polarizar las opiniones y a comportarnos de forma pedante, juzgando a nosotros mismos y a los demás y molestando continuamente. No estoy usando la palabra "juicio" en el sentido legal o la forma en que se define en algunas escrituras religiosas.

Distinguir el discernimiento del juicio es práctico y liberador. El discernimiento es ver las cosas como son, no como queremos que sean, con un corazón abierto y aquietando nuestra mente parlanchina. El discernimiento es notar lo que está presente en una situación y luego elegir actuar basados en valores universales. El juicio es poner un valor de correcto/incorrecto o mejor que/menos que en una situación y luego elegir actuar desde ese espacio. Recientemente, un gurú popular de la India hizo una declaración pública juzgando a granjeros que se suicidaban como "personas que no son espirituales." Los granjeros tienen que pedir préstamos, y cuando fracasan las cosechas debido al cambio climático o sequía o inundaciones, no hay apoyo. Juicios como este crean conversaciones desempoderantes en la sociedad y fomentan la indiferencia. Con juicio las opciones son limitadas para la acción; con discernimiento hay muchos matices importantes y más opciones para la acción.

El honor basado en la dignidad para todos se distingue de "honor" para el cumplimiento social. La dignidad y el honor se usan como sinónimos en el lenguaje común, pero los distinguimos y matizamos en nuestro trabajo para cambiar las normas que desapoderan. Relacionamos la palabra dignidad con la autoestima, el valor propio, respeto por uno mismo. La dignidad es un valor universal que sustenta todo nuestro trabajo y se aplica a todos, en todas partes.

El honor defiende la dignidad entre las personas y los grupos y crea un espacio interactivo para la expresión de relaciones íntegras. Lamentablemente, en grandes partes del mundo, fuerzas divisorias secuestraron la palabra "honor" para crear una cultura de miedo y control.

TABLA 7.1. Conversaciones consientes para la transformación radical.

CONVERSACIONES PARA ORIGINAR CAPACIDADES INTERNAS Y VALORES UNIVERSALES	CONVERSACIONES SOCIALES IMPRODUCTIVAS Y NADA CREATIVAS
SER indomable	No te metas conmigo
Respuestas de corazón valiente	Reacciones emocionales
Valor	Bravuconería
Visiones del mundo basadas en valores universales	Visiones basadas en ideologías o identidades sociales
Discernimiento	Juicios
Indignación ética	Enojo destructivo
Honor basado sobre la dignidad para todos	Honrar el control social y la conformidad
Encarnar valores—viviendo en mis valores universales	Valores como retórica
Manifestando valores universales para cambiar normas y sistemas obsoletos	Ofrecer "arreglos" superficiales a los problemas

Nosotros distinguimos (1) *dignidad*, como una capacidad interior y un valor universal, (2) *honor* basado en valores universales que apoyan la dignidad, la justicia y la compasión, y (3) el "deshonroso llamado honor", como el asesinato por honor o el "honor de la pandilla". Estos ejemplos crudos pueden parecer evidentes, pero durante las sesiones de aprendizaje en acción, vemos lo difícil que es al inicio para las personas notar los sutiles o flagrantes mecanismos de control social en sus familias, su trabajo y sociedad. Los practicantes comienzan a reconocer las formas en que los insultos, la burla y la culpa se usan rutinariamente para controlar y dominar; y practican cómo crear la resiliencia. Se dan cuenta cuando se abusa de la palabra honor para reforzar la "otredad" y separando acciones, dominación e incluso la explotación de los demás. Dicen lo que piensan y se expresan para generar nuevas conversaciones.

Falacia: Somos una gran familia; nuestras diferentes castas, tribus, sectas religiosas y razas. Durante miles de años, estas formas de organizarnos han funcionado, funcionan y funcionarán en el futuro. El problema es que no estamos acatando estas divisiones culturales que nos sirven a todos, cada uno en su legítimo lugar.

Nuevo aprendizaje: La diversidad es un espacio de celebración e inclusión. Como seres humanos, tenemos mucho más en común que diferencias: todos experimentamos amor, compasión, pena, alegría, dolor y la necesidad de pertenecer, de bailar y cantar, de venerar a la naturaleza y la vida. Somos interdependientes.

Escuchar con profundidad, hablar con responsabilidad

Es una elección desarrollar la capacidad de escuchar profundamente. Hay muchos libros sobre el escuchar, diferentes tipos de ejercicios de escucha se utilizan para mejorar la comunicación, ser atentos, teniendo cada uno su propio propósito y utilidad. A los investigadores que realizan encuestas se les pide que escuchen con atención y que registren textual; los negociadores están capacitados para escuchar "por" lo que no se dice en medio del conflicto.

En nuestro trabajo, cultivamos la capacidad de escuchar profunda y proactivamente. Aprendo a aquietar mi mente y a abrir mi corazón. Filtramos mentalmente lo que la gente dice y hace; por lo tanto, notando mis conversaciones, sabiendo las suposiciones que hago, es el comienzo de soltar mis prejuicios e incluso mi discriminación involuntaria. Subconscientemente, los seres humanos escuchan lo que otros dicen de una manera particular —casi de forma automática— sin ser conscientes de ello. En lugar de escuchar profundamente, tendemos a juzgar lo que se dice como correcto o incorrecto, encontrar culpa, crear una discusión mientras alguien más está hablando para proponer nuestro punto de vista.

Escuchar con profundidad desarrolla nuestras propias capacidades de liderazgo y fomenta liderazgo en otros. Los practicantes se sorprenden de su propia capacidad al ver a los demás desplegarse mientras escuchan profundamente, sin siquiera decir una palabra. Ser capaz de escuchar con profundidad aquietando el parloteo en nuestra mente, suspendiendo juicio y opiniones por un rato, apreciando la "realidad" de la otra persona de la manera en que es para ellos, abre nuevo aprendizaje, nuevas posibilidades.

Falacia: No tiene sentido escuchar atentamente a todos; necesitamos ser prácticos y escuchar las opiniones de quienes tienen conocimiento y experiencia o aquellos que tienen influencia y están en el poder.

Nuevo aprendizaje: Escuchar profundamente crea nuevas aperturas para la acción. Cada uno puede hacer una diferencia. No se trata de experiencia u opiniones. Escuchar profundamente ayuda a desplegar el potencial pleno de otro SER humano.

Las conversaciones en el hogar, el trabajo y en sociedad crean la cultura de la prosperidad. En otras palabras, la sociedad, organizaciones y grupos, son redes de conversaciones que pueden crear nuevos futuros. Para cuando dirigí el equipo de UNICEF en la India sobre inmunización universal, había estado expuesta a varias capacitaciones administrativas y a poderosos programas de abogacía dentro de la organización. Esto combinado con mi temprano aprendizaje formal y la perspectiva de mi padre de que todos pueden contribuir siempre que tengan la oportunidad de hacerlo, me ayudó a establecer espacios para que se llevaran a cabo conversaciones significativas.[47] A través de estas conversaciones con partes interesadas de todos los sectores y niveles, construimos una base más sólida para la acción y generamos resultados medibles: la cobertura de vacunación aumentó de 30 al 80 por ciento en bebés y mujeres embarazadas en tres años.

Los valores universales de Heba, una joven farmacéutica profesional de Egipto, son la dignidad, la justicia y el cuidado. Formó parte del equipo que aborda el VIH/SIDA en la región árabe y el Oriente Medio. Lo que Heba aprendió y practicó para revertir la epidemia del VIH/SIDA, ahora lo aplica en la industria farmacéutica para hacer que los medicamentos sean accesibles. Ella aboga incansablemente por esta accesibilidad al abordar la protección de la propiedad intelectual, las políticas para la fijación de precios y de salud pública, la fabricación de fármacos y la competencia de genéricos, todos ellos importantes factores nacionales e internacionales influyendo en el acceso a medicamentos asequibles en países en desarrollo.

Heba es una activista consciente, desafiando los sistemas para el cambio sostenible, trabajando con la gente en el sistema en lugar de en contra de ellas; aun así, denuncia con firmeza lo que no está funcionando. Otros han tomado una postura de oposición. Ella dice: "Tengo que estar llamando constantemente la atención a los problemas que se pasan por alto. Estoy trabajando para cambiar el enfoque para promover la producción local de genéricos y la inversión en la industria farmacéutica nacional. Yo critico las políticas gubernamentales de los precios de las medicinas y las enmarco como barreras de acceso a medicinas asequibles, en luz de un presupuesto limitado para la atención médica. Tengo más valor para discutir "sistemas" con aquellos que, en teoría, los diseñan: el gobierno. Soy capaz de criticar problemas sistémicos, en base a la investigación y la evidencia, y proponer alternativas.

"Son las prácticas simples y básicas las que me ayudaron a realizar resultados, expresando mi SER en términos de los valores en los que me paro y creo, el propósito de mi vida, eligiendo vivir estos valores, día con día. A menudo, necesitaba indagar y restaurar la congruencia entre mis valores universales, lo que creo profundamente, lo que deseo que suceda en mi vida profesional. Este trabajo me ayudó mucho a darme cuenta de que no debía esconderme y vivir en un clóset. Soy la misma persona en todas partes y esto tiene que expresarse, porque es mi grandeza y poder interno, y es muy valioso. Lo bueno dentro de mí tiene que salir y traducirse en buenas acciones y pensamientos, que pudieran hacer de este mundo un lugar mejor".

El discurso de Heba es transformador. La Figura 7.2 muestra el marco transformador de hablar usando el ejemplo del trabajo de Heba sobre tener medicamentos esenciales para todos.

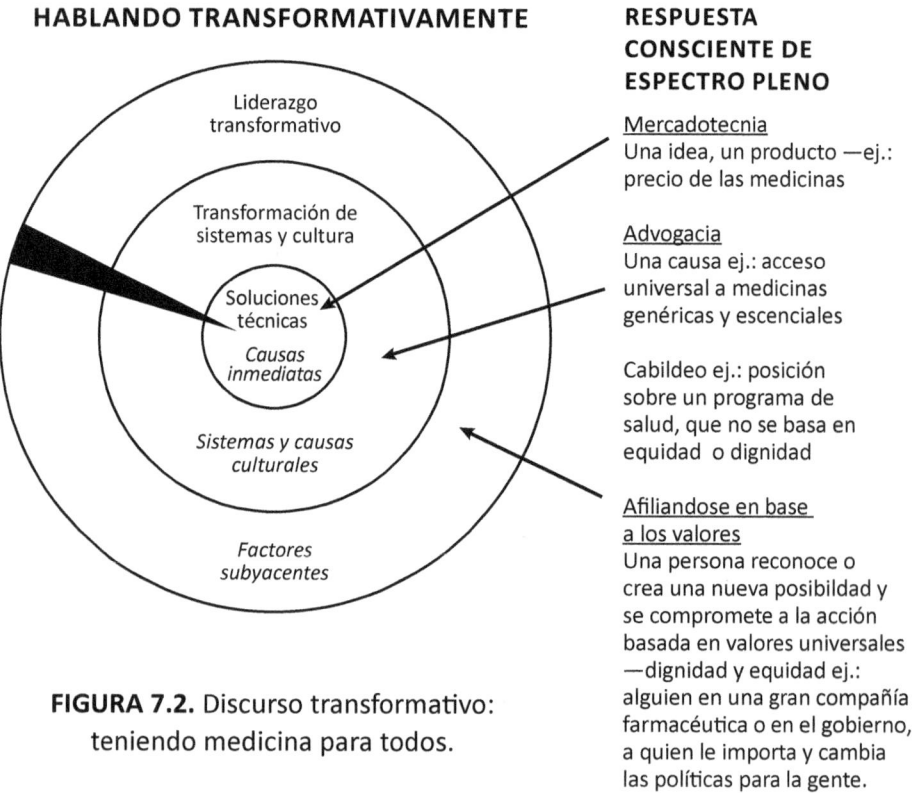

HABLANDO TRANSFORMATIVAMENTE

- Liderazgo transformativo
- Transformación de sistemas y cultura
- Soluciones técnicas
- *Causas inmediatas*
- *Sistemas y causas culturales*
- *Factores subyacentes*

RESPUESTA CONSCIENTE DE ESPECTRO PLENO

Mercadotecnia
Una idea, un producto —ej.: precio de las medicinas

Advogacia
Una causa ej.: acceso universal a medicinas genéricas y escenciales

Cabildeo ej.: posición sobre un programa de salud, que no se basa en equidad o dignidad

Afiliandose en base a los valores
Una persona reconoce o crea una nueva posibildad y se compromete a la acción basada en valores universales —dignidad y equidad ej.: alguien en una gran compañía farmacéutica o en el gobierno, a quien le importa y cambia las políticas para la gente.

FIGURA 7.2. Discurso transformativo: teniendo medicina para todos.

El marco de discurso transformativo es una plantilla generadora para decir lo que pensamos y expresarnos; y es congruente con el enfoque CFSR. Distinguir cuatro formas con las que podamos hablar y comunicarnos nos da opciones.

Mercadotecnia es la promoción y venta de productos o servicios, incluso ideas.

Abogacía es apoyar o recomendar públicamente una causa o política en particular. Por lo general, están basadas en los valores universales de equidad, dignidad y justicia.

Cabildeo es apoyar una posición, generalmente no basada en valores universales: por ejemplo, la posición de que el acceso al cuidado médico universal no es necesario; o cabildear para vender pesticidas dañinos. En el lenguaje común, utilizamos la abogacía y el cabildeo de forma indistinta, pero me parece práctico y útil distinguirlos.

Enrolamiento es cuando alguien inspira a otros a reconocer y crear nuevos caminos y posibilidades basados en los valores universales y comprometerse con la acción. No es una conversación típica de ventas o reclutamiento. No se trata de manipular a la gente para cumplir nuestra agenda. El enrolamiento requiere que escuchemos profundamente, con respeto desde nuestra unidad, hablar de manera honesta y directa, y generando conversaciones espontáneas y pasar a la acción.

Falacia: Necesitamos hablar de lo que la audiencia entenderá y a lo que responderá. Debemos ser prácticos y hacer lo que es necesario. No tiene sentido hablar de valores elevados —eso es solo filosofía. La gente quiere trabajar y ganar más dinero, comprar nuevos coches, casas y aparatos, y avanzar en la escala social.

Nuevo aprendizaje: A las personas les preocupa profundamente su propia felicidad y de sus seres queridos. La gente también se preocupa por los demás. Se preocupan por la oportunidad de trabajar y contribuir a la calidad de vida y el bienestar. Hablar responsablemente y sobre nuestros valores universales inspira a las personas a comprometerse a crear nuevos futuros.

Hablando responsablemente fomenta el liderazgo en uno mismo y en los demás, tanto como lo hace el escuchar profundamente. Estas son habilidades de liderazgo muy importantes. Cuando exploramos y mejoramos nuestras habilidades para escuchar y hablar y la forma en que generamos conversaciones conscientes, surgen nuevas posibilidades para un cambio de paradigma.

SIENDO un implementador consciente

Liderar programas a gran escala a nivel mundial y nacional me dio la oportunidad de servir y aprender por más de 25 años. Aunque nunca fui jefa de ninguna agencia de las Naciones Unidas o directora ejecutiva de una organización, aprendí que es posible generar resultados significativos usando enfoques transformativos cuando dirijo programas específicos, divisiones u oficinas dentro de una organización grande. Mientras que tuviera conocimientos de algunos principios y entregara resultados sobre el terreno, tuve la libertad de usar varios enfoques y métodos. Afortunadamente, en el noventa y cinco por ciento de mis trabajos, tuve un liderazgo comprometido que apoyaba mi trabajo; y cuando no fue así, fui proactiva, encontré otro puesto y me moví en seis meses. En mi opinión, la vida es demasiado corta y las horas de trabajo demasiado largas para quedarse en lugares que no permiten manifestar el potencial pleno. Sugerencias prácticas para los implementadores conscientes: ¡hacer lo mismo de manera diferente! Este trabajo no se trata de tener una nueva "lista de cosas por hacer", porque pensamos que la anterior lista de actividades no generó el cambio que deseamos ver. Se trata de hacer las

---

Falacia: No hay mucho que pueda hacer para crear los cambios que creo necesarios en la organización. No soy el director ejecutivo, por lo que no tengo mucho que decir ni influenciar. Además, ¿Qué sentido tiene tratar de generar un cambio dentro de una unidad cuando la organización es tan grande?

Nuevo aprendizaje: Hay muchas oportunidades para un cambio significativo en la mayoría de las organizaciones dentro de los programas y departamentos en los que trabajamos. Como se aseguran resultados, ellos tienen una poderosa influencia en otros programas y unidades, y se conforman nuevas políticas y proyectos. De hecho, a menudo es más fácil comenzar el cambio con individuos y equipos de alto rendimiento y dentro de programas y departamentos eficientes y eficaces, que en una organización grande, como un todo.

El liderazgo no está reservado para presidentes, directores ejecutivos o generales. Debido a que nos enfocamos en cambiar actividades rutinarias en espacios para el cambio duradero, cada persona puede liderar y generar resultados transformativos dentro de su esfera de influencia y responsabilidad, sin importar cuán grande o pequeño.

Sugerencias prácticas para implementadores conscientes, ¡haciendo la misma cosa diferentemente!

Este trabajo no se trata de tener una nueva lista de cosas que hacer porque pensamos que la previa lista de actividades no generó el cambio que queremos ver. Se trata de hacer las las mismas cosas diferentemente, para hacer una diferencial se trata de una implementación consciente, sabia y ética.

Los gerentes, líderes y administradores responsables transformadores deben tener claros los valores universales que sustentan su trabajo, los resultados que desean generar, los cambios requeridos en los sistemas y la cultura, y los procesos transformadores que planean utilizar. Como era de esperarse, he experimentado desafíos administrativos y de liderazgo; no estoy describiendo sistemáticamente cómo los enfrenté. Aquí, estoy compartiendo algunos consejos prácticos que nos permitieron generar resultados sostenibles.

Conectarse con los valores universales de la organización y las políticas centrales

Es sensato y transformador identificar y trabajar con los valores centrales y políticas de la organización que avanza los resultados en los que estoy trabajando para conseguir. Por ejemplo, la Declaración de Compromiso en las Naciones Unidas sobre VIH/SIDA en 2001 declaró: "Un liderazgo firme en todos los niveles de la sociedad es esencial para una respuesta eficaz para la epidemia. ... El liderazgo implica compromiso personal y acciones concretas".[48] Esta fue una de las más de 200 declaraciones de políticas. Me enfoqué en la declaración de liderazgo, que constituyó la base de nuestra estrategia para abordar al VIH/SIDA usando enfoques y prácticas transformativas a través del UNDP.

La Carta de las Naciones Unidas establece: "Nosotros, el pueblo de las Naciones Unidas, estamos decididos... a reafirmar la fe en los derechos humanos fundamentales, en la dignidad y el valor de la persona humana, en la igualdad de derechos entre hombres y mujeres. , y de naciones grandes y pequeñas".[49] Dignidad, no discriminación, equidad y libertad para todos, son los cimientos de los derechos humanos. En cada programa que dirigí, articulamos las políticas, formulamos estrategias, implementamos acciones hacia un futuro equitativo y próspero, todo derivado de estos valores universales. Alinear los proyectos basados en valores con los objetivos del programa, en el contexto de las políticas, es pragmático y esencial.

Cumplir el propósito —generar resultados

Generar resultados medibles en áreas de prioridad de la organización, resultados en programas en los que fui responsable, crea espacio para otras iniciativas creativas. Al trabajar con nuestros equipos, tuve claro mi propósito en la vida: manifestar mi potencial pleno mientras sirvo para hacer la diferencia y crear oportunidades para que otros se desenvuelvan a medida que generan resultados en cualquier tema o área que elijan. Mejorando la cobertura de vacunación y otras medidas para reducir la mortalidad infantil, reducir muertes maternas, revertir la epidemia de VIH/SIDA, fueron todos metas y programas organizacionales que dirigí con los equipos y socios de la ONU; se generaron resultados medibles en las diferentes asignaciones. Cuando tenemos claros los resultados que deseamos generar, y no somos ambivalentes sobre manifestar nuestras capacidades internas, no simplemente "arreglarlo", estamos en sintonía con los valores universales y generamos resultados medibles.

Inculcar aprendizaje a través de la acción, nos ahorra tiempo

En cada institución y programa en los que trabajé, el aprendizaje y la práctica fueron un componente integral de nuestro trabajo. Teníamos claro que a menos que trascendiéramos nuestras propias diferencias en formas nuevas y crearemos la cultura de hablar directa y auténticamente, seríamos catalizadores queriendo que todos los demás cambiaran, sin nunca cambiarnos a nosotros mismos. La práctica continua es esencial y es difícil crear una cultura de aprendizaje en la mayoría de las instituciones.

Es fundamental encontrar un "tiempo que ahorre tiempo" para sintetizar el aprendizaje, procesarlo y compartirlo e integrarlo en la práctica. En cada organización, la gente dice que no hay tiempo, que están muy ocupados y que tienen que terminar el trabajo. Durante una de mis asignaciones, me dijeron que el tiempo que dedicamos a mejorar nuestras capacidades internas y competencias de liderazgo era excesivo; deberíamos enfocarnos en nuestras habilidades técnicas y hacer que algunos eminentes expertos en liderazgo vinieran a dar conferencias sobre liderazgo. Hice un cálculo aproximado basado en varios años de experiencia y les mostré que por cada hora que invertimos en autoconciencia, fortaleciendo nuestras capacidades internas y cambiando nuestros comportamientos, en realidad ahorramos unas veinte horas. Ahorramos tiempo en desacuerdos interpersonales y conflictos en el trabajo; ahorramos tiempo al no postergar y retrasar las decisiones; en las reuniones ahorramos tiempo en discusiones innecesarias sobre los mismos temas.

También creé el tiempo y espacio para la continua capacitación de nuestros equipos. Ravi Pradhan, que conocimos en el capítulo cinco, nos capacitó en la UNICEF; Allan Henderson y Sharon Knoll en el PNUD. Nuestros capacitadores también practicaron, lo que inspiró nuestro aprendizaje.

Reflexionando sobre su experiencia, Ravi dijo: "Al principio, esto puede no parecer tan inusual. Sin embargo, dada la forma como las agencias de desarrollo han trabajado en el pasado, una innovación importante fue un sistema integral o de un enfoque con múltiples partes interesadas en generar avances extraordinarios. Una contribución clave que hice, por invisible que parezca, fue la aplicación de una metodología de aprendizaje que es consistente con los hallazgos de la neurociencia, la "cognición encarnada". En otras palabras, el genuino y real aprendizaje y desarrollo de habilidades involucran todo el cuerpo, la mente, las emociones, así como la acción y el comportamiento".

Sharon compartió con generosidad todos los métodos y materiales que había desarrollado, al servicio de las personas y del programa para revertir la epidemia de VIH/SIDA. Sharon dijo: "No veo mi trabajo en términos de "yo" haciendo una contribución, significativa o no. Aprendí que soy parte de una familia global y dondequiera que viajo hay seres humanos comprometidos en un equipo para que las cosas funcionen. Dejamos a unas 300 personas en los países en los que estuve que siguen liderando y haciendo la diferencia en las áreas más importantes para ellos. El principio común tanto en el mundo de los negocios donde trabajé extensamente como en el del desarrollo humano, es que todos somos seres humanos y que cuando construimos programas basados en la humanidad y valorando la vida, la sostenibilidad está al alcance. Cuando interactuamos entre nosotros como cosas, unidades o piezas que reparar, tenemos el mundo en que estamos ahora. En ambos casos, la gente es la solución".

Allan Henderson dijo que aprendió de los participantes: una mujer traficada de Nepal a Mumbai le contó cómo organizó una ONG, y cuando Allan fue visiblemente conmovido, ella dijo: "Por favor, no piense que tengo una tragedia, se equivoca; yo uso la fuente de mi "poder interno" y he aprendido de mi adversidad. Otro participante compartió: "Me di cuenta de que tengo el derecho de poner en marcha y tomar liderazgo, tengo el permiso de poner en marcha y actuar". Durante las entrevistas sobre lo que la gente quiere cambiar, los participantes dijeron que era la primera vez que la gente de la ONU había preguntado sobre lo que pensaban y no los estaban manipulando con una agenda.

El aprendizaje es un proceso de por vida. ¿De qué maneras te comprometes proactivamente para aprender?

Cuidarnos unos a otros

Cuidarnos unos a otros puede parecer demasiado simple para ser mencionado aquí y a menudo asumimos que está presente. Decimos que el cuidado debe estar presente en nuestra familia, comunidad, trabajo, escuelas o centros de salud, pero sabemos que no siempre es así. Las familias son un lugar de apoyo; pero también son un lugar de abuso. Los servicios y las instalaciones a través de las que servimos están destinados a ser lugares para sanar o crecer, y para nutrir el bienestar; y para que eso suceda, debemos cuidarnos unos a otros y experimentar el ser cuidados. Las empresas no se tratan solo de las ganancias, también se ocupan del bienestar de las personas y sostener un planeta próspero. Cuidarnos mutuamente crea un ambiente en el que cada uno de nosotros puede ascender y actuar más allá de los intereses y agendas personales. El cuidar nos requiere ser conscientes.

Mientras nos comprometemos en todo el mundo para revertir la epidemia de VIH/SIDA a través del PNUD, diseñamos e implementamos un programa para nuestro personal: "We Care". El estigma y los prejuicios que existen en la sociedad también entran de puntillas en los lugares de trabajo. El propósito de la iniciativa "We Care" era crear un ambiente de trabajo donde la gente que vive con VIH o SIDA se sintiera libre, valorada y aceptada, mientras se respetara su privacidad y confidencialidad. Creamos medidas educativas y preventivas para todo el personal; y nos cuidamos unos a otros en acciones cotidianas con espacios para plantear inquietudes. Las revisiones del programa mostraron que "We Care" marcó una diferencia para el personal en las oficinas dentro del PNUD; posteriormente, "UN Cares" se estableció en diferentes países para todas las oficinas de las Naciones Unidas.

Otro ejemplo, esta vez de mi familia: Mudit Mathur es un especialista en cuidados intensivos pediátricos quien ama su trabajo y es respetado por su competencia clínica. Está casado con Aeshna, nuestra hija. Sus formas de cuidar incluyen a sus pacientes y personal. Mudit nos mostró un dibujo hecho por un niño de diez años gravemente enfermo en el hospital. El niño se dibujó a sí mismo y a Mudit tomándose de la mano y jugando en el jardín; reflejaba el amor de Mudit, su escucha y conversaciones; y el tiempo y la atención que le da a cada niño. Consciente del agotamiento de las enfermeras al final de una noche particularmente difícil en el hospital debido a los pacientes en estado crítico, Mudit las reconoce por su trabajo y se toma el tiempo para comprarles desayuno. Y a pesar de su agenda extremadamente ocupada, voluntariamente se ofrece para enseñar a los médicos en las unidades de cuidados intensivos pediátricos, en países en desarrollo como Armenia, China, Egipto e India.

Asociarse con otros para cambiar el paradigma

Existe una diferencia entre trabajar con personas de mentalidades afines y encontrar socios potenciales que con el mismo espíritu o sintonía. Utilizo la palabra espíritu para referirme a nuestro Ser incorpóreo, la expresión de nuestro carácter, energía, entusiasmo, y determinación emanando de valores universales. Buscamos socios de ideas afines mientras abordamos la violencia o reducimos la pobreza o creamos empleos ecológicos. Nuestros esfuerzos son entonces sinérgicos: son más que la suma de la contribución de cada persona. Cuando trabajamos al unísono con personas de ideas y espíritus afines, este cambio incluso se amplifica grandemente. Somos capaces de generar un nuevo campo, un cambio de paradigma, anclado firmemente en donde ambos nos paramos, nuestros valores universales, nuestra humanidad. Este trabajo es pura alegría, incluso si no estamos de acuerdo en las tácticas o tenemos diferentes opiniones y posiciones.

Cuando considero asociarme, pienso en personas con las que estoy en sintonía. ¿Cómo encuentro a estas personas o cómo éstas me encuentran? Aquí las buenas noticias, basadas en mi trabajo en todo el mundo: están en todas partes, en cada país, en todos los sectores. A veces nuestras primeras impresiones pueden no ser precisas, o nuestra química puede no funcionar, su entorno social o laboral puede ser represivo y no les permite avanzar. Pero a través de los años nos hemos encontrado unos con otros. Utilizo cinco criterios simples y prácticos:

- ▸ ¿Valoran el espacio interior, la sabiduría, para manifestar la acción? El pionero contemporáneo.

- ▸ ¿Arden por la justicia? ¿Les molestan las injusticias? El arquitecto unificador.

- ▸ ¿Tienen un historial de producción de resultados? El proactivista consciente.

- ▸ ¿Fomentan el liderazgo de otras personas? El transformador radical.

- ▸ ¿Se renuevan a sí mismos e invierten en su propio crecimiento? Todo lo anterior.

Me pareció muy útil distinguir tres modalidades de compromiso con los compañeros una vez que acordamos trabajar juntos con valores compartidos.

Primero, *coordinación*: los procesos usuales de definir quién hace qué, cuándo, por ejemplo, un entrenador y el equipo deportivo trabajando juntos; organizando la logística para un programa de vacunación. ¿Con quién debo asociarme para coordinar mi trabajo? ¿El departamento de finanzas? ¿Qué organizaciones llevan a cabo la misma campaña, con quien necesito coordinar para evitar duplicaciones innecesarias? Cuando coordinamos con apertura, confianza y responsabilidad, creamos espacios para que surjan normas y sistemas cooperativos nuevos.

Segundo, *colaboración para lograr resultados*: Trabajando juntos por metas logradas, actividades completas relacionadas con la misión o el propósito requiere que vayamos más allá del liderazgo individual, a compartir el liderazgo; para dar una importancia primordial a la misión y sus metas (por ejemplo, terminar con la pobreza y estableciendo prosperidad, revirtiendo la epidemia del VIH/SIDA) en lugar de promover la organización de uno.

Tercero, *sinergia y resonancia para un mayor impacto*: Trabajando juntos basados en valores universales significa que los espacios de competencia se disuelven en espacios de alegre reconocimiento al éxito de los demás. Reconocemos que cuando el otro tiene éxito, estamos más cerca de la misión, el propósito y las metas; esto refleja el éxito dentro de todas las organizaciones involucradas; y el trabajo a través de mi organización también está más cerca del éxito.

Distinguiendo coordinación, colaboración y sinergia, aclara por qué estamos comprometidos y qué esperar de los demás. Muy a menudo, construimos expectativas; y cuando se frustran, nos resentimos con nuestro compañero. Por ejemplo, en una de nuestras oficinas rurales de UNICEF, basada en el éxito del programa de vacunación y la vibrante asociación que tuvimos con los Rotarios, algunos miembros del personal esperaban que los Rotarios colaboraran con nosotros en el programa para abordar el trabajo infantil. Cuando los Rotarios no estaban entusiasmados, el personal se decepcionó. Los Rotarios habían dado importancia a la sobrevivencia infantil y asumimos que esto significaba que nos asociaríamos en la protección infantil, pero nuestras expectativas se vieron frustradas.

Las asociaciones sinérgicas y resonantes son piedras angulares de la transformación a gran escala cuando sus acciones estratégicas abarcan toda la gama de la respuesta consciente de espectro pleno, basada en valores universales.

Las habilidades clave de un proactivista consciente incluyen:

▸ Transformar las actividades rutinarias y cotidianas para manifestar el potencial pleno de cada persona.

▸ Mejorar administración, liderazgo y administración responsable: manteniendo múltiples perspectivas sin comprometer los valores; tomar decisiones éticas incluso cuando son difíciles; tomar medidas para generar resultados que impulsen dignidad, equidad; asegurando claridad, transparencia y responsabilidad en nuestros diferentes roles y responsabilidades.

▸ Crear una cultura de integridad al SER nuestra palabra; asegurando congruencia entre valores universales y acción estratégica, decir lo que piensan cuando notan la incongruencia; encarnar los valores universales en lugar de solo hablar de ellos.

▸ Comunicar como un ímpetu para que se manifiesten los valores universales; cultivar la resiliencia siendo asertivos, esperar resistencia cuando desafía el estatus quo, aprender a lidiar con el inevitable insulto y ridículo.

▸ Hablar de capacidades internas para manifestar un cambio de paradigma; expresar indignación ética para cambiar la erosión intencional de la dignidad o las desigualdades de las personas, pero no la ira destructiva; discernir con un corazón y una mente abiertos, articular lo que está presente para tomar decisiones sabias, sin juzgar a la gente; defender la dignidad y al mismo tiempo expresarse y actuar contra "códigos de honor y asesinatos por honor" explotadores y excluyentes.

▸ Enrolar a otros para ver nuevas posibilidades, comprometerse con la acción, generando resultados equitativos y sustentables; crear asociaciones sinérgicas.

▸ Responsabilizar a los gobiernos, corporaciones, instituciones, comunidades por la dignidad y la equidad para todas las personas y establecer un medio ambiente y un planeta saludables.

▸ Usar el tiempo libre para aprender, ganar nuevos conocimientos, entender problemas sistémicos y culturales para apoyar políticas y decisiones sabias, local y nacionalmente.

▸ Redefinir el paradigma actual de la recreación para que por ello mejore la vida; buscar inspiración, aventura, alegría, en la naturaleza; cambiar de fuentes de recreación adormecedora que minan nuestra creatividad, vitalidad y autoexpresión

SER un implementador consciente es jubiloso y requiere la disciplina de la práctica.

CAPÍTULO 8

Manifestando mi potencial pleno: Una elección

SIENDO el pionero contemporáneo, arquitecto unificador, proactivista de conciencia y un transformador radical, todo a la vez

Una actividad externa así como un cambio interior es necesario y debe ser a la misma vez una acción espiritual, cultural, educativa, social y económica.

SRI AUROBINDO

Somos más que nuestras características sociales. Somos SERES humanos profundamente conscientes. Es la elección de cada persona incluir y trascender nuestras identidades sociales (nacionalidad, raza, religión, género, clase) y elegir anclarnos en nuestras capacidades internas a medida que tomamos acción para manifestar nuestra grandeza.

Somos TODOS, y al mismo tiempo

Los tres atributos entrelazados: Nuestro *corazón universal* de compasión empática, *ardiendo por equidad y justicia,* nuestro *discerniente ojo* viendo patrones tanto invisibles como visibles con luz y claridad prístina, existen dentro de cada uno de nosotros. Estos tres atributos que mejoran la vida son innatos en seres humanos, aunque pueden nublarse por nuestro proceso de socialización y por la cultura. No están determinados por el nivel de educación formal, experiencia, estatus social o la pobreza o riqueza, simplemente están presentes. No se basan en aptitud, nuestra personalidad o nuestra preferencia.

Los tres valores universales de dignidad, equidad y compasión que sustentan nuestro trabajo se basan en aspectos inherentes de los seres humanos en todas partes.

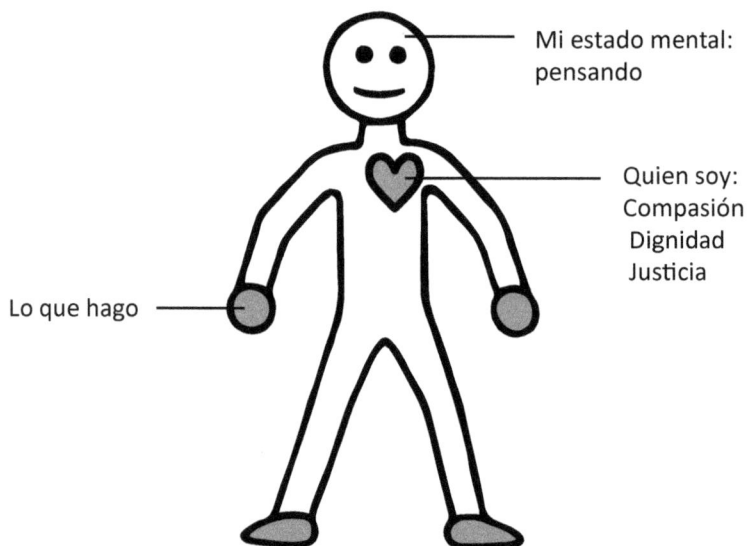

Mi estado mental: pensando

Quien soy:
Compasión
Dignidad
Justicia

Lo que hago

FIGURA 8.1. Somos todo a la vez.

SIENDO el pionero contemporáneo, arquitecto unificador, proactivista consciente y transformador radical

A medida que me involucro en todo el mundo, en todas partes la gente me hace preguntas similares para mayor claridad. "En su experiencia, ¿encuentra que algunas personas tienen una mayor aptitud para ser uno de los tres 'tipos' de personas en lugar de los tres a la vez: el pionero contemporáneo, el arquitecto unificador y el proactivista consciente? En esta era de especialización, ¿deberíamos centrarnos en cultivar uno de los tres aspectos?"

Es nuestra *elección* embarcarnos en la aventura de descubrir y manifestar nuestro potencial pleno. Para manifestar nuestro potencial pleno, necesitamos explorar y cultivar todas estas tres dimensiones entrelazadas de nosotros mismos. En esta era de la tecnología, la "economía del conocimiento" y la especialización, es aún más importante sintetizar para crear alternativas basadas en valores para obtener resultados duraderos y equitativos.

Al principio, puede parecer complejo SER los tres al mismo tiempo: el pionero contemporáneo, el arquitecto unificador y el proactivista consciente. Sin embargo, a medida que elegimos comprometernos y participar, ¡vemos cuán poderoso, satisfactorio y simple es en realidad!

Todos nosotros tenemos el potencial de hacer una diferencia significativa en el mundo. Es una elección. Una vez que tomamos la decisión de embarcarnos en el descubrimiento y la aventura de la vida para realizar nuestro potencial pleno, el resto sigue a través del preguntar con profundidad, comprensión y práctica.

En la tercera parte, exploramos lo que significa ir a escala. Manifestamos al pionero contemporáneo, arquitecto unificador, y proactivista consciente dentro de nosotros, para ser el transformador radical de sistemas y cultura.

PARTE 3

Generando resultados a escala

CAPÍTULO 9

Los sistemas radicales y transformadores culturales

La contribución de todos

No sé quién, o qué, planteó la pregunta. No sé cuándo se planteó. Ni siquiera recuerdo haber contestado. Pero en algún momento conteste "sí" a Alguien o Algo y desde ese instante estoy seguro de que la existencia tiene significado y que, por lo tanto, mi vida, auto rendida, tenía un propósito.

À partir de ce moment, j'ai su ce que signifie "ne pas regarder en arrière"…

DAG HAMMARSKJÖLD, MARKINGS

En el mundo globalizado de hoy, la gente que se preocupa y tiene el valor de comprometerse en derribar los principales problemas que enfrentamos, como el cambio climático o la pobreza extrema en un mundo de abundancia, buscan soluciones que sean equitativas, duraderas y a escala.

Cuando la respuesta consciente de espectro pleno se aplica, contribuye a generar un cambio de paradigma —un cambio en el que la humanidad y nuestro planeta prosperen sobre la base de los valores universales de dignidad, justicia y compasión. En este capítulo, exploramos cómo *todos* pueden contribuir al cambio de paradigma, y *todos* pueden elegir generar resultados y lograr la transformación necesaria a escala a través de sus capacidades y acciones. Ya no se trata de que tan grande o pequeña es la idea o iniciativa de alguien; o si trabajamos afuera o nutrimos una familia en casa; o si tenemos los recursos financieros para diseñar e implementar un proyecto o no. Se trata del compromiso de uno, no sólo como intención, sino compromiso en acción; ¡y un anhelo de presenciar y nutrir un planeta y humanidad prósperos!

He sido bendecido con oportunidades de servir a gran escala en mi vida laboral, particularmente con mi trabajo en las Naciones Unidas. Las plantillas de diseño que estoy compartiendo son las que he usado y perfeccionado para generar resultados en todo el mundo. Con cada nueva tarea, agregué lo que faltaba e integré nuevos elementos de mis descubrimientos y aprendizaje continuo, siempre en el contexto de la consecución de objetivos y logrando resultados. Por ejemplo, participé en un programa, a través de las Naciones Unidas, los gobiernos y sus socios, que organizó servicios de vacunación para 25 millones de bebés y 25 millones de mujeres embarazadas cada año en más de 600.000 aldeas y numerosas zonas urbanas de la India. En el año 2000, estaba trabajando para reducir las muertes maternas en el sur de Asia, un lugar que alberga al 22 por ciento de las mujeres del mundo y experimentó el 50 por ciento de las muertes maternas en todo el mundo.[50] Trabajé globalmente en 170 países para aumentar la supervivencia infantil y abordar el estigma y la discriminación contra las personas que viven con VIH/SIDA y aumentar su acceso al tratamiento. Todos estos fueron desafíos con altas exigencias que resultaron en logros gratificantes.

RCEP: El fractal de la transformación a gran escala

La plantilla de la respuesta consciente de espectro pleno es un fractal; y cuando se repite en sus numerosas aplicaciones sin importar el tema, genera cambios de paradigma a escala.

Un fractal puede definirse como "un patrón que se repite a sí mismo". El diccionario Oxford define fractal como un término matemático que significa "una curva o Figura geométrica, cada parte de la cual tiene el mismo carácter estadístico que el todo".

RCEP —la plantilla para escala

Una respuesta consciente de espectro pleno (RCEP) en cualquier situación específica, es un fractal del cambio de paradigma completo; en otras palabras, cada idea, iniciativa o esfuerzo diseñado como una respuesta del RCEP tiene las mismas características que el todo. ¿Cuáles son estas características del todo? Hay tres componentes esenciales de la RCEP: (1) *manifestando* capacidades internas y valores universales para la acción, actuando desde nuestra unidad (2) *cambiando* sistemas y normas culturales, creando nuevos patrones, SIENDO un cambiador del juego con principios y (3) *resolviendo* problemas.

Y se aplican sin importar lo que hacemos y dónde trabajemos: en casa, en nuestra comunidad o en una organización. Imagínate lo que sería posible y presente si cada partido político, empresa, institución educativa, centro de salud, ambiental, legal, a instituciones de la sociedad y cualquier otra entidad, diseñara su organización, su trabajo, sus iniciativas de una manera de consciencia de espectro pleno. Manifestando valores universales para la acción estratégica, usando avances tecnológicos para servir a la humanidad como un todo, creando nuevos patrones que presenten equidad y sostenibilidad se convertiría en la norma, la manera en que siempre se hacen las cosas. Marcaría el comienzo de la siguiente etapa de nuestra civilización.

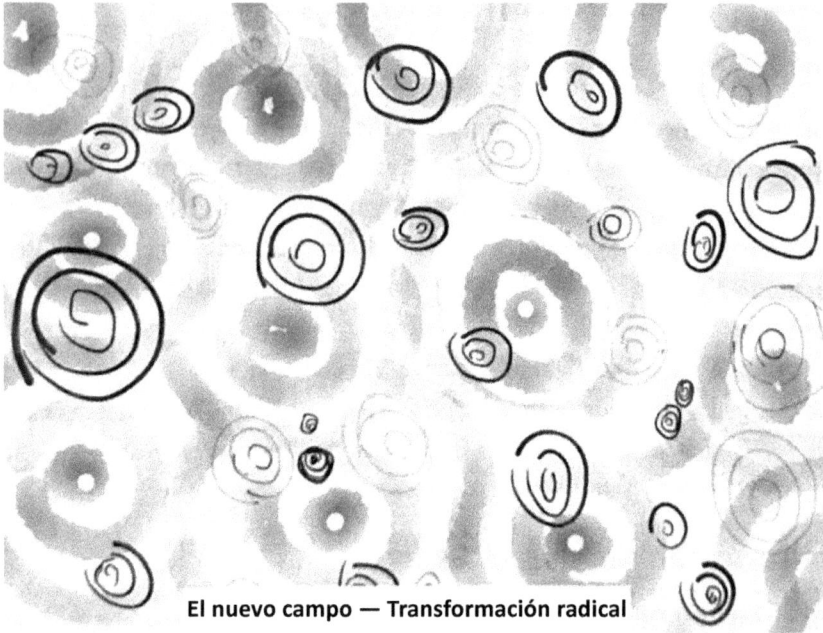

El nuevo campo — Transformación radical

FIGURA 9.1. El fractal de RCEP: Un nuevo campo a escala.

FIGURA 9.2. La hoja de helecho, un fractal.

La gente pudiera considerar que la respuesta consciente de espectro pleno es un nuevo meme para generar un nuevo futuro. Un meme es un elemento de una cultura o sistema relacionado a comportamientos que pueden transmitirse de un individuo a otro por medios no genéticos, especialmente por imitación. Pero considero que la RCEP es un proceso mucho más profundo porque sus elementos de diseño e implementación consciente generan resultados transformadores basados en nuestras capacidades humanas innatas.

Los fractales ocurren en la naturaleza, donde los mismos patrones a menudo se repiten a escalas progresivamente más pequeñas, como un copo de nieve, la planta suculenta *aloe polyphylla*, un helecho. En este helecho, cada parte progresivamente más pequeña tiene el mismo patrón que el todo.

Patrones para trabajar a escala

La escala requiere organización, así como asociación y conectarse con muchas personas diferentes. A menudo, los ciudadanos preocupados, los legisladores, las empresas y los auténticos profesionales de los medios de comunicación, sienten que los problemas son demasiado grandes, muy arraigados y que "así es como es y no se puede hacer mucho". Sin embargo, hay formas innovadoras de actuar a escala y hacer cambios de paradigma. Debemos entender las formas convencionales de escalar y diferenciarlas del actuar a escala para generar un nuevo futuro. He descrito tres formas convencionales de escalar para obtener resultados específicos y hay otras combinaciones y permutaciones de estos ejemplos.

Una forma de escalar podría ser repetir una entidad "uniforme y constante" con los mismos estándares, por ejemplo, Starbucks o McDonalds, ilustrados en la Figura 9.3. Los clientes esperan encontrar los mismos productos, el mismo café o la misma hamburguesa, en cada sitio.

Otra forma de escalar es definir las entidades involucradas de acuerdo al nivel de tecnología proporcional a lo que se necesita. Por ejemplo, es más probable que el número de escuelas secundarias en una ciudad sea mayor al número de universidades, ya que no todos los niños que se gradúan de la escuela secundaria van a la universidad; y, por la misma razón, es probable que el número de universidades sea mayor que el de universidades con programas de maestría. Similarmente, para satisfacer nuestras necesidades de salud, requerimos un mayor número de clínicas de salud para cuidar nuestras frecuentes y cotidianas necesidades de salud y menos referencias a hospitales con especialistas para manejar problemas de salud más complejos; y necesitamos aún menos hospitales terciarios donde haya super especialidades disponibles para tratar problemas de salud y enfermedades mucho más complejos (Figura 9.3).

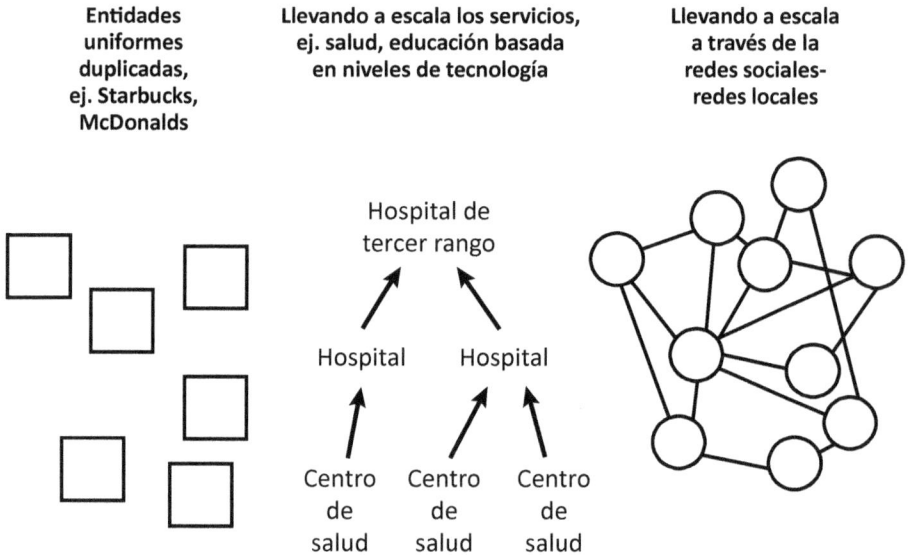

Entidades uniformes duplicadas, ej. Starbucks, McDonalds

Llevando a escala los servicios, ej. salud, educación basada en niveles de tecnología

Llevando a escala a través de la redes sociales-redes locales

Hospital de tercer rango

Hospital   Hospital

Centro de salud   Centro de salud   Centro de salud

FIGURA 9.3. Formas convencionales de ir a escala.

Las redes y mallas son otra forma de llevar una idea y las acciones relacionadas a escala, como se muestra en la Figura 9.3. Gente con intereses similares se conectan para impulsar sus proyectos o ideas, compartiendo conocimientos y mejores prácticas. El internet y las redes sociales permiten a los usuarios crear y compartir contenido o participar en redes sociales, mucho más allá de nuestras ubicaciones geográficas, abriendo así nuevas y vastas conexiones.

La respuesta consciente de espectro pleno es única y diferente de todos los patrones de ir a escala descritos anteriormente. El diseño y la implementación de respuestas conscientes de espectro pleno con resultados proporcionales pueden ser logrados por cualquier persona, una vez que elijan hacerlo, en el hogar, en las comunidades y en el trabajo. Todos pueden participar plenamente, contribuyendo a la acción a escala. Sus características distintivas se describen en el capítulo seis. Cada entidad se basa en los valores universales de dignidad, equidad, compasión para todos; todas las acciones o soluciones son explícita y simultáneamente integradas con las estrategias para cambiar sistemas y normas y culturales inviables.

La plantilla RCEP nos invita a formular amplias instrucciones manifestadas desde valores universales y se basa en preguntar con profundidad, descubrimientos y la aplicación. No es un enfoque de "molde para galletas". Se genera un nuevo campo, haciendo de los valores universales la base de los sistemas y los cambios normativos, que presenta una humanidad y un planeta prósperos. El liderazgo radical y ético es realismo, no idealismo. Debe y tiene que convertirse la norma en sociedad.

Responder y realizar para cambiar paradigmas

Para generar resultados equitativos y sostenibles, debemos *darnos cuenta de nuestra inherente unidad y manifestar nuestro potencial pleno* para crear alternativas que generen prosperidad para la humanidad y planeta prósperos. Al mismo tiempo, debemos denunciar auténticamente lo que no funciona y *responder efectivamente a inequidades, injusticias y necesidades de sobrevivencia básicas* de la humanidad y nuestro planeta.

Con demasiada frecuencia nos enfocamos en uno u otro, ya sea abordando problemas y lo que no funciona o creando alternativas y esperando que los problemas se resuelvan por sí solos. La transformación radical requiere responder a los problemas de hoy y al mismo tiempo realizar nuestro potencial pleno para generar alternativas para el mañana, ambas surgidas de valores universales.

Falacia: Quiero ver un mundo mejor, pero no hay nada que pueda hacer, porque los problemas son muy grandes. Las pequeñas iniciativas son como una gota en el océano y no harán alguna diferencia. Para hacer una diferencia, necesitamos trabajar a escala y no tengo el dinero, ni la influencia o conexión para hacerlo.

Nuevo aprendizaje: *Todos* pueden directamente hacer una diferencia *para escalar la acción* y los resultados diseñando e implementando respuestas del ECP en el hogar, el trabajo o en comunidades. Es estratégico ESTAR en acción manifestando valores universales y el cambiando los sistemas y normas inviables.

Las estrategias para responder a problemas son diferentes de las estrategias para realizar nuestro potencial pleno para generar alternativas. La mayoría de las personas diseñan proyectos e iniciativas pensando que si logramos responder a problemas (ej.: las necesidades de supervivencia), el resto seguirá. Otros buscan responder a los problemas y dándose cuenta del potencial pleno generando alternativas como un continuo secuencial, a menudo describiéndolo como un proceso evolutivo. El transformador radical tiene una perspectiva integral de sistemas y debe tener la capacidad para *responder* efectivamente a los problemas y *al mismo tiempo*, poner en marcha estrategias para *realizar el potencial pleno* de las personas para generar un cambio de paradigma. Esto se ilustra en la Figura 9.4. El transformador radical tiene la capacidad de diseñar e implementar iniciativas que son dinámicas y meteóricas, en lugar de un cambio incremental más lento que no aborda los problemas sistémicos.

Debemos responder a las necesidades básicas de la gente; pero no debemos suponer que no tienen las capacidades internas para actualizar la felicidad. Todos los que hemos trabajado en las bases hemos experimentado la belleza y el poder de las capacidades internas de la gente pobre y marginada debido a los sistemas y normas culturales que hemos creado en nuestro mundo de abundancia. Hemlata y sus colegas, a quienes conociste en los capítulos cuatro y cinco, son testimonio de esto.

RESPONDER Y REALIZAR

Resolver problemas, cambiar sistemas y cultura, manifestar valores universales

Necesitamos hacer ambos

Responder a problemas   Realizar potencial pleno

Sobrevivir   Crecer
Reducir la pobreza   Crear prosperidad
Detener la violencia   Alimentar la paz

Dignidad Equidad Compasión

FIGURA 9.4. Respondiendo a los desafíos y realizando el potencial pleno.

Exploremos tres temas con los que estamos lidiando en los tiempos actuales: violencia, supervivencia y pobreza (vea la Figura 9.4). Los mismos principios se aplican a otros desafíos.

La mentalidad y las estrategias de supervivencia sólo son diferentes de la mentalidad y las estrategias para prosperar. En casa y en nuestras familias, nuestras necesidades básicas (salud, nutrición, educación, ingresos, energía, vivienda, agua, saneamiento y conexión digital) deben ser satisfechas. Pero al mismo tiempo, queremos salud no solo para sobrevivir y reducir muerte y enfermedad, pero para prosperar; educación, no solo para leer y escribir, sino para dar rienda suelta a nuestra creatividad y contribuir a la sociedad; queremos empleos, no solo para ganar dinero y alimentar el materialismo, sino para hacer una diferencia en nuestro trabajo y en la sociedad.

La industria minera tiene reglas que estipulan que "no dañan a la gente y al planeta", lo que proviene de una mentalidad de supervivencia. ¿Qué pasa si establecemos reglas, estrategias y tecnologías que no dañen mientras minamos a personas y planeta; y también tener reglas, estrategias y tecnologías que creen prosperidad para los trabajadores y contribuyan a un medio ambiente próspero?

Los países ricos no son ricos en términos de equidad y de hecho en términos de su valentía para actuar por la prosperidad para todos. Por ejemplo, en la India, la insaciable demanda de dote, y las atroces consecuencias del incumplimiento de la novia o la esposa, en muchas familias ricas y de clase media así como las de de bajos ingresos; y las bodas opulentas en familias ricas en ingresos en medio de la pobreza extrema, es un testimonio de que satisfacer las necesidades básicas de las personas sin el fundamento de los valores universales no resulta en prosperidad.

Las estrategias de reducción de la pobreza han creado condiciones de desarrollo donde unas pocas personas han salido de circunstancias extremas y sobreviven; pero la gente no está prosperando. *La prosperidad se trata de estrategias sinérgicas que emanan de la mentalidad de abundancia, satisfacción y prosperidad; se trata de satisfacer las necesidades básicas, así como de liberar el potencial pleno.* Es un conocimiento realista sobre los abundantes recursos que tenemos, una comprensión profunda de la belleza de simplicidad sofisticada y la sabiduría de la vida consciente "en el ahora".

En general estamos de acuerdo, al menos para ser políticamente correctos, en que la violencia en el hogar, el trabajo y entre diferentes grupos sociales o países debe detenerse. El impacto económico global de la violencia se estima en 13.6 billones de dólares: $2.5 billones de dólares por crimen y violencia interpersonal, 6.2 billones de dólares a través del gasto y la acción militar y 0.76 billones en pérdidas debido a conflictos.[51] Debemos responder a esta crisis y establecer culturas y sociedades donde la violencia y el miedo a la violencia estén ausentes. También debemos cultivar sociedades pacíficas donde nutramos a los SERES humanos para que manifiesten su potencial pleno. Los sistemas y normas culturales, las actitudes, estructuras e instituciones, deben crear y sostener sociedades pacíficas.

Otro ejemplo: Papúa Nueva Guinea tiene un nivel excepcionalmente alto de violencia sexual atribuida a una cultura dominada por los hombres, junto con la aceptación cultural de la violación y la violencia cotidiana. Se estimó que el 70% de las mujeres de Papúa Nueva Guinea sufren violaciones o agresiones.[52] Cuando nos estábamos comprometiendo a revertir la epidemia de VIH/SIDA usando un enfoque consciente de espectro pleno, cuatro periodistas decidieron abordar la violación y generar una sociedad más pacífica. Esta campaña en los medios de comunicación surgió como una respuesta valiente de ciudadanos comprometidos, cambiando las normas culturales: sus corazones fuertes y compasivos simplemente ya no podían sentarse, y ver lo que estaba sucediendo, los individuos toman decisiones para la acción colectiva.

Para *responder* al desafío, los participantes tomaron medidas para hacer cumplir las leyes; se pusieron en marcha líneas directas para que las mujeres busquen ayuda y estructuras de apoyo; y se diseñaron e implementaron programas educativos sobre sus derechos humanos. Además, se diseñó e implementó una campaña para *realizar* el potencial pleno de la gente, "amplificar lo bueno", y hacer visibles a los hombres que crían Papúa Nueva Guinea y que estaban generando nuevos iconos y normas culturales para una sociedad pacífica.

Falacia: Primero debemos enfocarnos en resolver los problemas en la sociedad. Sólo después de eso, podemos brindar oportunidades a los pobres y marginados para liberar su potencial pleno. Algunas personas hablan de valores universales, son idealistas. Debemos responder a las demandas de la gente y ser realistas. El cambio ocurre lentamente, la experiencia pasada lo demuestra.

Nuevo aprendizaje: Las sociedades prósperas y en crecimiento se establecen cuando *manifestamos* valores universales, *alineamos* nuestras estrategias y acción para *responder* y resolver problemas; y simultáneamente poner en marcha estrategias para *realizar* nuestro potencial pleno para generar alternativas. Con los tremendos avances tecnológicos, podemos interrumpir sistemas inviables y completar una tremenda transformación meteórica en un período corto de tiempo, no meramente cambio incremental.

Seguimos lidiando, de crisis en crisis, sin abordar nunca los factores subyacentes y las causas sistémicas de los problemas de la humanidad de una manera definitiva y sostenida. Ayer nos dedicamos a resolver una crisis: VIH/SIDA. Hoy en día, nos enfocamos en el calentamiento global y el cambio climático. Es posible que mañana nos enfoquemos en los residuos nucleares y las consecuencias de los terribles desequilibrios del sistema ecológico. Manifestando valores universales para generar sistemas y normas culturales equitativos y sostenibles es clave para responder a los retos y realizar el potencial pleno. De esta manera, tenemos resultados duraderos.

Bases de equidad y sostenibilidad

Después de millones de años de evolución, por primera vez, todas las principales amenazas a nuestra supervivencia y prosperidad son causadas por el hombre. Por lo tanto, el estado del mundo es una consecuencia y expresión de nuestras propias mentes. Al explicar nuestras crisis mundiales generalmente nos enfocamos en la importancia de las fuerzas y factores económicos, sociales y políticos, como causas de la persistencia de los problemas del mundo. Y por lo tanto, la respuesta de gobiernos, partidos políticos, empresas, sociedad civil, organizaciones no gubernamentales, las Naciones Unidas, donantes y otras instituciones, se centra en medidas y enfoques de recursos tecnológicos (ej.: médicos, educativos, informativos), administrativos, políticos, militares, diplomáticos, legales, financieros, económicos y naturales. Y en efecto estos son a menudo necesarios. Pero no es hasta que vemos la problemática global como *síntomas* de una crisis fundamental y más arraigada, los síntomas de nuestra mentalidad individual y compartida, donde reinan fuerzas y factores psicológicos y culturales, que podemos comenzar a montar una respuesta más profunda.

La clave para un futuro próspero se encuentra en los enfoques transformadores basados en valores universales que trascienden nuestra mentalidad de escasez en nuestro abundante planeta y nuestro apego a nuestra propia ideología rígida y egos.

Interrumpiendo los "ismos" elitistas

Los seres humanos expresan sus capacidades internas a través de cosmovisiones y mentalidades que manifiestan dignidad, equidad, y compasión. Y los seres humanos también eligen limitar su potencial pleno y contribución por dominar, explotar y excluir a otros. Hubo un tiempo en que la esclavitud y el trabajo explotador eran aceptados en casi todas partes; hoy en día en muchas partes del mundo son inaceptables, a pesar de que existen. Los académicos preocupados que estudian creencias opresivas tales como el racismo, casta, clasismo, sexismo, tribalismo, y odio religioso describen los efectos perjudiciales de estos ismos en las personas y las sociedades. En la parte uno de este libro, anotamos algunos de ellos.

Las personas son conscientes de que el cambio radica en influir mentalidades. La investigación de mercado y su aplicación hábilmente han llevado a dar forma al materialismo sin fin, en lugar del consumo responsable. Las campañas políticas en todo el mundo a veces están diseñadas para manipular las preferencias, prejuicios y temores, en lugar de dar forma a la acción democrática para el bienestar individual y social de todos. En la transformación radical estamos hablando de *transformar nuestra mentalidad basada en valores universales* que incluya a todos, en todas partes con la agenda explícita de manifestar nuestro potencial pleno y atributos innatos; esta transformación conducirá a la equidad, sostenibilidad y prosperidad para todos.

Falacia: Si todos comenzamos a manifestar valores universales, no tendremos diversidad y pluralismo. Perderemos nuestra independencia. Y nos veremos obligados a aceptar los valores universales de dignidad, justicia y compasión como una fórmula rígida. Debería depender de nosotros decidir por qué vivir.

Nuevo aprendizaje: Cuando manifestamos valores universales y los expresamos a través de la acción estratégica, multitud de iniciativas cobran vida y una amplia gama de ideas encuentran expresión basada en nuestras aspiraciones, intereses y talentos. Nuestra independencia es sana a través de nuestra interdependencia.

El conocimiento y la comprensión actuales de los seres humanos muestran que todos tienen un sentido innato de autoestima y dignidad en todas las culturas; tenemos un "impulso de equidad" innato; y que cuando nuestro corazón se abre estamos llamados a responder con una acción compasiva.

La dignidad, justicia y compasión son simplemente inherentes a nosotros y son sofocadas a través de la socialización, sistemas rígidos y normas culturales.

Ciudadanos preocupados, académicos valientes y formadores de políticas conscientes en todos los países del mundo están haciendo una pregunta fundamental: ¿cómo podemos romper los ciclos de clasismo, racismo, casta, sexismo, tribalismo, religiosidad odiosa, nuestros deseos interminables y codicia?

Cuando nos comprometemos a encontrar patrones equitativos y sostenibles que funcionen para la humanidad en su todo, debemos mirar con más profundidad. Encontrando inspiración en la declaración de la UNESCO de que "dado que las guerras comienzan en las mentes de los hombres, es en la mente de los hombres donde tenemos que erigir las murallas de la paz", podemos comenzar a explorar la transformación de sistemas enteros. Con las complejas fuerzas políticas, sociales y económicas en juego y las numerosas y cada vez mayores tecnologías a nuestra disposición, una partida radical de la forma en que abordábamos los problemas en el pasado es inminente. Aunque los individuos, las organizaciones y las comunidades se dan cuenta de su interconexión a la raíz de muchos de nuestros desafíos globales, la mayoría de nuestras respuestas permanecen en el nivel de las intervenciones tecnológicas, jugando en los márgenes y cambiando algunas "reglas del juego". Trabajando a este nivel, somos incapaces de entender y responder a los factores de raíz de los patrones de producción y consumo insostenibles, la proliferación de conflictos y los nuevos patrones climáticos. Ahora, somos llamados para manifestar nuestras capacidades internas y valores universales para pensar y actuar local y globalmente para garantizar equidad y dignidad intergeneracional, así como la sostenibilidad de nuestros ecosistemas.

Los patrones de "otredad" y exclusión pueden ser interrumpidos al encarnar valores universales para la acción y los resultados estratégicos. La Figura 9.5 ilustra este cambio de paradigma. Debemos aprender a trascender nuestra mentalidad de escasez alimentada por la competencia y el miedo, e *ir más allá de* la representación simbólica, los gestos superficiales de inclusión, el apoyo inadecuado a las personas que están marginadas por culturas o sistemas, y las huecas declaraciones políticamente correctas que hacemos.

Los ciudadanos preocupados se enfocan en los derechos de un grupo en particular, por ejemplo, equidad de mujeres, inclusión de todos los géneros y personas LGBT, equidad racial, derechos laborales. A menudo no reconocen y no se dan cuenta de que todas estas son expresiones de las mismas fuerzas explotadoras y excluyentes en nosotros, nuestras culturas y sistemas. Por ejemplo, hay mujeres en la India que trabajan por los "derechos de la mujer" pero no se sentarían a comer con una mujer Dalit, o permitirían que su hijo o hija se casara con alguien de otra casta. En los Estados Unidos, hay grupos trabajando para tener equidad racial, pero algunos de ellos no ven la presencia de inequidades de género o de clase. La equidad y la dignidad son una forma de SER.

En capítulos anteriores compartí ejemplos de la interrupción de patrones de dominación, explotación y exclusión: influyentes líderes religiosos de los Estados Árabes, musulmanes y cristianos, manifestaron sus capacidades internas y valores universales para interrumpir la promoción patriarcal y explotadora de la mutilación genital femenina en su sociedad. Hemlata, Sudarshan, Srilatha, y otros miembros del equipo de TISS trabajan en la India con personas de todas las castas para interrumpir los patrones de explotación del trabajo basado en castas. Megan y sus colegas están trabajando para romper los ciclos de violencia en los Estados Unidos. En todas estas instancias, la característica común es manifestar los valores universales de dignidad, equidad, compasión, para la acción estratégica.

CONVENCIONAL

Patriarcado

Discriminación

Racismo

Castas

Mentalidad rígida
Ideología-basada
en dominación
Escases–avaricia
Sobrevivir–miedo
Exclusión
Egoísmo

Clasismo

Tribalismoa

Materialismo
Confortabilidad

Sexismo

Odio religioso

INTERRUMPE EL ISM — MANIFIESTA LOS VALORES UNIVERSALES PARA LA ACCIÓN ESTRATÉGICA

TRANSFORMACIONAL

Dignidad y respeto

Compasión

Inclusión

Planeta próspero

Mentalidad de
abundancia
contantemente

Encarnación y actuación
de los valores
universales

Paz

Equidad

Prosperidad

Satisfacer necesidades
básicas

Potencial pleno

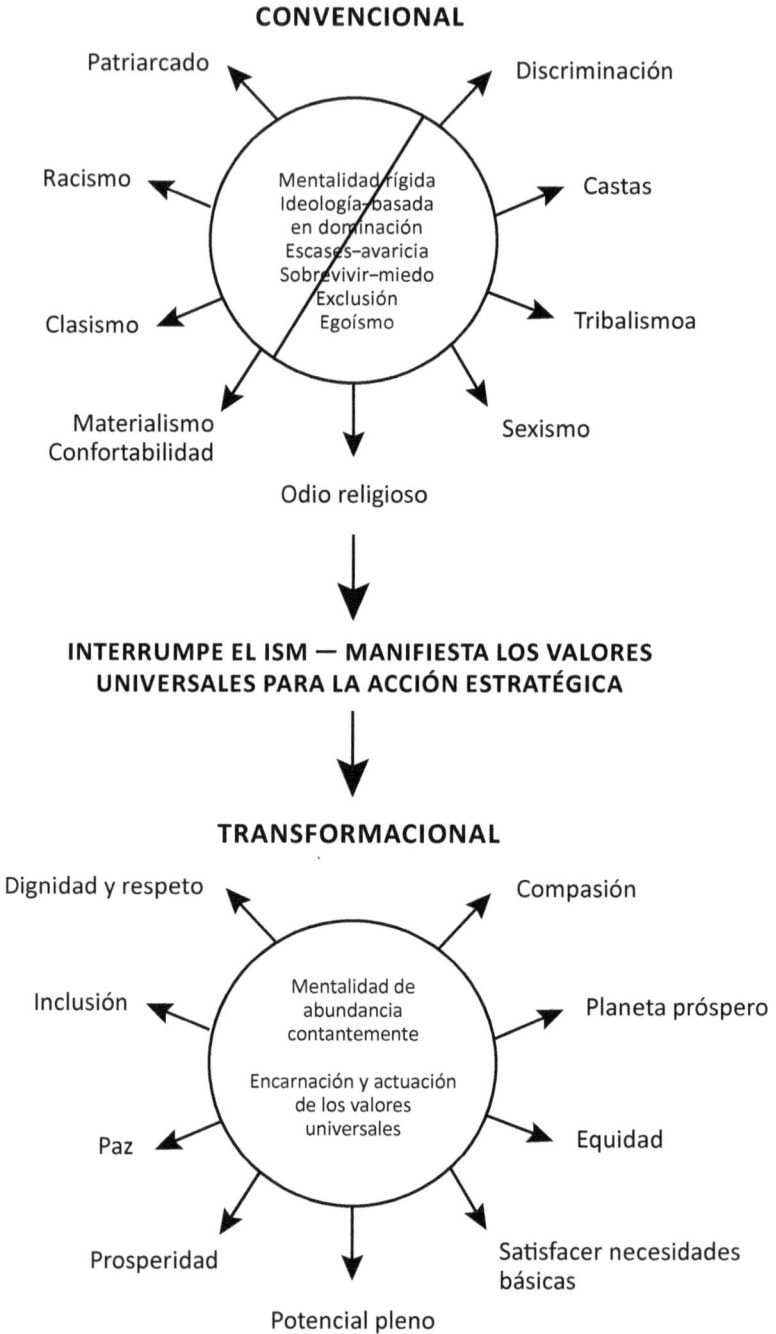

FIGURA 9.5. Decide interrumpir "ISMOS".

En los programas de liderazgo y administración responsable, dependiendo de dónde nos encontremos, el país o la región del mundo, inevitablemente surgen temas relacionados con racismo, casta, sexismo, tribalismo, e inequidad. En los Estados Unidos, en varias instancias, surgieron problemas de racismo. Las políticas que aseguren que todos tengan las mismas oportunidades de manifestar su potencial pleno, conocimiento histórico de la explotación y el sufrimiento, comprendiendo las dinámicas políticas y sociales del racismo (o cualquier otro ismo), organizando para lograr los derechos humanos y las responsabilidades, son todos necesarios.

Recuerdo un momento profundo en el que una participante en un programa de aprendizaje en acción y yo trabajamos juntas —ella en raza y yo en casta— desde un espacio resonante de valores universales de dignidad, equidad y compasión. Y a partir de esta base de valor universal, mapeamos las intervenciones en una plantilla de consciencia de espectro plano. También conectamos lo que mantiene prevalente y viva dicha "otredad" y exclusión. Y en ese profundo momento, ella pudo *ver* cómo interrumpir el patrón de racismo (y casta); y entonces casi todos nosotros en el salón, con casi 100 personas, pudimos *ver* que la única forma segura de interrumpir siglos de explotación y dominación humana de la gente es trascender nuestros egos y manifestar nuestras acciones estratégicas de nuestras capacidades internas.

Hubo un silencio contemplativo en el cuarto —el silencio profundo que conduce a una nueva emergencia— espacios que tú y yo hemos experimentado en nuestras vidas en el hogar, en nuestras comunidades, en nuestro trabajo. Después de un tiempo, otra participante salió con su aprendizaje y su descubrimiento: dijo que trabaja para poner fin al racismo y luchó contra lo que le habían dicho sobre su privilegio blanco, el cual mantenía con un sentido de culpa debido a la explotación y el sufrimiento de muchas personas. La culpa del privilegio blanco la había hecho sentir que debía jugar en pequeño, lo que en realidad no beneficiaba a nadie. Ella compartió que "en este momento, abrazo mis capacidades internas y grandeza, nuestra unidad, como todos los demás, sin culpa alguna y actuaré desde mi grandeza para desbaratar el racismo y otras desigualdades".

Cuando la injusticia está presente a través de las identidades socialmente creadas de raza, casta, clase, género, tribu, o nacionalidad, la gente que toca su corazón universal de compasión y alteran su mentalidad son llamadas a actuar y abordar las desigualdades. Y cuando la sociedad y los individuos estereotipan a estas personas compasivas en formas que no honran su capacidad interna, hacemos que sea más difícil para todos nosotros lograr los objetivos y las metas y metas logradas de interrumpir estos ismos.

Daremos rienda suelta a otra versión de las leyes de "Jim Crow" a menos que examinemos los factores raíz de la 'otredad'; y que la única forma en que podemos interrumpir los ismos es manifestando nuestra unidad, nuestras capacidades internas. Las leyes Jim Crow, que estuvieron formalmente en vigor en los Estados Unidos hasta 1965, forzaron condiciones como "separados pero iguales" en instalaciones y servicios públicos, escuelas y otros espacios comunes. Donde había instalaciones para personas blancas, es posible que no hubiera, en absoluto, servicios e instalaciones que les permitieran usar a los afroamericanos. Este patrón de segregación se normalizó en la sociedad, apareciendo en la vivienda, el empleo y otras normas básicas de la comunidad.

En el revelador libro de Michelle Alexander, *The New Jim Crow*, ella señala que "ningún otro país del mundo encarcela a tantas de sus minorías raciales o étnicas. Los Estados Unidos encarcela a un mayor porcentaje de su población negra que Sudáfrica en el apogeo del apartheid".[53] De hecho, uno de cada cuatro hombres negros experimentará encarcelamiento en su vida. La epidemia y normalización del encarcelamiento masivo de hombres, mujeres y niños negros se ha convertido de hecho en una nueva reiteración de la segregación de la era de Jim Crow. Con antecedentes criminales, incluso si nunca fueron encarcelados, estos individuos "marcados" enfrentan aislamiento y alienación de la vida cívica, oportunidades de empleo y otros requisitos básicos para la auto-suficiencia y calidad decente de vida.

Mientras que en la superficie, los sistemas que conducen a la segregación de ciertas poblaciones podrían no parecer parciales, de hecho están diseñados de tal manera que se han convertido en lo que Alexander llama un sistema contemporáneo de control. Estos sistemas están diseñados por humanos y para humanos. Y, por lo tanto, para revertir el surgimiento de una nueva era de Jim Crow, para crear comunidades donde todos sean bienvenidos y tratados justamente, debemos cambiar tanto la mentalidad de inequidad que dio lugar a estos sistemas como crear alternativas innovadoras que conduzcan a metas logradas equitativas.

Todos los ismos se mantienen en la relación de un grupo con otro. Podemos interrumpir los desempoderantes ismos sociales, políticos y económicos en nuestras culturas, sistemas, estructuras y sociedades cuando elegimos comprometernos con un mundo equitativo y sostenible y manifestar valores universales para la acción estratégica, alterando la mentalidad que dio lugar al ismo. Si elegimos no interrumpir los patrones de ismos al no manifestar nuestros valores universales y retener la misma mentalidad e ideología, nos enfrentaremos a otra versión del mismo ismo, aun cuando tenemos estrategias para abordar los problemas actuales. *The New Jim Crow* describe la nueva expresión del racismo en los Estados Unidos de América. Patrones similares de exclusión se manifiestan en otras partes del mundo para las diferentes expresiones de varios ismos que crean sufrimiento en la humanidad.

Podemos interrumpir el clasismo o la inequidad también. Las políticas financieras y económicas que concentran la riqueza y el poder en manos de unos pocos a expensas de muchos fueron formuladas por personas. Los ciudadanos, líderes corporativos prevenidos y políticos responsables son personas también, y pueden ver el impacto de inequidades enormes y el cambio climático en la humanidad y futuras generaciones. Manifestando sus valores universales, pueden interrumpir el clasismo y tomar las medidas políticas para quebrar los patrones. Por ejemplo, no hay razón por la cual no se pueda proporcionar la educación gratuita universal desde la escuela primaria hasta la universidad, así como el cuidado de salud universal. La educación y fomentar las capacidades son el fundamento para la equidad y prosperidad. Podríamos simplemente dejar de participar en cabildeo, y ser un cabildero se volvería una profesión del pasado. Podríamos tener un sistema justo de impuestos y recaudar los impuestos de forma proporcional a los ricos, las corporaciones y dividendos y tener menos impuestos en los sueldos y el consumo. Podríamos anular los paraísos fiscales. Y todos estos pasos dejarán a las personas y la sociedad prósperos. Los ricos no necesitan más riqueza, ellos también el bienestar y la felicidad.

Falacia: Las personas —como los formadores de políticas y ciudadanos por igual— deben entender todos los sistemas, estructuras, dinámicas e historia de los diferentes ismos que desapoderan porque todos son tan diferentes. Necesitamos un profundo entendimiento antes de tomar medidas.

Nuevo aprendizaje: La clave para interrumpir los arraigados ismos es manifestar los valores universales de dignidad, equidad, y compasión, trascendiendo nuestro ego y aflojando el control de nuestras excluyentes identidades sociales. La raíz de los factores de todos los ismos son los mismos, aunque sus expresiones pueden ser diferentes.

Necesitamos actuar en base a lo que sabemos —entender sistemas, estructuras, dinámicas e historia de los diferentes ismos desempoderantes, para así tomar las medidas adecuadas— y estas medidas cambiarán a medida que cambien los contextos. El entendimiento es una condición necesaria, pero no suficiente para interrumpir los ismos.

SIENDO un transformador radical

El transformador radical manifiesta la triple hélice de nuestros atributos innatos entrelazados —corazón universal de compasión, impulso a la equidad, ojo discerniente viendo patrone— para SER simultáneamente el pionero contemporáneo, arquitecto unificador, y proactivista consciente. Ellos actúan a escala.

Cuando tocamos el lado más profundo de nosotros mismos, algo se abre al universo y damos generosamente, accediendo a nuestra compasión y nuestra humanidad. Mantenemos la autoconciencia, nuestro poder interior, nuestro valor y compasión, nuestra espiritualidad como base esencial para una humanidad próspera. Damos de nosotros mismos porque nos preocupamos y nos damos cuenta de que estamos interconectados, parte de un todo interdependiente mayor. El cuidado y la voluntad de dar son esenciales, pero no son suficientes para cambiar los sistemas y las normas culturales que conducen a la inequidad y rectifican las injusticias del mundo, necesitamos actuar.

Los transformadores radicales se preocupan profundamente *y* manifiestan valores universales para la acción a escala con el fin de generar un cambio de paradigma. Ellos abordan los tres temas clave que sustentan muchas de las crisis en el mundo de hoy, inequidad, la exclusión basada en nuestras identidades sociales y de otras y los sistemas económicos y financieros actuales, que señalamos en la parte 1 de este libro. La escala requiere que diseñemos un programa para transformar estos tres factores subyacentes a través de nuevas políticas, normas, sistemas y estructuras con legisladores, empresas y comunidades.

Un transformador radical interrumpe las normas sociales que mantienen la inequidad, explotación y exclusión

B. R. Ambedkar dijo que "la tiranía política no es nada comparada con la tiranía social y un reformador que desafía a la sociedad es un hombre más valiente que un político que desafía al gobierno". Ambedkar fue un jurista, economista, político y reformador social de la India, que hizo campaña contra la discriminación social de los Dalits. Él apoyó los derechos de las mujeres y los derechos laborales y hace décadas dijo "yo mido el progreso de una comunidad por el grado de progreso logrado por las mujeres".

Ambedkar fue el principal arquitecto de la Constitución de la India y fue el Primer Ministro de Derecho de la India independiente. Fue el primer indio en obtener un doctorado en el extranjero. Estos doctorados fueron en economía de la Universidad de Columbia y la London School of Economics. Su legado como reformador social y político continúa influyendo en las políticas sociales y económicas de la India.

Bhimrao Ramji Ambedkar nació en 1891, en una familia Dalit pobre. Los Dalits fueron tratados como "intocables" y los niños tenían que sentarse fuera de la clase. Hace un siglo —y hasta el día de hoy— no se les permitía comer o beber agua con las personas de las llamadas castas "más altas", o hasta tocar el agua o la comida, ni los recipientes que los contenían. Cuando los niños en la escuela necesitaban tomar agua, alguien de una casta más alta tenía que verter el agua de una altura; si el asistente no estaba disponible, entonces tenían que quedarse sin agua. Ambedkar describió esto en sus escritos como *"Sin peón, no hay agua agua"* (el peón es un asistente de oficina o escuela).

Esto fue hace más de 100 años; y aunque hoy la India ha progresado, dicha discriminación aún existe en muchas partes del país. Conociste a Raju en el capítulo seis, quien también enfrentó la misma discriminación en su escuela en el siglo 21. Él y otros niños Dalit no podían beber agua de la misma fuente de agua que los niños de las llamadas castas superiores; y seguido tenía que estar en la escuela sin agua. Raju tuvo la valentía de tomar medidas para transformar la discriminación en su escuela.

Como cualquier otro ismo, la forma para interrumpir la casta es abrazando a todos auténticamente, sin importar su casta, manifestando nuestra unidad y encarnando valores universales para la acción.

Frecuentemente llamado el principal autor de la constitución de la India, en el 2012, Ambedkar fue electo como "El más grande de los Indios" con 20 millones de votos en una encuesta organizada por History TV18 y CNN-IBN.[54] Ambedkar dijo: "La democracia política no puede durar sin que el fundamento sea la democracia social. ¿Qué significa democracia social? Significa una forma de vida que reconoce la libertad, equidad y fraternidad como los principios de la vida. ... Lo que se requiere es una convicción profunda y rigurosa de la justicia, necesidad e importancia de los derechos políticos y sociales". Él creía firmemente en la libertad individual.

Aunque muchos leyendo este libro no sean políticos activos, la transformación social que representa dignidad y equidad universales es de vital importancia para cada uno de nosotros, nuestros hijos, y nietos; está en el centro de una democracia vibrante. Ambedkar es una profunda inspiración para los transformadores radicales en todas partes. Trascendió las normas sociales excluyentes, no con odio, sino con un profundo conocimiento del anhelo del espíritu humano para ser libres y vivir con dignidad. Discernió con claridad prístina, los factores de raíz en nuestras instituciones sociales, cultura y personas que crearon los "ismos" desempoderantes; invitó a todos a unirse para abordar la igualdad, dignidad y equidad, para mujeres, los grupos destituidos y aquellos que vivían en la pobreza. Navegó por complejos sistemas sociales y políticos, insignificantes dinámicas de poder, tácticas mezquinas y superficiales. Preparó la Constitución de la India sobre la base de los valores universales de justicia social, económica y política; libertad de pensamiento, expresión, creencia, fe y adoración; igualdad de condición y de oportunidad; y promover la fraternidad entre todos, asegurando la dignidad del individuo.

Depende de cada uno de nosotros viviendo en una democracia ESTAR profundamente conscientes de uno mismo, encarnar estos valores en lugar de solo hablar de ellos, manifestarlos con acción para obtener resultados equitativos y sostenibles. Esto aplica a otras democracias en el mundo y a las personas que están trabajando por dignidad y equidad universales.

Un transformador radical enfrenta la resistencia

Nuestras prácticas personales transformadoras y quiénes estamos SIENDO anclan la transformación social y planetaria. Y cuando nos comprometemos a transformar sistemas inequitativos, explotadores y excluyentes y normas culturales que mantienen el estatus quo, debemos esperar resistencia. Unas pocas personas con intereses creados se resistirán al cambio. Aunque la mayoría de las personas quieren cambio, a menudo se sienten muy incómodas porque no están seguras de lo que surgirá y les resulta difícil comprometerse en la aventura de la incertidumbre. La incertidumbre evoca miedos en nuestras mentes; nos sentimos "fuera de control" porque muchos de nosotros tenemos la suposición que podemos controlar lo que nos sucede a nosotros, y a nuestros hijos; en realidad, no podemos controlar los eventos de la vida.

Las partes interesadas y los participantes en los programas de aprendizaje en acción consistentemente salen son una observación: las personas en sus organizaciones o sus socios no entienden ni aprecian los avances extraordinarios que generan. Hay al menos dos aspectos en esta aparente indiferencia. Nuestra propia visión limita lo que podemos *ver*. Cuando los seres humanos no se involucran en su propio despliegue basado en sus capacidades internas y los valores universales por los que se paran, no distinguen lo mismo de siempre de la acción transformadora: no tienen la "lente" para ver, percibir y apreciar la inclusión y la profundidad de lo que está sucediendo.

Segundo, en nuestro mundo competitivo, no debemos esperar que la gente aplauda cuando tenemos éxito. Reconociendo y celebrando el éxito y contribución de los demás con alegría en el trabajo, en la sociedad y dentro de nuestras familias, requiere un saludable sentido de sí mismo, una profunda humildad, y generosidad desinteresada. Somos los que más ganamos con nuestra contribución, porque damos la expresión más plena a todo nuestro ser y experimentamos la alegría de ESTAR en acción con resultados.

Mientras hagamos cambios incrementales sobre el margen sin ceder los barcos cargados con intereses creados y dar solo como una caridad (en lugar de dar como empoderamiento mutuo), es poco probable que enfrentemos resistencia. Pero en el momento en que nos paramos en valores universales como la dignidad, la compasión, y la equidad, y trabajamos con las capacidades internas con todos para crear nuevos patrones y nuevas reglas del juego, algunas personas se ven amenazadas.

Aquellos quienes están amenazados se dan cuenta de que cuando las personas se comprometen desde este poderoso espacio interno de valores universales, las personas no se dejarán manipular. Los líderes en empresas, política, medios de comunicación, la academia, el gobierno y las organizaciones no gubernamentales saben que la pieza faltante es la oportunidad para manifestar nuestras capacidades internas para la acción estratégica y los resultados. Sin embargo, generalmente no invierten en crear esta oportunidad, llevando a cabo lo mismo de siempre, pero esperando resultados diferentes. Gente en posiciones de liderazgo a menudo temen perder el control, y este es también el caso en las familias.

Esperamos resistencia; la resistencia es un indicador de que estamos empujando los límites y sacudiendo el estatus quo. Nuevas ideas y enfoques toman tiempo para germinar, pero esa no es razón para que nadie se rinda. Y es vital establecer estrategias para apoyar abiertamente a quienes con principios toman riesgos; señalamos esto en el capítulo seis, cuando revisamos las estrategias operativas sinérgicas.

Un transformador radical trasciende el agotamiento

En las instituciones con altas expectativas y fechas límite, las personas experimentan fatiga e incluso colapso físico y mental debido al exceso de trabajo y el estrés. A menudo nos referimos a esto como *agotamiento*; pero en este trabajo transformador, diferenciamos estar cansado, sobrecargado de trabajo y estresado de estar agotado. *El agotamiento* es la frustración de tener que enfrentar la resistencia. Cuando nos comprometemos y actuamos para generar resultados equitativos y sostenibles y enfrentamos constantes retrocesos y resistencias, puede ser difícil seguir adelante.

El agotamiento activo aparece como enojo y frustración. El agotamiento pasivo aparece como retiro y resignación. ¿Cómo podemos prevenir el agotamiento? Cuando constantemente manifestamos nuestros valores universales y capacidades internas para la acción, somos capaces de trascender nuestra reactividad y frustración. Saber relacionarnos con la resistencia no como algo erróneo o malo, sino como una parte inevitable del cambio. Es vital generar y mantener el compromiso comunitario frente a la resistencia. Trabajamos con socios de manera que son capaces de iniciar y sostener la acción, trascender las diferencias posicionales y volver a comprometerse con sus valores y capacidad internos como fuente de acción estratégica. SIENDO valientes a pesar de los miedos, y de saber que somos más grandes que cualquier miedo, nos mantiene comprometidos.

Aprendí a internalizar el principio de la "impermanencia" a través de los discursos de S. N. Goenka en retiros de meditación Vipassana. En la vida nada es permanente. Es un alivio darse cuenta de que las resistencias que enfrentamos también pasarán, como todo lo demás. Conocer la impermanencia en lo profundo de nosotros mismos cultiva la resistencia y mejora nuestra capacidad de ser "indomables" y nos hace imparables.

Durante un programa de administración responsable, los participantes trabajando por la justicia social expresaron su profunda frustración por los múltiples obstáculos, la inercia y la apatía. En una instancia, un participante había pasado años en una ciudad de la India reuniendo a hindúes y musulmanes que trabajaban armoniosamente en problemas sociales; entonces de repente un donante decidió dar dinero a uno de los grupos, abriendo una separadora brecha en la comunidad. Ella estaba devastada.

Pasamos tiempo "re-iniciándonos" a nosotros mismos. Los agentes de cambio inevitablemente enfrentan retrasos en su trabajo sobre la justicia social y los derechos humanos. Para pasar más allá de su frustración, ¡es esencial reconectarnos con nuestro a nuestro propósito más amplio y notar los cambios que hemos hecho aun cuando parece que no hay esperanza y creemos que hemos fracasado! Los participantes articularon su propósito y contribución: "¿cómo viviré mi vida, sabiendo que moriré?" Hablamos de lo que se había *logrado*, aun cuando no parecía que se había logrado mucho: la conciencia generalizada que los ciudadanos adquirieron gracias a las campañas relacionadas a la justicia social, finanzas, erradicación de la falta de vivienda; mujeres musulmanas e hindúes tomando la iniciativa para establecer redes sociales y grupos de apoyo sin fondos donados.

Identificamos aparentes dicotomías y trabajamos juntos para profundizar la conversación, anclándonos en valores universales para trascender: ¿Cómo trabajamos colectivamente versus la necesidad individual de contribuir? ¿Cómo fomentamos la apertura sin que el trabajo sea descarrilado por personas que desean mantener el estatus quo? Debemos ser capaces de trascender las construcciones de identidad social y, al mismo tiempo, participar activamente en el trabajo contra la opresión lidiando con la realidad social. Cuando notamos contradicciones personales, continuamos con nuestro compromiso, sabiendo que somos humanos y no perfectos. ¿Cómo podemos trascender estas dicotomías y navegar hacia un futuro vibrante sin comprometer los valores universales de dignidad, justicia y compasión?

Teniendo en cuenta los nuevos principios y contextos que surgieron a través de nuestra exploración, los participantes rediseñaron proyectos o formularon nuevas iniciativas usando las plantillas de diseño transformador (RCEP, CRT, SOS). Fue renovador para todos articular lo que los participantes iban a ofrecer y los resultados que generarían en el futuro. Articularon pasos para nutrirse ellos mismos y pensaron sobre las opciones y lugares donde podrían manifestar su potencial pleno.

Como veremos en el capítulo diez, los transformadores radicales son pioneros contemporáneos, arquitectos unificadores, revolucionarios de principios, pro activistas conscientes, que establecen el tapiz estratégico de acción a escala, para cambiar el paradigma. En el capítulo once, veremos como los transformadores radicales se alinean y sintonizan hábilmente con socios e instituciones para generar resultados equitativos y sostenibles, superando los silos y la fragmentación y aprovechando la transformación.

CAPÍTULO 10

Respondiendo a escala
El tapiz estratégico de la escala

El futuro no es un lugar hacia donde vamos sino uno que estamos creando. Los senderos hacia ahí no se encuentran, se hacen; y la actividad de crearlos cambia tanto al creador como el destino.

JOHN SCHAAR

Para que las respuestas sean eficaces a escala, es necesario utilizar enfoques y métodos que generen sinergia, coherencia y se refuercen mutuamente. En el capítulo seis, trabajamos con tres plantillas para diseñar proyectos, iniciativas o ideas transformadoras para acción y resultados: la respuesta consciente de espectro pleno (RCEP), las Estrategias Operativas Sinérgicas (EOS) y la Cadena de Resultados Transformadores (CRT). En este capítulo, llevaremos estas plantillas a la siguiente etapa de diseño e implementación. También exploraremos las maneras en que entidades interdependientes se conectan en una constelación que manifiesta valores universales para humanidad y planeta prósperos.

Cuando nuestros proyectos echan raíces y comienzan a generar algunos resultados, agregamos las siguientes cuatro estrategias operativas sinérgicas, a medida que *continuamos con las primeras cuatro.* Estos se enlistan en la Tabla 10.1.

Tabla 10.1. Estrategias operacionales sinérgicas: Etapa 1 y Etapa 2.

ETAPA 1	ETAPA 2
▸ **Administración responsable personal transformadora o desarrollo de liderazgo** ▸ **Información para la toma de decisiones** ▸ **Creando y habilitando un entorno para el cambio** ▸ **Apoyo para quienes con principios toman riesgos**	▸ **Desarrollo de capacidad y utilización** ▸ **Medidas y nuevas métricas** ▸ **Nuevas narrativas generando nuevos sistemas y normas culturales para un cambio de paradigma** ▸ **Organización de Constelaciones que son interdependientes y cambian el paradigma**

Estas cuatro estrategias operativas adicionales están representadas en la Figura 10.1 y descritas con ejemplos a continuación.

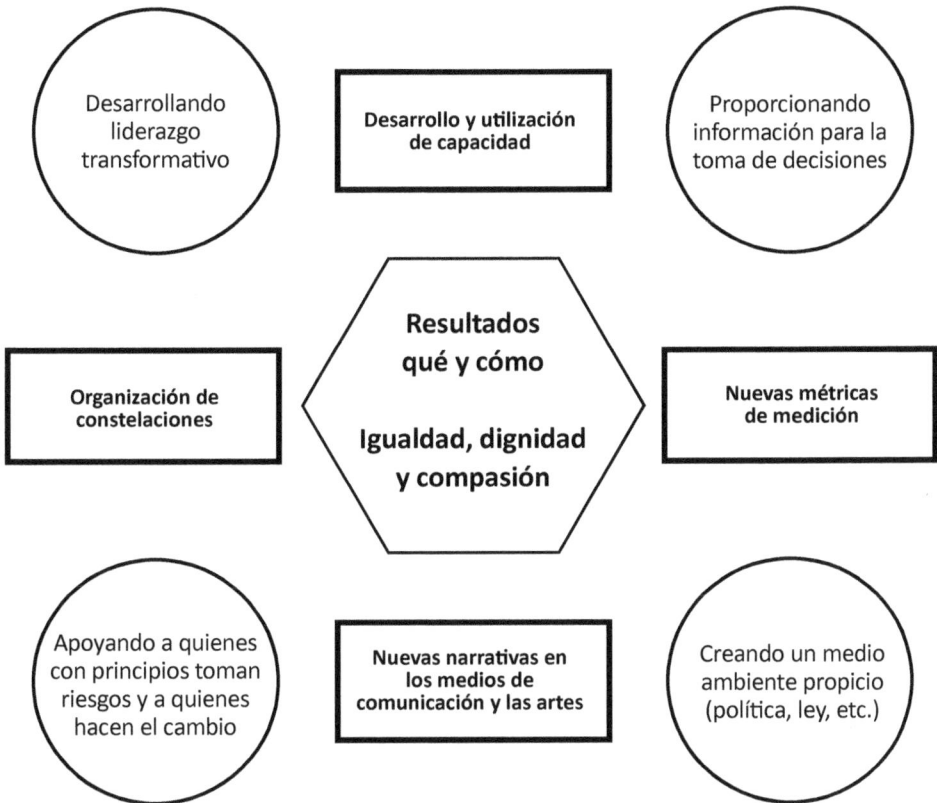

FIGURA 10.1. Estrategias operacionales sinérgicas: Etapa 2.

Desarrollo de la capacidad para resultados transformativo

Nuestra calidad de vida y bienestar depende de mucho más que tener riqueza material y comodidad. Cuando nuestros valores universales están en sintonía con la forma en que pensamos y lo que hacemos, se establece un profundo sentido subjetivo de bienestar, anclado en satisfacción plena y acción compasiva, liberando nuestro potencial pleno. En el panorama más amplio, nuestra calidad de vida incluye la noción de *capacidades*: nuestra salud, nuestra alfabetización y nuestra capacidad para participar activamente en las esferas sociales y políticas y perseguir lo que profundamente nos importa. Esto rechaza la opinión sostenida por algunos de que los seres humanos actúan principalmente por interés propio. Pero se deben ofrecer oportunidades para que la gente exprese estas alfabetizaciones y habilidades dentro de la sociedad.

El desarrollo de capacidades es el proceso por el cual personas, organizaciones y sociedad, como un todo, liberan, fortalecen, crean, adaptan y mantienen la capacidad a lo largo del tiempo. El desarrollo de la capacidad aborda tres dimensiones: humana, organizativa y capacidad institucional más amplia.

Para tener el desarrollo de la capacidad centrada en las personas, necesitamos ser claros: ¿para qué desarrollamos capacidad? Necesitamos desarrollo de capacidad tecnológica para resolver problemas junto con las competencias para el manejo, formulación de políticas, y la toma de decisiones que sean equitativas y sostenibles. La capacidad necesita desarrollarse para que líderes y administradores responsables tomen acción para cambiar sistemas y culturas basadas en valores universales.

Un enfoque consciente de espectro completo es útil para desarrollar capacidades de las instituciones, así como de los individuos. Puede desencadenar un espíritu emprendedor que se basa en tradiciones profundamente arraigadas de ayuda voluntaria y mutua y formas de autoayuda de capital social sin generar más deuda. Y, aplicando un más profundo entendimiento del desarrollo de capacidades puede generar perspectivas y respuestas totalmente nuevas para la gobernanza y los actuales sistemas financieros y económicos. Por ejemplo, en el área del comercio, el enfoque de RCEP ayuda a la gente a desarrollar las habilidades humanas e institucionales basadas en valores universales para formular nuevas políticas, negociaciones efectivas y una participación informada, basada en equidad y sostenibilidad. Entonces, los países en desarrollo también pueden cosechar los máximos beneficios, en lugar de tener que enfrentar el sistema de comercio multilateral en la actual desigualdad de condiciones.

Utilizando el enfoque consciente de espectro pleno relacionamos el desarrollo de la capacidad al potencial humano y las capacidades internas, con lo cual se mejoran autoconciencia, autoexpresión, autogestión, responsabilidad y rendición de cuentas. La Figura 10.2 muestra qué capacidades y competencias fomentamos para el cambio equitativo y sostenible.

En casa, podemos elegir seguir un patrón similar para nosotros y nuestros hijos. Podemos desarrollar habilidades y dominio en un oficio profesional; las competencias necesarias para navegar eficazmente las numerosas presiones familiares, sociales y laborales; y vivir la vida plena y conscientemente, cultivando la autoconciencia junto con la alegría de ser creativo.

A fin de llevar el trabajo a escala, una estrategia clave para cambios y resultados continuos y sustentables es desarrollar capacidad. Igualmente importantes son las estrategias para *utilizar la capacidad*. A menudo la gente es entrenada, pero son otros los que obtienen los trabajos: un grupo particular de personas o personas familiares que queremos promover. El desarrollo de capacidad y la creación de oportunidades para usar esta capacidad es un componente central de todos los programas que diseñamos e implementamos.

**RESPUESTA CONSCIENTE
DE ESPECTRO PLENO**

DESARROLLANDO CAPACIDAD

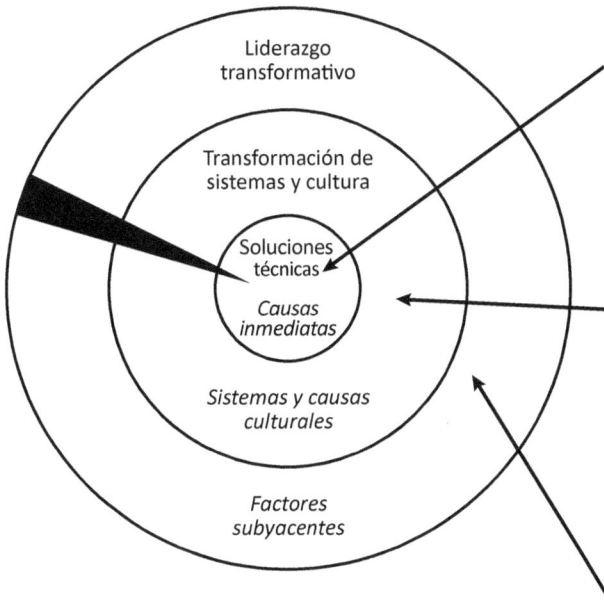

Liderazgo
transformativo

Transformación de
sistemas y cultura

Soluciones
técnicas

*Causas
inmediatas*

*Sistemas y causas
culturales*

*Factores
subyacentes*

Habilidades

Dominio en un oficio o disciplina

Solución de problemas

Competencias para cambios
de sistemas y culturales

Tomando acción con principios,
reconociendo patrones invisibles
que forman a la sociedad y
al planeta, es un creador de
patrones, creando sistemas
alternativos, fomentar el liderazgo
en los demás, es un factor
de cambio con principios.

Capacidades internas
Autoconciencia, autorregulación,
responsabilidad, valor para crear,
dignidad, equidad, compasión

FIGURA 10.2. Desarrollo de capacidad
para resultados.

Falacia: Desarrollar competencias de liderazgo es muy importante para el cambio, en particular para aquellos que ocupan puestos de alta gerencia y liderazgo en organizaciones.

Nuevo aprendizaje: Todos pueden, y deben, desarrollar capacidades de liderazgo y administración responsable y aplicarlas en el hogar, en las comunidades y en el trabajo, para generar cambios culturales y de sistemas para que la gente y nuestro planeta prosperen.

Mis propios viajes de aprendizaje han combinado experiencia técnica y el desarrollo personal con la transformación social. Me siento privilegiada de que la oportunidad creó oportunidades para trabajar y aprender de líderes eminentes en el sector de la salud, quienes se preocupan profundamente por la humanidad: Carl Taylor, Vulimiri Ramalingaswami, Halfdan Mahler. Trabajando con James Grant, anterior Director Ejecutivo de la UNICEF, fue una tremenda experiencia de aprendizaje. Cuando trabajé como Asesor Mundial de Salud Infantil en UNICEF, su orientación a los resultados, orientaciones estratégicas y sus expectativas del personal del UNICEF me llevó hasta mi potencial pleno.

Fui reclutada por UNICEF en 1988. En dos semanas, cuando mi supervisor Rolf Carriere me preguntó qué necesitaba para hacer bien mi trabajo, respondí "espacio para innovar y confianza". Su respuesta me intrigó: "Si eso es lo que necesitas, tienes que encontrarlo tú misma. Has sido reclutada para dirigir el programa de vacunación, y se espera que entregues resultados". Me embarqué en otra dimensión del aprendizaje, participando sistemáticamente en varios programas de desarrollo personal e integrando ese aprendizaje en mi vida del trabajo y el hogar.

Rolf Carriere creó el entorno para el aprendizaje y desarrollo del equipo. Él creía que el desarrollo personal combinado con la experiencia técnica fomentaría la iniciativa, cambiaría y generaría resultados. Los resultados fueron significativos: innovaciones para reducir la mortalidad infantil, abordar el trabajo infantil, mejorar la calidad de la educación en las escuelas de Bangladesh. También creamos una cultura de crecimiento, aprendizaje y responsabilidad en nuestro trabajo.

El desarrollo y dominio de competencia no es un estado final, sino un proceso continuo de aprendizaje, descubrimiento y aplicación a la vida y al trabajo.

Desarrollando y utilizando la capacidad: Ejemplos

Los participantes en los programas de liderazgo están equipados para utilizar una combinación de metodologías de vanguardia para inspirar a la acción, diseñar para la acción a escala, producir avances extraordinarios, entrenar a otros y engendrar transformación para generar resultados en diferentes programas —reducir la mortalidad materna e infantil, detener y revertir el VIH/SIDA, parar la mutilación genital femenina, prevenir la violencia, conservar nuestros hábitats.

Por ejemplo, Chika Saito, asesor principal de un proyecto de JICA (Agencia de Cooperación Internacional de Japón) para los pobres en Lagos, Nigeria, fue parte de nuestro equipo en las Nacionales Unidas para revertir el VIH/SIDA. Su perseverancia y compromiso son inspiradores. Ella está en un proceso continuo de aprendizaje y aplicación. Ella profundizó sus competencias de liderazgo, es ahora una practicante maestra certificada y entrenadora en programación neurolingüística, y recibió aún más capacitación como una consejera psicológica profesional acreditada por la Organización Japonesa de Agencias de Salud Mental y Educación. En los diferentes programas que Chika dirige para mitigar la pobreza y fomentar la salud, ella aplica su conocimiento para realizar los derechos humanos, formar alianzas estratégicas, y crear un entorno de trabajo en el cual cada miembro del personal es respetado y animado a ser creativo.

Sanjeev Ranganathan diseñó y dirigió Aura Auro, una unidad de tecnología y STEM Land para la educación en la India rural. STEM es el acrónimo de Ciencia, Tecnología, Ingeniería y Matemáticas. Sanjeev participó en uno de nuestros programas de aprendizaje en acción. Él dice: "Mi aprendizaje de los talleres de administración responsable fue significativo en la creación de Aura Auro. Un nuevo tipo de institución basada en valores universales en los que me paro, vino a mí como un descubrimiento y una iniciativa de avance extraordinario; y gracias al taller de administración responsable lo puse en acción".

Sanjeev diseñó Aura Auro como un negocio socialmente consciente. Su socio Aura Semiconductor es una empresa de semiconductores fabless enfocada en usar su experiencia en el desarrollo de productos para evolucionar como una empresa líder de semiconductores en la India. Esto proporciona a Sanjeev y a los ingenieros en su equipo interacción y puntos de referencia con líderes tecnológicos y 'eleva' la necesidad por sus habilidades de estar a la par con cualquier grupo de diseño en el mundo.

Sanjeev sabe la importancia de desarrollar la capacidad de su equipo, creando oportunidades para que utilicen su aprendizaje y nutran su crecimiento. El equipo de STEM Land y Auro Aura consisten de cinco talentosos ingenieros comprometidos, orientados a la acción y los resultados, basados en la práctica, que también disfrutan de la diversión: Arun Surya, Bala Anand, Naveen Kumar, Sundranandhan Kothandaraman y Vaidegi Gunasekar. Todos en su equipo participaron en los programas de "Administración responsable para la nueva emergencia" que yo diseñé y presenté en Auroville. Estos programas de liderazgo en acción aumentan las habilidades, competencias, y las capacidades internas para diseñar y entregar proyectos de conciencia de espectro pleno. Posteriormente el equipo de STEM Land generó ideas para la transformación y se embarcaron en nuevas iniciativas. Por ejemplo, ellos diseñaron e implementaron programas de liderazgo juvenil para estudiantes de educación media y secundaria; apoyaron a las mujeres de las aldeas vecinas para diseñar e implementar avances extraordinarios en sus vidas; y se comprometieron con jóvenes en pandillas para cambiar sus vidas actuales.

En las aldeas, las escuelas a menudo tienen acceso limitado a maestros competentes, materiales de aprendizaje relacionados con STEM o infraestructura inadecuada, por ejemplo, un acceso a Internet errático e intermitente. STEM Land es un tremendo avance extraordinario en estas circunstancias. Para los niños en la India rural, el inglés es el segundo idioma. Sanjeev eligió un popular ambiente de programación visual: Scratch, desarrollado por los laboratorios para medios de MIT. El editor desconectado de Scratch -2 se usa para que los niños puedan programar, incluso cuando no hay conexión a la Internet. Todo el trabajo se lleva a cabo intencionalmente utilizando software gratis de código abierto, para que cualquiera pueda acceder y usar su trabajo.

Davaselvy, el director de la escuela Udavi en la aldea Edayanchavadi, Tamil Nadu en la India, apoyó el STEM Land. Es gratificante ver que es posible crear espacios en la India rural donde los niños puedan aprender a través de la inspiración en lugar de obediencia. Los niños construyen y programan robots y crean sus propios juegos. Ellos desarrollaron la capacidad de crear programas de software que animan las historias que escribieron, crearon juegos matemáticos reiterando conceptos que aprendieron y construir algo físicamente: ¡osciladores, contadores, campanas de viento, velocímetros, cámaras!

Junto con su trabajo en STEM, los programas de liderazgo infantil son implementados sistemáticamente. Los miembros del equipo STEM Land dicen que el propósito de la educación "está más allá de encajar y destacar. La educación debería ayudarnos a aprender cómo vivir, saber quiénes somos, a ser autodirigidos y creativos". Enfatizan la excelencia, y animan a los estudiantes a pasar de estudiar por miedo a los exámenes a aprender por la alegría de alcanzar el potencial pleno.

El trabajo en STEM Land es relevante para los niños en todo el país. La nueva Misión de Innovación Atal del Gobierno de la India tiene la visión de cultivar a un millón de niños a través de STEM. STEM Land y el equipo de Aura Auro tienen mucho que ofrecer tanto a maestros como a niños. Integrar la educación STEM con el liderazgo y capacidades internas de los niños es la clave del éxito.

Sanjeev es un ingeniero electrónico que completó su doctorado en la Universidad de Columbia. Él reflexiona: "Quiero ser un instrumento de la conciencia divina. En términos más simples, me paro en la felicidad que viene con la autoconciencia, de ser uno con el universo. La gente puede contar conmigo para el enfoque y para apoyar su crecimiento.

"Estuve involucrado con varios movimientos activistas, estos sacudieron mi anterior visión del mundo de que las cosas son como deberían ser; pero vi que no todo estaba bien con el mundo. Me di cuenta de que mi suposición de ser "hecho por mí mismo" no había tenido en cuenta el privilegio que tuve al crecer y tener oportunidades. Me comprometí a usar el privilegio que tenía para los demás. Apoyado por mi esposa, Anita, cuestioné muchos símbolos que había apreciado, incluido el Poonal (un hilo que simboliza los ritos de paso, principalmente para las "castas superiores") al que renuncié para explorar quién soy más allá de lo que la religión me dijo. Anita y yo continuamos tomando muchas

decisiones conscientes, incluyendo mudarnos a la India, hacernos veganos y adoptar a un niño.

"Durante este tiempo, asistí a un par de cursos de Vipassana. Estos
cursos liberaron gran parte de la ira que mantuve por las injusticias que
había visto afectar a la gente. Descubrí que mis acciones ya no estaban
gobernadas por la ira prepotente. Todavía trabajo para que la justicia y
la equidad prevalezcan para todos, y me levanto y me expreso cuando
veo injusticia; pero ahora, soy guiado por un propósito más alto que
quiero manifestar".

Otro ejemplo de desarrollo y utilización de la capacidad: Jerry
White, a quien conociste en el capítulo siete, resumió su experiencia
de aprendizaje a través de este trabajo, que mejoró sus capacidades de
liderazgo, tutoría, enseñanza y coaching. Señala: "He desarrollado un
punto de vista enseñable, con metodologías para ayudar a líderes de la
próxima generación a hacer campaña por el cambio. Aprendí un nuevo
vocabulario para el cambio sistémico, incluyendo los tres elementos de
una respuesta de RCEP: sabiduría y capacidad interna; entendimiento y
nuestra mente de patrón; y conocimiento para la acción". La alineación
y ESTAR sintonizados era importante. Revisó los protocolos de entrenamiento y pudo ver cómo enseñar a grupos más grandes, logrando la
escala más rápido. Jerry dice: "He llegado a apreciar el tipo especial de
liderazgo sabio que se necesita para los desafíos globales que se aveci-
nan. Hay un número creciente de personas que están aprendiendo a
cómo reunir el valor para enfrentarse a algunas de las instituciones de la
sociedad más rígidamente integradas en la búsqueda de un cambio que
salve vidas y mejore la economía".

Falacia: Trabajando con ciencia y tecnología requiere que nos enfoquemos, y nos excluye de poner atención en "temas blandos"
como el respeto para todos. Lo que necesitamos es la excelencia,
así que debemos trabajar con aquellos que son inteligentes y
pueden sobresalir.

Nuevo aprendizaje: La excelencia en la ciencia (o en cualquier tema) se trata de competencia, creando maestría y el aprendizaje sin fin y de por vida. La excelencia se trata de aprender y aplicar ese conocimiento de forma inteligente para el progreso de la humanidad. Descubriendo y manifestando nuestros valores y capacidades internas genera la alquimia de la transformación: el valor para cambiar el paradigma a través de crear nuevos patrones manifestados en valores universales de dignidad, equidad y compasión.

Medición para mover el paradigma

Lo que medimos es lo que movemos. La medición es una estrategia central para el cambio de paradigma. La medición también es un componente clave de ir a escala; y necesitamos nuevas métricas para atraernos a manifestar una nueva realidad. Contar con indicadores, índices y herramientas adecuados es una parte integral de la política, la estrategia y el diseño que aprovecha los recursos humanos, organizativos e institucionales. Las medidas que ocultamos o ignoramos como expertos, son espacios donde unas pocas personas pueden estar manipulando sistemas y cultura para sus intereses creados.

En nuestra vida personal, medimos constantemente lo que nos preocupa: la cantidad de dinero que tenemos en nuestra cuenta bancaria; nuestro peso si queremos reducirlo, o nuestros niveles de azúcar en sangre si tenemos diabetes. Medimos el aprendizaje y el progreso; y las medidas que usamos dependen de nuestra definición de éxito. ¿Es aprender a obtener altas calificaciones y ser inteligente, o también se trata de ser emocionalmente inteligente y responsable? ¿El progreso se trata de subir la escalera económica, social, de fama y material, o es ser próspero a través de vivir nuestro potencial pleno con simplicidad sofisticada?

Midiendo el panorama general que afecta nuestra vida cotidiana

Países e instituciones se han comprometido con impactos, metas y metas logradas para el bienestar y la equidad humana, la sostenibilidad y el logro de las Metas de Desarrollo Sostenible. Los instrumentos de medición más convencionales y los indicadores del progreso social y económico no miden adecuadamente estos compromisos y metas; y no miden los factores de raíz que dan lugar a estos problemas en primer lugar, tales como: la codicia que detiene la equidad de estar presente en nuestro mundo de abundancia; la disminución de la autoestima que inflige explotación y dominación sobre otros; los temores injustificados que nos impiden tener el valor para la acción compasiva. Medimos la producción de bienes y servicios, las inversiones en infraestructura y determinados indicadores sociales relacionados a ingresos, salud, educación, alimentación y nutrición. Estos son importantes, pero no proporcionan las verdaderas medidas de la calidad de nuestras vidas y nuestro potencial y capacidad humanos, el recurso más importante de cualquier persona, familia, grupo o nación.

Al mismo tiempo, nos inspiramos con historias de los extraordinarios actos de valor de personas de todos los rincones del mundo, ilustrando alternativas puestas en marcha por personas creativas y comprometidas. Para ver desenvolverse a esta realidad emergiendo, en la que estén presentes la equidad, dignidad y prosperidad, se necesitan nuevas métricas y marcos de trabajo que monitoreen el progreso y el cambio más allá de lo que existe hoy.

Muchos economistas recomiendan ir más allá del PIB (Producto Interno Bruto) para medir qué tan bien le está yendo a una economía.[55] El PIB mide la producción de bienes y servicios en un país; y cuenta a los que benefician a las personas de la misma forma como aquellos que no son beneficiosos e incluso pueden ser perjudiciales para las personas, por ejemplo: la producción de pesticidas que son dañinos para la salud humana y disminuyen la biodiversidad, se cuentan de la misma forma que la producción de alimentos orgánicos saludables.

La riqueza se redefine como tener recursos y ahorros, en lugar de tener deuda y obligaciones.[56] Las políticas y estrategias que fomentan la riqueza, en lugar de la deuda y obligaciones. resultan en sostenibilidad del hogar. Podríamos tener ahorros y recursos resultando en suficiencia y sostenibilidad, si los motores financieros de hoy no impulsan el crecimiento a través de la deuda y las obligaciones a nivel macro y del hogar.

Los factores subyacentes o de raíz que generan una humanidad y un planeta equitativos y prosperando están en un dominio acausal, o sin causa. Estos aspectos, como los valores universales que encarnamos y quiénes SOMOS, están más allá de las medibles y convencionales relaciones o correlaciones de causa y efecto. Nuevas métricas, indicadores indirectos y medidas para capturar estos aspectos son necesarias.

La iniciativa de Bután que mide las capacidades internas es inspiradora. En los años 90, Bután se embarcó en la medición de la "Felicidad Nacional Bruta" (GNH). Definieron la felicidad como "un estado de bienestar y satisfacción".[57] El bienestar incluía salud, nutrición, tener información y educación, consumo reflexivo, trabajo decente, cuidado, vivienda cerca del trabajo, seguridad y entornos saludables. Su comprensión de la *satisfacción* es seria y profunda, e incluye: ser capaz de expresar creatividad, ser respetado y respetar a otros, ser capaz de expresar libremente los sentimientos y pensamientos de uno, tener un código ético personal y ser capaz de cooperar y compartir con los demás.

La satisfacción es la clave para cambiar nuestra mentalidad de escasez a abundancia y prosperidad. El conocimiento y la sabiduría de Bután se reflejan en su comprensión inteligente y descubridora de que la "felicidad nacional bruta es más importante que el producto interno bruto". Como tal, la Felicidad Nacional Bruta fomenta un desarrollo de la sociedad humana, donde el desarrollo material y espiritual ocurren uno al lado del otro, para complementarse y reforzarse mutuamente. Este es un desafío inmediato a los modelos de desarrollo convencional que solo se enfocan en el crecimiento económico como objetivo final.

Las nuevas mediciones observadas a lo ancho la plantilla de respuesta consciente de espectro pleno nos estimulan a hacer preguntas diferentes. Estos se dan en la Figura 10.3 sobre "Medición para la equidad y prosperidad". He aquí algunas preguntas que podemos hacer para transformar los desafíos actuales con métricas existentes y nuevas.

▸   ¿Tenemos medidas indicadoras para ver a los valores universales como las bases de políticas, decisiones y estrategias? Por ejemplo, ¿medidas de satisfacción?

▸   ¿Cómo podemos rastrear la presencia de liderazgo y administración responsable y ética?

▸   ¿Cómo medimos nuestro bienestar, satisfacción y suficiencia?

▸   ¿Qué recursos (humanos, sociales, naturales y físicos) podemos transmitir a las futuras generaciones?

No se trata de esperar que las personas estén satisfechas con lo poco que tienen, tampoco es una visión romantizada de "personas felices, a pesar de vivir en la pobreza". Se trata de la auténtica felicidad, un estado de SER en el que estamos anclados en valores universales y manifestamos nuestras capacidades y potencial pleno.

Preguntamos sobre los sistemas y las normas culturales que indican lo que necesitamos para cambiar sobre políticas, programas, y acciones:

▸   ¿Medirán los datos e indicadores el establecimiento de normas culturales y sistemas inclusivos que fomenten el bienestar de la gente y el planeta?

▸   ¿Hemos creado mecanismos para mejorar nuestras capacidades y las oportunidades para utilizarlas? ¿Qué medidas tenemos?

▸   ¿Tenemos voz política y social y somos capaces de disentir sin miedo, basados en valores universales?

▸   ¿Qué índices estamos usando para garantizar equidad, buen gobierno y un planeta próspero?

▸   ¿Cuáles son las medidas para hacer correcciones a medio curso?

▸   ¿Estamos invirtiendo de una forma social y ambientalmente sustentable?

▸   ¿Hemos iniciado auténticos sistemas contables, en los que internalizamos el verdadero costo de los productos, en lugar de ofuscar el verdadero costo?

▸ ¿Valoramos y contabilizamos los servicios y costos del hogar, o es solo lo que obtenemos en el mercado "valioso" y por lo tanto, representado?

▸ ¿Estamos redirigiendo el curso del verdadero bienestar económico del paradigma de crecimiento a cualquier costo a la prosperidad como base del crecimiento?

También tenemos que hacer preguntas sobre nuestra vida cotidiana, nuestras necesidades básicas, sobre prosperar en un sociedad equitativa:

▸ ¿Disponemos de datos sobre el acceso y la utilización de servicios para las necesidades básicas: salud, nutrición y alimentos sanos; educación; energía; vivienda; comunicación e información de internet; tiempo libre que mejora la vida; actividades culturales, naturales y recreativas; y financiamiento justo?

▸ ¿Destacamos la distribución de estos servicios para asegurar equidad y sostenibilidad?

▸ ¿Qué índices de ingresos, consumo y riqueza utilizamos? ¿Nos basamos en la deuda o el ahorro, porque la deuda no conduce a estabilidad?

▸ ¿Cuáles son nuestras ganancias y quiénes se benefician?

Como ciudadanos, líderes empresariales, académicos y expertos, y proveedores de servicios, debemos comprender las medidas que se utilizan ahora para promover el progreso humano y abogar por el cambio basado sobre perspectivas informadas y basadas en el valor universal. No debemos ponernos convenientemente del lado de las opiniones que emanan del entendimiento limitado o del interés creado.

**RESPUESTA CONSCIENTE
DE ESPECTRO PLENO**

MEDIDAS PARA LA EQUIDAD
Y LA PROSPERIDAD

Causas inmediatas y metas
logradas del programa

Acceso y utilización de servicios
para satisfacer las necesidades
básicas, financiamiento justo,
índices de producción/consumo,
ganancias; actividades de ocio,
culturales y recreativas que
mejoran la calidad de vida

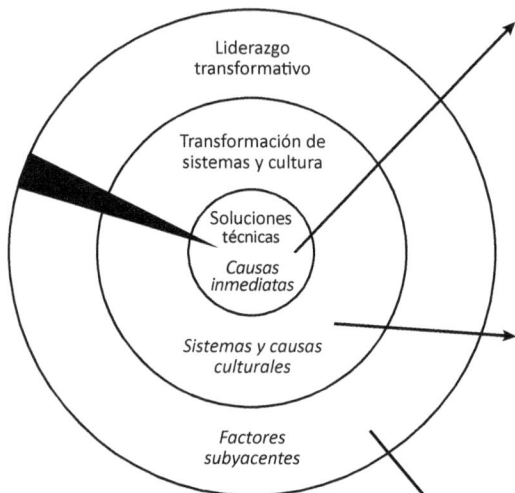

Cambios necesarios para los
sistemas y las causas culturales

Bienestar, sistemas inclusivos y
normas culturales en la sociedad y
las instituciones, libertad de voz y
expresión; índices sobre equidad,
buena gobernanza, sostenibilidad
y planeta próspero; inversión social
responsable, internalización de costos,
pasando de índices de crecimiento
a prosperidad; oportunidad de
mejorar y utilizar las capacidades.

FIGURA 10.3. Medición de
equidad y prosperidad.

Factores subyacentes / raíz

Encarnando los valores universales:
dignidad, equidad y compasión

Satisfacción, potencial humano pleno

Falacia: Las medidas para saber qué tan bien está la economía son
muy complicadas, como el PIB. Deberíamos dejar a los expertos
y economistas que nos digan lo que está pasando. Es confuso
porque diferentes economistas tienen diferentes opiniones, así
que es mejor dejar que ellos lo resuelvan. Todo lo que realmente
me importa es qué tan bien está mi familia.

Nuevo aprendizaje: Como ciudadanos, debemos informarnos sobre qué tan bien está la economía, si hay equidad o no, y cómo éstas se están siendo midiendo. Las opiniones expertas son útiles cuando defienden la equidad y sostenibilidad para la gente. El bienestar de mi familia depende de la calidad de nuestras vidas, la equidad para todos, y cómo se crea y distribuye la riqueza. Puedo hacer una diferencia al comprender la situación y decir lo que pienso sobre los cambios que necesitamos para mi familia y comunidad.

Medidas para un cambio de paradigma —nuestro trabajo en marcha

Medir la equidad y la sostenibilidad es un trabajo en marcha, debemos considerar qué medimos, cómo lo medimos, quién mide para quién y las decisiones que tomamos basados en nuestra medición de datos e información.

Para medirse significativamente, la estabilidad debe anclarse en valores universales

La esencial estabilidad de los esfuerzos humanos y los futuros que creamos se basan en los valores universales y en nuestra capacidad para manifestar nuestro poder y sabiduría internos. Los valores universales de dignidad, equidad y compasión no cambian con el tiempo. La tecnología, los sistemas y las normas culturales cambian.

Cuando trabajé en el proyecto "Salvando las Vidas de las Mujeres" para reducir la mortalidad materna en ocho países del sur de Asia por medio de UNICEF, tuvimos claro que la base de nuestro trabajo se encontraba explícitamente en "la autodeterminación y la dignidad de la mujer, y que este valor se reflejaba en la realización de cada mujer de su derecho a un embarazo y parto seguro que mejoren la vida".[58] Teníamos indicadores para medir las metas provisionales logradas que resultaron en salvar la vida de las mujeres, incluyendo la disponibilidad y el uso de servicios efectivos de emergencia de hospital. También teníamos medidas culturalmente apropiadas de la autodeterminación y la dignidad de una mujer, así como de su equidad fundamental. Por ejemplo, en una cultura donde las mujeres casi no tienen voz sobre los recursos financieros, ¿podría una mujer decidir gastar incluso una pequeña cantidad de dinero sin pedir permiso a su esposo o suegra?

A medida que nos comprometimos a revertir la epidemia del VIH/SIDA, los gobiernos y los organismos de las Naciones Unidas midieron una amplia gama de aspectos: nuevas infecciones en personas, acceso asequible y equitativo a las instalaciones de prueba y tratamiento, tasas de tratamiento y tasas de fatalidad. Las nuevas infecciones a menudo se relacionan con sexo sin protección, así como con la dominación basada en el género. Rastreamos si los valores universales de dignidad, equidad, y compasión, eran la base de las acciones de las personas. ¿Fueron las personas viviendo con VIH/SIDA tratadas con respeto y sus voces escuchadas sin estigma ni discriminación, en las familias, comunidades y centros de salud?

Cynda Rushton, a quien conocimos en el capítulo cinco, está desarrollando enfoques alternativos para cultivar la resiliencia moral en los médicos, ya que el estrés moral es una experiencia común en su trabajo y, por consecuencia, en sus vidas. Cynda ha sido pionera en el trabajo relacionado con la encarnación de valores universales en el contexto del cuidado compasivo. Ella informa que el uso del proceso consciente de espectro pleno nos invita a preguntar más profundamente sobre los elementos necesarios para cultivar y mantener una cultura que apoye las prácticas éticas, así como la integridad individual, de equipo y organizativa. La RCEP proporciona un mapa de ruta para involucrar a los médicos para aprovechar sus valores compartidos. En cada esfera, individual, de equipo y de organización, es un proceso para explorar los valores subyacentes y las capacidades internas; los cambios necesarios para crear nuevos patrones y los resultados deseados.

Los cimientos estables de la resiliencia son nuestra brújula moral, basada en los valores universales de cada persona. Una variedad de herramientas y técnicas específicas utilizando el proceso consciente de espectro pleno reduce la intensidad del estrés moral, disminuye la profundidad del daño moral y contribuye a sanar y la reparación moral y, en última instancia, a la resiliencia moral. Se llevan a cabo sistemáticas evaluaciones de calidad relacionadas a políticas y prácticas tales como estructuras para la educación sobre la ética y la consulta de ética clínica, y políticas que rigen áreas como la objeción de conciencia y el cuidado al final de la vida.

Barbara Torggler ha estado trabajando en las Naciones Unidas, así como en varias organizaciones multinacionales, durante dos décadas y desarrolla medidas para monitorear y evaluar el progreso hacia la meta general de mejorar el bienestar de la gente. Dice Barbara, "Aprendí a anclarme en espíritu como el nivel más profundo donde todos estamos unidos; a tomar el riesgo y comprometerme en actividades a gran escala, mundiales, de alto nivel, que potencialmente tienen un amplio alcance y un gran impacto. Un ejemplo reciente de ello son las evaluaciones del trabajo normativo (convenios) de la organización para la que trabajé en las Naciones Unidas y que se están implementando por los Estados Miembros a nivel mundial."

El mismo principio aplica a nuestras vidas en familias y sociedad: si queremos lograr algo diferente, debemos diseñar nuestras ideas para la acción de forma diferente y tener diferentes medidas. Estamos en el camino de prosperar cuando estamos en contacto con lo que somos, por lo que nos paramos, los valores universales que sustentan las decisiones que hacemos; cuando definimos prosperidad más allá de los deseos materiales, el estatus social y el poder innecesario; y articular nuevas medidas de éxito para nosotros, nuestros familiares y nuestra sociedad.

Capacidad ciudadana para construir democracias que prosperen

Hay energía sin explotar en el ámbito de la medición para el cambio. Hasta ahora, la medición ha sido el dominio de legisladores, expertos y académicos. Hoy en día, los ciudadanos pueden dar forma a sus opiniones sobre la base de la información que reciben; pero esto es inadecuado para generar impulso para el bienestar. *Como ciudadanos, necesitamos pensar más profundamente para entender qué hay detrás de los fragmentos del sonido que escuchamos; necesitamos informarnos con mayor precisión sobre los problemas de sistemas y cultura; e ir unos pasos más allá para impulsar el cambio en dirección hacia la prosperidad de la humanidad y el planeta.*

Con tanta información difundida a través de los medios de comunicación y la publicidad, es cada vez más difícil para nosotros saber lo que es confiable y diferenciarlo de la propaganda motivada por las ganancias y el poder. Las corporaciones y grupos que optan por no ser socialmente responsables, aunque la responsabilidad social es la preocupación de todos, apoyan estudios e información para promover sus posiciones. Patrocinan a algunos académicos dispuestos, así como a organizaciones sin fines de lucro seleccionadas por sus aparentemente loables declaraciones de misión, haciéndolo aún más confuso y engañoso para los ciudadanos.[59] Solo cuando cambiemos nuestra mentalidad radicalmente y elijamos dejar un mundo que sea mejor del que encontramos para niños y las próximas generaciones, en lugar de responder a la gratificación inmediata de corta visión de nuestros deseos interminables, haremos el esfuerzo necesario para entender las métricas y medición y usar los datos diferentemente.

En tiempos actuales, el enfoque en la popularidad es una distracción de lo que es importante y a menudo descansa en medidas superficiales tales como cuántas veces se escuchó una canción o se citó a alguna persona. Estas actividades completas tienen poco que ver con los cambios que deseamos ver: música que nos anime y nos mejore la vida o ciudadanos responsables y liderazgo ético. Culturas y ciudadanos en diferentes partes del mundo necesitan valorar las normas y medidas que están en consonancia con humanidad y planeta prosperando.

El primer paso es preguntar con profundidad qué es lo que realmente nos importa y los valores universales en los que nos paramos; y entonces usar esto como los cimientos para preguntar profundamente para ver si nuestras estrategias y medidas se están moviendo en dirección de una humanidad y un planeta prósperos. Algunas de estas preguntas profundas se enumeran anteriormente en esta sección. Pensar críticamente y comprender las dinámicas de intereses creados por grupos particulares que mantienen el estatus quo a costa del bienestar de las personas, ya no es una opción —es un imperativo. Desarrollar la capacidad para informarnos de fuentes auténticas de datos es de nuestro propio interés y esencial para que las generaciones futuras prosperen. Numerosos índices intentan proporcionarnos información y los ciudadanos necesitan saber y comprender exactamente qué indicadores se utilizan para formular estos índices. Esto puede parecer complejo al principio, pero se vuelve más claro y comprensible cuando comenzamos a informarnos. Un índice es una estadística compuesta, una medida compuesta que agrega múltiples indicadores. Un índice resume y clasifica observaciones específicas y se utiliza para abogar por el cambio. Por ejemplo, el Índice de Desarrollo Humano clasifica a los países y mide la mejora de las capacidades humanas, como una vida larga y saludable, el alcance del conocimiento, el nivel de vida decente. También mide las condiciones necesarias para el desarrollo humano, tales como: participación en la vida política y comunitaria, seguridad y derechos humanos, sostenibilidad ambiental, equidad y justicia. El Índice de Desarrollo Humano está formulado para promover el bienestar de todas las personas.[60]

El Índice de Paz Global se compone de 23 indicadores, que miden violencia, conflictos internos, facilidad de acceso a armas pequeñas, conflictos, gastos militares, y la importación y exportación de armas. También miden la paz: las actitudes, instituciones y estructuras que crean y sostienen sociedades pacíficas.[61] El Green Transition Scoreboard, un proyecto de investigación en curso, reveló en 2017 un aumento en las inversiones y compromisos con energía verde en todo el mundo: $ 8.13 billones desde 2007.[62]

Sin embargo, hay índices que afirman beneficiar a países y personas, pero parecen impulsar el cambio en una dirección particular en nombre de solo unas cuantas personas. Por ejemplo, un índice sobre la libertad económica se refiere principalmente a los derechos de propiedad intelectual, la limitación del gasto público y mercados aún menos regulados. Este índice no considera oportunidades económicas, trabajo decente y bienestar para toda la gente.

Es imperativo que nos informemos de lo que compone un índice y entendamos la trayectoria de un futuro si utilizamos ese índice en particular para informar nuestras opiniones, hacer demandas, formular estrategias o tomar decisiones. Es crucial que cuestionemos las respuestas que se nos dan; y que cuestionemos estas respuestas desde la perspectiva de equidad y sostenibilidad.

Nuestras opiniones y afirmaciones son importantes cuando se basan en información y mediciones precisas, así como en los valores universales en los que nos paramos. Fortalecen la democracia y crean nuevas conversaciones sociales más allá de las posiciones ideológicas no examinadas.

Tenemos suficientes estudios y datos que establecen más allá de toda duda que todos los seres humanos, en nuestro núcleo más profundo, valoran la autoestima y dignidad, justicia y la equidad y son capaces de acción compasiva.[63] Las métricas y mediciones apropiadas crearán impulso y cambiarán las narrativas actuales para que surjan prósperos el planeta y la humanidad.

Nuevas narrativas para sistemas y normas nuevas

Lo que "vemos" es lo que decimos.
Y lo que medimos es lo que movemos.

Nuestras lentes colorean lo que vemos. Para generar nuevas narrativas, necesitamos quitarnos nuestras "anteojeras", abrir nuestros corazones compasivos y mentes radicales para que realmente podamos "ver" los iconos emergiendo quienes están cambiando el paradigma.

Debemos distinguir las formas en que actualmente se cuentan las historias de las narrativas que generan cambios de paradigma. Muy a menudo, escribimos sobre lo que vemos directamente, pero sin *ver* los patrones relacionados y perdemos oportunidades para generar acciones transformadoras. Tener conversaciones más profundas con la gente, preguntar sobre lo que están haciendo (productos) y conectar las acciones con los resultados y el impacto, los cambios que están haciendo a través de sus acciones, estimula a las personas a ver su contribución al panorama general. Es emocionante ver a las personas conectando los puntos y dándose cuenta de la diferencia que están haciendo. Profundizando el cuestionamiento se enfoca en lo que realmente les importa a las personas, las metas logradas e impactos que quieren lograr en sus vidas, y es empoderante.

Generando conversaciones que vayan más allá de lo mundano y ofrezcan la oportunidad para que todos tengan acceso y articulen su propio poder interno, preguntándoles sobre qué les importa, reconociéndoles por su profundo compromiso detrás de lo que hacen, nos mueve a todos hacia la acción creativa y generadora.

Jessica Underwood Varma, actriz, cantante y educadora en el Museo del Conventillo, en la ciudad de Nueva York, fue parte de nuestros programas de liderazgo en 2009. Jessica comparte, "El núcleo de lo que soy, lo que el poeta sufi Rumi llamó "la raíz profunda de tu ser", no ha cambiado, porque siempre estuvo ahí. Ardo por dignidad no solo para mí, sino para todas las personas y para el planeta en el que vivimos". Jessica notó la diferencia en la forma en que guiaba las visitas en el Museo del Conventillo. "Después de los programas de aprendizaje en acción, ahora tengo un rico ambiente en el museo, en el cual puedo aplicar todo lo que aprendí. El potencial es enorme: una institución en crecimiento con un número creciente de visitantes. Decidí dar un tipo diferente de recorrido, haciendo que los sistemas y patrones que dan forma a nuestras vidas, generalmente vistos por unos pocos, sean visibles para todos. Por ejemplo, les pregunto a los niños en el recorrido: cómo y dónde se fabrican sus camisetas o mochilas, y por quién. ¡Es increíble cómo los niños entienden los sistemas y patrones! Yo creo una experiencia que cambia a mis visitantes, de un estado pasivo a uno activo, socialmente consciente.

"Recuerdo un recorrido en particular. El representante de una fundación fue uno de mis visitantes. Al final del recorrido, su decisión estaba hecha y el museo obtuvo una subvención de $500,000.

Me siento inspirada al compartir esta historia ahora, pensando en el pasado y sobre qué tan lejos he llegado. Mi aprendizaje ha transformado por completo la forma en cómo me embarco en la acción estratégica, cómo lidero y me asocio con las personas, mi enfoque para la resolución de problemas y cómo veo el mundo. Nada es cómo es porque 'así es como es'. La gente crea los sistemas y normas culturales, y los sistemas y culturas siempre pueden cambiarse".

Necesitamos enfatizar enfoques conscientes de espectro completo, en lugar de narrativas que reflejan respuestas parciales. Muchas de las historias que nos inspiran están ancladas en la dignidad, la equidad, la compasión y el valor. Estas nuevas y emocionantes narrativas desafían sistemas y normas existentes a medida que resolvemos problemas; pero estas conexiones y cambios a menudo están implícitos. Hacerlos explícitos genera nuevas conversaciones sociales, e influye en nuestras pólizas, estrategias y nuestra política.

Las historias de actos bondadosos y valentía también nos inspiran. En las organizaciones, las "mejores prácticas" describen algunos aspectos exitosos de proyectos e iniciativas, que pueden ser interesantes. Estos pueden ser importantes, pero son bloques de construcción incompletos para un cambio de paradigma. Debemos ser capaces de distinguir y documentar los esfuerzos que crean algunos resultados, de los esfuerzos que crean un cambio de paradigma. El cambio de paradigma en el contexto actual significa bienestar y dignidad equitativos y duraderos para todos los seres humanos y un planeta próspero.

Artistas y los medios transformando narrativas y liderazgo

Los artistas, escritores y medios de comunicación interpretan el mundo para nosotros. Son capaces de construir nuevas realidades sociales e inspirar a la acción. El alcance y el papel de los medios masivos, las redes sociales y los artistas (escritores, cineastas, artistas visuales y escénicos, directores de teatro) respondiendo a cualquier problema y estableciendo el tono para conversaciones nacionales y mundiales, no tiene igual.

En programas a través de las Naciones Unidas, incluyendo el programa de reducción de la mortalidad materna en el sur de Asia y el esfuerzo mundial para revertir el programa del VIH/SIDA, nos comprometimos con profesionales de los medios y artistas. Fueron una parte fundamental de la respuesta. Participaron en los programas de aprendizaje en acción en diferentes países. Los artistas y los profesionales de los medios eran líderes por derecho propio y, al mismo tiempo, apoyaban el liderazgo emergente basado en valores a través de los diferentes escalones de la sociedad.

Los artistas y los medios en África, los Estados Árabes, Asia, Europa del Este, América Latina y el Caribe crearon una abundancia de canciones, poemas, obras de teatro, música y escritura ricamente texturizadas y perspicaces que reflejaban la transformación personal a través de la cual ellos, como participantes en los programas de aprendizaje en acción, habían viajado. Estas obras revelaron la nueva realidad desde la que los artistas estaban SIENDO, pensando y haciendo. Pasaron de imágenes de culpa, muerte y destrucción abrumadora, a nuevas imágenes con símbolos, iconos y metáforas que retrataban la fuerza, la resiliencia y el cuidado. Los artistas y profesionales de los medios entendieron las normas culturales que alimentaron la propagación de la epidemia del VIH/SIDA y se comprometieron a ser socios proactivos en la respuesta.

Gulan Kripalani, coach practicante de liderazgo, y profesional de los medios, fue parte de nuestro equipo para revertir la epidemia de VIH/

SIDA. Había trabajado en publicidad y era artista teatral. Ella reflexiona: "Soy consciente de mí misma para poder alinear mis principios y acciones. Aprendí sobre cómo mis valores sustentan como vivo y trabajo. Aprendí que yo también puedo inspirar a la gente.

"Creo que esta es la única metodología que he experimentado, capaz de hacer un cambio real y sostenible, entregando resultados. Sin la respuesta consciente de espectro pleno, siempre tendremos millones de proyectos bien intencionados, pero nunca podremos crear un cambio equitativo y sostenible. Esta forma de diseñar puede transformar individuos, comunidades, instituciones y naciones. Esta metodología se puede llevar a escala para cambiar sistemas y normas culturales que mantienen a la gente y comunidades en un constante estado de ser explotados y oprimidos.

"Creo apasionadamente en la equidad de género y justicia social, y en el respeto para todos. Mi trabajo se ha transformado debido a mi aprendizaje. Ahora veo mucho más claramente los patrones sociales e interconexión. Siento que si no hubiera encontrado este enfoque, podría haber pasado a formar parte de los millones de brigadas para 'planificación de proyectos'. Este trabajo ha fortalecido mi determinación para trabajar más estratégicamente, y siento que mi contribución puede hacer la diferencia a través de las muchas formas diferentes en que me involucro en sociedad: como coach de liderazgo en empresas, ONG, sociedad civil y como artista".

Un ejemplo de la India de hoy, más allá de las Naciones Unidas: Rintu Thomas y Sushmit Ghosh son cineastas jóvenes, talentosos y comprometidos que fundaron "Black Ticket Films". Rintu y Sushmit describen su trabajo de la siguiente manera: "Queremos expresar el poder que somos. Contamos historias de transformación que resaltan el bien que existe en el mundo y desafían aquellos paradigmas que detienen a las personas de alcanzar su potencial pleno. Defendemos la justicia, dignidad y equidad para cada ser y trabajamos para crear un planeta próspero, donde haya reverencia por toda la vida. Queremos producir películas que muestren al mundo los caminos de la transformación."

Falacia: Los profesionales de los medios están entrenados y capacitados. Siempre deben escribir los hechos desde un punto de vista neutral. Y en el mundo de la publicidad, los profesionales de los medios deben ser creativos a la hora de promover los productos y servicios para los que han sido contratados, independientemente de las consecuencias sobre las personas o el planeta. ¡Tienen que escribir lo que su público quiere! El desarrollo del liderazgo y los valores universales son irrelevantes y no tienen nada que ver con los profesionales de los medios.

Nuevo aprendizaje: Los profesionales de los medios necesitan informar sobre los hechos. Los valores universales de dignidad, equidad y compasión son esenciales para que cada ser humano comience a manifestar su potencial pleno, incluidos los profesionales de los medios. Lo que *ven* influye en cómo eligen llevar sus vidas y en lo que reportan, escriben y documentan; lo que a su vez da forma a las mentalidades de las personas y la trayectoria del futuro de la humanidad y nuestro planeta. El desarrollo de la administración responsable transformadora también es de suma importancia para los profesionales de los medios. Los medios de comunicación y publicidad responsables son cruciales para una humanidad y un planeta prósperos.

Su película de cincuenta y dos minutos "Writing with Fire" perfila a Meera. Nacida en la comunidad de castas bajas de Dalits o "intocables", a Meera la mantuvieron analfabeta, se casó en la pubertad como dicta la tradición y fue puesta detrás de un velo. Hoy día es periodista del único periódico de la India dirigido en su totalidad por mujeres Dalit: *Khabar Lahariya*, que significa "Olas de Noticias". Meera, de treinta y cinco años, viaja por el árido paisaje del estado de Uttar Pradesh, en la India, con periodistas a quienes entrena, reportando sobre historias que importan a su comunidad, temas que generalmente son ignorados por los principales medios de habla inglesa.

Aprovechando el auge del teléfono inteligente en la India rural, Meera y sus reporteras deciden amplificar su voz haciendo una elección radical: digitalizarse. Las mujeres se entrenan ellas mismas en el arte de usar teléfonos inteligentes para grabar, WhatsApp para transferir, YouTube para publicar y Facebook para compartir sus historias únicas. A pesar de las lentas conexiones de datos, los costosos planes de Internet, y la resistencia de todos los sectores, estas mujeres encuentran soluciones creativas a sus problemas cotidianos, con la esperanza de convertir a *Khabar Lahariya* en una fuerte marca de noticias digitales. En un solo mes de cambiarse a digital, su público aumentó de menos de 5,000 visitas por semana en su canal de YouTube a más de 150,000.

Como periodista Meera experimenta un raro sentido de respeto; como individuo descubre su propia voz. Su propósito es claro: resaltar las inequidades que impiden a su comunidad de alcanzar su potencial pleno. La película explora cómo a pesar de crecer en un pasado violento y opresivo, Meera y sus reporteras eligen herramientas de no violencia para ponerse de pie y reclamar sus identidades como seres humanos. En el contexto mundial, los medios se están utilizando por individuos política y económicamente poderosos para avanzar los intereses de algunos selectos, creando divisiones. Meera y sus intrépidas periodistas nos recuerdan a los principios básicos del periodismo: ser justo, sin miedo e independiente.

Los cineastas Sushmit y Rintu hablan sobre cómo el programa de aprendizaje en acción de administración responsable y nuestras conversaciones profundizaron la narrativa y cómo aplicaron su aprendizaje al corazón de su historia.

"Nosotros *vemos* los cambios que las mujeres están haciendo para manifestar dignidad para todos: de mujeres siendo tratadas como mercancías que pueden ser explotadas a mujeres siendo compañeras iguales en todos los aspectos de la vida; de siglos de violencia (social, cultural, económica, física, emocional) siendo perpetuado sobre las mujeres Dalit, a ellas alcanzando su potencial y utilizando los enfoques no violentos de reportar y distribuir noticias. Las mujeres exigen justicia; participan en el cambio de un sistema y cultura que despoja a las personas de sus derechos básicos hacia un sistema social y político que valora y protege a cada individuo."

Rintu Thomas y Sushmit Ghosh documentaron hábilmente las nuevas narrativas emergentes de transformadores radicales. Retratan los sistemas y normas culturales que la gente está cambiando. A través de su lenguaje visual, ellos han mostrado iniciativas de desarrollo y empresas responsables como espacios emocionantes cargados de acción que conducen a metas logradas tangibles.

Falacia: Los artistas son personas creativas y dotadas, y muchos de ellos han estudiado para desarrollar sus talentos. No deberíamos interferir con su creatividad. Ellos reflejan lo que es la cultura. El desarrollo del liderazgo y la administración responsable no tiene nada que ver con ellos.

Nuevo aprendizaje: Los artistas son como todos los seres humanos con el potencial de descubrir y manifestar nuestro poder y sabiduría internos, junto con nuestros dones y talentos. Cuando los artistas viajan a través de su propio desarrollo de liderazgo y administración responsable basados en los valores universales en que representan, "ven" nuevos patrones invisibles y generan imágenes, símbolos, íconos y metáforas espectaculares para una humanidad y un planeta equitativos y prósperos.

Los cineastas, músicos, cantantes, profesionales de los medios, todos tienen una influencia tan poderosa en cómo vemos el mundo y qué decisiones tomamos, decisiones que hacen del mundo un mejor o peor lugar para vivir.

Marcus Bellringer es un productor musical, músico y activista, expresando el poder de la música para sanar, motivar, inspirar y entretener.

El deseo de Marcus de equidad para todos los seres humanos se extiende a su crianza como activista. Su madre, Carolyn W. Bell, es una activista de los derechos civiles. Cuando era joven, Marcus participó en varios movimientos para la comunidad afroamericana en el área de Hampton Roads, en Virginia. A principios de los años 80 estuvo involucrado en un caso judicial de transporte escolar cuando su familia vivía en Norfolk, Virginia. Carolyn y Marcus se convirtieron en parte de una demanda colectiva destinada a mantener el sistema escolar no segregado cuando el concilio de la ciudad estaba tratando de revertir la ley y volver a segregar el sistema escolar. "Me enseñaron a través de las amenazas de muerte que recibimos, que todos no están 'aplaudiendo por ti' cuando tu objetivo es hacer una diferencia. Cuando ocurrieron los disturbios del Festival Griego, en Virginia Beach en 1989, yo estaba allí con mi madre ayudando a llamar la atención de los medios sobre la violencia policial que presenciamos".

Cuando Marcus era presidente del gobierno estudiantil en una escuela secundaria históricamente negra, la escuela se enfrentó al cierre y a través de las acciones colectivas de los estudiantes, ex alumnos y otros activistas comunitarios, pudieron no solo salvar el legado de la escuela, sino también implementar una estrategia que resultó en la construcción de una nueva instalación escolar multimillonaria.

Algunos de los temas en los que Marcus trabajó en el pasado, como el racismo y la explotación de las comunidades menos atendidas, todavía están presentes en la sociedad. "Y mi deseo de justicia se renueva cuando escucho o veo cualquier inequidad o del desprecio de una persona o comunidad. A través de los programas de aprendizaje en acción de liderazgo transformativo, he ganado nuevas formas de abordar los problemas en torno al racismo sistémico, en la comunidad afroamericana y en el mundo.

"Aprendí que no tenía que crear un nuevo proyecto o empresa para cambiar los sistemas y cultura. Los cambios pueden ocurrir desde donde estoy en la vida. Ahora trabajo todos los días con una intención diferente en mi profesión, como productor musical y artista de grabación, en la industria de la música. Mi actividad dentro de mi trabajo, familia y comunidad está diseñada para cambios sociales. Parte de mi misión es impactar los problemas sistémicos que enfrenta la comunidad afroamericana, usando la música como plataforma para esa transformación".

Shelita Burke es un músico y tecnóloga y utiliza estos medios para llegar a la humanidad y cultivar un espacio de compasión. Shelita dice: "Uno de los problemas que me importan profundamente es la falta de vivienda. Creo que todos deberían tener acceso a alimentos y refugio. Es mi sueño despertar en un mundo donde todos tienen acceso a recursos y la falta de vivienda es obsoleta. Hay una grandeza innata en todos nosotros, y por medio del programa de aprendizaje en acción con Monica, conocí las herramientas para activar el espacio dentro de todos nosotros que ayuda a cambiar las conversaciones en la sociedad alrededor de la falta de vivienda." Para Shelita no hay diferencia entre las corporaciones solicitando dinero cuando recaudan fondos para sus negocios para ganancias y una persona sin hogar pidiendo dinero para comida y vivienda. Shelita cambia las conversaciones sobre el tema de la falta de vivienda con integridad y liderazgo.

Rose Bartu es una artista, que trae su compromiso a la paz, equidad y justicia a sus canciones en el mundo, creando nuevas narrativas por medio de la letra de sus canciones sobre los derechos humanos y la libertad. Ella ve el valor de este trabajo profundo por medio de la respuesta consciente del espectro pleno para músicos, cantantes y artistas por igual para desplegar el potencial del planeta. Rose dice: "Aprendiendo cómo crear cambio sustentable a gran escala me da las herramientas para sanar mi corazón, crear resiliencia, hacerse escuchar sobre los temas que yo creo que se necesitan abordar en el mundo, y empoderar a líderes a mi alrededor. Todos somos interdependientes y lo veo como mi responsabilidad como artista ser la voz de los oprimidos, los desfavorecidos, y los olvidados, sanando el mundo una canción a la vez, y empoderar e inspirar a la gente en todo el mundo."

A través de la música y el emprendimiento social, Marcus, Shelita y Rose están creando nuevas narrativas sobre temas sociales.

Pervin Varma, el ex Director Ejecutivo de CRY (Child Rights and YOU) es un coach practicante, así como un cantante consumado. Pervin dice: "En 2012, durante una de nuestras sesiones, descubrí que realmente deseo ver sanación y restauración del quebrantamiento, a través de la canción. Y eso me impulsó a ser voluntaria en un hogar de ancianos en Bangalore y comenzar una sesión de canto. Hoy me doy cuenta de que sin la experiencia del marco de trabajo de liderazgo transformador, a lo que nos referimos como la respuesta consciente de espectro pleno, habría comenzado otro día semanal para cantar juntos. Pero este trabajo abrió mi mundo para ver la canción como un medio para las personas mayores, que parecían haber renunciado a la vida, para que redescubrieran nuevas posibilidades para ellos mismos".

No se trataba solo de cantar o comenzar un coro; se trataba de habilitar a las personas mayores a ponerse en contacto con su poder interior y sus dones y reconocer lo mucho que tenían que ofrecer al mundo. El coro y la actuación son una forma de expresarse e inspirar a los demás. La música se convirtió en el vehículo para descubrir y actuar desde el espacio de su poder. De allí nació la idea de comenzar un coro llamado El Coro de los Panes y Peces (una referencia a una historia bíblica de Jesús usando cinco hogazas de pan y dos peces para alimentar a 5000). Cada sesión, cada canción, cada concierto es un mensaje de esperanza y de las infinitas posibilidades del espíritu humano.

Pervin reflexiona: "Personalmente, al llegar a este trabajo después de casi 30 años de trabajo en el mundo de la publicidad y luego de los derechos infantiles, finalmente encontré un marco de trabajo para mantener unidas todas las piezas del rompecabezas del cambio social. Sabía intuitivamente que ningún cambio real es posible sin que el cambio sea un proceso de adentro hacia afuera y había buscado introducirlo en la organización con la que había trabajado durante 14 años. Pero todavía no tenía un marco de trabajo para conectar ese proceso con el meticuloso trabajo del diseño, estrategia y entrega de resultados reales en el terreno. ¡La plantilla de respuesta consciente de espectro pleno no solo unió estas tres esferas, sino que dijo que había que trabajarlas simultáneamente! Me ayudó a ver muy claramente qué elementos habían faltado en los programas y estrategias que habían fallado o flaqueado. Y por qué algunos enfoques habían funcionado tan bien mientras que otros se habían estrellado a pesar de tener todos los recursos necesarios. Fue como finalmente encontrar el lenguaje para visualizar, diseñar y actuar de forma holística, sustantiva y sostenible. Y cuanto más me involucro con el proceso y lo veo cobrar vida, más descubro sobre este trabajo y sobre mí mismo. ¡Es aprender en acción en su mejor momento!"

Las redes sociales cambiando narrativas

Khadija Moalla, a quien conociste en los capítulos cinco y siete, cambió el discurso religioso en los Estados Árabes del estigma y discriminación al respeto y la inclusión de las personas viviendo con el VIH/SIDA, al involucrarlos y proporcionar programas de aprendizaje en acción para miles de líderes religiosos y de fe de las religiones musulmana y cristiana.

Khadija y su equipo también cambiaron el discurso de los medios al involucrar a cientos de líderes de los medios en programas de aprendizaje en acción. Ella utilizó las redes sociales para abordar el problema del VIH/

SIDA en los Estados Árabes. Los jóvenes 'Bloggers' generaron nuevas conversaciones sobre inclusión y aceptación. Sharif Abdelaziz, un líder juvenil de un grupo religioso que trabajó en el equipo de Khadija, está creando nuevas narrativas, trabajando con jóvenes de diferentes orígenes religiosos. Él dice: "De los programas de liderazgo, aprendí que soy capaz, puedo tener éxito, puedo cambiar y puedo liderar. Utilicé todo lo que aprendí para crear entornos seguros para que personas de diversos orígenes religiosos e ideologías políticas mantuvieran conversaciones respetuosas para llegar a un punto de acuerdo para trabajar en temas importantes para todos. Tuve éxito en terminar conflictos y crear nuevas asociaciones entre aquellos a quienes consideramos enemigos históricos. Aprendí a ver las cosas de manera diferente, a buscar soluciones desde dentro."

Las redes sociales se están utilizando para beneficiar a la sociedad, pero también se están utilizando para engañar a la gente. Hay varios reportajes en las noticias e investigaciones descubriendo millones de cuentas falsas de redes sociales y actividades de "bots" en el internet, que manipulan a la gente y crean consenso.[64] Hay sitios que venden cuentas falsas y botas y proveen servicios o venden software con el mismo propósito. Algunos de estos son clandestinos, o los creadores y usuarios desconocidos. Personas u organizaciones teniendo acceso o usando estos bots tienen la habilidad de crear hiperactividad exponencial en las redes sociales, creando promoción artificial e influyendo opiniones.

Las preguntas claves que debemos hacer son: ¿Es fuerte y sólido el marco regulatorio? ¿Cuánto gastan las compañías de redes sociales en tomar medidas enérgicas contra las cuentas falsas y la automación de bots en el internet? ¿Toman ellos y los gobiernos acción para hacer públicas las identidades de los creadores y usuarios? ¿Cómo creamos las normas y prácticas de una empresa de redes sociales responsable y ética? Necesitamos un marco regulatorio ético, dada la influencia y el poder actual de las redes sociales.

Falacia: Las redes sociales son la nueva forma de conexión, comunicación e información. Lo que está allí debe ser correcto, o al menos contener cierto elemento de la verdad.

> **Nuevo aprendizaje:** Hay millones de usuarios falsos en Facebook. La información falsa y las mentiras en las redes sociales no pueden engañar y manipular. Como ciudadanos, deben de estar conscientes y no dejarnos convencer por la promoción artificial y por cualquier cosa que aparezca en las redes sociales. Necesitamos un marco regulatorio ético, dada la influencia y el poder de las redes sociales actualmente.

Líderes en la política generando nuevas narrativas

Los líderes políticos juegan un papel crucial en la mejora de la calidad de vida de los ciudadanos, empoderando a las personas para que articulen sus intereses y puntos de vista y logren la transformación social. Es *imperativo que cambiemos la narrativa actual* de que "¡los líderes deben ser pragmáticos porque el liderazgo basado en valores universales es demasiado idealista!". Está surgiendo una nueva comprensión: el liderazgo basado en valores universales es esencial para el bienestar y prosperidad de la gente y el planeta. Los líderes éticos son transformadores radicales de sistemas y culturas.

Ehab El Kharrat, a quien conociste en el capítulo seis, a través de manifestar sus valores universales, trasciende estrechas identidades sociales al servicio de la humanidad y crea oportunidades para que otros manifiesten su grandeza.

En Egipto, Ehab El Kharrat continúa aplicando estos enfoques a la política: está comprometido con un sistema alternativo donde prevalecen la dignidad y la justicia. Se comprometió en las dos oleadas de la revolución egipcia y fue uno de los cinco fundadores del mayor partido posrevolucionario: el Partido Socialdemócrata Egipcio. Fue elegido Secretario del Consejo Supremo. Se postuló para el parlamento y ganó un escaño para representar al este y norte del Cairo; fue elegido, incluso por sus rivales políticos, para ser el jefe del comité de Derechos Humanos en el concilio de Shura (equivalente al senado de los Estados Unidos); también fue miembro del primer comité de redacción de la nueva constitución. Sin embargo, Ehab renunció como miembro en protesta por el enfoque excluyente y autocrático del comité; y continuó y utilizó su influencia personal y partidista para escribir la actual constitución egipcia de 2014,

Ehab comparte su viaje como líder político cambiando el discurso social y político en Egipto: "Al construir el Partido Socialdemócrata Egipcio (PESD) compartí mis descubrimientos, directa e indirectamente, con otros líderes. Dirigí eficazmente un consejo 'revolucionario' compuesto por doscientos hombres y mujeres de diferentes orígenes. Facilité conversaciones generadoras basadas en los valores universales de dignidad y equidad, utilizando las muchas herramientas que aprendí durante mi trabajo con el programa para revertir la epidemia de VIH/SIDA. Manifestando 'nuestra unidad' me permitió construir puentes entre rivales y oponentes; los revolucionarios (alborotadores) y la policía, islamistas y secularistas: en muchas instancias todas las partes confiaron en mí. Aunque soy cristiano y liberal, los fundamentalistas musulmanes de extrema derecha pudieron relacionarse y comunicarse conmigo, al menos, la mayor parte del tiempo.

"Por ejemplo, en la sesión de apertura del Senado (Shura) la mayoría eran islamistas. Cada vez que se proponía una idea, los extremistas (los salafistas) insistían en añadir una frase "sólo si no contradice a *Shar3 Allah* (la ley de Dios)", lo que era una violación del protocolo. El ambiente era electrizado y tenso. En todo momento, busqué 'nuestra unidad' detrás de las palabras de los salafistas. Después de una breve introducción dije: 'Nosotros también, como liberales, estamos comprometidos a trabajar sin violar *Shar3 Allah*, porque entendemos la ley de Dios como los principios de justicia, libertad, dignidad, equidad y paz, para todos'. Toda la multitud aplaudió y una sensación de alivio reemplazó la tensión de la primera sesión del parlamento.

"Meses después, tanto la Hermandad como los salafistas estaban menos contentos conmigo y con mis palabras. Nosotros, como líderes de la oposición, fuimos amenazados por extremistas. Esta fue una reacción a algunos jóvenes apasionados quienes apoyaron nuestros ideales, amenazando con que si alguien tocaba a los líderes seculares y liberales, ellos lo harían pagar. Al escuchar esto asumí que yo era uno de los líderes planeados y le hice una llamada pública en el parlamento, declarando que estoy listo para ser asesinado, pero no listo para que nadie use violencia para protegerme. Pedí a la juventud liberal y secular que se apegara a la no violencia. Luego invité a mis colegas islamistas a dar una llamada similar. Los gritos de protesta salieron de los escaños de la mayoría, algunos negando que alguna vez hayan usado la violencia y otros amenazando: 'Aún no has visto nuestra violencia'. ¡Me impidieron terminar mi charla!

"Esto no me disuade. Plantear estos temas es vital para cambiar las conversaciones sociales.

"Los islamistas no estaban contentos conmigo cuando sugerí que los budistas, hindúes y todas las personas de todas las religiones deberían ser permitidos, por la Constitución, a construir sus templos y lugares de culto en Egipto. Esta medida fue rechazada. y la Constitución todavía lo prohíbe, pero un video mío en YouTube defendiendo esta posición contra una dama con velo que defendía el punto de vista opuesto tuvo 12,000 espectadores, de los cuales el 95% apoyó mi punto de vista. La cultura, al menos en Facebook y YouTube, está cambiando; pero en público, tal vez la mayoría de la gente tiene miedo de hablar.

"El camino hacia la democracia está aquí, pero todavía queda un largo camino por recorrer. Cientos de miles están cambiando a un nivel más alto de compromiso con los derechos humanos. La constitución actual articula los derechos sociales y económicos; pero el camino para transformar esos artículos constitucionales en leyes y políticas que sean aplicadas, sigue siendo un camino estrecho y duro. Actualmente estamos trabajando con una ONG y una serie de campañas innovadoras para continuar la trayectoria pacífica hacia la igualdad de derechos para todos".

Ehab se esfuerza para generar un mundo que funcione para todos, más allá de las divisiones sociales y la búsqueda de poder y control externos.

Otro ejemplo inspirador de la esfera política: Mel Wymore, Director Ejecutivo de TransPAC, una organización que está comprometida con los derechos igualitarios y plenos para personas transgénero. Mel se para por empoderamiento e inclusión para todos y participó en una serie de programas de aprendizaje en acción.

Como una progresión natural de su trabajo, Mel se postuló para un puesto en su comunidad, que siempre ha sido una parte central de su vida. Mel diseñó su campaña para el Concilio de la ciudad de Nueva York como un proyecto consciente de espectro pleno. Identificó sus valores universales, los sistemas y normas culturales que quería cambiar, y los resultados medibles que quería lograr. Mel y su equipo desarrollaron principios básicos que se reflejaron en todos sus mensajes y actividades de campaña. Llevar a cabo una campaña basada en principios comenzó a cambiar la narrativa alrededor de las políticas locales.

"Siento que fue una gran contribución", dice. "Primero, el simple cambio de dirigir una campaña política por diseño en lugar de por reacción, identificando los sistemas involucrados y cómo podríamos cambiar esos sistemas para crear una representación más justa y transparente, generó nuevas conversaciones a nivel local. Segundo, las normas en políticas locales involucran patrocinio e intercambio político. Rompimos con esas normas al enfocarnos en nuestro trabajo y enfocando nuestro mensaje sobre los principios."

Los principios eran: inclusión y empoderamiento de toda la gente; una invitación a participar; dinero de campaña recaudado solo por individuos comprometidos, sin fondos corporativos; sin compromisos de "quid pro quo"; contribuciones regulares, agregando valor a la comunidad *durante* la campaña; compromiso democrático. Uno de sus principios fundamentales era la inclusión. "Teníamos voluntarios de 6 a 90 años, gente de todo tipo de capacidad, razas y antecedentes económicos. Teníamos tres personas sin hogar en el personal."

En sus reportajes, los medios se refirieron a los sistemas y principios básicos que Mel y su equipo estaban cambiando. La comunidad contribuyó *durante* la campaña: crearon conciencia y recaudaron fondos para un parque local; crearon foros de acción ambiental; tuvieron una colocación de viviendas para constituyentes sin hogar; se acercaron a programas de alimentos y salud para su comunidad; y abogaron por la seguridad del tráfico y zonas libres de vehículos.

Mel dice: "Aprendí que es posible 'saltar al vacío' todos los días, de enfrentar nuevos desafíos sin saber primero todas las respuestas. Aprendí que tengo el poder de inspirar a la gente, especialmente cuando hablo desde mi corazón. Aprendí que puedo confiar en que las personas asuman responsabilidad, pero lo que necesito comunicar claramente es sobre las expectativas y la rendición de cuentas.

"Llegué a comprender que todo lo que hago o digo es una oportunidad para crear conciencia y cambiar los sistemas y normas culturales que afectan negativamente a nuestra sociedad y su gente. El truco es identificar los puntos de apalancamiento en los que las acciones individuales afectan fuerzas mayores. Por ejemplo, cada vez que tuve la oportunidad de hablar con los medios, hablé sobre principios y cambios en el sistema. Cada vez que surgió un problema en la comunidad, hablé de ello en un contexto mayor, para arrojar luz sobre los factores subyacentes en lugar de las reacciones inmediatas. También lo hacía cada vez que hablaba con voluntarios y personal de la campaña. Quería expandir la conciencia sobre los sistemas y las normas culturales en todas las dimensiones de la campaña.

Falacia: Los políticos tienen que hacer lo que es práctico. Las personas están interesadas en que se satisfagan sus necesidades inmediatas, no en lo que esté causando los problemas. Están demasiado ocupados lidiando con su vida cotidiana. Para ganar los votos, los políticos tienen que "tocar para la galería".

Nuevo aprendizaje: Los políticos pueden ser líderes y administradores responsables que son pragmáticos, responsables y operan desde valores universales para crear un futuro próspero. Entienden que el propósito primordial de una campaña política en su máxima expresión es transformar el discurso político para que los ciudadanos generen un futuro próspero, equitativo y duradero, y madurar el proceso democrático.

Los ciudadanos quieren saber y son plenamente capaces de comprender, los sistemas y normas culturales que dan lugar a los problemas cotidianos, así como aquellos que erosionan nuestra dignidad y capacidades de manifestarse. Los ciudadanos quieren comprometerse en mejorar sus vidas y las vidas de la próxima generación.

"Siempre pienso en el contexto y siempre considero formas para diseñar en lugar de reaccionar. No siempre es fácil ver sistemas ocultos o identificar puntos apropiados de apalancamiento, pero en general es posible llevar esta conciencia a casi cualquier esfuerzo.

"Debemos desarrollar nuestra capacidad para crear y cuidar de nuestro máximo ser. Las herramientas que ofreces —conectando a mis capacidades internas y valores universales, identificando y cambiando sistemas, articulando resultados medibles— han sido invaluables para mí al perseguir la meta.

"Después de años de confusión y agitación, finalmente descubrí mi deseo de hacer la transición a una expresión de género más masculina. En ese momento, estaba lista para dedicar el trabajo de mi vida para cambiar la noción de género del mundo, para 'salvar' a todos los oprimidos por las normas de género. Sin embargo, en conversaciones contigo llegué a comprender cómo el enfocar mi atención únicamente en el género podría limitar mi capacidad para crear cambio. El género no es más que un sistema que nos encierra y nos crea como 'otros'. He crecido más allá de mis propias circunstancias para servir a un bien mayor."

La campaña de Mel cambió el discurso: la gente hablaba de los sistemas y normas culturales que querían cambiar, y trabajaron simultáneamente *durante* la campaña para su comunidad.

Otro ejemplo es Moustapha Gueye, quien fue miembro de nuestro equipo para abordar la epidemia mundial de VIH/SIDA en el Programa para el Desarrollo de las Naciones Unidas. Después de que Moustapha dejó las Naciones Unidas, aplicó parte de la misma práctica a la política y el desarrollo humano. Moustapha fue elegido alcalde de Sokone, en Senegal, donde está cambiando discursos y narrativas públicas a través de los medios, enfatizando la necesidad de un compromiso político, tanto de ciudadanos como políticos, basado en los valores universales de dignidad y equidad.

Cambiar las narrativas en torno a la política es crucial. Para generar un futuro floreciente y próspero, las personas deben entender que las soluciones de curitas temporales no funcionarán; que es imperativo que las personas se esfuercen por comprender los sistemas y normas culturales que dan lugar a los problemas de hoy y los problemas que enfrentará la próxima generación; y asegurar que los valores universales sustenten las políticas y estrategias que formulamos.

Haciendo visibles las reglas invisibles del juego y sus consecuencias, es un paso concreto hacia el cambio de narrativas. Desmitificando la jerga técnica y la red de reglas y regulaciones que conducen a la disparidad en un mundo de abundancia, es esencial para que las personas participen plenamente, en lugar de involucrarse como participantes simbólicos.

Como ciudadanos, tenemos un papel crucial en la transformación de narrativas que mantienen el desempoderante estatus quo.

▸ Como ciudadanos, sabemos la diferencia entre la información que promueve el consumismo y la información que promueve nuestro bienestar y el bienestar de nuestra familia, sociedad y la tierra; tomamos decisiones informadas, basadas en los valores universales de dignidad, equidad, y compasión.

▸ Tenemos la responsabilidad de aprender a diferenciar entre comunicación política que se construye sobre retórica y falsas declaraciones "para proteger gente" que conducen a beneficios financieros a corto plazo, violencia, exclusión, odio y "otredad"; y una comunicación auténtica que se basa sobre valores universales para la prosperidad y el bienestar de toda la gente.

▸ Constantemente hacemos el esfuerzo para verificar la confiabilidad de las diferentes fuentes de información, sus afiliaciones y sus posibles intereses creados; utilizamos la información con discernimiento.

▸ Siempre consideramos las consecuencias de lo que decimos, nuestras decisiones y nuestras acciones en el bienestar de las próximas generaciones.

Compartiendo lo que nos inspira, creamos nuevas narrativas para un futuro próspero. Somos explícitos acerca de los valores universales que sustentan la historia, así como los sistemas y normas culturales que se están cambiando. Discutimos los resultados equitativos y duraderos que se generan a través de nuevas narrativas.

Constelaciones: Organizando para un cambio de paradigma

La acción a escala para un cambio de paradigma está inextricablemente ligada con la manera en que conectamos, operamos y organizamos instituciones, proyectos, iniciativas e ideas. Como funcionamos en el hogar, el trabajo y la sociedad, depende de las normas, mecanismos, procesos, relaciones e instituciones que *elegimos* establecer. Como miembros de la familia, ciudadanos o personal de una organización, debemos ser capaces de expresar nuestros sentimientos, articular nuestros intereses, ejercer nuestros derechos, mediar nuestras diferencias y resolver nuestros problemas.

Una de las cuatro estrategias operativas sinérgicas de la etapa dos, es el establecimiento de constelaciones, entidades que operan desde los valores universales.

Cuando establecemos entidades (familias, organizaciones, instituciones, coaliciones) tenemos la opción de desarrollarlas como espacios y lugares que nutren el potencial pleno de las personas que forman parte de esa familia o entidad. Tenemos la opción de utilizar procesos transformadores en la vida cotidiana y en todas nuestras funciones, las cuales se desarrollan en las Partes II y III de este libro. Entonces, podemos generar proactivamente resultados equitativos y sostenibles en base a los valores universales de dignidad, equidad y compasión, que cambien el paradigma. Este tipo de familias y entidades son las "estrellas" de una constelación.

¿Qué entendemos por *constelación*? El diccionario Oxford define *constelación* como "Un grupo de estrellas que forman un patrón reconocible que tradicionalmente es nombrado por su forma aparente o se identifica con una Figura mitológica" y como "Un grupo de personas o cosas asociadas o similares". En nuestro trabajo, *constelación* significa entidades o personas que se conectan, se organizan y operan de una forma particular y reconocible, basada en los valores universales de dignidad, equidad y compasión, estableciendo sistemas y normas culturales equitativas y sostenibles y responden proactivamente para resolver los problemas que enfrentan en un momento dado, lo que a su vez, impacta a la humanidad y al planeta.

Hay varias maneras de conectarse. Por ejemplo, es posible que deseemos *ligarnos* con personas, grupos o proyectos para acciones particulares, como ver un partido de fútbol o servir en un comedor de beneficencia. O es posible que queramos establecer *contactos c*on un grupo que tenga intereses similares, como los derechos de los animales, ambientes libres de contaminación, donde podamos abogar por un cambio de política o compartir mejores prácticas sobre el tema. En una *constelación* nos conectamos a través de *resonancia,* a través de una entidad o familia, simplemente porque estamos en sintonía unos con otros, operando desde valores universales de dignidad, justicia, compasión.

Se están presentando ideas creativas para organizar y operar como una constelación basada en valores universales, por ejemplo, el movimiento de transición.[65] Este es un naciente y emocionante nuevo campo, en el que vivimos y trabajamos de manera congruente con quien somos, nuestros valores universales, con sistemas y normas que mejoran la vida, individual y colectivamente.

Una constelación, que es la forma en que nos conectamos, operamos y organizamos, tiene algunas características únicas.

▸ Cada entidad y persona en la constelación es el centro de la constelación, y al mismo tiempo, es la periferia, así como *el campo*.

▸ Cada entidad y persona es única y opera de forma *independiente*; y al mismo tiempo, es resonante e *interdependiente* con otras entidades, personas y el planeta. Todos ellos están comprometidos a generar una humanidad y un planeta prósperos, cambiando los sistemas disfuncionales y las normas culturales a través de una arquitectura que se basa en los valores universales de la dignidad, la justicia, y la compasión para la acción. ¡Son parte del mismo "sistema de prosperidad" de la vida!

▸ Cada entidad y persona es una *fuente de inspiración* para que otros se comprometan para la acción. ¡Se inspiran en sí mismos, experimentan la alegría de ESTAR en acción, disfrutan de la prosperidad con resultados equitativos y sostenibles, y son capaces de persistir y mantener el impulso!

▸ Las entidades y personas en la constelación están despiertas y conscientes de nuestra inherente unidad. Son conscientes de que la mentalidad que emana de nuestra unidad genera cosmovisiones que trascienden la "otredad" y las dicotomías convencionales nosotros-ellos y los "ismos" que hemos creado.

▸ Las entidades y personas en una constelación se autoorganizan, sin presiones externas. Establecen formas de notar la integridad de sus estrategias y acciones, y tienen mecanismos de autocorrección.

▸ El patrón de cada entidad o persona en la constelación es un fractal que se repite. Cuando el patrón se repite en sus únicas y numerosas aplicaciones, genera un nuevo campo para un cambio de paradigma.

Una constelación opera de manera distinta. En este libro hemos explorado esto a través de ejemplos de la vida real. Estas son algunas características de cómo opera una constelación:

▸ Administradores responsables transformadores, líderes y gerentes operan las entidades en una constelación. Son individual y colectivamente cambiadores de paradigma que establecen equidad y dignidad para el bienestar de la humanidad y un planeta próspero, haciendo esto normativo a través de resultados.

▸ En el trabajo cotidiano de las entidades y personas, usan procesos transformadores radicales basados en valores universales. Cada acción en el hogar y el trabajo es una oportunidad para manifestar nuestras propias capacidades internas para la autoexpresión.

▸ Las entidades y las personas se comprometen al aprendizaje con la mentalidad y la filosofía de mejorar el desarrollo interno y externo, crecimiento y evolución, a través de ESTAR en acción en el viaje de la vida. Las formas de notar crecimiento, desarrollo y contribución, y procesar sistemáticamente del propio aprendizaje con los compañeros crea una cultura de aprendizaje continuo, apertura y receptividad.

▸ Cada entidad y persona opera como una unidad radicalmente transformadora. Cuando discutimos la implementación consciente en el capítulo siete, uno de los marcos de trabajo para desarrollar y notar nuestras etapas de liderazgo se basó en el trabajo de Likert-Emberling. Los mismos principios se aplican para desarrollar entidades u organizaciones radicalmente transformadoras. En cada una de las cinco etapas de este inseparable continuo, una entidad puede organizarse para desarrollarse como una empresa que cambia el paradigma y operar de una manera integral y saludable, basada en los valores universales de dignidad, equidad y compasión.

▸   El diseño radical evolutivo es un componente central de la forma en que las entidades y las personas operan en una constelación. En el capítulo seis, discutimos las capacidades únicas de un arquitecto unificador y del diseño de plantillas que forjan el esquema para resultados transformadores.

Mónica Martínez, directora ejecutiva de Encompass en el Condado de Santa Cruz, California, comparte su aprendizaje: "Me he vuelto cada vez más consciente de la forma en que muchos esfuerzos bien intencionados con frecuencia están desalineados entre ellos, desperdiciando energía y compitiendo por recursos. Todos queremos muchas de las mismas cosas para nuestras comunidades; queremos equidad, dignidad y bienestar para nosotros y para los demás. Ahora obtengo mis esfuerzos de este lugar, en lugar de los sistemas burocráticos en los que fui entrenada para navegar. Esto me motiva a crear nuevas reglas para el viejo juego y a hacer las cosas de manera diferente. Ahora estoy trabajando para crear alineamiento entre los socios de mi constelación y estoy viendo los resultados transformadores".

Tremenda energía y compromiso para la acción se genera por liderazgo de adentro hacia afuera, trabajando desde lo que somos y lo que nos importa profundamente. Cuando combinamos esta energía y compromiso para la acción con entidades descentralizadas y apoyo de iguales en una constelación, en lugar de liderazgo de arriba hacia abajo y jerarquías rígidas, la transformación es imparable.

He aquí un ejemplo de una constelación.

Auroville se localiza en Tamil Nadu, India, y es un municipio universal con residentes de cincuenta países. *La arquitectura de Auroville fue diseñada como una constelación de diferentes entidades y personas basadas en el mismo propósito y valores*: comunidades residenciales, negocios, servicios, granjas y bosques, *que en gran medida se auto organizan*. Se valora la administración responsable.

Las filosofías de Sri Aurobindo y La Madre (Mirra Alfassa) guían a Auroville. El propósito de Auroville es realizar la unidad humana; el Sueño es inspirador: "Debería haber en algún lugar de la tierra un lugar que ninguna nación pueda reclamar como propio, donde todos los seres humanos de buena voluntad que tienen una aspiración sincera puedan vivir libremente como ciudadanos del mundo y obedecer una sola autoridad, la de la Verdad suprema; un lugar de paz, concordia y armonía donde todos los instintos de lucha del hombre serían utilizados exclusivamente para conquistar las causas de sus miserias y sufrimientos ... un lugar donde las necesidades del espíritu y la preocupación por el progreso tomarían precedente sobre la satisfacción de los deseos y pasiones, la búsqueda del placer y el disfrute material".

Falacia: Si alentamos y establecemos entidades independientes/interdependientes y permitimos que las personas se auto organicen, habrá caos y la gente no sabrá qué hacer. No habrá orden; todo estará fuera de control. Las personas siempre actúan por interés propio, por lo que será perjudicial para la sociedad.

Nuevo aprendizaje: Cuando las personas encarnan y actúan desde los valores universales de dignidad, justicia y compasión, se comprometen en lo que les importa profundamente, se auto organizan, autocorrigen y operan como entidades independientes pero interdependientes. La diversidad y el pluralismo prosperan para la mejora y alegría de todos en la sociedad.

Auroville fue diseñado por La Madre como una constelación. Los aurovilianos viven y trabajan de forma independiente, y al mismo tiempo, en el tejido interdependiente de valores, y unas pocas normas y participación en asuntos comunitarios. Personas de diferentes culturas, profesiones y 55 nacionalidades están en Auroville.[66]

Sanjeev Aggarwal ve el poder de los espacios que fomentan el progreso emanando de nuestra inherente *unidad*, donde manifestar nuestra sabiduría y capacidad interna para la acción en el mundo sea valorada. La *autoorganización* es clave. Sanjeev reflexiona: "Un primer requisito para estar aquí es encontrar nuestra sabiduría y SER interior, y estar en contacto con él y aprender a oír su voz y seguir su guía. La orientación específica para la construcción de Auroville es muy mínima. Nos labramos un camino en nuestro trabajo, generalmente trabajando esto solos, sin ser influenciados por otros, sin discusión, sin ningún consejo de colegas más experimentados. Nosotros trabajamos en proyectos que nos llaman a actuar, a veces como individuos mientras que otros trabajan como colaboradores de diferentes iniciativas. El objetivo principal en la realización de estas obras es elevarse a la conciencia más elevada posible y también infundir el trabajo que uno tiene con una conciencia superior".

Sanjeev sigue siendo una presencia alentadora. Él ve el valor de la práctica y el cambio de conciencia a diferencia de una comprensión puramente teórica de los conceptos. Él dice: "En los programas de aprendizaje en acción de administración responsable, a través de grupos de aprendizaje entre iguales, periódicamente revisamos nuestra práctica, así como el cambio en uno mismo, con otros. Para muchos de nosotros fue la primera vez que compartimos con otros nuestras aspiraciones y las dificultades que enfrentamos al manifestarlas."

Más de cuatrocientas personas de Auroville y las aldeas de la bio-región eligieron participar en el programa de aprendizaje en acción de administración responsable durante cuatro años, generando numerosas iniciativas. Estoy compartiendo sólo algunos ejemplos para ilustrar algunas características de una constelación, y citando lo que este trabajo significa para las personas. Todos ellos manifiestan unidad para la acción estratégica, son independientes e interdependientes al mismo tiempo, manifestando resultados y autoorganización. Operan con libertad basada en valores universales y se involucran en diferentes áreas dependiendo de su interés, como negocios socialmente conscientes, servicios, gobierno, medición y seguimiento, generando y documentando nuevas narrativas, mejorando las capacidades en personas, equipos y entidades.

Empresas e iniciativas social y ambientalmente conscientes: Conociste a Martin Scherfler, quien administra responsablemente el socialmente consciente Auroville Collaborative, un grupo de consultoría; y la escuela de verano de Auroville Green Practices; Sanjeev Ranganathan, de Auro Aura y STEM Land; Helena Becker trabajando en Sante, un centro de atención a la salud y otras entidades, para manifestar alegría en el trabajo; y Uma Haimavati de Upasana.

Permítanme presentarles a Margarita Correa, cofundadora de una empresa con conciencia social y ambiental, MGEcoduties, con la visión de ofrecer un nuevo concepto de productos que apoyan el medio ambiente hechos con ingredientes naturales, utilizando probióticos. Su trabajo está cambiando el juego, lo que el equipo llama "Una revolución para salvar la

Tierra". Están cambiando la mentalidad de los consumidores cuyas acciones desinformadas llenan nuestro planeta de basura y contaminación. "Con la ayuda de los probióticos, hemos tomado el reto de cambiar esa mentalidad", dice Margarita.

Margarita nació en Colombia formándose como ingeniero químico. En cautiverio, fue sometida a tortura y dificultades extremas en manos de las fuerzas guerrilleras en Colombia. Más tarde, después de su rescate, trabajó como alta ejecutiva en una empresa multinacional y luego con microorganismos.

Margarita comparte: "A través de los programas de aprendizaje en acción en administración responsable, diseñé de forma diferente, usando un enfoque consciente de espectro pleno; transforme las descomposturas en avances extraordinarios; fomento las competencias y capacidades internas en administración responsable para el cambio transformativo, equitativo y sostenible, y estoy SIENDO quien cambia/crea paradigmas. Recientemente, cuando mi país Colombia firmó un acuerdo de paz con las guerrillas, se pidió a los colombianos que votaran en un referéndum por un "sí o no" a ese acuerdo de paz. Si no fuera por mi aprendizaje, descubrimientos y práctica en los programas de administración responsable, habría votado por 'el NO', ¡ya que mis cicatrices no me habrían permitido perdonar y seguir adelante! El hecho que voté por 'el SÍ' es porque he sido tocada por con compasión y amor infinito".

Geert Tomassen (Tomas) es el administrador responsable de las Granjas Annapurna, la más grande granja orgánica certificada en la región. Tomas reflexiona: "A lo largo de mi viaje interior, siempre miré a las personas como almas en un viaje, no tanto como alguien de un carácter bueno o malo, sino mirando más allá de eso. A través del trabajo en el programa de administración responsable, siento que me han dado un encargo para en verdad practicarlo".

Deoyani Sarkhot, una científica ambiental, está cambiando conversaciones a través de su trabajo para llevar tecnologías asequibles a las escuelas y los niños en edad escolar, las mujeres y los agricultores. Ella reflexiona: "Mi viaje está alineando todo lo que hago con mis valores fundamentales. El mismo espacio de posibilidad está en todos y estoy aprendiendo a cómo invocar ese espacio".

Cambiando la cultura al *generar nuevas conversaciones:* Jaya Berggreen-Clausen *abre puertas para asociarse,* y los espacios que ella abre están más allá de la exclusión de cultura, nacionalidad, credo o casta. "Se trata de quiénes somos y lo que nos preocupa profundamente y hacia dónde queremos ir como especie. Se trata de nuestros más altos sueños como realidad. Se trata de trascender los miedos que nos detienen, no solo como individuos, sino en las interacciones entre nosotros en todos los niveles, y las fuerzas divisivas basadas sobre raza, religión, nacionalidad, etc. Se trata de SER y vivir como ciudadanos globales". Por ejemplo, diseñó e implementó un taller sobre "manifestar nuestra unidad" para los estudiantes universitarios de Ruanda que estudian en Chidambaram en la India. Fue un paso hacia la construcción de la resiliencia de los estudiantes que habían vivido tiempos oscuros durante el genocidio. Jaya reflexiona: "El programa y el enfoque de administración responsable, las plantillas y herramientas están relacionados y son parte del mismo tejido de manifestar nuestra conciencia superior en acción. ¡No es de extrañar que sea tan emocionante, no es de extrañar que las cosas encuentren su lugar!"

Minhaj Ameen se compromete a *transformar el gobierno* a través de nuevas conversaciones y tiene bien claro que un aspecto crítico es fomentar integridad, donde se conecta con las personas en base a valores universales y entendiendo otras perspectivas es crucial. Min dice: "El fracaso mientras se experimenta no es nada de qué avergonzarse, es simplemente parte del compromiso y probar nuevas ideas. Esta comprensión es muy empoderadora". Mita Dasgupta utiliza prácticas transformadoras en grupos de trabajo para generar los cambios culturales que la gente en Auroville desea ver.

Bindu Mohanty *ve*, comparte y a menudo escribe sobre *narrativas emergentes y empoderadoras que cambian la cultura hacia la integridad*. Bindu reflexiona: "Se trata de fomentar la meditación en acción para que podamos escuchar profundamente a otros, hablar efectivamente y, lo más importante, generar nuevas conversaciones para la acción. No será fácil, pero finalmente, después de muchos, muchos años, me animó a soñar de nuevo. Lo que se nos exige es un compromiso inquebrantable para actuar siempre desde nuestros valores universales y no solo aplicar mecánicamente las herramientas que aprendemos o imitar un vocabulario recién desarrollado".

Explorando nuevos futuros con entidades vecinas: Bridget Horkan trabaja en aldeas en Tamil Nadu, India, enfocándose en salud, sanación y educación. Bridget y el equipo de Thamarai abordan el alcoholismo, que es cada vez más un problema de salud y social en India y en las aldeas de Tamil Nadu. Bridget usó las plantillas de diseño transformativo, manifestando valores universales para cambiar los sistemas y normas culturales. Todo el programa se lleva a cabo en Tamil, con folletos en Tamil. Aquellos afectados negativamente por el alcoholismo (familias y abusadores de sustancias) acceden a su sabiduría interior, sus valores universales, para desafiar el abuso de sustancias, el estigma y las normas culturales asociadas con el alcoholismo. No fue fácil al principio y los miembros de la comunidad no querían romper la negación y el silencio. Bridget y sus colegas inscribieron hábilmente a ancianos y jóvenes, y se asociaron con expertos y Yatra, un grupo de teatro Tamil.

Yatra hizo un guión y presentó obras que abrieron espacios de reflexión en el público, basadas en situaciones de la vida real. Por ejemplo, un niño en la obra habla de cómo extraña la presencia de su padre en las reuniones de padres y maestros y los eventos escolares; su padre nunca llega porque está borracho. Al ver y escuchar esto, los hombres de la audiencia reflexionaron sobre las consecuencias del alcoholismo en sus familias.

Yatra Srinivasan administra responsablemente el grupo de teatro Tamil llamado Yatra (que significa "viaje"). Él y los miembros de su equipo participaron en las sesiones de aprendizaje en acción de administración responsables. Él crea obras de teatro que se comunican eficazmente con la gente del pueblo e integra brillantemente los espacios internos de sabiduría y valores universales, al mismo tiempo invitando a las personas a tener el valor de cambiar las normas culturales, incluyendo la violencia contra las mujeres y las niñas, y a ESTAR en acción.

Bridget creció en la costa oeste de Irlanda. Un punto de inflexión formativo en su vida fue una entrevista que escuchó en la radio sobre las muertes y violaciones masivas de hasta un millón de personas en el genocidio ruandés de 100 días. Posteriormente fue a Ruanda como trabajadora humanitaria y esta experiencia la sacudió hasta la médula y abrió un intenso período de cuestionamiento tanto del orden mundial como de sus propios patrones y reacciones condicionados internos.

Bridget dice: "Me ha conmovido profundamente lo compartido por Rwandan Peter cuando se dio cuenta del potencial de este trabajo para transformar la memoria del genocidio tan profundamente enterrada en su cuerpo. Me hizo reflexionar sobre el condicionamiento que también cargo, para perdonar sin condonar acciones inaceptables y dejar ir lo que ya no me sirve. Me encanta la forma en que este trabajo es inclusivo; corta la jerarquía y acepta a los demás. Auroville y los pueblos aledaños pueden tener perspectivas muy diferentes. Durante los programas de administración responsable para los programas de Nueva Emergencia, experimento la unidad y un campo de aprendizaje colectivo que se siente precioso y lleno de posibilidades. Siento que es un foro muy importante para la planificación colectiva del futuro juntos y me encantó escuchar lo compartido por los vecinos de nuestra aldea quienes nos acompañaron para los entrenamientos de aprendizaje en acción."

Durante una de las sesiones de aprendizaje en acción, explorando "ideas inusitadas y fuera de la caja", a Kyoung Hyoun se le ocurrió la idea de diseñar e implementar un programa de aprendizaje en acción para los *trabajadores en Auroville, quienes en su mayoría viven en aldeas vecinas.* Floreció en una poderosa iniciativa, desarrollando capacidad de administración responsable para los trabajadores en Auroville.

La transformación es inspiradora. ¡Mujeres y hombres, muchos con poca educación formal, aprendiendo las mismas herramientas y técnicas, como los profesores en universidades de renombre mundial! Este es un testimonio de la belleza y el poder del espíritu humano. Inmediatamente, los participantes pusieron en práctica lo que aprendieron pronto.

Una mujer en el programa dijo que esta era la primera vez en su vida que alguien le preguntaba qué le importaba y valoraba lo que decía. Otra mujer dijo que no había hablado con su cuñada por cinco años; pudo ver que su interpretación de lo que sucedió podría ser diferente de lo que realmente pasó; pudo ver la incongruencia entre sus valores universales de equidad y dignidad, y decidió romper el silencio. Varios participantes dijeron que aprendieron a superar su miedo a hablar en público.

Los ejemplos que he citado de entidades y personas en la magnífica arquitectura de constelaciones que se auto organizan y operan de manera interdependiente, todas son diversas pero interconectadas, trabajando por la unidad humana de diferentes maneras basadas en nuestra unidad innata. Y todos están en viajes en los que hay más que aprender, diseñar, implementar y transformar. Este es un trabajo en progreso.

En el capítulo 11, veremos cómo generar resonancia, alineación y sinergia entre la profusión de proyectos, iniciativas, entidades u organizaciones, para metas logradas e impactos equitativos y sostenibles.

CAPÍTULO 11

Oportunidades transformadoras

Sintonizando y alineando para la transformación radical

Si has venido aquí para ayudarme, estás perdiendo tu tiempo.
Pero si has venido porque tu liberación está ligada con la mía,
entonces trabajemos juntos.

LILLA WATSON ET DES AUTOCHTONES AUSTRALIENS

La transformación radical, trabajando con los factores fundamentales para transformar las realidades actuales que no funcionan para todos, requiere que manifestemos los valores universales de dignidad, equidad y compasión, para el diseño estratégico, la acción y los resultados. Trabajamos en colaboración en casa, en sociedad y en nuestro trabajo. Alinearse con los socios genera sinergia, en la que el resultado generado por cada persona o grupo es mucho más que la suma de la contribución de grupos o individuos. ESTAR en sintonía genera resonancia con socios de espíritu similar. Los socios diseñan y actúan sobre la misma base de valores, aunque las estrategias y tácticas pueden diferir.

Nuevos senderos para resultados transformadores aparecen cuando matizamos las diferentes expresiones de alineación y sintonía. En este capítulo, exploramos estas expresiones y los resultados generados a través de iniciativas transdisciplinarias, transformación de sistemas integrales que cambian sistemas inviables y normas culturales. Superamos los silos y la fragmentación del trabajo, apalancando la transformación radical y revisamos aperturas sin precedentes.

Iniciativas interdisciplinarias transformando el aprendizaje

Para abordar problemas complejos necesitamos asociarnos con personas de diferentes disciplinas. Tomemos el cambio climático: necesitamos expertos, líderes, legisladores, gerentes de programas, finanzas, agricultura, industria, transporte, planificación urbana, silvicultura, energía y medios de comunicación. Se necesitan especialistas de la sociedad civil, el gobierno, las empresas y desarrollo humano alrededor de la mesa.

Para claridad y facilidad en la aplicación, yo diferencio tres enfoques en el trabajo junto con diferentes disciplinas.

Primero, en el trabajo *interdisciplinario*, interactuamos para compartir conocimientos a través de los marcos de trabajo y las teorías de diferentes ramas del conocimiento, agregando información, pero no necesariamente trabajando juntos para resolver un problema. Por ejemplo, los profesionales que están trabajando independientemente sobre el cambio climático pueden reunirse para aprender sobre qué pasos otros están tomando.

Segundo, el trabajo *multidisciplinario* implica trabajar en un objetivo común, como es la reducción de emisiones de carbono, utilizando conocimientos y técnicas de diferentes disciplinas de manera coherente.

Tercero, el más emocionante, el trabajo *transdisciplinario* cruza los límites de la disciplina, adopta un enfoque holístico en el que expertos de diferentes disciplinas y profesionales crean nuevo conocimiento y comprensión, siempre informados por los valores universales de dignidad, equidad y compasión, nuestro espacio resonante de unidad.

Las definiciones que estoy utilizando para el trabajo interdisciplinario, multidisciplinario y transdisciplinario se utilizan para generar alternativas basadas en valores; esto difiere de las definiciones convencionales en la investigación. Así como el conocimiento de la economía mundial se expande, el trabajo transdisciplinario es un área importante para que exploremos, ya sea en círculos comunitarios, grupos de estudio, academia o mientras trabajamos en proyectos y programas.

Aquí hay ejemplos de *iniciativas transdisciplinarias* notables: la Iniciativa Bailey Bridge (BBI) y una iniciativa similar en el Centro de Estudios y Acción sobre Discapacidad (CDSA) en el Instituto Tata de Ciencias Sociales en Mumbai (TISS). Estos son programas transformadores de aprendizaje en acción, sintetizando la ciencia y tecnología, trabajo social, así como habilidades de liderazgo, competencias y capacidades internas.

El propósito de BBI es fomentar agencia en las personas interesadas y las comunidades en las que se relacionan. Los participantes fueron entrenados y equipados con herramientas y técnicas, científicas y tecnológicas, relevantes para la toma de decisiones informadas en intervenciones sociales.

El equipo de diseño (Muthu Kumaran, Adya Siddharth y Vivek Coelho) identificaron las habilidades, competencias y capacidades internas para el aprendizaje y hábilmente integraron ejercicios para fomentar la *agencia* de cada participante y la de los miembros de la comunidad a quienes sirven. Desmitificaron conceptos científicos y tecnológicos. Los participantes aplicaron las herramientas y técnicas de mapeo, cartografía, sistemas de información geográfica, visualización espacial y razonamiento, en intervenciones de campo. Usaron el enfoque RCEP y llamaron a su plantilla "Marco de trabajo espectral para construir agencia" (SFAB, por sus siglas en inglés). Yo animo a las personas que quieren generar resultados equitativos y sostenibles a que usen el enfoque RCEP en el contexto específico de su trabajo y nombrarlo como corresponde.

Los participantes cambiaron la forma en que trabajan en las comunidades. Vieron que estas herramientas y técnicas de mapeo mejoraron significativamente su trabajo en el campo. Los estudiantes formularon sus proyectos en la hoja de trabajo "Marco de trabajo espectral para construir agencia" y dijeron que esto proporcionó claridad y visibilizó los sistemas y cambios culturales necesarios. Los participantes aprendieron e integraron los componentes para construir agencia en los talleres que diseñaron para las personas de la aldea. Fomentaron la agencia en la gente de la comunidad y en lugar de hacer el trabajo *para* ellos, los alentaron a manifestar sus capacidades internas para la acción. Hombres y mujeres de la aldea tomaron la iniciativa y trabajaron con funcionarios del gobierno para resolver sus problemas.

Permítanme presentarles a los principales arquitectos de la Iniciativa Bailey Bridge: Muthu Kumaran, Adya Shankar y Vivek Coelho.

Muthu Kumaran, un ingeniero, mejora la capacidad de los estudiantes para diseñar e implementar sus propias iniciativas para avances extraordinarios, así como a fomentar la agencia de la gente en la comunidad. Muthu fomenta su crecimiento y notó cómo los estudiantes pasan de centrarse en el conocimiento, al conocimiento basado en la acción.

El mismo Muthu está en un continuo viaje de aprendizaje. Después de la experiencia de la Escuela de Verano Bailey Bridge, reflexionó: "Desde los días de conceptualizar, diseñar y dirigir el taller, me paré en mis valores de agencia, dignidad y empatía en todo momento. A veces, en la escasez de tiempo y trabajo, estaba frustrado, pero volví a seguir adelante recordando constantemente mis valores universales, lo que realmente me ayudó a entregar lo que había planeado. Esto fue evidente por el interés mostrado por los participantes que trabajaron hasta tarde después de las sesiones y diseñaron sus avances extraordinarios para obtener resultados e impactos mayores. Y lo más importante, pudieron ver que la tecnología es solo una herramienta que es neutral en valor, y que es la persona usándola, en base a sus valores y propósito, quien puede hacer que la tecnología genere todo su potencial para la transformación social. Algunos participantes dijeron que era uno de los mejores talleres a los que habían asistido porque *era único integrando la práctica de crear agencia propia, junto con las habilidades de mapeo tecnológico y el trabajo práctico en ciencias sociales*".

Adya Siddharth hizo un cambio consciente en su carrera de la informática a las ciencias sociales, a menudo preguntándose si fue un gran error. Adya dice: "Una diferencia clave en mi vida es la firme confianza en la que me levanto y camino por el sendero menos transitado. Siempre había una voz en mí que decía: 'Me preocupo por la sociedad y el medio ambiente… y quiero hacer algo al respecto'. Este trabajo me ha permitido articular mis valores, mi propósito en la vida y lo que puedo aportar a la sociedad. Por sí solo, eso ha sido un gran cambio. Ya no necesito la seguridad de otra persona de que estoy haciendo lo "correcto". Ahora, sé quién soy y cómo puedo hacer una diferencia en este mundo".

Al final de la escuela de verano Bailey Bridge, Adya señaló: "Mis valores son la compasión y la justicia. Logré encarnar mis valores universales durante las sesiones al estar completamente presente, observando, sintiendo el pulso de los participantes. Aprendí que manifestando poder interno por mí misma y el de otros vive en mi SER. Cuando estoy basado en el espacio de mi sabiduría y trabajo desde la compasión, las personas pueden ver quién estoy SIENDO y se abren como flores floreciendo. Aprendí la importancia del rigor y la atención al detalle incluso en las tareas más pequeñas".

Vivek Coelho se para en integridad, justicia y equidad. Desarrolla un sistema de monitoreo comunitario y restauración de playas y está estableciendo células comunitarias para la reducción del riesgo de desastres. Después de la escuela de verano Bailey Bridge, Vivek compartió: "Aprendí que cuando vivo mis valores universales, estoy abierta a aprender y crear un entorno propicio para que otros aprendan. Los participantes pudieron notar su propio cambio de iniciativas impulsadas para la actividad completa y las iniciativas impulsadas por metas logradas e impacto. Plantillas como la respuesta consciente de espectro pleno y la cadena de resultados transformativos fueron útiles para diseñar e implementar con claridad. Ellos notaron la diferencia entre las respuestas de espectro parcial y pleno y elaboraron estrategias bien informadas basadas en valores universales".

La iniciativa Bailey Bridge es un excelente ejemplo de profesionales diseñando una iniciativa transdisciplinaria. Una participante dijo que aunque pertenecía a una disciplina "tecnológica", no se dio cuenta de que estos conjuntos de habilidades se pueden utilizar de una manera constructiva basada en valores para abordar problemas sociales. El Marco de Trabajo Espectral para la Creación de Agencia (SFAB, por sus siglas en inglés) fue fundamental para unir las habilidades técnicas y basadas en disciplina de la ingeniería, tecnología de la información, ciencias sociales y desarrollo del liderazgo, donde los valores universales y la creación de agencia trascienden los límites de cada disciplina y las intervenciones sociales que conllevan a cambios necesarios en los sistemas y normas culturales. Esto es lo que la Iniciativa Bailey Bridge imaginó y cuáles son sus valores universales.

Vivek Coelho organizó el evento *"A Tide Turns"* en 2017 con Ayuda Legal para Mujeres (LAW, por sus siglas en inglés) y la Consciencia Humana de Educación y Necesidad Social (SNEHA, por sus siglas en inglés). Miembros de la comunidad de pescadores de Tamil Nadu y Puducherry hablaron en el evento. Ellos compartieron sobre lo que les preocupaba profundamente y sus valores universales, describiendo el cuidado de las playas en el contexto de restaurar el ecosistema, e inspiraron al público con su compromiso y confianza. En este programa transdisciplinario a nivel comunitario, gente de las comunidades de pescadores aprendieron cómo fomentar su liderazgo por medio de los programas transformadores de aprendizaje en acción en Tamil.

Transformación de sistemas integrales

Cambiando sistemas y normas para generar resultados conduce a la completa transformación de sistemas.

Falacia: Cada disciplina, como ingeniería, tecnología de la información, ciencias sociales, y medicina, requiere que nos especialicemos y avancemos para poder crear más innovaciones. Es muy difícil trabajar de forma multidisciplinaria porque nuestros marcos de trabajo son muy diferentes.

Nuevo aprendizaje: La plantilla de respuesta consciente de espectro pleno proporciona un marco de trabajo transdisciplinario para que múltiples disciplinas utilicen su experiencia técnica para resolver problemas; crear sinergia y contribuir cambiando sistemas y normas juntos; y trascender las diferencias al manifestar acciones y estrategias de valores universales.

En este mundo tan cambiante, podemos generar un cambio de paradigma a través de un cambio de sistemas integral, creado sobre la base del poder interno de la sabiduría humana y la transformación personal. Nos *sintonizamos* y *alineamos* para la transformación de sistemas completos en el hogar, el trabajo y la sociedad. En el sentido más amplio, ESTAR alineado y sintonizado interiormente también aplica a nosotros como individuos.

Nuestra nuera, Anindita, una talentosa ejecutiva de negocios, se enfoca en desarrollar el potencial pleno de gerentes y personal. Su respeto por la diversidad se expresa en diferentes esferas y está alineado con su cosmovisión inclusiva. Ella se preocupa por la gente, el mundo de los animales y nuestra tierra. Anindita organizó unas vacaciones familiares en Tailandia y me inspiraron las historias que nuestros nietos compartieron sobre ir a un santuario de elefantes rescatados. La exploración de Anindita de la diversidad cultural, la comida, el arte, la música, informa su creatividad. Su profesionalismo y perspectivas globales combinadas con sensibilidad local son valoradas en su lugar de trabajo. Tanto su vida personal como profesional están alineadas y basadas en los mismos valores fundamentales.

Permítanme volver al entorno de trabajo. En los diferentes programas que diseñamos e implementamos, trabajamos con socios de todos los ámbitos de la vida. Diseñamos procesos para alinear nuestros esfuerzos para establecer sinergia; y trabajamos en sintonía desde los valores universales de dignidad y respeto, justicia y equidad. Los programas de aprendizaje en acción de liderazgo y administración responsable fomentan alineación y conexión a través de la afinación basada en dignidad humana, equidad y compasión.

Para revertir la epidemia del *VIH/SIDA,* teníamos proyectos para aumentar el tratamiento, promover la prevención, fomentar el liderazgo a nivel nacional y local, involucrar a los medios, ampliar la educación, y monitorear y evaluar la epidemia. Basados en los valores universales de dignidad y respeto, justicia y equidad, articulamos los sistemas y cambios culturales que alinearon los proyectos y generaron sinergia. Estuvimos de acuerdo sobre cambiar las normas culturales que estigmatizaban a las personas que viven con VIH/SIDA en familias y comunidades, a normas que fueran inclusivas y respetuosas; y a alterar las normas culturales que no respetan la responsabilidad de individuos de tener sexo seguro. Acordamos cambiar la forma en que funcionaban los sistemas para prestar servicios sin discriminación, y a cambiar el sistema para un acceso equitativo a los medicamentos. Esto implicó cambiar del mercado impulsado por las ganancias que determinan el acceso al tratamiento mediante precios inasequibles a precios y ganancias más equitativos. Los resultados descritos anteriormente en este libro son dignos de mención.

Un ejemplo de alineación y sintonía: para abordar el cambio climático en Egipto a través del Programa de Desarrollo de las Naciones Unidas, fue diseñado un programa de liderazgo transformativo para desarrollar la capacidad de la gente y los expertos para movilizar una acción sostenida y efectiva. Personas que tomaban decisiones en diferentes ministerios sectoriales, científicos, expertos y representantes de la sociedad civil participaron en este programa orientado a resultados. Los tres problemas más importantes del cambio climático en Egipto estaban relacionados a los recursos hídricos, las zonas costeras y la agricultura. Les preocupaba la eficiencia energética, la energía renovable y el desarrollo limpio, sin contaminación.

El enfoque y las prácticas de los programas de liderazgo para el aprendizaje en acción superan la fragmentación y conducen a síntesis y sinergia. En Egipto, setenta y cinco participantes se involucraron en más de 125 proyectos de diferentes sectores. Cada participante mapeó cada proyecto en el marco de trabajo consciente de espectro pleno (ver la Figura 6.3). Ellos mapearon lo siguiente:

▸ Los *valores universales internos* —los valores universales de cada participante. La base misma de todas las estrategias y acciones que crean un cambio equitativo y sostenible es manifestar la sabiduría de uno, nuestra capacidad interior. Los participantes reconocieron la potencial contribución de cada uno, de manera diferente y más profunda, y esta fue una nueva base en sus relaciones.

▸ Los *valores fundamentales* del proyecto —*equidad y sostenibilidad*. Los Informes Nacionales de Comunicación en Egipto documentaron los problemas del cambio climático y declararon que la *equidad y sostenibilidad* son la base de la acción estratégica.

▸ Las medibles *entregas* —¿Qué *actividades* se requerían para resolver el problema? Como era de esperar, había cientos de actividades. Por nombrar algunos, los participantes de la sociedad civil estaban trabajando en educar a las comunidades en la conservación del agua; el sector del transporte está estudiando formas de aumentar la eficiencia energética del transporte; los departamentos de agricultura tenían proyectos para buscar cultivos para condiciones de sequía, así como el conseguir energía renovable.

▸ *Los sistemas y las normas que se debían cambiar* para hacer que la solución fuera equitativa y sostenible. Estos se compartieron primero dentro de grupos más pequeños y luego con todo el grupo. El resultado fue la alineación —y todos los participantes pudieron verlo.

¡El ochenta por ciento de las ideas para cambiar normas y sistemas eran sobre seis problemas similares! Estas ideas incluían la eliminación de impuestos de importación para el equipo, así como las piezas para el equipo, que se iban a utilizar para la energía renovable y la energía limpia; poner fin a los subsidios indirectos a los bienes y equipos que usan combustibles fósiles; imponer impuestos de importación sobre bienes y equipos que usan combustibles fósiles directa o indirectamente; proporcionar incentivos a iniciativas locales que promuevan o usen energía renovable, así como el desarrollo eficiente y limpio; revisar los programas de educación comunitaria a través de la desmitificación de la ciencia y la tecnología, estimular la acción local, extender el alcance y hacer la información y la educación relevantes para las situaciones locales; y renovar la distribución y conservación del agua para hacerla equitativa.

La gente sabe lo que se necesita cambiar, y cuando proporcionamos espacios seguros para el pensamiento crítico, se les ocurren ideas informadas y efectivas. Y cuando los participantes en las discusiones sobre el cambio climático en Egipto se volvieron conscientes de la alineación en los cambios necesarios en sistemas y normas culturales para que sus diferentes proyectos fueran sostenibles, ellos pudieron ver la *interdependencia*. Pudieron ver que cuando cada proyecto tenía éxito, creaba las condiciones para que otros tuvieran éxito. Asociarse para la acción y los resultados sinérgicos es emocionante y cambia el juego. A través de su aprendizaje en el programa de liderazgo, los participantes crearon una nueva base para el cambio equitativo y sostenible.

Cuando iniciamos los primeros proyectos en TISS, el equipo con el que trabajé, incluyendo Gomathy Balasubramanian, un profesor adjunto en TISS, eligió tres temas: pluralismo y toma de decisiones democráticas, bienes comunes sostenibles y suficiencia económica. Articulamos los cambios culturales y de sistemas, que se convirtieron en el contexto de alineación para todas las iniciativas.

Para el pluralismo y la toma de decisiones democráticas, el enfoque era de cambiar individuos y sociedades de la inequidad debido a sus identidades a individuos y sociedades democráticas que celebran el pluralismo, fomentan la autodeterminación, participación y resultados basados en la acción.

La sustentabilidad de bienes comunes públicos requiere un cambio de la privatización y el control gubernamental del entorno y el conocimiento a permitir fuentes de conocimiento abiertas, bancos de recursos comunitarios y mecanismos para la comunidad sostenible de administración responsable de las comunidades y regeneración del medio ambiente.

La suficiencia económica requiere un cambio de la mercantilización de los seres humanos y privarlos del acceso a los recursos esenciales para la vida y subsistencia a honrar el espíritu humano y la vida, valorar el trabajo, garantizar salarios justos, proporcionar seguridad social y acceso al capital y los mercados.

Gomathy comparte: "Ahora, lo primero que hago de forma diferente en cualquier compromiso es trabajar desde todas las tres áreas: valores internos, sistemas de pensamiento crítico y conversaciones basadas en resultados. En el pasado, estos a menudo se mantenían de una manera quebrada, y uno se volvía más importante que el otro. Ahora habitualmente examino todos mis compromisos actuales desde esta lente holística.

"He sido parte del movimiento feminista radical durante muchos años debido a mi firme compromiso con la justicia. También exploré la naturaleza del yo, comunidades y organizaciones, a través de varias filosofías y teorías, como administración, comportamiento organizacional. En estos espacios, encontré que no había reflexividad sobre las desigualdades estructurales como género, casta, clase y cómo determinan el comportamiento humano. En los últimos cinco años de trabajo en TISS utilizando estos métodos transformadores, he podido reunir estas diversas experiencias en un todo mayor, para articular mi sentido de la justicia no según lo que dice una ideología dada, sino como un ser encarnado, enfrentando realidades complejas. Además, esta encarnación ya no se limita a conversaciones, sino a acciones y compromisos concretos. En ese sentido, siendo solo para mí se ha convertido en una aventura vivida en lugar de un conjunto de normas críticas internas y externas".

La importancia del lenguaje

Las herramientas, técnicas y enfoques de los programas de administración responsable y liderazgo son profundos y a menudo más fáciles de comprender en la lengua materna. El equipo de TISS generó resultados en Nagapattinam con miembros de la comunidad porque tradujimos todos los materiales de los programas de administración responsable al tamil. En Auroville, todos los programas de administración responsable eran bilingües: inglés y tamil. Fue muy divertido trabajar con el equipo de traducción: ¡Srilatha, Suriyaprakash, Muthu y Adya! Trabajamos muchas horas todas las noches después de las sesiones del día y su humor, risas y broma, mantuvo la energía en flujo. En este trabajo, la traducción no puede ser literal, debe ser rigurosa y transmitir el significado de las palabras y frases en inglés. Traducirlo de nuevo al inglés y verificarlo conmigo, probarlo previamente en el campo, usando nuevas palabras para comunicar nuevos descubrimientos, encontrar o crear nuevas palabras para ir más allá de las interpretaciones religiosas, fue todo parte del proceso.

Suriyaprakash C. es un profesor en la Escuela de Negocios Jansons. Él dice: "Las herramientas de la administración responsable me proporcionan un nuevo paradigma para abordar mi trabajo como maestro, capacitador, facilitador. La crucial importancia del diseño de proyectos basados en valores me ha impulsado a diseñar los programas de desarrollo de mi organización para crear metas logradas tangibles. Utilizó ampliamente el marco de trabajo de diseño consciente de espectro pleno, al que llamo Marco de trabajo de OD Integrada y la cadena de resultados transformativos con mis aprendices organizacionales A su vez, ellos diseñan sus propias iniciativas de avances extraordinarios usando las plantillas. Este es un enfoque práctico y efectivo del espectro pleno para el cambio organizativo".

Debido a que tradujimos nuestro trabajo a Tamil, fue posible trabajar a lo largo de la costa de Nagapattinam en Tamil Nadu, India, con el Fideicomiso de Ayuda Legal para Mujeres (LAW, por sus siglas en inglés) y la Consciencia Humana y Educación sobre Necesidad Social (SNEHA, por sus siglas en inglés). Ellos han sido cruciales en movilizar comunidades sobre ganarse la vida, respuesta a los desastres, los derechos humanos de mujeres, niños, y comunidades marginadas, salud y fortalecer las organizaciones de base. Una de las mayores luchas ha sido para asegurar los derechos de las comunidades tradicionales de pescadores sobre los recursos costeros. Sus valores fundamentales son la dignidad, los derechos humanos y vivir en armonía con la naturaleza. Trabajan para establecer una sociedad justa libre de discriminación basada en casta, clase, religión, género, idioma, y edad por medio de la transformación social con la participación de la gente.

A. Gandhimathi, la directora de *LAW*, es imparable. Su valor universal es la libertad interna para sí misma y los demás y lo manifiesta por medio de su trabajo con las comunidades más marginadas en los distritos costeros de Tamil Nadu. Ella está comprometida, arde por la justicia, y actúa. Los recursos pueden ser mínimos, y puede parecer imposible, pero esto no le previene de perseverar y encontrar otras soluciones para la justicia y el bienestar en las comunidades. Gandhimathi dice, "Mi libertad se encuentra en la libertad de los demás."

Jesu Rethinam, la directora de SNEHA, es una encarnación de la humildad trabajando con y para las comunidades marginadas y afectadas por la costa de Tamil Nadu. Ella es una persona confiada y respetada en la comunidad, basado en su compromiso, resultados y pasión.

Siempre está lista para hacer más, aprender más, y mantenerse al día con lo que se necesita para que ella y su equipo puedan producir resultados.

En muchos países donde trabajamos, tradujimos meticulosamente este trabajo, por ejemplo, en árabe con Ehab y Heba.

Pinaki Roy dice: "La oportunidad más importante surgida desde que me uní al viaje de "Administración responsable para emergencia nueva" es traducir las herramientas al bengalí. Este es un paso extremadamente importante porque se vuelve accesible para los miembros de las comunidades marginadas y rurales de Bengala; les da herramientas y procesos para participar conscientemente y decidir por sí mismos las prioridades de desarrollo transformacional; y les permite ser agentes activos del cambio". Pinaki trabajaba en aldeas en Sundarbans, Bengala Occidental, que tiene el bosque de manglares más grande del mundo.

Falacia: La transformación integral de sistemas es un proceso complejo en el que los expertos y analistas de sistemas tienen que trabajar.

Nuevo aprendizaje: Cuando articulamos los cambios culturales y de sistemas necesarios para que los problemas sean resueltos de forma equitativa y sostenible, y alineamos nuestro trabajo para lograr estos cambios basados en valores universales, estamos uniendo las piezas del rompecabezas para la transformación de sistemas integrales y resultados.

Superando los silos y la fragmentación en el lugar de trabajo

La mayoría de los gerentes, líderes y directores ejecutivos quieren romper los silos y fomentar el trabajo de equipo y sinergia. Para superar los silos y la fragmentación en el lugar de trabajo, el personal debe ser capaz de ver cómo su trabajo contribuye a la organización y cómo sus actividades pueden dar forma a los sistemas y la cultura de su entorno de trabajo. Usando la plantilla consciente de espectro pleno es una poderosa forma de romper los silos y la fragmentación en el sitio de trabajo.

Dentro y entre las organizaciones, coaliciones o cualquier entidad, necesitamos alineación y sintonía interna y externa.

Alinear mis proyectos para metas logradas sinérgicas e impacto: En nuestro trabajo, la mayoría de nosotros trabajamos en más de un proyecto. Cuando reviso los diseños de los proyectos y artículo claramente los cambios culturales y de sistemas basados en valores universales, veo la alineación, sinergia, interdependencia; cómo el progreso en un proyecto afecta a los demás.

Alinear iniciativas dentro de las unidades de un departamento o entidad: En las grandes organizaciones, hay departamentos que emplean a muchas personas con cada persona diseñando e implementando varios proyectos. Las personas y sus proyectos a menudo están organizados en unidades.

Podemos crear sinergias y mayores impactos y metas logradas entre los proyectos al diseñar y trabajar en los cambios culturales y de sistemas relacionados a específicas y diferentes metas logradas y actividades de cada proyecto. Es igualmente importante, fomentamos el trabajo en equipo y la comunicación efectiva entre las personas de cada departamento porque ven explícitamente la interdependencia entre sus proyectos. Esto es siempre emocionante para el personal: ellos pueden ver que son parte del completo sistema interrelacionado.

Alineación entre departamentos o entidades: La mayoría de los líderes principales y Directores en Jefe se esfuerzan por romper los silos entre departamentos. Estos silos surgen porque las funciones del departamento y las responsabilidades del personal a menudo se perciben como exclusivas y basadas en experiencia única. Los mecanismos de financiamiento refuerzan los silos y establecen la competencia, en particular cuando los recursos financieros son limitados. Cuando el personal, los gerentes y los líderes de una entidad se conectan con lo que están SIENDO y por lo que se paran, ven la misión y los valores universales fundamentales de la organización más allá del ciego cumplimiento y comprensión intelectual de una declaración de la misión —están en sintonía con los valores universales y actúan desde ese espacio. Y cuando el personal de diferentes departamentos trabaja unido a través de un proceso donde ellos articulan los cambios culturales y de sistemas que desean ver, se alinean, crean sinergias y metas logradas e impactos mucho mayores. A través de sus actividades e iniciativas, manifiestan momentos maravillosos, creativos, que cambian la cultura de los 'silos' en tiempo real.

Alineándose entre operaciones y programas: En casi todas las organizaciones y entidades, el personal que trabaja en programas (como medios de supervivencia, salud, educación) operan desde departamentos que son diferentes al personal que trabaja en operaciones (como contabilidad, financiamiento, contratación, recursos humanos). A menudo hay un sentido de "nosotros contra ellos" que resulta en cotorreo y juicio sobre "el otro". El personal del programa puede decir "la alta gerencia, contabilidad, recursos humanos y la administración se sientan en oficinas con aire acondicionado y no tienen idea de las realidades del terreno y lo que hacemos. Somos nosotros los que trabajamos con la gente y tenemos una mejor idea". Los grupos de operaciones pueden decir "El personal y los gerentes del programa se ponen a la defensiva cuando las personas en contabilidad, recursos humanos y administración hacen preguntas para aclarar y piensan que su integridad está siendo cuestionada".

Cuando el personal del programa y operaciones, gerentes y líderes de una entidad trabajan juntos en los programas de aprendizaje en acción, se descubren a sí mismos y a los demás de una manera más profunda, creando una nueva base de respeto y aprecio, en sintonía a través de la resonancia con los valores universales. Y cuando el personal articula los cambios en los sistemas y la cultura de la organización juntos, se alinean y crean sinergias a través de sus acciones e iniciativas. La comunicación entre las personas en operaciones y programas es más auténtica, surge un nuevo reconocimiento del trabajo de los demás y los problemas cotidianos se resuelven fácilmente.

Participar en programas de aprendizaje en acción y ESTAR en la práctica, ahorra tiempo en la administración de una organización debido a la alineación y sintonía.

Aquí hay un ejemplo de práctica que conduce a alineación y sintonía. Leigh Guerrero es líder y gerente de una organización. Ella dice: "Heredé personal que no estaba trabajando juntos y discutían sobre la forma 'correcta' de servir a nuestros clientes. A través de conversaciones individuales y de equipo que brindan retroalimentación sobre cómo escucharse profundamente unos a otros sí, y para comenzar las discusiones de equipo con los valores universales compartidos de dignidad y equidad que sustentan el servicio a nuestros clientes y comunidad, el personal pudo ver el compromiso en sus compañeros de equipo y comenzaron a trabajar juntos para encontrar soluciones."

Alinearse con socios, ciudadanos y organizaciones de base: No importa cual sea el tema —terminando con la falta de vivienda, reduciendo las infecciones por VIH, reduciendo la violencia juvenil, conservando el medio ambiente, reduciendo el crimen— se trata de articular y actuar sobre los cambios culturales y de sistemas que proporcionan la dirección y los resultados para un cambio equitativo y sostenible. Las estrategias, actividades pueden diferir con diferentes grupos ciudadanos y organizaciones de base. A pesar de que los grupos puedan trabajar en la misma comunidad con los valores universales de dignidad y equidad, sus acciones pueden parecer desigual.

¡Con demasiada frecuencia decimos que hay escasez porque solo vemos los árboles y no el bosque! O decimos que hay demasiadas entidades o proyectos trabajando en el mismo problema, duplicando esfuerzos; sin embargo, los mecanismos de servicios y apoyo para quienes los necesitan siguen siendo inadecuados. La fragmentación y la duplicación no son el problema, el problema es que a menudo no sabemos cómo crear sinergia y resonancia. Cuando el público, los grupos ciudadanos y organizaciones de base trabajan juntos con el gobierno, las empresas, los medios y las entidades no gubernamentales, a través de un proceso en el que articulan cambios culturales y de sistemas que desean ver, se alinean y crean sinergias, y mayores impactos y metas logradas.

En los diferentes programas a través de las Naciones Unidas (trabajo humanitario en zonas de conflicto, problemas ambientales, abordar el VIH/SIDA, reducir la mortalidad materna, aumentar la supervivencia infantil, realización de los derechos humanos) el rol de cada agencia es diferente, en base al mandato. Articular y actuar sobre los sistemas y los cambios culturales necesarios con los socios y las partes interesadas proporciona la dirección necesaria para lograr resultados equitativos y sostenibles.

Robyn McKeen es gerente del Centro de Servicios para Personas sin Hogar en el Condado de Santa Cruz. Ella dice: "Uno de los resultados más significativos de los 300 miembros de nuestra comunidad que participan en este programa ha sido la sinergia y las relaciones que se profundizaron e hicieron nuestro trabajo más efectivo.

"La forma en que abordamos los sistemas formales y las normas sociales en el programa de liderazgo es accesible y empoderante. Antes del programa, por lo general me sentía abrumada e impotente frente a lo que parecían ser sistemas rígidos insuperables perpetuando la pobreza, la inequidad y otros problemas sociales. He aprendido a ver mi proyecto como uno de los muchos puntos de entrada en los sistemas que dan lugar a los problemas que estamos trabajando para resolver. Ahora, cuando participamos en el diseño e implementación de nuestros proyectos, los participantes del programa de liderazgo buscan formas de cambiar los sistemas formales y las normas sociales hacia la dignidad y la equidad a lo largo del proceso".

Kymberly Lacrosse trabajó en la prevención de la obesidad promoviendo la alimentación saludable y una vida activa viviendo en Watsonville,

California. Ella habló en la junta del Concilio Municipal de Watsonville, cuando una compañía de comida rápida iba a abrir un restaurante donde se planeaban nuevas vías peatonales. Esto era inconsistente con la promoción de una alimentación saludable y una vida activa. Los residentes ganaron la apelación. Y algo cambió en los representantes de la compañía de comida rápida: se alinearon con lo que los residentes querían. Ellos decidieron no presentar una demanda porque no querían quitarle recursos a la comunidad y vieron que los residentes estaban creando una comunidad próspera.

En los programas de liderazgo transformativo y administración responsable, los participantes ven la alineación y sinergia de su trabajo con los de otros. Se trata de alinear y sintonizar para resultados que tienen el potencial de hacer un cambio de paradigma. Cuando nos vemos a nosotros mismos como factores de cambio con principios, debemos tener claro lo que estamos cambiando y debemos conectar cada acción con lo que dijimos que cambiaríamos. Esto puede sonar complejo, pero alineamos nuestras acciones a lo que queremos cambiar y los resultados que queremos en nuestra vida cotidiana; cuando decido reducir mi peso, como alimentos particulares y hago ejercicio.

¿Nos damos cuenta y actuamos cuando las acciones sociales y políticas son congruentes con los valores universales y los cambios que queremos en nuestras familias, comunidades y nuestra tierra, nuestro bienestar? ¿Y lo notamos y tomamos acción cuando son incongruentes?

Falacia: Una vez que acordamos y alineamos las metas comunes, automáticamente transformaremos el sistema entero y resolveremos problemas.

Nuevo aprendizaje: Acordar metas en común, metas logradas e impactos es necesario y nos alinea en torno al "punto final". Sin embargo, a menos que cambiemos los sistemas, normas culturales y estructuras, que dan lugar a problemas, basados en valores universales, no lograremos las metas de manera sostenible; y no lograremos la transformación de sistemas enteros.

Aprovechando las oportunidades para la transformación radical

A lo largo de este libro, has conocido a personas de diferentes ámbitos de la vida que están aprovechando las oportunidades y puntos de entrada para presenciar un mundo equitativo y sostenible. Son ciudadanos, expertos, proveedores de servicios, políticos, personas del gobierno, la academia, empresas, organizaciones sin fines de lucro, medios de comunicación. Al decir aprovechar, me refiero a la habilidad de utilizar nuestra influencia y puntos de entrada para generar resultados efectivos y poderosos. Nuestro compromiso y valor para crear alternativas basadas en valores es fundamental. En su erudito trabajo de sistemas, Donella Meadows afirma que el poder de trascender paradigmas es la intervención más efectiva para la transformación de sistemas; y son las mentalidades o paradigmas de las personas que crean estos sistemas (sus metas, estructura, reglas, parámetros) que deben cambiar.[67] Aprovechar para presenciar la transformación radical para generar resultados transformadores requiere que trabajemos con socios con enfoques que generen cambios de paradigma.

Invitación para aprovechar los recursos

Explorando juntos la base de nuestro trabajo establece caminos para lograr resultados —poniéndonos en contacto con nuestra compasión, declarando los valores universales que sustentarán nuestras estrategias, articulando los cambios normativos de sistemas, viendo nuevos puntos de entrada para aprovechar recursos, abrirse a la aventura de imprevistas posibilidades. Nos embarcamos en esta exploración cuando trabajamos en un programa para reducir la mortalidad materna en ocho países del sur de Asia: Afganistán, Bangladesh, Bután, India, Maldivas, Nepal, Pakistán y Sri Lanka.

Las estrategias para revertir la epidemia del VIH/SIDA y mejorar el "Liderazgo para Resultados" comenzaron con un retiro inspirador con los principales líderes de las Naciones Unidas y el PNUD de 30 países. Maria Ndlovu, oradora pública, invitó a todos en la sala a caminar con ella a través del viaje de su vida, llevando a la gente hasta las lágrimas, urgiéndolos a dar un paso adelante y actuar. Annie McKee y Frances Johnston, consultoras competentes que trabajaron con nuestros equipos en el PNUD, hábilmente profundizaron el espacio para que los participantes se pusieran en contacto con su propio liderazgo. Annie y Fran trajeron sus valores personales de dignidad y equidad y se comprometieron a revertir la epidemia de VIH/SIDA, y crearon espacios para acciones basadas en los valores en esta junta y después a nivel nacional.

Probir Banerjee, fundador de una organización sin fines de lucro, PondyCAN, me abrió la puerta para poder trabajar en Auroville, porque él valora este trabajo y lo comparte con los demás. Él dice que el trabajo transformativo radical produjo un cambio enorme en él y causó que su camino estuviera claro y su viaje en la vida más agradable. Él dice que al practicar los procesos, "el cotorreo en mi mente parece haber desaparecido, mis debilidades ya no me molestan, y veo a los problemas como una oportunidad para crecer, lo cual me está ayudando a lograr mi potencial pleno. En mi profesión puedo inspirar a otras personas a la acción con compromiso y crear una sinergia para hacer cambios de sistemas en todos los proyectos. Estoy viendo resultados como nunca antes."

La forma en que comenzamos nuestras conversaciones para afectar la transformación radical establece el escenario: ¿Manifestaremos valores universales y el potencial interno y la *capacidad de la gente para un cambio equitativo y sostenible? ¿O diseñaremos nuestras estrategias basándonos únicamente en soluciones técnicas y administrativas?*

Transformando la filantropía, generando prosperidad

Los filántropos responden al sufrimiento humano proporcionando apoyo. La próxima generación de filantropía y caridad está evolucionando, pasando de responder sólo a las necesidades básicas de supervivencia de las personas y el planeta, hacia resolver problemas y generar nuevos paradigmas, nuevas formas sociales, metas logradas e impactos que presencien equidad, sostenibilidad y prosperidad. Me refiero a esto como reciprocidad consciente para distinguir esta siguiente etapa de las formas convencionales de caridad y filantropía.

La mentalidad de caridad y filantropía se basa en la generosidad y el dar, usualmente basada en las preocupaciones del filántropo. Las consecuencias deseadas o indeseadas pueden incluir que el donante actúe como "héroe" al rescatar a los necesitados. Se puede esperar el cumplimiento de los beneficiarios porque están recibiendo dinero; organizaciones sin fines de lucro que reciben dinero de un donante o empresa que espera a cambio el reconocimiento del nombre o patrocinio. Los donantes se sienten bien al dar dinero a los necesitados, a pesar de que continúan manteniendo el estatus quo y perpetuando los sistemas y las normas culturales que dan lugar a los mismos problemas que están resolviendo.

Sin embargo, la reciprocidad consciente manifiesta capacidades internas y la capacidad para transformar las normas culturales y sistemas de ambos, donantes y recipientes, a medida que resuelven problemas. Se basa en el principio de que somos interdependientes, que todos nosotros tenemos un interés en crear el futuro. Tanto recipientes como los donantes participan en procesos donde se invita a todos los miembros a descubrir sus aspiraciones más profundas, sus valores universales y generar resultados transformadores.

Therese Adams es la directora de recaudación de fondos de una organización sin fines de lucro sirviendo familias experimentando falta de hogar. En el otoño de 2015, coordinó una Fiesta de Agradecimiento para los Donantes. Therese dice: "Este evento fue diferente a cualquier otro evento de relación con donantes que haya hecho en el pasado. Creé un evento transformador utilizando el concepto de "reciprocidad consciente".

"Un evento tradicional para donantes a menudo se lleva a cabo en un restaurante o lugar de lujo e incluye una decoración elegante, flores y una cena gourmet con vino. A menudo, un cliente "simbólico" de la organización sin fines de lucro agradece a los donantes por sus contribuciones y habla sobre cómo la organización no lucrativa cambió su vida. En nuestra Fiesta de Apreciación para Donantes, queríamos promover el sentido de equidad en la sociedad, con los donantes y las mujeres viviendo en el refugio. Celebrar el evento donde vivían las mujeres creó una dinámica diferente al de las mujeres reuniéndose con los donantes en un restaurante de lujo".

Planearon un evento simple con mesas en el patio trasero, ofrecieron aperitivos simples pero deliciosos. Quienes hablaron del refugio compartieron lo que les importa profundamente, sus valores universales, cuando hablaron de sus experiencias. Los clientes también hablaron de ser padres, con desafíos como todos los demás. Therese comparte: "Esto creó un espacio para que todos los presentes abrieron sus corazones. Y en ese momento, cuando la gracia también está presente, no había donante ni cliente, solo había padres y seres humanos.

"El resultado del evento fue diferente a cualquier otro evento que había coordinado. Al final de la noche, los que asistieron estaban visiblemente conmovidos. Creo que los donantes se vieron a sí mismos, en los clientes del refugio. Después del evento, los donantes que asistieron ese día asumieron un nuevo nivel de inversión. Comenzaron a asumir funciones como inscribirse como voluntarios, unirse a la mesa directiva y aumentar sus donaciones personales. Muchos de ellos todavía hablan de lo profundamente conmovedor que fue el evento.

"Diseñé el evento de manera diferente. Mis valores son la generosidad y la equidad, las cuales incorporé en el evento. He visto en acción que si se comunican los valores universales fundamentales, las personas pueden resonar entre sí, independientemente de su clase, raza, género, edad u opiniones. Identifiqué qué cambios se necesitaban para causar que una fiesta acostumbrada para donantes se volviera un evento transformador. El objetivo era cambiar la mentalidad de la caridad a la reciprocidad consciente y promover la generosidad. Tuvimos conversaciones con todos para conectarnos a un propósito y compromiso más profundos.

"Usando el modelo convencional de caridad o filantropía crea una separación entre el donante y la gente a la que sirven las organizaciones sin fines de lucro. Hay una jerarquía inherente a la interacción. Al crear un evento que promueve la reciprocidad consciente, los corazones de los donantes se abren y donan por su propio bienestar, por su comunidad, por la gente a la que sirven. Los donantes ven diferentemente los problemas de pobreza, falta de vivienda e inequidad en la comunidad. Se sienten personalmente involucrados en resolver el problema y es más probable que sean co-creadores de soluciones".

La filantropía tiene un rol importante en el flujo de ayuda mundial, afectando el desarrollo de metas logradas en diferentes países. El modelo tradicional de recaudación de fondos a través de los siglos por parte de las organizaciones basadas en la fe, fue creado alrededor de un modelo de caridad que proporciona bienes, servicios y tecnologías que abordan las causas inmediatas de pobreza, hambre y guerra; ahora, muchos de ellos están trabajando en el empoderamiento. Del mismo modo, recurrimos a la asistencia de emergencia como respuesta inmediata a las complejas emergencias causadas por desastres humanos y naturales. A medida que buscamos desarrollar respuestas que conecten asistencia de emergencia hacia el desarrollo sostenible, los modelos filantrópicos han evolucionado para incluir estrategias de abogacía y desarrollo institucional que abordan problemas más sistémicos impactando emergencias complejas y el sufrimiento humano.

Si bien son necesarios, estos modelos han demostrado ser insuficientes para transformar sistemas de exclusión y lucha humana. Examinar los factores subyacentes que informan los modelos filantrópicos y de ayuda nos da acceso a una nueva perspectiva. Indagando en este nivel, comenzamos a entender la filantropía, la ayuda y el dar, como reciprocidad: un proceso de aprendizaje mutuo e intercambio que empodera a individuos y comunidades a través del servicio a otros. Y un proceso que responda a los desafíos; y al mismo tiempo, crea oportunidades para que las personas manifiesten su potencial pleno.

Los resultados que generamos a través de la reciprocidad consciente empoderan a ambos, el donador y el receptor de la ayuda, creando un contexto completamente nuevo para la donación global. En este entendimiento, la filantropía se basa en una mentalidad de abundancia, donde nos damos cuenta y compartimos la unidad de la condición humana, más allá de las disparidades materiales.

Ashish, nuestro hijo, es un consumado ejecutivo de negocios. Él apoya silenciosamente la educación de muchos niños cuyos padres son vendedores ambulantes en Mumbai, para que puedan alcanzar niveles de aprendizaje a pesar de sus desventajas en la escuela. Los otros niños cuyos padres son educados aprenden más fácil. Para él, dar es una cuestión de extenderse él mismo, sin esperar ningún crédito, reconocimiento o retorno. Es lo que llamamos reciprocidad consciente.

Recuerdo con cariño un momento en que Ashish, un niño de nueve años, participó en actividades de *anganwadi* en las aldeas en la India. Un *anganwadi* es un centro de cuidado infantil para niños menores de seis años de edad. Él disfrutó de jugar con los niños y ayudar a la trabajadora del *anganwadi* en sus tareas diarias y tuvo muchas historias divertidas para compartir al final del día.

Los movimientos y campañas de próxima generación

Hay puntos en la historia en que algunos seres humanos ven emerger a la superficie las fallas sociales, económicas y políticas y dan un paso adelante para traer a existencia una nueva visión de una humanidad digna y equitativa. Y aunque estamos solos en nuestro compromiso y valor para actuar, rara vez avanzamos solos... siempre hay otros cuyos corazones compasivos están abiertos de par en par y también son llamados a actuar. Han ocurrido cambios previamente inimaginables: poner fin al apartheid, el movimiento de derechos civiles, poner fin a la colonización geográfica (aunque reemplazada por una colonización económica), la calidad y la equidad de género, mejorar los derechos laborales. Pero no hemos experimentado todo el potencial de estos movimientos y continuamos con nuestra mentalidad de "otredad".

Los movimientos para abordar las injusticias sociales donde las personas interesadas se organizan y trabajan de manera activa hacia particulares metas políticas, sociales y económicas, o las campañas en las que un grupo de personas trabajan juntas para promover sus ideas políticas, sociales o artísticas compartidas, usualmente son basadas en los valores como la equidad y la justicia social. No son propulsados o se llevan por la fuerza en una dirección específica. *Sin embargo, falta una pieza: encarnar los valores universales de dignidad, equidad y compasión, y SER capaz de ver la grandeza y potencial interno en todos*; donde tengamos el valor de denunciar lo que no funciona, hablarle al poder con la verdad y generar alternativas, trascendiendo las dicotomías de 'nosotros-ellos'. Es la hermosa y potente integración de la transformación personal con la transformación de sistemas, donde continuamente cultivamos nuestro poder y capacidad como líderes para entender y activar nuestros roles llevando sistemas más amplios y cambios culturales en nuestra sociedad.

He trabajado con muchos pro-activistas conscientes, personas cuya compasión los llama a actuar más allá de intereses egocéntricos. Son de varios países en diferentes campos: personal gubernamental y empresarios que se preocupan por sus colegas, la sociedad y el planeta; científicos y expertos utilizando sus talentos para transformar la vida de las personas; filántropos con conciencia social y profesionales de los medios, ciudadanos comprometidos en eliminar el castismo, racismo, tribalismo,

trabajo en condiciones de servidumbre, el clasismo, llevando la justicia social y la equidad a las personas. A medida que aprendo de ellos,
ofrezco mi capacidad de trascender el típico paradigma de "nosotros
contra ellos" que nos impide realizar nuestro potencial pleno, individual
y colectivamente. Entienden lo que falta en la base de su trabajo, sus
estrategias y respuestas.

Kobi Skolnik, del movimiento Occupy, se acercó a mí para desarrollar
un programa para sus líderes, al cual llamó "Occupy Manifest". Pronto,
la mayoría de los participantes descubrieron que este trabajo se trata de
"el 99% y el 1%", incluso cuando nombramos lo que no está funcionando
y tomamos los pasos para cambiarlos. El movimiento Occupy se transformó, la gente del movimiento continuó a su manera. Y las semillas de la
respuesta consciente de espectro pleno florecieron de diferentes formas.

Kobi compartió: "Aprendí que cuando nos conectamos desde nuestros valores universales, nuestra fuente de sabiduría, con otros de diferentes perfiles sociales, la calidad de la conexión y el compromiso es más
profunda y se mantiene por más tiempo. Por ejemplo, este verano mientras la guerra tenía lugar en mi hogar en Israel y Palestina, pude reunirme
con jóvenes de Líbano y Palestina y trabajar a través del dolor compartido.
Conectarnos al yo interior y nuestros valores nos ayudó a permanecer
juntos a pesar de lo que las normas sociales o el entorno piensen de tales
interacciones. Las palabras son difíciles de usar aquí porque todos perdi-
mos amigos en el conflicto y pudimos conectarnos unos con otros, mientras que las olas de odio y baño de sangre nos rodearon".

Willow Brugh, del laboratorio de medios en MIT dijo: "Yo aprendí que la
equidad y la justicia son las dos cosas que impulsan lo que hago, y cuando
manifiesto de allí, todas las complicaciones y dramas de trabajar con varias
organizaciones e individuos simplemente se desvanecen. Es más fácil ver
lo que hay que hacer y cómo llegar allí. Escuchó a la gente, en lugar de
echarles tierra. Considero todo el espacio y cómo contribuir a ello. Diseñamos nuestros programas de forma diferente. Dedico mucho tiempo a cosas
que son estratégicas y menos tiempo a cosas urgentes sin importancia.

"Es algo tan sutil y es difícil nombrar instancias específicas. La rabia
que una vez sentí la mayor parte del tiempo hirviendo bajo la superficie
es ahora reemplazada por un deseo de entender y actuar. Me ha abierto a
conversaciones de las que de otra manera no habría sido parte".

La transformación radical conecta nuestro muy personal SER, capacidad interior y conocimiento, al análisis estructurado y la planificación de proyectos. Juntos, profundizamos en nuestros valores y principios personales para usarlos no solo como la base de nuestros proyectos, sino como el plano entero.

Falacia: Básicamente, todos los activistas están enojados, tienen resentimiento y sencillamente se resisten. Se benefician de los sistemas y estructuras que han establecido. Las corporaciones proporcionan empleos.

Nuevo aprendizaje: Los activistas se preocupan; así como lo hacen otras personas que quizá no se identifican como activistas. Ven los sistemas, las estructuras y las normas culturales que no funcionan. La mayoría de nosotros nos hemos beneficiado de los sistemas actuales.

Las corporaciones se han beneficiado enormemente de las inversiones y los esfuerzos del sector público, como el desarrollo de la infraestructura, la experiencia y la educación. Hay activistas conscientes en todos los sectores; y la nueva generación de movimientos no se trata de "nosotros contra ellos". Se trata de denunciar los sistemas y normas culturales inviables y generar alternativas basadas en valores universales.

La próxima generación de movimientos y campañas está emergiendo. Esta manifiesta la grandeza y las capacidades internas de todos; transforma los sistemas y normas culturales para presenciar la equidad y la sostenibilidad; y resuelve problemas con resultados duraderos. Este trabajo requiere una gran humildad, pero también requiere un gran valor. A menudo, tenemos que trabajar en espacios y lugares donde las personas se resisten y tienen intereses creados. Se trata de crear diferentes espacios de raíces profundas, valores universales y con un pensamiento, al mismo tiempo, analítico y estratégico el cual generará resultados equitativos y sostenibles para un cambio de paradigma.

Con el número cada vez mayor de personas en el mundo, parece imposible hacer una diferencia alcanzando solo a pocas personas. Es alentador saber que cuando llegamos a un momento crítico, se alcanza una masa crítica, la cual es el umbral para que un resultado o condición ocurra. En otras palabras, no necesitamos llegar a todos, necesitamos tener una masa crítica. Según un estudio, cuando una opinión minoritaria de agentes comprometidos pasa más allá del 10% de la población mayoritaria, la opinión minoritaria se convierte en la opinión mayoritaria más rápidamente.[68]

El desafío en el mundo de hoy no es uno de recursos naturales, o dinero, o capital humano, o tecnología, o legislación. No se trata simplemente de una cuestión de aplicación de leyes y sistemas de distribución, ni se pueden "arreglar" las cosas tan solo proporcionando educación para todos. Claramente falta algo más fundamental y profundo. Necesitamos cambiar nuestras mentalidades; necesitamos redefinir el desarrollo y nuestra forma de vida materialista; necesitamos repensar nuestras estrechas y rígidas identidades.

El Liderazgo transformacional radical está emergiendo como un enfoque de vanguardia, de nueva generación, para transformar nuestras mentalidades, pero solo si elegimos hacerlo. Este enfoque se basa en la comprensión de que las personas tienen potencial interno y capacidad para abordar sus desafíos de forma sabia y efectiva. También reconoce que los factores fundamentales de la injusticia social y económica están dentro de los individuos; y estos deben abordarse y transformarse utilizando procesos apropiados. Es un nuevo tipo de liderazgo para un futuro transformado: líderes que manifiestan la convergencia más profunda de principios, propósito y práctica para generar resultados concretos que beneficien a la humanidad y nuestro planeta.

PARTE 4

Avanzando en este viaje

CAPÍTULO 12

Abriéndose paso en la era de la prosperidad universal

¿Qué se necesitará? Un llamado a la acción

"Una y otra vez alguien en la multitud se despierta, no tiene terreno en la multitud y emerge de acuerdo a leyes mucho más amplias. Él lleva consigo costumbres extrañas y exige espacio para gestos audaces. El futuro habla sin compasión a través de él".

RAINER MARIA RILKE

Todos y cada uno de nosotros tenemos una contribución que hacer en nuestra familia, trabajo, comunidad, o en el mundo. No importa dónde. Lo que importa es estar unidos en nuestro compromiso para servir o beneficiar a otros a través de nuestras acciones. Cuando los seres humanos se paran en su grandeza interior, unidos en compromiso, son imparables. Nuestro compromiso de encarnar nuestro potencial pleno y tomar acción para beneficiar a otros es la forma de crear un mundo en el que todos prosperemos. Aquí es cuando ocurre la transformación.

En medio de muchos beneficios traídos por la tecnología: aumento en la expectativa de vida, altos niveles de educación, energía en nuestros hogares, conexiones a través de Internet, acceso a materiales, empleo, uno de cada seis de nosotros en este mundo vive al borde de la supervivencia.

La escalada de conflictos, la violencia y las desigualdades es un marcador de decisiones desastrosas, tomadas por el hombre a nivel mundial. En 2017, el secretario general de las Naciones Unidas, Antonio Guterres, abrió una sesión del Consejo de Derechos Humanos de la ONU llamando al desprecio por los derechos humanos "una enfermedad que se está propagando" e instó al consejo a ser parte de la cura. "Estamos viendo cada vez más el perverso fenómeno del populismo y extremismo alimentándose mutuamente en un creciente frenesí de racismo, xenofobia, antisemitismo, odio anti musulmán y otras formas de intolerancia", dijo. "Minorias, comunidades indígenas y otros enfrentan la discriminación y abuso en todo el mundo," añadió, notando el abuso dirigido hacia los refugiados y migrantes, y personas que son lesbianas, gay, bisexuales, trans, y/o intersexo (LGBTI).[69]

Hay una salida a esto.

El Liderazgo de Transformación Radical es una idea cuyo momento ha llegado. Es robusto, pero naciente; y todavía está en los márgenes de la actividad dominante en cada sector, donde las inversiones masivas continúan de la misma manera. Los grupos de intereses creados luchan por mantener el estatus quo y resisten con fuerza el cambio. La mayoría de las comunidades, instituciones, organizaciones, países, aún no son conscientes o expuestos a su poder y potencial. Este es el reto. A medida que la disparidad, la intolerancia y la codicia desenfrenada de individuos y naciones continúan creciendo, ¿Cómo elaboramos estrategias para popularizar este trabajo en todo el mundo?

Esta respuesta evolutiva radical tiene características únicas que aplican a todos nosotros. Estas características son más como axiomas que están establecidas, aceptadas y evidentemente verdaderas. Cuando manifestamos nuestras capacidades internas para la acción estratégica, cuando somos emocionalmente inteligentes y autoconscientes y estamos comprometidos para un mundo próspero, manifestamos resultados transformadores a medida que nos desplegamos en acción, y se implementan nuevos patrones. Es nuestra elección comprometernos en esta aventura de la vida.

Axiomas del Liderazgo de Transformación Radical

Axioma 1: Es el reino de todos

Este trabajo nos permite ver que nuestro yo personal no está separado de nuestro yo profesional y político; y que *todos* puedan contribuir para la transformación radical. El cambio es posible comenzando desde donde estás parado, diseñando para resultados con especificidad y haciendo las cosas de forma diferente. Cada uno de nosotros tiene el poder de hacer una diferencia, sin importar el nivel de liderazgo formal o informal que tengamos, la forma en que nutrimos a nuestras familias y las conversaciones que cambiamos en la sociedad.

Todos tenemos los tres atributos innatos y que mejoran la vida dentro de cada uno de nosotros a los que podemos tocar y acceder: nuestro *corazón universal* de compasión; el empático *ardor por justicia e imparcialidad,* nuestro "impulso de equidad" y nuestro *ojo discernidor*, que puede ver patrones tanto visibles como invisibles con luz y claridad prístina. Cuando cultivamos nuestra inteligencia emocional (autoconciencia, nuestra capacidad para regular nuestras emociones que a menudo son rebeldes y disminuyen la vida, trascender nuestros rígidos mecanismos de defensa) manifestamos nuestros atributos innatos que mejoran la vida en nuestra familia, trabajo y sociedad, generando resultados transformadores.

Las personas que has conocido a lo largo de este libro son de países de todo el mundo, siguen diferentes religiones y tienen diferentes conocimientos y competencias. Trabajan en diversos sectores. Son personas comunes haciendo contribuciones extraordinarias. Cada uno de ellos está activando los tres atributos que mejoran la vida, y usando ese poder para hacer las cosas de forma diferente y generar resultados.

¿Responderás a la llamada? ¿Entrarás a tu potencial pleno y tomarás acción en nombre de la gente y el planeta?

Axioma 2. El fractal de la prosperidad

Pensemos en la prosperidad, individual y colectivamente, como un estado del SER en el que manifestamos nuestro potencial pleno, florecemos y prosperamos; y tenemos satisfechas nuestras necesidades básicas de supervivencia. Es la vitalidad y satisfacción de la autoexpresión. La prosperidad se trata del bienestar para todos, no el crecimiento, la opulencia, el lujo o la comodidad.

La prosperidad es el éxito redefinido. Crea un valor cultural de prosperidad para todos, en lugar de valorar la opulencia ilimitada y el dinero como el faro del éxito. El fractal de la prosperidad repite el patrón; es la más simple de las acciones cotidianas, así como de los enormes esfuerzos y empresas.

Tenemos opciones. Podemos seguir encontrando "soluciones" para nuestros problemas, sin abordar nunca los factores que dan lugar a estos problemas. Podemos continuar implementando respuestas parciales a temas complejos, tales como la violencia brutal, cambio climático, crisis en el sistema financiero, inequidades, desempleo, necesidades básicas insatisfechas, por nombrar algunos, sabiendo que rara vez tales respuestas tienen un impacto significativo y generan el cambio que deseamos ver. O bien, podemos optar por diseñar e implementar respuestas conscientes de espectro pleno para resolver nuestros más graves problemas, mientras que transformamos radicalmente los sistemas y normas culturales, manifestando nuestras capacidades internas, moviendo así el todo; abordando no sólo el problema inmediato, sino lo que les da origen. Estas son las condiciones del cambio sostenible. A medida que creamos oportunidades para que las personas manifiesten su potencial pleno, al mismo tiempo, debemos responder a las necesidades básicas de todos.

Lo que debemos hacer nunca se ha hecho antes; y la escala a la que debemos hacerlo no tiene precedentes. Pero los humanos con compasión, valor e ingenio, han respondido antes a crisis. ¡Supongamos que lo haremos otra vez!

Ciudadanos, estadistas, políticos, medios de comunicación, líderes corporativos, ¿están dispuestos a tomar su familia, trabajo y nicho en el mundo y sumergirse en la aventura de una emergencia nueva? ¿Sumergirte en donde no estás "en control", sino anclado en tus capacidades internas? ¿Estás dispuesto y eres capaz de crear nuevos patrones de prosperidad como fractales del todo?

Axioma 3. Haciendo posible el factor de cambio con principios

Aquí es donde vemos nuestros valores universales en acción, en los que individuos y líderes de todas las esferas de la vida dan el paso necesario para generar una humanidad próspera.

Es urgente cambiar nuestras economías políticas e instrumentos financieros para servir al bienestar de la humanidad y crear paz y prosperidad en todo el mundo, en lugar de financiar guerra, mala salud y destrucción del medio ambiente. Instrumentos diseñados para concentrar la riqueza en manos de unos pocos y dejar fuera a millones de personas, es inaceptable. Esto lo están declarando millones de personas en todo el mundo. Aunque muchas personas pueden sentir que estas fuerzas son insuperables, sabemos que cuando las personas manifiestan equidad y compasión, actúan con valentía y crean alternativas. Las decisiones intolerantes y negociaciones entre bastidores con consecuencias nefastas para la humanidad y nuestro planeta son hechas por solo un puñado de gente. Muchos otros siguen estas "reglas del juego" ciegamente o sin pensar; o porque las reglas se explican y entienden en el contexto de alguna teoría de autoservicio; o se les da una visión parcial y por lo tanto, no entienden las repercusiones de lo que se les pide hacer.

Parece imposible cambiar las mentalidades omnipresentes que sustentan estas políticas e instrumentos económicos y financieros que aminoran la vida. Estamos educados y socializados para creer en un orden social, económico y político, que se basa en la dominación y no funciona para la mayoría de la humanidad. Vivimos en un mundo científico y cartesiano, donde la economía, ciencia y tecnología a menudo se usan como cortinas de humo para la política de la élite. Las élites han capturado las políticas democráticas de modo que solo benefician a unos pocos en lugar de a la mayoría. Hoy en día, el valor y la esencia de la democracia se ha perdido. Cambiar las reglas de juego con principios se trata de recuperar la democracia y la ciudadanía de formas completamente nuevas, encarnando los valores universales para cambiar el juego. Para hacer el mejor uso de las grandes tecnologías que tenemos a la mano, necesitamos recuperar la sabiduría del espíritu humano y aprender a hacer preguntas fundamentales.

Aquí hay un par de ejemplos de cortinas de humo. Un grupo pudiente en la India publicó su intención de construir un hospital, una actividad que le gusta a la gente. Su solicitud de obtener del gobierno tierras gratuitas en una ubicación privilegiada fue aprobada porque se comprometieron a tener el 25 por ciento de las camas del hospital y servicios para pacientes que no podían pagarlos. Incluso recibieron una subvención para lo mismo. El hospital fue construido y el 75 por ciento de las camas y servicios fueron solo para aquellos que pagaron altos costos, el 25 por ciento de las camas permanecen "en construcción". Otro ejemplo: las personas de todo el mundo quieren una infraestructura adecuada, como carreteras, agua y sistemas de saneamiento. Los esquemas que privatizan recursos públicos engañan a los contribuyentes, disminuyen los ingresos para el gobierno y permiten que solo unas pocas personas ricas sigan acumulando dinero.[70]

Es esencial que los ciudadanos y líderes comprendan las fuentes de acción e inacción tanto visibles como las ocultas, y las actitudes que las determinan. Debemos hacer el esfuerzo de entender las diferentes cortinas de humo y los expertos responsables que se preocupan necesitan desmitificar el lenguaje que se usa para formar políticas económicas e instrumentos económicos.

Las visiones del mundo generadas de los principios universales de dignidad y equidad, son diferentes de las perspectivas ideológicas basadas en una teoría. Cuando manifestamos nuestras capacidades internas y entendemos las reglas del juego, estamos dispuestos a alterar nuestros puntos de vista y podemos dirigir las decisiones hacia la dignidad y la equidad.

¿Eres un ciudadano y líder que está dispuesto a cultivar tus propias visiones del mundo basadas en valores a través de preguntas profundas y descubrimiento? ¿Vas a crear espacios para la exploración y diálogo auténticos, basados en valores, para hacer que el factor de cambio con principios sea la norma? ¿Podemos valorar de manera genuina a los líderes y ciudadanos que son factores de cambio, con principios, en lugar de apoyar posturas ideológicas sin pensar, solo porque nuestra identidad social está envuelta con ellas?

Axioma 4. El interruptor de los "ismos"

Aunque, en el fondo, lo que todos queremos como seres humanos es lo mismo —felicidad, amar y ser amado, pertenecer— y todos experimentamos alegría, dolor, ira y remordimiento, nuestros procesos de socialización y educación nos influyen lo largo de la vida. Algunos mejoran la vida, otros son dominantes, divisivos y perjudiciales para la humanidad. Debemos ser capaces de trascender los numerosos y dañinos "ismos": racismo, casta, clasismo, tribalismo, religiosidad excluyente, sexismo, basados en suposiciones y acondicionamiento que recibimos de nuestra familia, religión, políticas, educación, cultura, que conducen a una agitación social sin fin, represalias, violencia y destrucción de culturas, personas y planeta.

¿Cómo interrumpimos los siglos de "ismos"? ¿Cómo podemos redescubrir quiénes somos como SERES humanos más allá de la raza, el género, la casta, la tribu, la clase, mientras honramos diversidad y celebramos lo diferente?

La transformación radical manifiesta nuestras capacidades internas y valores universales como base de la acción estratégica; es el interruptor de los "ismos". La transformación radical nos mueve más allá de la hegemonía y el patriarcado y crea nuevos patrones sociales y profesionales de equidad, reconociendo nuestra esencial unidad humana. Fundamentando nuestro trabajo, proyectos, relaciones y tareas diarias en nuestros valores más profundos, aprendemos a nutrir y escuchar, a dar y sostener la vida mientras que al mismo tiempo somos efectivos, eficientes y enfocados en los resultados. Vemos que la creación está disponible para nosotros en nuestros corazones, mentes y manos; les permitimos trabajar juntos y comenzamos a moldear la realidad desde nuestros sueños más profundos de dignidad, justicia, equidad y paz.

Esto no significa que no denunciemos lo que es explotador o debilitador. La transformación radical implica que tenemos el valor de hablar con verdad al poder; y cuando trabajamos en temas específicos, como el racismo o las castas, o en temas específicos como "Black Lives Matter" (Las Vidas Negras Importan), energía limpia, sueldos dignos o trabajos decentes, nosotros lo hacemos más allá de una estrategia de "nosotros contra ellos". Manifestamos valores universales, siempre sabiendo que cualquiera podría, imprediciblemente y en cualquier momento, desplegar y manifestar su grandeza.

Como ciudadanos y líderes, cuando nos comprometemos con una humanidad próspera, tenemos la responsabilidad de cambiar las narrativas actuales que mantienen el estatus quo. Por ejemplo, cuando alguien hace una declaración sobre dignidad y equidad para todos, a menudo se le tilda de "izquierda". Sin embargo, no hay nada de "izquierda" o "derecha" en esta marcha sin sentido desplomando cuesta debajo de nuestra humanidad y planeta. Se trata de despertar a las realidades y a nuestros patrones de consumo desenfrenado que erosiona nuestro planeta y la vida de otra gente. Es la capacidad de ver un fenómeno más allá de las ideologías del capitalismo, socialismo y comunismo, para trascender los "ismos". en base a nuestros valores universales de dignidad, equidad y compasión.

¿Estás dispuesto a interrumpir estos "ismos" en una manera fundamentalmente nueva? De lo contrario, nuestra "otredad" y mentalidades excluyentes resultarán en otra expresión de la misma dominación: ¡la próxima versión de "New Jim Crow"! ¿Puede la próxima generación contar contigo y conmigo para generar las condiciones para sociedades pacíficas y prósperas?

Axioma 5. El superhéroe radical está aquí

Los nuevos superhéroes están aquí: conociste a algunos de ellos en este libro y tal vez también te veas en ellos. En gran medida pasan desapercibidos, solo emergiendo. Son pioneros contemporáneos, invirtiendo en su propio crecimiento espiritual (no necesariamente religioso), manifestando sus capacidades internas para transformar el mundo. Se informan proactivamente sobre el estado del mundo y sobre su comunidad y sociedad; ven los patrones detrás de lo que está sucediendo, ven las conexiones en eventos aparentemente desconectados; y diseñan la arquitectura radical y unificadora para resultados equitativos y sostenibles.

Tienen el valor de asumir problemas difíciles y resolver problemas; actúan desde una fuente de sabiduría, compasión y empatía, en lugar de caridad y "hacer el bien". No reflejan al distante sabio tradicional del mundo; o los personajes de los superhéroes de hoy que se apresuran a salvar a las personas en situaciones desesperadas, y son valientes frente a la muerte. En cambio, son sabios informados, sabios en los caminos del mundo y están aquí para contribuir. Ellos son valientes arquitectos de futuros nuevos. No necesitan ser la 'estrella' del espectáculo; más bien, "la partera " de las ideas y aspiraciones de la gente, dando vida a la prosperidad fractal, con respuestas conscientes de espectro pleno.

La ciudadanía ética y el liderazgo no son idealistas; son realistas y deben ser normalizados. Ellos lideran el camino con la mentalidad de abundancia, no escasez; suficiencia, no codicia; paz, no guerra.

Los superhéroes radicales de hoy son los líderes transformativos radicales en todo el mundo, agradecidos de poder servir. ¿Cómo se puede estimular la creatividad y el compromiso de eminentes productores y escritores de cine para *ver* y compartir la emoción y desenvoltura de esta próxima generación de superhéroes? ¿Aceptarán Hollywood y Bollywood el reto de destacar a los nuevos superhéroes y cambiar las narrativas de la sociedad? ¿Crearán los preocupados y visionarios artistas, músicos e intérpretes, las nuevas y emocionantes narrativas de prosperidad y éxito, a través de las historias de emergentes superhéroes radicales? *¿Verán* y destacarán los ciudadanos y los medios las acciones valientes, compasivas y equitativas, y crearán nuevas tendencias sociales para que surja un liderazgo responsable?

Axioma 6. Se despliega el potencial sin explotar

Hay millones de personas comprometidas a resolver problemas sociales, ambientales y empresariales. Es admirable tener una visión de futuros nuevos, algo bueno que queremos lograr en el mundo o en nuestras propias vidas. Pero las visiones fracasan cuando están ligadas a la fuerza de una personalidad carismática y no se basan en la sabiduría de los valores universales. La sabiduría a menudo falta en el liderazgo moderno. Liderar desde esta capacidad interna aprovechará el poder para entregar resultados sostenibles. Para abordar problemas intratables, los líderes deben abordar los factores de raíz y reflexionar sobre los puntos estratégicos que traen los cambios más prometedores en el comportamiento social. Las correcciones técnicas no funcionan. Se trata de crear alternativas basadas en los valores.

En este libro, conociste a líderes creativos, comprometidos y efectivos, generando resultados transformadores. Este es el nuevo potencial desplegándose.

Y hay millones de personas en el mundo de hoy quienes genuinamente quieren paz y prosperidad. Si tan solo todos pudiéramos decidir embarcarnos en nuestros viajes únicos para manifestar nuestro potencial pleno y crear plataformas para que otros también lo hagan, estaríamos en el camino hacia un cambio de paradigma sostenible.

El ambientalista y autor Paul Hawken estima que hay dos millones de organizaciones trabajando por la justicia social y sostenibilidad ecológica.[71.] Claramente, estas personas comprometidas se preocupan muy profundamente como para renunciar a otras oportunidades y elegir prestar servicio. ¿Qué tal si los líderes de estas organizaciones estuvieran dispuestos a cambiar de respuestas parciales a respuestas conscientes de espectro pleno, cada uno a su forma única? ¿Renovar sus organizaciones para trabajar como entidades únicas, pero resonantes, en constelaciones interdependientes? Entidades en las que cada persona resuelve problemas, crea nuevos patrones cambiando las reglas del juego, manifestando nuestras capacidades internas relacionadas con nuestra unidad. ¡Nuestro impacto sería enorme!

Las cooperativas con propiedad democrática y gobiernos están emergiendo como una poderosa influencia económica global. Los individuos en estas cooperativas han elegido comprometerse en negocios de forma diferente, valorando la contribución de cada miembro, pasando de una mentalidad competitiva y de escasez, a un liderazgo compartido. En 2014, 2.6 millones de cooperativas tenían más de mil millones de miembros y clientes. Las cooperativas son de bajo perfil. El ingreso anual generado por las cooperativas en todo el mundo es de $2.98 billones. Si fueran economías nacionales, se clasificarían como la quinta en el mundo.[72] ¿Qué tal si cada una de estas cooperativas invirtiera en aprender a manifestar capacidades internas y a diseñar para un cambio justo y duradero? ¡La era de los negocios éticos se manifestaría!

Muchos programas de liderazgo son hábiles en el desarrollo personal, formación de equipos, mejorando el rendimiento de las personas en organizaciones. Sin embargo, estos cursos están firmemente integrados en las actuales nociones de crecimiento, pensamiento económico, fuerzas de mercado y/o políticas corporativas. Rara vez se enfocan los programas de liderazgo en el componente clave que conduce a resultados equitativos y sostenibles para la sociedad: cambios en sistemas y normas inviables. Solo en los Estados Unidos, la inversión en educación y desarrollo de liderazgo se acercó a los 50 mil millones de dólares en el 2000 y ha crecido considerablemente. Se han escrito más de 20,000 libros y miles de artículos sobre aspectos esenciales del liderazgo y sus resultados.[73] Si los miles de consultores y maestros de liderazgo se comprometieran con una humanidad y un planeta prósperos, y trabajaran para mejorar sistemas y normas inviables cuando enseñen los cursos de liderazgo, habría potencialmente metas logradas e impactos tremendos para la gente y nuestro planeta.

Por primera vez en la historia, los líderes mundiales se comprometieron con una acción unida para una agenda política universal para nuestro planeta y la gente en todo el mundo y fortalecer la paz universal y en todos los países desarrollados y en desarrollo. En septiembre del 2015 los líderes mundiales de 193 países anunciaron 17 Metas de Desarrollo Sostenible relacionados al progreso social, económico y ambiental. Dijeron: "Nos imaginamos un mundo libre de pobreza, hambre, enfermedad y escasez, en el que todo lo viviente puede prosperar. Nos imaginamos un mundo libre del temor y la violencia. Nos imaginamos un mundo de respeto universal para los derechos humanos y la dignidad humana. A medida que embarcamos en este gran viaje colectivo, nos comprometemos a que nadie se quedará atrás.[74]

¿Vas a abogar proactivamente por las Metas de Desarrollo Sostenible? ¿Vas a aprovechar este acuerdo sin precedente de todos los países de las Metas de Desarrollo Sostenible con un enfoque de respuesta consciente de espectro pleno y generar un cambio de paradigma localmente y en todo el mundo? Podríamos establecer la equidad, bienestar, paz, progreso, prosperidad, y una humanidad y planeta prósperos. Es crítico asegurar que los valores universales de dignidad, equidad e inclusión formen la base de toda acción y progreso estratégicos. De otra manera, nuevas expresiones de inequidad, erosión de la dignidad, pobrezas, y juegos de poder desempoderantes emergerán y no podremos lograr las metas.

¿Cómo podemos exigir responsabilidad de las instituciones y diferentes sectores, políticos, gobiernos, empresas, sociedad civil, por el progreso de la humanidad? ¿De qué manera quiero hacerme responsable y contribuir a un nuevo futuro? ¡Estamos a punto de generar el punto de inflexión para que surja un nuevo paradigma!

Axioma 7. Viendo la pieza que falta

Líderes responsables corporativos, gubernamentales, de los medios, académicos y comunitarios saben lo que se requiere para la prosperidad compartida y un planeta próspero y públicamente comparten sus puntos de vista. Ellos pueden ver como el poder corporativo necesita apoyar a los gobiernos para asegurar el bienestar de toda la gente. Ven la importancia de reducir la inequidad de ingreso, terminar con el cabildeo para las políticas que empeoran las inequidades, pagarles un sueldo digno a los trabajadores, compartir la responsabilidad por pagar impuestos de modo que las compañías y los individuos más ricos paguen más, e invertir en educación gratis y cuidado médico universal para la prosperidad social. Frecuentemente, no ven la pieza que falta: tomar en cuenta el valor inmenso de la capacidad interna de la gente para diseñar estrategias e implementar el cambio. Es posible que algunos comprendan lo que falta intuitivamente, pero no ven cómo pueden utilizar sistemáticamente las capacidades internas transformadoras y los valores universales de todos, tanto las personas que determinan las políticas como la gente al nivel comunitario por igual.

Los activistas sociales y ambientales ven las fuerzas invisibles que crean sistemas inviables y las normas culturales que dan lugar a muchos de los problemas en este mundo. En el contexto de los valores universales de dignidad y justicia, estos activistas ven su rol como el de detener las injusticias que afectan a la gente y al planeta. La mayoría de las veces no ven la pieza que falta, teniendo en cuenta el inmenso valor de la capacidad interna de las personas para diseñar estrategias e implementar cambio. Cuando el activismo se ancla en las capacidades internas de todos, es compasivo y fuerte, donde la indignación ética reemplaza a la ira destructiva, donde el agotamiento se transforma en una contribución sostenida.

El movimiento del potencial humano ha creado conversaciones sociales más profundas. Los eruditos y maestros nos invitan a explorar de manera significativa nuestra vida interior. Se nos anima a tomar este aprendizaje interno y aplicarlo a nuestro mundo exterior. Las personas pueden resolver problemas y contribuir a sus comunidades, familias y lugares de trabajo. Pero la pieza que falta aquí es un compromiso explícito para cambiar las normas culturales y sistemas inviables. Sin esfuerzos intencionales y proactivos para cambiar el contexto y las reglas del juego que dan lugar a los problemas que vemos y experimentamos, estos esfuerzos solo llevan a resultados temporales. No nos llevan a los discursos públicos esenciales y acción subsecuente en torno a guerra y paz, inequidad, nociones divisivas de identidades, las fuerzas locales, nacionales y globales de concentración de la riqueza en manos de unos pocos.

¿Tendremos la humildad, como líderes de corporaciones, políticos, medios o gobiernos, o centros de investigación, y tomaremos el tiempo para invertir en nuestro aprendizaje y el de otros, para revertir las inequidades actuales y daño al planeta, generar resultados equitativos y sostenibles, y crear un cambio de paradigma? ¿Cómo activistas, manifestaremos nuestras capacidades internas y las de los demás, profundizaremos nuestras respuestas a los retos, y transformaremos la ira y frustración en indignación ética? ¿Usaremos nuestra influencia como maestros del movimiento del potencial humano para cambiar sistemas disfuncionales y normas culturales basadas en los valores universales de dignidad, equidad y compasión?

Axioma 8. Cambios de sistemas y abordar factores de raíz

Con frecuencia se habla del cambio de sistemas. Es nuestro reconocimiento del hecho de que las normas culturales y sistemas se encuentran debajo de los problemas que enfrentamos y deseamos resolver. Aunque nos referimos al cambio de sistemas, pocos saben cómo hacer esto de manera simple y consistente. Sin embargo, este libro ofrece tanto el significado como la metodología, combinando la grandeza humana con pensamiento sistémico y soluciones concretas.

Este es una r-evolución de diseño, un cambio de paradigma a través del diseño evolutivo radical.

No basta con comprender los factores y fuerzas que crean y legitiman las estructuras y sistemas que inhiben el progreso. Debemos diseñar activamente nuestro trabajo para cambiar estas estructuras, sistemas y normas culturales. Y tenemos que saber cómo abordar los factores a raíz de los retos que enfrentamos.

Las jerarquías entrelazadas que conducen a complicados problemas requieren que lo hagamos usando el "espectro pleno" de forma consciente. La mayoría de la gente se siente abrumada cuando piensan en cambiar los sistemas inviables y las normas culturales: ¡trabajar con los factores múltiples, no lineales e interdependientes parece demasiado complicado! Sin embargo, con unos pocos principios de diseño y operación, ¡nuestra respuesta puede ser simple *y* no simplista!

En los turbulentos y complejos tiempos de hoy, no tenemos más remedio que navegar en las diferentes esferas donde nos comprometemos. Tres esferas interrelacionadas: las normas sociales, el gobierno formal y nuestro lugar de trabajo. Todos ellas requieren que manifestemos nuestras capacidades internas para tratar con los factores a la raíz de sistemas disfuncionales, llevando a los cambios que deseamos ver.

También operamos en el contexto de normas sociales, religiosas y familiares. A menudo, desafiar las prácticas injustas es más difícil con las personas más cercanas a nosotros. Describimos algunas de las amenazas para los seres humanos y nuestro planeta, y unos pocos factores críticos contribuyendo a esta difícil situación en el capítulo sobre retos y nuestro compromiso para transformarlos. Hay mucho en riesgo.

¿Estoy tomando las oportunidades para hacer una diferencia en mi trabajo, ya sea en una corporación, gobierno, organización no gubernamental, medios, centro de investigación o academia o como trabajador independiente? ¿Estoy aprovechando el cambio en el gobierno y las esferas políticas como ciudadano preocupado? Cada situación, sin importar lo difícil que sea, presenta oportunidades. ¿Estoy actuando sobre ellos?

Axioma 9. Simplicidad sofisticada: tratando con la complejidad

El entorno en el que pueden ocurrir el desarrollo humano y un planeta próspero es cada vez más complejo. El ritmo del cambio se ha acelerado y hay una mayor frecuencia de reformar y reestructurar. Las consecuencias del error, omisión, desinformación y error de cálculo son de mayor alcance y llegan rápido. También lo son las consecuencias de una acción *positiva* y *hábil*. Con los inmensos avances en tecnología y conectividad, las estrategias y acciones que mejoran la vida mueven los resultados más rápido.

La globalización, digitalización, cambios demográficos y la rápida degradación ambiental están todos creando olas de cambio que nos obligan a comprender los desafíos del desarrollo de manera diferente y responder como corresponde. El desarrollo humano, o la falta del mismo, se relaciona a un complejo fenómeno social dentro del cual estamos llamados a ayudar a liberar los recursos al servicio de todos. Las persistentes manifestaciones de pobreza, alta mortalidad, hambre, conflicto, guerra, explotación, son *síntomas* de disfunción social y fuerzas culturales más profundas.

Una vez que entendemos esto, queda más claro por qué persisten estos problemas de desarrollo. ¿Cuáles pasos vas a tomar para asegurar que nuestra tecnología y otros recursos puedan abordar estos problemas con éxito en el hogar, en la sociedad, y en el trabajo, y lo antes posible?

Axioma 10. Ir a escala: los asuntos pendientes

La respuesta consciente de espectro pleno es un fractal de un nuevo campo radical en el cual el liderazgo ético es la norma. Nos asociamos de forma diferente y alineamos el trabajo para generar una transformación equitativa y sostenible. Como dijo una vez un participante: "Ahora veo posibilidades donde antes había desesperanza. Pero aún estamos lejos de donde necesitamos estar."

Déjenos montar las olas del nuevo pensamiento. Pasemos del crecimiento implacable a la prosperidad sin crecimiento; desde solo estrategias de supervivencia hasta prosperar; desde la riqueza opulenta a la simplicidad sofisticada con abundancia. Trascendamos las polaridades y vayamos más allá de demócrata o republicano; ¡más allá de un cristiano o un musulmán! Déjenos alinear para sinergia e interdependencia.

Es hora de deconstruir el epicentro del poder que nos divide como adultos y niños, como jefes y supervisados, como occidentales y no occidentales, como religiosos y no religiosos, como nacionales e inmigrantes, como pobres y multimillonarios. Cuando somos capaces de verdaderamente escuchar y ver la perspectiva del otro, hay una apertura para que tome lugar un cambio profundo.

Una vez que aplicamos la práctica de la alquimia transformadora en nuestra vida cotidiana y el trabajo, se convierten en una forma de SER momento a momento en casa, el trabajo, con nuestros amigos, en nuestra comunidad y en sociedad. Cada acción es un fractal que resulta en prosperidad.

¿Realmente reconoces la magnitud y los factores subyacentes de nuestros problemas actuales? ¿Estás dispuesto y capaz de utilizar las plantillas de diseño transformativo para crear la arquitectura del cambio equitativo y sostenible? ¿Elegirás comprender y actuar sobre lo que es equitativo y transformador, e integrarlo en tu trabajo y vida cotidiana? ¿Y te sientes llamado a dar un paso adelante y ofrecer tu aprendizaje al servicio de la humanidad y de nuestro planeta?

Nosotros somos los que hemos estado esperando. Creando nuevos patrones requiere que nos conectemos con lo que realmente somos, elevándonos por encima de nuestros miedos para perseguir y realizar nuestra visión para dignidad, justicia y paz durante nuestra vida. La parte más difícil es nuestra propia disciplina para practicar. Es muy fácil volver a caer en nuestros patrones habituales y continuar trabajando de la manera en que nos han enseñado a hacerlo. Los caminos auto-generadores requieren que nos renovemos constantemente. El camino nunca es lineal, la solución nunca es obvia o única: solo haremos una diferencia cuando realmente preguntemos con profundidad a nosotros mismos y a nuestro mundo, tomando la responsabilidad para cambiar lo que no está funcionando en nuestro mundo. Hacer cualquier cosa menos sería renunciar a nosotros mismos, nuestras familias, comunidades, nuestros hijos y las futuras generaciones.

NOTAS
(EN INGLES)

1. Oxfam International, An Economy for the 1% (210 Oxfam Briefing Paper, 2016), 2.

2. United Nations, The Millennium Development Goals Report 2015, 16.

3. Ibid., 32, 39.

4. World Health Organization, Violence against Women (Media Centre fact sheet, November 2016).

5. "Child Labour Facts and Figures," International Labour Organization, September 23, 2013, www.ilo.org.

6. Institute for Economics and Peace, Global Peace Index 2016: Ten Years of Measuring Peace, 42.

7. "For First Time, Earth's Single-Day CO2 Tops 400 ppm," NASA, Global Climate Change: Vital Signs of the Planet, May 9, 2013, https://climate.nasa.gov.

8. "Fossil Fuel and Renewable Energy Subsidies on the Rise," World Watch Institute, August 21, 2012, www.worldwatch.org.

9. Tom Prugh, "Jobs in Renewable Energy Expand in Turbulent Process," World Watch Institute, April 16, 2014, www.worldwatch.org.

10. Richard Wilkinson and Kate Pickett, The Spirit Level: Why Greater Equality Makes Societies Stronger (New York: Bloomsbury Press, 2009), 24–29.

11. Paul Krugman, "Our Invisible Rich," New York Times, September 28, 2014, 2.

12. Maajid Nawaz and Stephen Sackur, "A Smart Pakistani," BBC HARDtalk, http://youtu.be/K1ADwwnipal I.

13. "Immunity for Domestic Violence, 'Honour Killings' Cannot Continue—UN Official," UN News Centre, March 4, 2010, www.un.org.

14. Joseph Stiglitz, "Moving beyond Market Fundamentalism to a More Balanced Economy," Annals of Public and Cooperative Economics 80, no. 3 (2009): 350–51.

15. Oxfam International, Even It Up: Time to End Extreme Inequality (Oxfam GB, 2014), 9.

16. Anthony Atkinson, Inequality: What Can Be Done? (Cambridge, MA: Harvard University Press, 2015), 303.

17. Donella H. Meadows, Thinking in Systems: A Primer (White River Junction, VT: Chelsea Green Publishing, 2008), 3.

18. R. Buckminster Fuller, Operating Manual for Spaceship Earth (Zurich: Lars Müller Publishers, 1969), 10.

19. United Nations Development Programme, Handbook on Monitoring and Evaluating Results (2002), 7.

20. Daniel Goleman, Social Intelligence: The New Science of Human Relationships (New York: Bantam Books, 2006), 58.

21. Oxfam International, Even It Up, 12.

22. Goleman, Social Intelligence, 55.

23. Leadership for Results: Breakthrough Initiatives from around the World (HIV/AIDS Group, Bureau for Development Policy, United National Development Programme, 2006), 5–10.

24. Ibid.

25. UNAIDS, The Gap Report (2014), 8–9; UNAIDS, Global AIDS Update (2016), 1.

26. United Nations Office on Drugs and Crime, Global Report on Trafficking (2014), 11; "A Global Look at Human Trafficking," Unicef USA, 2017, www.unicefusa.org.

27. United Nations Office on Drugs and Crime, Global Report on Trafficking, 11.

28. "One Percent of Indians Own 58% of Country's Wealth," Scroll.in, January 16, 2017, https://scroll.in.

29. F. Denton et al., "Climate-Resilient Pathways: Adaptation, Migration, and Sustainable Development," in Climate Change 2014: Impacts, Adaptation, and Vulnerability. Part A: Global and Sectoral Aspects. Contribution of Working Group II to the Fifth Assessment Report of the Intergovernmental Panel on Climate Change (Cambridge: Cambridge University Press, 2014), 1122; Karen O'Brien and Linda Sygna, "Responding to Climate Change: The Three Spheres of Transformation" (proceedings of Transformation in a Changing Climate, University of Oslo, 2013), 4–7.

30. Daniel Goleman, Ecological Intelligence: The Hidden Impacts of What We Buy (New York: Broadway Books, 2009), 6–7, 79–82.

31. Karl Weber, ed., Food, Inc.: How Industrial Food Is Making Us Sicker, Fatter, and Poorer—And What You Can Do about It, participant guide (New York: PublicAffairs, 2009), 104.

32. Government of India, Right to Information Act 2005, rti.gov.in.

33. Christine Rowland, "Tesla Motors, Inc.'s Vision Statement and Mission Statement (An Analysis)," Panmore Institute, February 21, 2017, http://panmore.com; Elon Musk, "All Our Patent Are Belong to You," June 12, 2014, www.tesla.com.

34. Michael Lewis, The Big Short: Inside the Doomsday Machine (New York: Norton, 2010); Office of Senator Elizabeth Warren, Rigged Justice: 2016, 5–6.

35. United Nations General Assembly, Transforming Our World: The 2030 Agenda for Sustainable Development (United Nations A/RES/70/1, 2015), 1–5, 14.

36. Srinath Jagannathan, personal communication, 2016.

37. United Nations Development Programme, Handbook on Monitoring and Evaluating for Results (2002), 7.

38. United Nations, Universal Declaration of Human Rights (United Nations Department of Public Information, 1948), 7; UNICEF Regional Office for South Asia, Saving Women's Lives: A Call to Rights-Based Action (UNICEF, 2000), 9–15.

39. Annie Leonard, "The Story of Solutions," October 2013, http://storyofstuff.org.

40. "Jon Kabat-Zinn: Defining Mindfulness," Mindful, January 11, 2017, www.mindful.org.

41. Allan Henderson and Sharon Knoll, Stages of Leadership Adapted from Likert-Emberling, Papers for the HIV/AIDS Initiative, United Nations Development Programme, 2002.

42. Landmine and Cluster Munition Monitor, "Rebel Use of Landmines and Global Mine Casualties Rise," International Campaign to Ban Landmines, November 26, 2015, http://reliefweb.int.

43. West and Central Africa Report, The Gender Agenda in West and Central Africa: Target 2015; Progress on the Horizon? (UN Women, 2014), 14–15.

44. "Animal Cruelty Facts and Stats: What to Know about Victims and Legislative Trends," The Humane Society of the United States, 2016, www.humanesociety.org.

45. Peter Singer, Practical Ethics, 3rd ed. (New York: Cambridge University Press, 2011), 1.

46. Michael C. Jensen, "Integrity: Without It Northing Works," Rotman Magazine, Fall 2009, 16–20.

47. Daniel Goleman, Richard Boyatzis, and Annie McKee, Primal Leadership: Realizing the Power of Emotional Intelligence (Brighton, MA: Harvard Business School Press, 2002), 207, 212–15.

48. United Nations General Assembly, Declaration of Commitment on HIV/AIDS (2001), 15.

49. United Nations, Charter of the United Nations and Statute of the International Court of Justice (United Nations Department of Public Information, 2006), 3.

50. UNICEF Regional Office for South Asia, Saving Women's Lives, 3.

51. Institute of Economics and Peace, Global Peace Index 2016, 42.

52. "World Report 2015: Papua New Guinea; Violence and Discrimination against Woman and Girls," Human Rights Watch, January 2015, www.hrw.org.

53. Michelle Alexander, The New Jim Crow: Mass Incarceration in the Age of Colorblindness (New York: The New Press, 2010), 6.

54. Meenakshi Verma Ambwani, "Dr. B. R. Ambedkar Voted as 'Greatest Indian,'" The Hindu BusinessLine, August 14, 2012.

55. Joseph E. Stiglitz, Amartya Sen, and Jean-Paul Fitoussi, Mismeasuring Our Lives: Why GDP Doesn't Add Up (New York: The New Press, 2010).

56. Ibid.

57. Frank Bracho, "Happiness as the Greatest Human Wealth," in Gross National Happiness and Development: Proceedings of the First International Conference on Operationalization of Gross National Happiness (Center for Bhutan Studies, 2004), 430, 447.

58. UNICEF Regional Office for South Asia, Saving Women's Lives, 9.

59. Robert Kenner, Merchants of Doubt, Sony Picture Classics, 2015.

60. United Nations Development Programme, Human Development Report 2015; Work for Human Development, vii.

61. Institute for Economics and Peace, Global Peace Index 2016, 99–107.

62. Hazel Henderson, LaRae Long, and Timothy Jack Nash, Deepening Green Finance: 2017 Green Transition Scoreboard Report (Ethical Markets Media, 2017).

63. Goleman, Social Intelligence, 55, 58; Oxfam International, Even It Up.

64. James Parsons, "Facebook's War Continues against Fake Profiles and Bots," May 22, 2015, www.huffingtonpost.com; "Facebook and Twitter Are Being Used to Manipulate Public Opinion," The Guardian, June 19, 2017, www.theguardian.com.

65. Rob Hopkins, The Transition Handbook: From Oil Dependency to Local Resilience (White River Junction, VT: Chelsea Green Publishing, 2008), ii.

66. "Auroville A to Z," Auroville: The City of Dawn, January 7, 2017, www.auroville.org.

67. Meadows, Thinking in Systems, 145–65.

68. J. Xie, S. Sreenivasan, G. Korniss, W. Zhang, C. Lim, B. K. Szymanski, "Social Consensus through the Influence of Committed Minorities," Physical Review E 84, no. 1 (July 2011): 6, doi.org/10.1103/PhysRevE.84011130.

69. "In Geneva, UN Urges Upholding Human Rights amid Rising Populism and Extremism," UN News Centre, February 2017, www.un.org.

70. Paul Krugman, The Conscience of a Liberal (New York: Viking, 2007), 3–7.

71. Paul Hawken, Blessed Unrest: How the Largest Movement in the World Came into Being and Why No One Saw It Coming (New York: Viking, 2007), 3–7.

72. Dave Grace and Associates, Measuring the Size and Scope of the Cooperative Economy, for the United Nations Secretariat, Department of Economic and Social Affairs, April 2014.

73. Ray Williams, "Why Leadership Development Fails to Produce Good Leaders," Psychology Today, October 26, 2013, www.psychologytoday.com.

74. United Nations General Assembly, Transforming Our World: The 2030 Agenda for Sustainable Development (United Nations A/RES/70/1, 2015), 1–5, 14.

SOBRE EL AUTOR

Monica Sharma, se entrenó como médico y epidemióloga, trabajo para las Naciones Unidas por más de veinte años. Actualmente se compromete alrededor del mundo como experta internacional y practicante del desarrollo de liderazgo para un cambio equitativo y sostenible. Ella trabaja con las Naciones Unidas, universidades, por ejemplo, la Universidad de Virginia y Johns Hopkins, instituciones administrativas, gobiernos, negocios, medios de comunicación y organización de la sociedad civil. Es presidente profesora Tata en el Instituto Tata de Ciencias Sociales en Mumbai. Ha publicado y presentado más de 250 artículos en revistas especializadas y foros internacionales.

Monica Sharma creó y usa un modelo de respuesta único basado en la amplia aplicación de un modelo de espectro pleno, el cual es para simultáneamente resolver problemas, cambiar sistemas y crear nuevos patrones manifestados desde la capacidad interior individual y el liderazgo transformativo. Este modelo ha generado resultados sostenibles alrededor del mundo.

www.ingramcontent.com/pod-product-compliance
Lightning Source LLC
Chambersburg PA
CBHW052107030426
42335CB00025B/2876